27 중등수학교육

개정판

수학교육학 정론

강옥기 · 허난 · 조현공 · 박경은 · 이환철 공저

KM 경문사

머리말

수학적 지식이 풍부하다고 훌륭한 수학교사가 되는 것은 아니다. 훌륭한 수학교사가 되기 위해서는 충분한 수학적 지식을 갖추고 있어야 함과 동시에, 그 수학적 지식을 학습자의 수준에 맞는 적절한 방법으로 지도하고 학습의 과정과 결과를 평가할 수 있는 지식과 기능을 가지고 있어야 한다. '수학교육론'은 이와 같이 수학을 가르치고 평가하는데 필요한 기초적인 지식과 기능을 학습할 수 있게 하는 과목이다.

이 책은 경문사 출판의 『수학교육학 정론』(제1판)에 새로운 이론을 보완하고 미비한 부분은 수정한 것으로서 수학교육론에서 다룰 수 있는 대부분의 영역을 다루려고 하였다. 더불어 내용과 수준은 학부과정과 대학원 과정 모두에서 참고할 수 있도록 기초부터 적용, 심화까지 소개하였다. 각 이론의 이해를 돕기 위해 현행 교육과정을 근거로 한 구체적인 예를 다양하게 제시하였기에, 일선 학교의 수학교사가 수학 학습지도와 연구를 위한 지침서로 활용할 수 있을 것이다.

이 책의 이름인 『수학교육학 정론』은 수학교육학의 주요 이론들을 객관적인 근거에 의하여 체계적으로 정리하였음을 표현하기 위하여 만든 것이며, 이 이름에서 사용한 정론의 한자는 整論이지만 精論(상세한 이론), 正論(바른 이론), 定論(옳다고 인정된 이론)으로 생각하여도 무방할 것이라고 생각하여 이 이름을 만들었다.

이 책은 전체 7장으로 구성되어 있으며, 각 장의 주요 내용은 다음과 같다.

제 1장에서는 수학교육의 기초로서 수학의 특성, 수학교육의 목적, 수리철학, 고대 문명국가의 수학으로부터 현재까지의 수학교육의 변천에 대하여 다루고 있다.

제 2장에서는 우리나라의 근대화시대부터 현행 교육과정에 이르기까지 수학과 교육과정의 변천에 대하여 다루고 있다.

제 3장에서는 수학과 문제해결에 대한 일반적 이해와 수학적 발견술, 문제해결의 여러 가지 동향에 대하여 다루고 있다.

제 4장에서는 수학 학습 심리학의 발달과정과 저명한 수학 학습 심리학자의 이

론에 대하여 다루고 있다.

제 5장에서는 수학과 학습지도에 관한 여러 가지 이론과 수업모형을 구체적인 예와 함께 다루고 있다.

제 6장에서는 수학과 평가에 대한 이해와 기능을 익힐 수 있도록 평가의 기초, 평가 영역, 평가 방법에 대하여 다루고 있다.

제 7장에서는 수학과 학습지도에 관련된 테크놀로지의 필요성, 종류, 역할, 활용 시 유의사항, 활용에 대한 평가에 대하여 다루고 있다.

이 책이 수학교육학을 이해하고 수학을 교수하고자 하는 모든 분들에게 조금이나마 도움이 되기를 기대한다. 끝으로 이 책의 출판을 위해 노력해 주신 경문사의 박문규 사장님 이하 관계직원 여러분께 심심한 감사의 말씀을 드리며, 집필 기간 동안 어려움을 함께 해 주신 저자의 가족들에게도 깊은 감사를 드린다.

2011년 8월
저자 일동

차 례

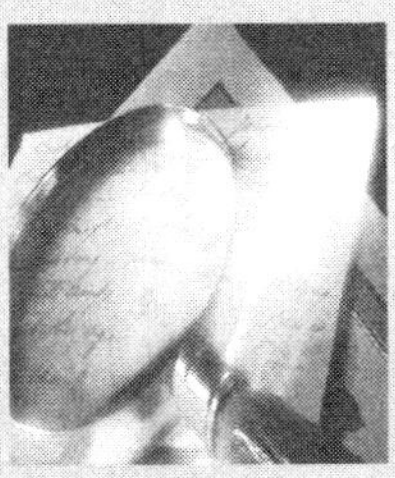

제1장 수학교육의 기초

학교교육에서 수학은 중요한 과목 중의 하나로 초등학교에 입학하면서부터 고등학교를 졸업하기까지 모두가 수학을 공부하고 있다. 그렇지만, 대부분의 학생들이 '수학이란 무엇인가? 수학의 특성은 무엇인가?' '왜 수학을 배워야 하는가? 수학을 배우면 어떤 이점이 있는가?' 등에 대하여 별로 생각하지 않고 수학을 공부해 온 것이 현실이다. 이 장에서는 수학의 특성을 이해함으로써 수학을 왜 학습하여야 하며, 수학의 학습에서 중점으로 두어야 할 것이 무엇인지에 대하여 알아보기로 한다.

제1절 '수학이란 무엇인가?'에서는 수학의 본질과 그 특성을 설명한다. 일반인은 물론 수학을 공부하거나 가르치는 대부분의 사람들은 수학이란 용어를 자연스럽게 사용하고 있지만 그 의미나 특성을 제대로 인식하지 못하는 경우가 많다. 제2절 '왜 수학을 가르치는가?'에서는 학생들로 하여금 왜 수학을 배워야 하는가에 대한 분명한 이유를 제시해 주기 위해 수학교육의 목적을, 학교 또는 학년수준이 아닌, 근본적인 차원에서 설명한다. 제3절 '수리철학'에서는 고대로부터 현대에 이르기까지 수학의 본성을 철학적인 측면에서 알아본다. 제4절 '수학교육의 변천'에서는 고대 이집트 시대부터 인도, 중국, 우리나라의 조선시대 수학에 대하여 그 특성을 알아보고, 나아가서 수학교육의 대중화를 이룬 19세기 말의 수학교육 근대화 운동에서부터 오늘날 정보화 시대를 대비한 수학교육 개혁운동에 이르기까지 수학교육의 변천과정을 알아본다.

제1절 수학이란 무엇인가?(수학의 특성)

수학이라는 학문을 한마디로 설명하기란 쉽지 않다. 먼저 학교에서 배우는 수학에 대해서 생각해보자. 초등학교에서는 수량을 셈하는 방법과 도형의 성질과 측정을 주로 공부하며, 중학교에서는 방정식과 함수, 확률과 통계에 대하여 그리고 고등학교에서는 극한과 미적분학에 대해서도 공부한다. 이들의 공통점을 한마디로 말한다면 수량과 도형에 관한 연구라고 할 수 있다. 그러나 대학 이상의 수준에서 다루는 현대수학들은 매우 이질적인 영역에서 특정한 공리계를 만족하는 성질들의 규칙성을 연구하는 학문으로서 이전의 수학과 달리 어떠한 공통점을 말하기가 쉽지 않다. 그렇다면 저명한 학자들은 수학을 어떻게 보고 있을까? 리차드 쿠랑(Richard Courant)과 허버트 로빈스(Herbert Robbins)는 그들의 저서 『What is mathematics?』에서 “수학은 인간 정신의 한 표현으로서 활동적인 의지, 세련된 추론, 심미적인 완벽을 추구하는 욕구를 반영한 것이다. 수학의 기본적인 요소로는 논리와 직관, 분석과 구성, 일반성과 개별성이 있다. 비록 전통에 따라 다른 측면을 강조할 수 있지만, 수리과학의 생명, 유용성, 최고의 가치성을 구성하는 것은 바로 이들 대조적인 힘의 상호작용이며, 이들을 종합하기 위한 투쟁이다.”라고 하였다. 화이트헤드(Whitehead)[1]는 “수학은 모든 유형의 형식적이고 필연적인 연역적 추론이다.”라고 하였으며, 블랙(Black)은 “수학은 그 형식이 기호로 표현될 수 있는 모든 구조에 대한 연구이다.”라고 하였다. 또, 니본(Kneebone)은 “수학은 어떤 특별한 종류의 사실의 총체라기보다는 사고활동이다.”라고 하였으며, 라카토스(Lakatos)는 “수학은 과학처럼 준-경험적 이론이다.”라고 하였다. 이와 같은 주장들을 종합해 볼 때, 수학은 공간이나 수가 함유하고 있는 기본적인 개념들 속에 다양한 형태로 잠재되어 있는 명제적 결론들을 연역적으로 탐색하여 체계화해 내는 추상적인 학문이라고 할 수 있다.

한편 우리 인간은 자연이나 사회에서 일어나는 현상들을 관찰함으로써 공리나 공준이라고 할 수 있는 직관적인 원리나 개념들을 형성하게 되고, 이렇게 형성된

---

1 앨프리드 노스 화이트헤드(Alfred North Whitehead, 1861.2.15~1947.12.30)는 영국의 철학자·수학자이다. 20세기를 대표하는 철학자의 한 사람으로서 기호논리학(수학적 논리학)의 대성자 중 한 사람으로 러셀의 스승이었으며 하버드 철학과 교수, 런던 수학교수를 역임하였다.

자명한 명제들로부터 출발하여 엄밀한 추론의 과정을 거쳐 더욱 발전된 추상적인 형태의 수학적 결론에 도달하게 된다. 이와 같이, 생성 발전된 수학적 내용들이 축적되면서 나름대로의 체계성을 갖추고, 구조를 형성하면서 일관성 있게 구성된 결과가 수학이라고 할 수 있다(교육부, 1997). 오늘날 학교교육에서 다루고 있는 수학의 기본적인 특성으로 실용성, 추상성, 형식성, 계통성, 직관성과 논리성, 일반성과 특수성 등이 거론된다(교육부, 1997). 이 특성들은 다음과 같은 의미를 갖는다.

1. 실용성

실용성이란 수학은 실생활의 문제를 해결하기 위하여 발생·발달한 학문임을 뜻한다. 고대 이집트에서 발달한 도형에 관한 연구는 나일 강의 범람으로 인해 유실된 농토의 원래 위치를 찾기 위해 발달한 것이며, 고대 인도와 중국에서 발달한 수와 연산에 관한 연구는 세금을 적절하게 거둬들이기 위해 발달한 것이다. 오늘날 생활의 필수요소인 컴퓨터의 발달과 우주를 탐험하는 과학기술도 수학을 이용하지 않고는 불가능한 것이다. 그러나 실생활이나 다른 학문 분야의 발전을 위해서만 수학이 존재하는 것은 아니다.

2. 추상성

추상성이란 수학에서 다루는 개념들은 추상화된 개념들임을 뜻한다. 어떤 구체물의 집단에서 공통된 속성을 추출하여 어떤 개념을 형성하는 것을 추상화한다고 한다. 예를 들면 수 1, 2, 3 등은 여러 가지 구체물의 집단에서 구체물이 무엇이든 그 개수를 나타내거나 배열의 순서를 나타내는 추상화된 개념이다. 또, 삼각형은 세모꼴을 한 여러 가지 물체에서 이질적인 속성들이 모두 제거된 세모꼴 모양만을 나타내는 개념이다. 길이, 넓이, 부피, 각, 속도, 시간 등도 그 실체가 없는 추상화된 개념들이다.

3. 형식성

수학은 참인 것으로 인정된 기본적인 성질, 즉 공리로부터 시작하여 정의와 증명을 거쳐 전개된다. 즉, 어떤 수학적 원리나 법칙의 성립은 공리, 정의, 증명, 정리의 형식을 거쳐 완성된다. 수학의 이러한 성질을 형식성이라고 한다.

고대의 수학 이를테면 이집트의 파피루스에 기록된 수학이나 메소포타미아의 점토판에 새겨진 수학 또는 고대 중국에서 발달한 수학은 기호나 문자를 사용하지 않아서 수학을 기술하거나 읽기가 쉽지 않았다. 그로 인하여 수학의 발전 속도가 매우 느렸다. 그러나 17세기의 데카르트(René Descartes, 1596～1650)가 수학에 문자와 기호를 본격적으로 사용하기 시작하면서부터 수학은 급속도로 발전하기 시작하였으며, 현대수학은 세계 공통의 수학적 기호와 문자를 사용하고 있기 때문에 수학적 의사소통이 매우 원활한 것이다. 이러한 점도 수학의 형식성의 하나라 할 수 있다.

4. 계통성

계통성은 어떤 기초적인 내용을 기반으로 하여 그 기반 위에 다른 내용을 더 첨가함으로써, 발전되고 통합된 새로운 내용을 일관성 있게 이어나가는 것으로, 수학적 개념의 확장과 관련된다. 수학은 어느 교과보다도 계통성이 강한 교과이며, 계통성은 학습 내용의 순서를 정할 때 논리적 연결성을 가지고 학습이 단계적으로 이루어지도록 해준다.

계통성은 수학의 학습을 쉽게 할 뿐만 아니라 어렵게도 한다. 즉, 복잡하고 어려운 수학이라도 그 개념의 기반을 이루는 기초개념들을 이해하고 있으면 그 개념을 이해할 수 있지만 그렇지 못하면 비록 쉽고 간단한 개념도 이해할 수 없는 특성을 가지고 있다.

5. 직관성과 논리성

수학은 새로운 수학적 성질을 창조하거나 알려진 수학적 성질이 참임을 확인하는 과정에서는 관찰이나 경험을 바탕으로 어떤 사실이 성립할 것이라는 예측을 한 다음에 그 예측이 참인지를 논리적으로 밝히는 과정을 밟게 된다. 이렇게 어떤 성질이 성립할 것이라고 예측하는 것을 수학의 직관성이라 하며, 그 예측이 수학적으로 참인지를 논리적인 규칙에 의하여 입증하는 것을 수학의 논리성이라 한다. 새로운 수학을 만들거나 알려진 수학이 참인지를 확인하는 과정에서 학생들은 직관적인 사고를 필요로 한다. 하지만, 수학에서는 경험이나 직관에 의해서 어떤 명제가 참이라고 주장할 수 없다. 과학에서는 경험이나 관찰을 근거로 추정한 어떤 이론이 몇 번의 실험이나 경험에 의하여 참인 것으로 확인되면 그 이론을 성립하는 것으로 받아들이며 다음에 그 이론을 반박할 어떤 사례가 나타나면 그 사례를 반영하여 수정한 이론을 받아들이게 된다. 그러나 수학에서 다루는 명제는 참이 아니면 거짓이어야 하며, 명제 P가 참이면 그 부정은 거짓이고, 합성된 명제의 참 또는 거짓은 경험이나 직관이 아닌 논리적인 규칙에 의하여 판단된다. 수학은 논리성을 갖는 대표적인 학문이기 때문에 정당하고 합리적인 사고력을 함양하기 위한 수단으로 수학을 학습하기도 한다.

6. 일반성과 특수성

수학은 특정한 조건을 만족하는 범위에서 모든 경우에 대하여 성립하는 일반성을 가진다. 예를 들면, 덧셈의 교환법칙은 어떤 두 수의 덧셈에서도 성립한다. 또, 삼각형의 넓이 공식은 삼각형의 크기나 모양에 관계없이 어떤 삼각형에 대해서도 성립한다. 더불어 수학을 이용하여 문제를 해결할 때에는 수학 공식에 구체적인 수치나 도형을 적용하여 해결하게 되는데, 이와 같은 특성을 특수성이라고 한다. 특수성은 일반화된 명제를 검증하거나 그 증명 또는 풀이의 힌트를 제공하기도 한다.

제2절 ▌왜 수학을 가르치는가?(수학교육의 목적)

우리는 초·중등학교 교육에서 모든 학생들에게 수학을 가르치고 있다. 그러나 다수의 학생들은 수학 학습을 어려워하고 흥미를 갖고 있지 않을 뿐만 아니라 수학 학습의 필요성을 단지 상급학교 입시를 위한 정도로만 이해하고 수학 공부를 기피하려는 경향이 있다. 따라서 우리는 학생들에게 수학을 지도할 때 수학 학습의 목적을 이해하게 하고 학생 수준에 맞는 방법으로 지도함으로써 모든 학생들이 능동적으로 의미 있게 수학을 학습하게 하여야 한다. 수학을 가르치는 목적은 여러 측면에서 생각할 수 있지만, 일반적으로 다음의 네 가지를 그 목적으로 하고 있다.

첫째, 정신도야성이다. 수학을 배우면 정신능력을 향상시킬 수 있다는 것이다. 수학을 배움으로써 신장될 수 있는 사고력에는 합리적이고 논리적인 사고력, 추상적 사고력, 창의적 사고력, 비판적 사고력, 기호화하고 형식화하는 사고력, 단순화하고 종합화하는 사고력 등이 있다. 이러한 능력들은 지식기반 사회에서 요구되는 중요한 정신 능력이다.

둘째, 실용성이다. 수학은 사회생활을 할 때나 과학, 공학, 의학, 경제학, 사회학 등 거의 모든 종류의 학문을 공부하는 데 있어서 도구적인 역할을 한다. 더욱이 컴퓨터와 첨단과학기술의 발달은 거의 모든 분야에서 수학을 필요로 하고 있기 때문에 수학은 도구적 학문이며 민주시민의 기본소양이라 할 수 있다.

셋째, 심미성이다. 기하적 도형의 조화로운 구성과 증명의 간결·명료함은 수학을 공부하지 않고는 느껴볼 수 없는 절묘한 아름다움이라 하겠다. 직선, 원, 타원, 포물선, 쌍곡선의 아름다움과 그들 사이의 절묘한 성질, $\sqrt{2}$는 유리수가 아니라는 증명의 간결함 등은 수학에서만 느껴볼 수 있는 아름다움이라 할 수 있으며, 몇 가지 기본 도형을 일정한 패턴으로 이어 붙여서 만들 수 있는 테셀레이션(tessellation)이나 컴퓨터를 이용하여 그릴 수 있는 프랙털(fractal)은 예술의 새로운 한 분야라 할 수 있다.

넷째, 문화 가치성이다. 수학은 인류가 오랜 세월을 거쳐 구축하고 사용함으로써 오늘의 문화가 있게 하였으므로 우리는 그것을 계승하고 후손에게 전수할 가치가 있다. 수학은 수많은 사람들의 노력을 거쳐 생동하며 발전해 오면서 각 시대마다 사회 발전에 공헌해왔으며, 현대에도 다방면에 걸쳐 기여하는 바가 큰 인류의 소중한 정신적, 문화적 유산이다. 그러므로 수학을 배우는 것은 곧 인류가 남긴 문화적, 학문적 유산을 계승하여 활용하고 발전시키는 일에 참여하는 셈이 된다.

그 외로 다음과 같은 수학교육의 목적도 생각해 볼 수 있다. COMAP[2]은 수학을 학습하는 목적을 실생활에서 주변의 상황을 '이해하기 위해서(to understand)', 미래의 상황을 '예측하기 위해서(to predict)', 예측된 미래를 '통제하기 위해서(to control)'라고 정의하고 있다. 즉, 우리는 우리 주변의 사물, 일상생활, 직업, 또는 흥미 있는 분야를 이해하기 위해서 수학을 공부하며, 어떤 환경 아래의 주어진 상황에서 무엇이 일어날 것인지를 예측하기 위해서 수학을 공부하며, 주어진 과정이나 절차의 결과를 통제하기 위해서 수학을 공부한다. 이때, 이해하기, 예측하기, 통제하기는 많은 범위의 의미를 포함한다. 개인의 이해하기, 예측하기, 통제하기 기능의 수준은 그 사람의 경제적 생활수준에 직접적으로 관련이 있다. 수학적 지식은 과학기술 시대의 지적인 통화(intellectual currency)이다. 수학을 알고 생산적으로 활용할 수 있음은 개인에게 경제적 기회를 만들어준다. 어니스트(Paul Ernest)는 다수의 기능공 양성, 사업에 필요한 고등기술 수학 지도, 순수수학의 전수, 아동의 창의성과 자기 실현 그리고 비판적 지각과 민주시민 육성을 위해 수학을 지도해야 한다고 언급했다.

수학적 지식을 발전시켜야 하는 다른 이유로는 수학이 시민정신을 계몽한다는 것이다. 학생들은 수학적 기능을 가짐으로서 지역 신문에서, 지역 선거나 전국 선거에서, 사업 구상이나 계획에서 또는 조사연구의 결과를 해석함에 있어서 제기된 문제들을 이해할 수 있다. 문제를 만들 수 있고 그 문제를 해결함에 있어서 알고 있는 지식을 사용할 수 있으면 그것은 큰 힘이 된다. 많은 학생들은 수학의 기본적인 개념과 원리를 이용하여 실세계 문제를 이해하고, 예측하고, 통제하는 경험을 해보지 못한 채 수학 학습을 마치는 경우가 많다. 수학적으로 능력이 있으려면 수학의 힘을 실제적인 문제 상황에 활용할 수 있어야 한다.

---

2 COMAP(the Consortium for Mathematics and Its Applications)은 수학이 우리 생활의 실제적 문제를 탐구하고 모델화하는 데 활용될 수 있도록 학습 환경을 조성하는 것을 목적으로 1980년에 설립된 비영리 단체이다.

제3절 ▌수리철학

수리철학(mathematical philosophy)이란 수학의 본질에 대해 생각하고 설명하는 철학의 한 분야이다. 수리철학에서는 '수학적 지식의 기초는 무엇인가? 수학적 진리(truth)의 본질은 무엇인가? 무엇이 수학적 진리를 특징짓는가? 무엇이 수학적 진리의 주장을 정당화 하는가? 수학적 진리는 왜 필연적인 진리인가?' 등과 같은 과제를 다룬다. 이러한 수리철학은 피타고라스시대 이후부터 수학의 발달과 함께 변천해 오고 있으며, 대표적인 것으로 절대주의와 상대주의로 구분한다. 이 때, 절대주의 입장에는 플라톤주의, 논리주의, 직관주의, 형식주의를 그리고 상대주의 입장에는 준-경험주의와 사회적 구성주의를 포함한다.

1. 절대주의

수학적 지식의 절대주의적 관점은 수학은 확실하고 도전할 수 없는 진리로 구성되어 있다는 것이다. 이 관점에 따르면, 수학적 지식은 절대적 진리로 만들어졌고 확실한 지식의 유일한 영역을 대표한다. 오늘날도 많은 철학자들은 수학적 지식에서 절대주의적 관점을 가지고 있다.

수학의 확실성에 대해 아이어(Ayer)는 다음과 같이 주장하고 있다.

> 과학적 일반성(원리 또는 법칙)은 오류 가능한 것으로 쉽게 받아들여지고 있지만, 수학과 논리의 진리들은 누구에게나 필연적이고 확실한 것으로 보인다.
> 논리와 수학의 진실은 분석적 명제이거나 항진명제이다. 선험적 명제의 확실성은 그 명제가 항진명제인가에 좌우된다. 명제가 분석적이면 항진명제이다. 명제가 분석적이라고 하는 것은 그 명제가 철저하게 그것의 구성 기호의 의미에 의해서만 참임을 뜻한다. 따라서 분석적인 명제는 어떤 경험적인 요인에 의해서도 입증되거나 거절될 수 없다.

절대주의 수리철학은 참이라고 인정한 공리, 정의, 연역적 증명에 의하여 구성된 수학적 지식을 참이라고 한다. 이 때 정의는 반드시 참인 것으로 전제가 되어 있다. 절대주의 수리철학에는 고대 그리스의 플라톤(Platon, 427 B.C.~347 B.C.)이 주장한 플라톤주의(platonism)가 19세기 말까지 주를 이루어 왔으며, 19세기 말에 수학의 발달로 인해 기존의 주장에 모순이 나타남을 발견하게 되고 이런 모순을 해소하고 절대주의를 재확립하기 위해 19세기 말에서 20세기 초에 걸쳐 논리주의, 형식주의, 직관주의 등이 나타나게 되었다. 이들의 특성을 다음에서 간단히 알아본다.

1) 플라톤주의

플라톤주의(Platonism)는 수학의 대상들이 어떤 이상적인 세계에서 실제적이고 객관적으로 존재한다는 입장을 갖는다. 이 사상은 플라톤에 기원을 두고 있으며, 논리학자인 프레게(Friedrich Ludwig Gottlob Frege, 1848~1925)와 러셀(Bertrand Arthur William Russell, 1872~1970)의 저서에도 나타나고 있고, 이를 신봉하는 사람들 중에는 칸토어(Georg Ferdinand Ludwig Phillip Cantor, 1845~1918) 등이 있다.

플라톤주의에 의하면 수학의 대상과 구조는 인간과는 독립적으로 실존하는 것이며, 수학을 한다는 것은 이전부터 존재하는 수학적 대상들 사이의 관계를 발견하는 과정이다. 또한 수학적 지식은 수학적 대상들의 기술과 이 대상들의 관계와 구조로 이루어져 있다.

플라톤주의는 수학의 객관성에 관한 문제에 대한 해답을 분명하게 제시한다. 이것은 수학의 진리와 수학적 대상의 존재성에 대하여 설명할 뿐만 아니라, 수학의 내적 법칙과 논리를 준수하는 수학의 명백한 자율성에 대해서도 설명한다. 그러나 플라톤주의의 약점으로 다음 두 가지를 들 수 있다. 첫째, 수학자들이 어떻게 플라톤적인 세계의 지식에 접할 수 있는지에 대한 적절한 설명을 할 수 없다. 수학자들이 새로운 수학적 사실에 접근할 수 있다면 직관적 방법이거나 논리적 방법이거나 경험적 방법일 것이다. 직관적 방법에 의하면 각 수학자의 직관의 결과가 동일하다고 설명할 수 없으며, 인간 밖의 수학을 인간의 논리와 경험으로도 설명할 수 없는 것은 당연하다. 둘째, 수학에 대해 내적으로도 외적으로도 적절한 설명을 할 수 없다. 내적으로는, 수학의 중요한 부분은 수학의 구조적인 측면과 계산적인 측면이 있는데, 이것은 역동적인 수학적 과정을 필요로 한다. 즉, 수학적 개념을 누적적으로 학습하기보다는 이미 알고 있는 개념들 사이의 관계성을 조사·분석해 봄으로써 새로운 개념을 생성, 발전시킬 수 있어야 한다. 하나의 집합에서 성립하는 연산을 보다 넓은 집합에서도 성립하도록 연산의 성질을 확장해 가는 것이 수학의 한 특성이다. 그러나 플라톤주의는 수학의 정적인 구조적 측면만을 설명할 뿐이며, 수학의 중심 분야인 역동적인 측면을 설명하지 못한다. 외적으로는, 플라톤주의는 형이상학적인 실재로서 실생활에의 유용성, 수학과 과학, 수학과 인간 활동 또는 문화와의 관계, 수학의 기원 등에 대해서는 설명할 수 없다는 문제점을 지니고 있다.

고대 그리스로부터 현재에 이르기까지 수학사를 통하여 세 번의 커다란 위기가 있었다. 첫 번째 위기는 기원전 6세기경에 일어났는데, 그 위기는 같은 종류의 기하적 양들이 서로 비례하지 않는다는 것이다. 이 위기는 기원전 370년경에 에우독소스(Eudoxos of Cnidos, B.C. 400경～B.C. 350경)가 비례론[3]을 정의함으로서 해결되었는데, 이 때부터 공리와 공준을 생각하기 시작하였다. 두 번째 위기는 17세기 후반 뉴턴(Isaac Newton, 1642～1727)과 라이프니츠(Gottfrid Leibniz, 1646～1716)가 미적분학을 발견한 후 나타난 모호한 무한소법으로 미적분을 활용한 것이며, 이는 19세기 초 코시(Augustin-Louis Cauchy, 1789～1857)가 정확한 극한법으로 바꿈으로서 해결되었다. 세 번째 위기는 칸토어에 의한 집합론이 발표된 후 칸토어에 의하여 제기되었다. 칸토어는 주어진 임의의 초한수(超限數, transfinite number)[4]에 대하여 항상 더 큰 초한수가 존재함으로서 최대초한수가 존재하지 않음을 증명하였다. 그런데, 모든 집합을 원소로 가지는 집합을 생각한다면 이 집합보다 더 많은 원소를 가지는 집합을 생각할 수 없다. 그러면, 이 집합의 초한수보다 더 큰 초한수가 어떻게 존재할 수 있는가. 이 역설이 나타난 후 집합에 관련된 많은 역설들이 나타나며 이를 해결하려는 시도의 결과 수리철학에 관심을 갖게 되어 20세기 초에 논리주의, 직관주의, 형식주의가 나타나게 되었다.

---

3 현재 사용하고 있는 대수 기호를 사용하여 나타내면 다음과 같다.
주어진 양의 정수 m, n에 대해서 $na > mb$일 때는 언제나 $nc > md$가 되고, $na = mb$일 때는 언제나 $nc = md$가 되며, $na < mb$일 때는 언제나 $nc < md$가 된다면 $a : b = c : d$이다.

4 무한(無限)집합의 크기를 나타내는 수.

2) 논리주의

논리주의(Logicism)는 수학의 무모순성을 확립하기 위하여 수학을 논리학의 한 분야로 보는 것이다. 논리주의의 시작은 데데킨트(Julius Wilhelm Richard Dedekind, 1831～1916년)와 프레게이고 논리적 기호를 사용하여 수학적 정리를 진술한 사람은 페아노(Giuseppe Peano, 1858～1932)이며 화이트헤드와 러셀은 그들의 저서인 『수학의 원리(Principia mathematica)』에서 수학을 논리로 옮겨놓으려고 시도하였다. 『수학의 원리』는 무정의 용어에 해당하는 근원사고와 공준에 해당하는 근원명제로 시작한다. 이 근원사고와 근원명제들은 해석하지 않지만 논리의 직관적인 개념으로 제한하며, 실세계와 관련된 가설로 간주되어야 한다. 이 책의 목표는 근원사고와 근원명제로부터 수학적 개념과 정리를 명제연산에서 시작하여 수학적 성질을 확립해 나가는 것이다. 이 책은 집합론의 모순을 피하기 위하여 유형이론(theory of types)을 사용하였다. 이 이론은 집합의 근원 원소를 유형 0, 유형 0의 원소의 모임들을 유형 1의 원소, 유형 1의 원소의 모임들을 유형 2의 원소, …와 같이 정의하고, 임의의 모임의 모든 원소는 반드시 같은 유형이어야 한다는 규칙을 따른다. 이 이론에 의하면 집합론의 역설은 피할 수 있다.

3) 직관주의

직관주의(Intuitionism)의 관점에 따르면 한 객체를 이해하고 나서 하나 더, 그러고 나서 하나 더 하는 식으로 끝없이 이해하게 하는 원시적인 직관이 수학의 기초에 존재한다. 이 경우에 끝없는 수열을 얻게 되는데, 그 중에서 가장 잘 알려진 것이 자연수 수열이다. 이 자연수 수열의 직관적 기저로부터 유한번의 단계나 조작으로 모든 수학적 대상들이 건설되어져야 한다. 직관주의 학파는 1908년경 네덜란드의 수학자 브로우베르(Luitzen Egbertus Jan Brouwer, 1881～1966)에 의해 시작되었다.

직관주의에 의하면 어떤 수학적 실체가 존재함을 증명하기 위해서는 그 실체가 존재하지 않는다고 가정한 후 모순을 끌어내는 것으로는 충분하지 않으며, 유한번으로 건설될 수 있음을 밝혀야 한다. 이에 의하면 현재의 수학에서 밝힌 많은 존재성의 증명을 받아들 수 없게 된다. 한 예로서 직관주의자에게는 집합이 이미 만들어진 모임으로 생각할 수 없고, 집합의 원소가 하나씩 하나씩 만들어질 수 있는 방법에 의한 규칙으로 간주되어야 한다. 이 집합의 개념에서는 "모든 집합들의 집합"과 같은 모순된 집합의 가능성이 배제된다. 직관주의자는 보편적으로 받아들이는 배중률(排中律, law of excluded middle[5])을 부정한다. 이 사고에 의하면 대부분의 수학자들에게 소중한 것이 너무 많이 희생된다. 그러나 아직까지 직관주의에는 모순이 나타나지 않은 것으로 알려져 있다.

4) 형식주의

형식주의(Formalism)는 수학의 무모순성을 입증하기 위한 것으로 수학은 형식적인 기호체계와 관련이 있다는 것이다. 이 관점에서 보면 수학의 용어는 기호에 지나지 않고 명제는 이 기호를 포함하는 식이다. 따라서 수학은 구체적인 내용이 전혀 없고 단지 이상적인 기호로 된 원소만을 포함하고 있으며 수학의 무모순성을 입증하는 것이 형식주의자의 궁극적인 목적이다. 형식주의는 집합론의 역설에 의해 야기된 위기와 직관주의적 비평에 의해 야기된 고전 수학에의 도전을 극복하고자 힐베르트(David Hilbert, 1862～1943)에 의하여 창시되었다. 힐베르트는 기본적인 기호로부터 식을 얻어내는 과정에 대한 적당한 규칙으로부터 모순된 식이 결코 일어날 수 없음을 보이려고 하였다. 모순된 식이란 F가 어떤 수학적 체계에서 적당한 식일 때 "F 그리고 F가 아니다" 유형의 임의의 식이다. 수학에서 무모순성에 대하여 직접적으로 조사하는 위와 같은 방법을 힐베르트는 증명이론(proof theory)이라고 불렀다. 힐베르트는 그의 저서 『기하학 기초론』에서 증명이론의 설명을 완성하려고 하였으나 실패하였다.

2. 상대주의

1) 준-경험주의

준-경험주의(quasi-empiricism)에 대한 논의에 앞서 이에 관련하여 생각해 볼 수 있는 경험주의(empiricism)에 대하여 간단히 논의해 보고자 한다.

경험주의자는 수학의 진리가 경험적 일반화라고 소개하면서 다음과 같은 두 가

5 어떤 명제와 그것의 부정 가운데 하나는 반드시 참이라는 법칙을 말한다. 이 때 어떤 명제와 그 명제의 부정이 동시에 참일 수 없다는 모순율과는 구분하여야 한다.

지의 논제를 주장한다.

(ⅰ) 수학의 여러 개념은 경험적인 기원을 갖고 있다.
(ⅱ) 수학의 진리들은 물리적 세계의 관찰로부터 파생된 경험적인 타당성을 갖는다.

위의 두 논제에서 첫 번째 논제는 반대할 수 없는 것으로 받아들여진다. 그러나 두 번째 논제는 다음과 같은 이유에서 부정된다. 첫째, 대부분의 수학적 지식은 경험적 근거와는 반대로 이론적 근거에 의하여 인정된다. 예를 들면 999999+1=1000000은 이 세상에서 관찰하였기 때문에 성립하는 것이 아니라 이론적 지식인 수학 계산법에 의해 성립하는 것이다. 둘째, 수학은 매우 추상적이어서 수학의 많은 개념들의 기원은 물리적 세계의 관찰에 있는 것이 아니라 이전에 형성된 개념들에 의존한다. 그러므로 대부분의 수학적 개념들의 진실은 외부세계의 관찰로부터 유도된다고 말할 수 없다. 하지만 라카토스(Imre Lakatos, 1922～1974)는 이러한 경험주의를 수학 형성에 접목시켜 준-경험주의를 수리철학으로 개발하였다.

준-경험주의는 수학의 실제성을 강조하는 수리철학의 새로운 한 분야이다. 이 관점에 의하면, 수학은 수학적 문제를 다루는 사람들 사이의 대화이며 수학자들은 오류를 범할 수 있으며 그들의 산물들(개념과 증명 등을 포함하여)은 결코 최종적이거나 완벽하다고 할 수 없다. 오히려 엄밀한 변화의 기준이나 새로운 도전 또는 수단이 발생함으로서 재논의를 요구할지도 모른다. 라카토스가 주장하는 준-경험주의의 특징은 다음과 같다.

첫째, 수학적 지식은 오류가능하다. 준-경험주의에서 수학에서의 절대적 확실성을 위한 기반을 찾는 것은 거부되고, 수학적 지식은 오류가능하며, 교정할 수 있는 것이며, 확고한 기반이 없는 것으로 인식된다. 그 예로서 앞에서 알아본 절대주의 수리 철학이 집합론의 발생으로 인한 역설(paradox)에 부딪친 점을 들 수 있다.

둘째, 수학은 가설적 연역이다. 포퍼(Karl Raimund Popper, 1902～1994)에 의해 널리 인식된 경험적 과학의 개념처럼, 수학은 가설적 연역체계인 것으로 인정된다. 과학에서처럼, 그와 같은 체계에서의 주장은 참인 전제(promise)로부터 결론으로 참의 전달(절대주의자의 견해)이 아니라, 거짓결론으로부터 가설적 전제에로 거짓의 재전달이다. 즉, 우리가 알고 있는 수학적 정리는 언제나 오류 가능한 것이고, 그것이 성립하기 위해서는 그 앞 단계가 성립하여야 하는 것이며, 이렇게 연역적으로 거슬러 올라가면 결국에는 참이라고 인정해야 하는 전제에 도달하게 된다. 그런데, 이 전제 또한 수학적 성질로서 참이라고 인정한 것이지 절대적인 참일 수가 없는 것이라는 것이다.

셋째, 역사가 중심이다. 수리철학의 인식론적 과제는 '수학적 지식이 어떻게 가능한가?'에 단순히 답하는 것이 아니라, 실존하는 실제적인 수학적 지식을 생각하는 것이다. 즉, 수학의 역사는 수학적 지식의 진화의 역사이기 때문에 수리철학은 수학의 역사와 떨어질 수 없는 것이다.

넷째, 비형식적 수학의 중요성이 강조된다. 비형식적 수학은 실행(practice)과 산물(product)의 양 측면 모두에서 가장 중요하다. 산물로서, 형식적 수학은 비형식적 수학이 형식화된 것이기 때문에, 비형식적 수학은 모든 형식적 수학의 근원이다. 수학적 실행의 중요성은, 비형식적 수학이 수학 역사의 자료이며 수학의 준-경험적 소재이기 때문이다.

다섯째, 지식 창조의 이론이 포함되어 있다. 수리철학의 주요 관심은 수학적 발견의 논리 또는 발견술이다. 이것은 수학의 자율적인 변증법과 수학적 지식의 발생 장치(mechanism)의 기초를 이룬다. 이 과정에서 개인 수학자들의 산물(일반적으로 정의, 예측, 비형식적 증명 등의 배열)은 반복적인 변증법적 순환을 거치면서 비판을 받게 되며, 그 비판에 반응하여 재형성된다. 이 과정은 자율적인 논리를 따르기 때문에, 새로운 항목들(정의, 정리, 증명)을 습득된 수학적 지식체에 통합하기 위해 필요하다.

준-경험주의 이론에 의하면, 수학적 발견 또는 비형식적 수학적 이론의 성장 패턴은 다음의 단계를 따른다.

① 원시적 추측
② 증명 : 개략적인 사고실험이나 추론, 원래의 추측을 부분추측이나 보조정리로 분해하기
③ 전면적 반례 제기
④ 증명 재점검 : 포괄적 반례가 국소적 반례가 됨. 원래의 추측이 개선되어 새로운 추측이 됨

위의 과정에 따라 수학적 이론이 성장하는 한 예로서 다음을 생각할 수 있다.

① 원시적 추측 단계 : 한 다면체의 꼭짓점의 개수를 V, 면의 개수를 F, 모서리의 개수를 E라 하면

$$V+F=E+2 \qquad \cdots ㉠$$

가 성립한다.

② 증명 단계 : 정육면체의 여섯 면이 고무막으로 둘러싸여 있다고 가정하고 한 면의 고무막을 제거하면

$$V+F=E+1 \qquad \cdots ㉡$$

가 성립한다. 이 도형을 평면에 펼친다([그림 1-1]). 사다리꼴 모양의 각 면에 대각선을 그어 모든 면을 삼각형으로 분할한다([그림 1-2]). 삼각형의 한 변을 제거할 때마다 동시에 한 면이 제거된다([그림 1-3]). 따라서 등식 ㉡은 그대로 성립한다. 이런 과정에서 삼각형의 한 꼭짓점과 두 선분이 남는 경우 그 꼭짓점과 두 선분을 동시에 제거하면 한 면이 제거된다([그림 1-4]). 이 때도 등식 ㉡이 성립한다. 이 과정을 반복하면 마침내 한 개의 삼각형이 남게 되고 이 삼각형은 등식 ㉡을 만족한다. 등식 ㉡은 처음의 다면체에서 한 면을 제거한 것이므로 이 식의 F에 1을 더하면 결국 등식 ㉠이 성립한다.

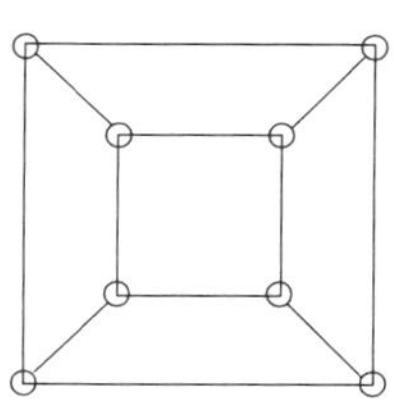

[그림 1–1]

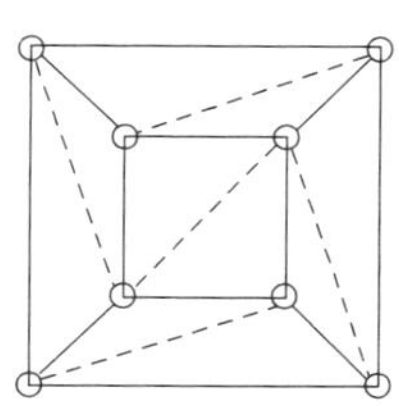

[그림 1–2]

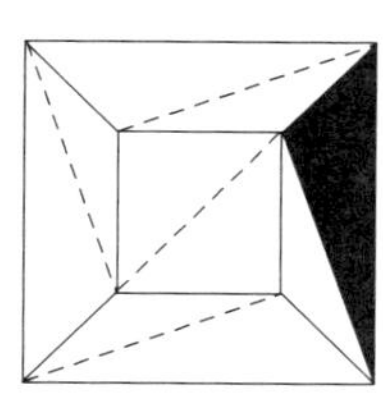

[그림 1–3]

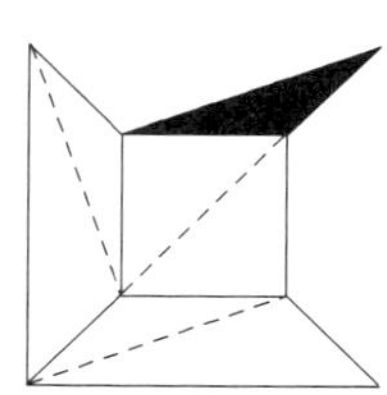

[그림 1–4]

③ 전면적 반례 제기 단계 : [그림 1-5]와 같이 정육면체의 내부에 정육면체가 들어 있는 도형도 다면체인데, 이 도형은 등식 ㉠을 만족하지 않는다.

④ 증명 재점검 단계 : 반례를 반영하여 원래의 명제를 수정하는 방법에는 다

음과 같은 방법들이 있다.

- 원래의 명제가 틀린 것으로 명제를 기각한다.
- 괴물배제법(monster-barring method) : 반례에 해당하는 것을 괴물로 보고 이를 제거하는 방법이다. 즉, 반례로 제시된 [그림 1-5]를 다면체가 아니라고 주장한다.

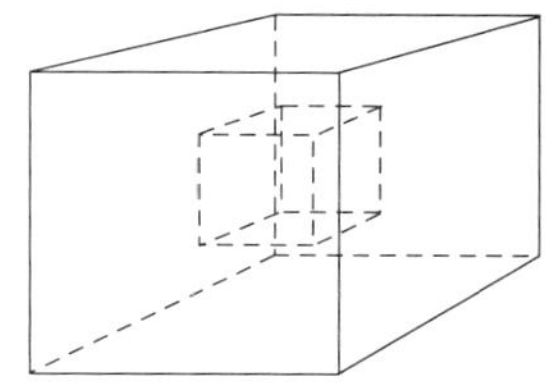

[그림 1-5]

- 예외배제법(exception-barring method) : 반례로 등장한 것을 문제의 조건에서 배제한 명제를 만든다. 즉, '다면체 중 [그림 1-5]를 제외하고는 다면체의 꼭짓점의 개수 V, 면의 개수 F, 모서리의 개수 E 사이에 V+F=E+2가 성립한다'로 원시적 추측을 수정한다.
- 보조정리합체법(lemma-incorporation method) : 반례의 원인이 되는 부분추측을 찾아 그것을 원래의 추측에 합체시켜 명제를 수정한다. 위의 명제는 '한 면을 제거한 뒤 평면에 펼칠 수 있는 다면체(=단순다면체)에 대하여 '꼭짓점의 개수 V, 면의 개수 F, 모서리의 개수 E 사이에 V+F=E+2가 성립한다'와 같이 수정할 수 있다.

준-경험주의는 수학적 지식의 본질과 그 발생 및 정당화에 대한 부분적 설명을 제시한다. 이 점에서 라카토스는 잠재적으로 지금까지의 다른 수리철학보다는 좀 더 광범위한 설명을 제공한다. 그가 수리철학의 지배적인 정통성에 의문을 제기하여 수리철학을 자유롭게 한 것은 매우 중요한 성과라 할 수 있다. 한편, 준-경험주의는 몇 가지 관점에서 비판될 수 있는데, 그 중 하나는 수학의 확실성에 대한 설명이 없다는 것이다. 라카토스는 왜 수학적 진리가 모든 지식 중에서 가장 확실한가에 대하여 설명하지 못하였다. 그는 또 연역적 논리의 확실성에 대해서도 설명하지 못하였다. 두 번째로, 라카토스는 수학 대상의 본질 또는 그들의 기원에 대해서 설명을 하지 않았다. 그는 플라토니즘의 취약성에 대해서도 지적한 바가 없었다. 셋째, 라카토스는 수학의 응용의 본질이나 그 성공에 대해서 또는 과학이나 공학기술과 같은 다른 영역에의 응용성에 대하여 설명하지 않았다. 넷째, 라카토스는 수학의 역사를 자기철학의 중심으로 끌어들인 정당성에 대하여 충분한 설명을 하지 못하였다.

2) 사회적 구성주의

최근의 수학교육은 철학적 근거를 구성주의(constructivism)에서 찾는 경향이 강하다. 구성주의에 의한 지식의 성장은 학습자가 지식을 외부로부터 수용하여 습득하는 것이 아니라 활발한 내적 인지적 활동을 통해 스스로 구성하는 것이다. 즉, 지식의 습득은 전수에 의한 것이 아니라 내적 인지구조를 재구조화함으로써 학습자 스스로 구성해 간다는 관점이다. 수리철학으로서의 구성주의 입장을 주장한 대표적인 학자로서 칸트(Immanuel Kant, 1724～1804), 듀이(John Dewey, 1859～1952), 피아제(Jean Piaget, 1896～1980) 등을 생각할 수 있다. 현대 철학의 선구자인 칸트는 인간은 정보를 수동적으로 받아들이는 존재가 아니며 학습자는 적극적으로 지식을 취하고 사전 지식에 비추어 동화시키며 자기 자신의 해석에 의하여 지식을 재구성한다고 하였다. 듀이는 학습자 자신들에게 의미 있고 그들에게 중요한 경험을 제공하는 상황에서 지식과 아이디어가 창출된다고 하였다. 이러한 상황은 서로가 정보교환을 하면서 함께 지식을 만들어가는 교실과 같은 사회적인 맥락에서 일어난다고 하였다. 그는 지식이 자기중심적으로 형성될 뿐만 아니라 사회 환경에 따라 다르게 형성되며, 개인 내에서 합리적으로 창출된다고 주장한다. 피아제는 구체적인 대상을 다루는 행동이나 조작을 수행하고 그 결과를 반성해 보는 가운데 행동이나 조작의 일반적 조정이 일어나면서 반영적 추상화에 의해 새로운 조작적 스키마(schema)가 구성된다고 본다.

구성주의를 주장하는 대표적인 학자로서 글라저스펠트(Ernst von Glasersfeld)가 있다. 그는 인식주체에 의한 지식의 구성을 주장하는 데 그치지 않고 개인의 주관과 독립된 객관적인 보편적인 지식의 존재를 거부하고 지식의 의미를 적응을 위한 도구로서의 상대적인 적합성과 유용성 또는 실용성에서 찾는다. 그가 주장하는 구성주의를 급진적 구성주의(radical constructivism)이라고 한다.

이제 오늘날 수리철학을 대표하는 사회적 구성주의(social constructivism)에 대하여 알아보자. 사회적 구성주의는 수학을 사회적 구성체로 본다. 사회적 구성주의는 인습주의에 의지하여 인간의 언어, 규칙, 합의가 수학의 참을 확립하고 정당화 하는 핵심적인 역할을 한다는 견해를 받아들인다. 또 사회적 구성주의는 준-경험주의가 취하고 있는 오류가능성의 인식론을 받아들이며 수학적 지식과 개념은 발달하고 변화한다는 견해를 받아들인다. 그것은 수학적 지식은, 수학적 발견의 논리를 사용하여, 추측과 반박을 통하여 성장한다는 라카토스의 철학적 이론을 받아들인다. 사회적 구성주의는 처방적(prescriptive)이 아니라 기술적(descriptive)인 수리철학으로서, 널리 알려진 수학의 본성을 설명하는 데 그 목적을 두고 있다.

수학적 지식을 사회적 구성체로 기술하고 이 이름을 붙이는 배경에는 다음의 세 요소가 있다. 첫째, 수학적 지식의 기초는 언어적 지식과 인습과 규칙이며, 언어는 사회적 구성물이다. 둘째, 개인의 주관적인 수학적 지식을, 발표한 후에, 객관적인 수학적 지식으로 받아들이게 하기 위해서는 개인 사이의 사회적 교류가 필요하다. 셋째, 객관성은 사회적인 것이다.

사회적 구성주의를 주장하는 대표적인 학자인 어니스트(P. Ernest)에 의하면, 사회적 구성주의는 수학적 지식의 정당화보다는 발생에 초점을 두고 있다. 새로 생긴 수학적 지식은 주관적이거나 객관적일 것이다. 사회적 구성주의의 특징은 이 두 지식의 형태를 모두 고려하며 이 둘을 연결하여 파악하는 것이다. 즉, 사회적 구성주의에 의하면, 개인이 처음으로 인식한 수학적 지식은 다른 사람의 것과 다를 수 있기에 주관적인 것이며, 이 지식을 다른 사람들에게 공표하여 수용하거나 재형식화함으로써 모두가 공유할 수 있는 객관적인 지식이 되는 것이다. 한편 개인은 객관적인 수학을 학습함으로써 내면화하고 재구성해서 개인의 주관적 지식으로 삼는다. 그리고 다시 이 주관적인 지식을 사용하여 새로운 수학적 지식을 창조하고 발표한다. 이와 같은 순환적 과정을 거쳐 수학적 지식은 발생, 발전해 간다고 보는 것이 사회적 구성주의 수리철학의 특성이다. 사회적 구성주의는 지식의 창조에 대해 다음을 가정하고 있다.

① 개인은 주관적인 수학 지식을 가지고 있다.
② 공표는 주관적 지식을 객관적 지식이 되게 하는 데 필요하다(충분하지는 않음).
③ 라카토스의 발견술을 거쳐서 공표된 지식은 객관적인 지식이 된다.
④ 이 발견술은 객관적인 규범에 의존한다.
⑤ 공표된 수학지식을 비판하기 위한 객관적 준거는 수학뿐만 아니라 언어의 객관적 지식에 근거한다.
⑥ 주관적인 수학 지식은 주로 내면화되고 재구성된 객관적 지식이다.
⑦ 개인의 기여는 사회적 지식을 증가시키거나, 재구성하거나 재생산할 수 있다.

사회적 구성주의는 두 가지의 문제를 지니고 있다. 첫째, 객관성을 사회적 또는 사회적으로 받아들여진 것과 동일시하는 것이다. 불변적이고 영구적인 객관성을 가진 수학의 대상과 진리를 사회적으로 받아들여진 가변적이고 임의적인 것과 동일시하는 것은, 일견하면, 문제성이 있는 것으로 보인다. 그러나 우리는 이미 모든 수학적 지식은 오류가능하며 가변적인 것으로 확립하였다. 그 결과 객관성에 대한 전통적인 속성 이를 테면 영속성과 불변성은 이미 퇴출되어 더 이상 문제가 되지 않는다. 둘째, 사회적 구성주의를 수학의 사회학적 또는 다른 경험적 설명과 거의 동일시하는 문제가 있다. 사회적 구성주의는 준-경험적인 것이기 때문에, 그리고 수학이 실용성을 포함한 수학의 본질을, 매우 기술적인 입장에서, 설명하는 과제를 가지고 있기 때문에 수학과 다른 학문의 경계가 약화되었다. 전통적인 철학의 장벽을 제거함으로써 수리철학을 수학의 역사와 사회학에 가까워지게 하였다. 그 결과 수학의 철학적 설명을 경험적인 것과 통합할 위험이 있다는 것이다. 사회적 구성주의는 이러한 위험성을 피하여야 한다.

제4절 ▌수학교육의 변천

1. 수학교육 근대화 운동 이전의 수학교육

고대로부터 현대에 이르기까지 수학은 인류의 문화 발달과 함께 발달해 왔다. 그런데 산업혁명이 일어나기 전인 18세기 이전의 수학 교육은 오늘날처럼 일반인을 대상으로 한 것이 아니라 지배계급 귀족들의 세금징수나 국가 관리의 목적 또는 정신도야의 목적으로 이루어져 왔다. 18세기 중엽부터 19세기에 걸쳐 영국을 중심으로 하여 일어난 산업혁명은 방적기와 증기기관차의 발명과 산업에의 활용으로 인하여 생산수단을 수공업에서 기계공업으로 바꾸어 산업발달을 촉진시킴으로써 산업 현장에 기계를 운영할 많은 인력이 필요하게 되었다. 이와 같은 사회적 변화는 대중을 위한 학교교육을 필요로 하였으며, 자금까지의 지배계층을 대상으로 한 정신도야를 목적으로 하는 수학교육에서 산업 현장에서 사용할 수 있는 실용성의 수학교육을 요구하는 수학교육 근대화 운동이 19세기 말에 일어나게 하였다. 여기서는 고대 이집트에서부터 근대화 운동 이전까지의 수학교육의 변천을 간단히 알아보기로 한다.

1) 고대 이집트, 바빌로니아, 그리스의 수학

(1) 고대 이집트의 수학

가로가 3인치[6]이고 세로가 18피트인 모스크바 파피루스(1850년경 B.C.)에는 25개의 문제가 수록되어 있고, 가로가 13인치이고 세로가 18피트인 린드 파피루스[7] (1650년경 B.C.)에는 85개의 문제가 수록되어 있는데, 이 문제들은 모두가 간단한 수치계산 문제로서 대부분의 문제가 실용적인 것이지만 이론적인 성질을 띠고 있는 것도 있다. 이 자료에서 다루는 곱셈과 나눗셈은 항상 임의의 수가 2의 거듭제곱으로 표현될 수 있다는 사실에 기초하여 다음의 예와 같이 행하여졌다.

---

6 1인치＝2.54cm, 1피트＝12인치.

7 영국의 Rhind가 이 파피루스를 구입하여 런던박물관에 기증하여 얻어진 이름이며, 이 파피루스를 기록한 사람인 Ahmes의 이름을 따서 아메스 파피루스라고도 함.

한 예로서 26×33을 계산하여 보자. $26=16+8+2$이므로 26×33을 아래 <표 1-1>에서 *표한 33의 배수를 더하면 된다. 따라서 그 값은 858이다.

〈표 1-1〉

1	33
*2	66
4	132
*8	264
*16	528
	858

〈표 1-2〉

1	26
2	52
*4	104
*8	208
*16	416
28	

이제 753÷26을 계산해 보자.

우선 26의 배수를 계속해서 753을 초과하게 되는 바로 앞까지 수를 구한다. 위의 <표 1-2>는 그 과정이다.

한편

$$\begin{aligned}753&=416+337\\&=416+208+129\\&=416+208+104+25\end{aligned}$$

이므로 위의 <표 1-2>에서 *표가 붙은 항의 합 $16+8+4=28$이 몫이고 나머지가 25임을 알 수 있다. 이 계산 방법은 곱셈표를 배워야 할 필요가 없어서 오랫동안 이용되었다고 한다.

이집트인들은 분수를 사용하였는데, 2/3를 제외한 분수들은 분자가 1인 단위분수의 합으로 표현하였다. 분수를 단위분수로 나타내는 방법을 알아보자.

방법 : 분수 $\dfrac{2}{pq}$에 대하여 $r=\dfrac{(p+q)}{2}$일 때, $\dfrac{2}{pq}=\dfrac{1}{pr}+\dfrac{1}{qr}$임을 이용하여 단위분수로 나타낼 수 있다. 이 방법을 이용하면, 어떤 분수를 분자가 2인 분수로 변형한 다음 서로 다른 단위분수의 합으로 나타낼 수 있음을 알 수 있다.

[예] 다음 분수를 서로 다른 단위분수의 합으로 나타내어 보자.

1) $\frac{2}{7}$　　2) $\frac{3}{7}$　　3) $\frac{3}{8}$

단위분수 $\frac{1}{n}$을 $\frac{1}{(n+1)}+\frac{1}{n(n+1)}$로 나타낼 수 있으므로, 어떤 단위분수를 다른 두 단위분수의 합으로 나타낼 수 있다. 이와 같이 한 분수를 단위분수로 나타내는 데에는 무한히 많은 방법이 있다.

린드 파피루스와 모스크바 파피루스에는 농도문제, 가축들의 수, 곡식의 저장과 같은 실생활에 관련된, 간단한 일차방정식으로 해결할 수 있는 문제들이 있는데, 이 문제들을 다음의 예와 같은 임시위치법(rule of false position)이라는 방법으로 해결하였다.

[예] 방정식 $x+\frac{x}{7}=24$를 임시위치법으로 풀어라.

x에 임의의 편리한 값 하나를 정한다. 예를 들어 $x=7$이라고 하면

$x+\frac{x}{7}=8$

그런데 24는 8의 3배이다.

따라서 $x=7\times3=21$이다.

이집트 대수에서 덧셈과 뺄셈의 기호를 사용하고 있는데, 덧셈의 기호는 왼쪽에서 오른쪽으로 걸어가는 다리 한 쌍으로 표시하고 뺄셈의 기호는 오른쪽에서 왼쪽으로 걸어가는 다리 한 쌍으로 표현하였다.

린드 파피루스와 모스크바 파피루스에 기록되어 있는 기하에 관한 26개의 문제 중 대부분은 땅의 넓이와 곡물창고의 크기를 계산하는 데 필요한 측량공식으로부터 유래되었다. 예를 들면 원의 넓이는 지름의 8/9의 제곱과 같다고 하였고, 직원기둥의 부피는 밑면의 넓이와 높이의 곱으로 구하였다. 또 네 변의 길이가 a, b, c, d인 임의의 사각형의 넓이는 잘못된 공식 $K=\frac{(a+c)(b+d)}{4}$를 이용하였다.

(2) 바빌로니아의 수학

19세기 중엽부터 메소포타미아에서 활동한 고고학자들이 약 50만 개의 점토판을 발굴하였는데, 이들 대부분은 파리, 베를린, 런던 등의 박물관과 미국의 일부 대학의 고고학 전시관에 보관되어 있다. 이 점토판 중 약 300개에 수학에 관한 표와 문제가 적혀 있다. 수학에 관한 점토판의 역사는 기원전 2100년에서 기원전 300년경까지의 것이다. 이 점토판의 수학은 상당히 높은 수준을 보여주고 있으며 60진법의 위치적 기수법을 사용하였다. 300개의 수학 판 중에 약 200개의 판에 곱셈표, 역수표, 제곱과 세제곱표, 지수표를 보여주고 있는데, 지수표는 이자계산의 복리에 관한 문제를 보간법으로 해결하기 위해서 이용되었을 것이고, 역수표는 나눗셈을 곱셈으로 바꾸는 데 이용되었을 것이다.

바빌로니아의 기하학은 거의 실제 측량에 관한 것이다. 연구에 의하면 기원전 2000년부터 기원전 1600년까지의 바빌로니아인들은 직사각형의 넓이, 직각삼각형과 이등변삼각형의 넓이, 평행인 두 변과 다른 한 변이 수직인 사다리꼴의 넓이, 밑면이 사다리꼴인 직각기둥의 부피를 구하는 방법을 알고 있었다. 또 원주는 지름의 3배, 원의 넓이는 원주의 제곱의 1/12로 계산하였다. 직원기둥의 부피는 밑면의 넓이와 높이의 곱으로 구하였고, 원뿔대나 정사각뿔대의 부피는 두 밑면의 넓이의 합의 1/2에 높이를 곱하여 구했는데, 이는 잘못된 방법이다. 이들은 이등변삼각형의 꼭짓점에서 밑변에 내린 수선이 밑변을 이등분하고 반원에 내접하는 각이 직각이라는 것도 알고 있었다. 오늘날 원주를 360등분하는 것도 바빌로니아인의 업적인 것으로 보고 있다. 기원전 2000년경의 바빌로니아 산술은 2차방정식을 풀었을 뿐 아니라 3차방정식과 4차 방정식도 생각한 것으로 보인다. 그 예로서 그들은 점토판에 n^3+n^2에 대한 표를 만들어 사용하였다. 이는 삼차방정식 $x^3+x^2=b$의 해를 구하는 데 필요한 것으로 생각된다. 고대 바빌로니아인들은 기하보다는 대수에 더 강했다고 볼 수 있다.

(3) 고대 그리스의 수학

기원전 6세기 초에 밀레투스(Miletus)의 탈레스(Thales)에 의해 논증기하학이 시작되었다고 본다. 그는 젊은 시절에 상인으로서 돈을 많이 벌었으며, 그 이후에는 연구와 여행으로 여생을 보낸 듯하다. 한때 그는 이집트를 방문하여 피라미드의 그림자를 이용하여 그 높이를 계산하였다. 탈레스는 다음 성질을 논리적 추론에 의하여 입증하였는데, 이로써 그가 논증기하를 처음으로 시작한 사람으로 인정받고 있다.

㉠ 원은 임의의 지름에 의하여 이등분된다.
㉡ 이등변삼각형의 두 밑각의 크기는 같다.
㉢ 두 직선이 만나서 생긴 맞꼭지각의 크기는 같다.
㉣ 두 삼각형에서 각각 두 각의 크기와 한 변의 길이가 서로 같으면 그들은 서로 같다.
㉤ 반원에 내접하는 각은 직각이다. (바빌로니아인들은 이보다 1400년 전에 이 사실을 알고 있었음)

탈레스의 제자로 추정되는 피타고라스(Pythagoras, 약 B.C. 572～B.C. 500)는 피타고라스 학교를 세웠다. 이 학파는 정수가 만물의 근원이라는 가정하에 산술, 기하, 음악, 천문학을 다루었다. 이 학파의 교육은 완전히 구두로 행해졌으며 모든 발견의 업적이 단체의 설립자에게로 돌려지는 관습 때문에 피타고라스가 발견한 것으로 알려진 수학적 성질들이 실제로 피타고라스가 발견한 것인지는 정확히 알 수 없다. 피타고라스학파의 업적은 유클리드의 『원론』에 기록되어 있다. 피타고라스학파의 업적으로 알려진 이 시대의 수학적 발견으로 다음과 같은 것들이 있다.

• 친화수, 완전수, 부족수, 과잉수, 형상수(삼각수, 사각수, 오각수)
• 피타고라스의 정리
• 피타고라스의 수(직각삼각형의 세 변이 될 수 있는 세 정수의 쌍)
• 무리수의 존재
• 대수적 항등식의 기하적 입증

$(a+b)^2 = a^2 + 2ab + b^2$, $(a+b)^2 = 4ab + (a-b)^2$

[그림 1-6]

$(a+b)(a-b) = a^2 - b^2$

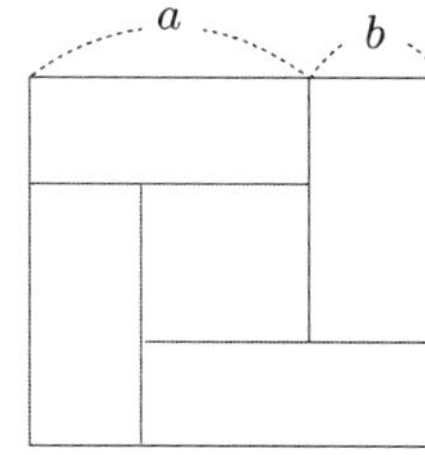

[그림 1–6]

• 방정식의 기하적 해법

$ax = bc$ [그림 1-7], $x^2 = ab$ [그림 1-8]

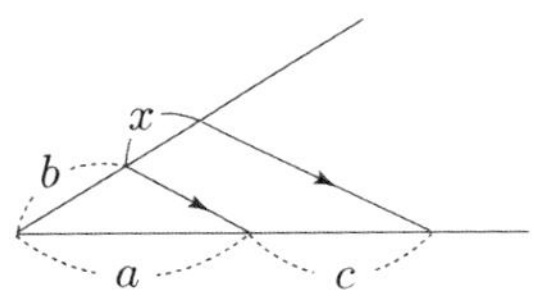

[그림 1–7]

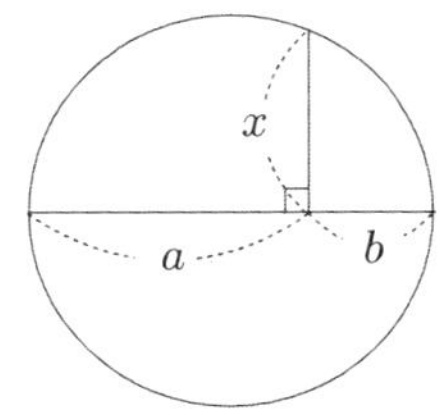

[그림 1–8]

$x^2 - ax + b^2 = 0$ [그림 1-9], $x^2 + ax + b^2 = 0$

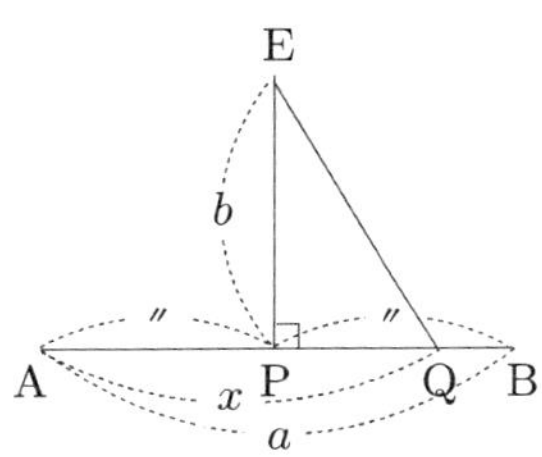

[그림 1–9]

$\overline{AB} = a$, $\overline{AP} = \overline{PB}$, $\overline{EP} = b$

$\overline{EQ} = \overline{PB}$, $\overline{AQ} = x$

$\overline{AQ} \times \overline{QB} = \overline{PB}^2 - \overline{PQ}^2$

$= \overline{EQ}^2 - \overline{PQ}^2 = \overline{EP}^2 = b^2$

$\therefore\ x(a - x) = b^2$,

$x^2 - ax + b^2 = 0$

근 x는 $\overline{AQ}$ 또는 $\overline{QB}$

$x^2 + ax + b^2 = 0$의 근 x는 [그림 1-9]에서 $-\overline{AQ}$ 또는 $-\overline{QB}$

$x^2 - ax - b^2 = 0$ [그림 1-10], $x^2 + ax - b^2 = 0$

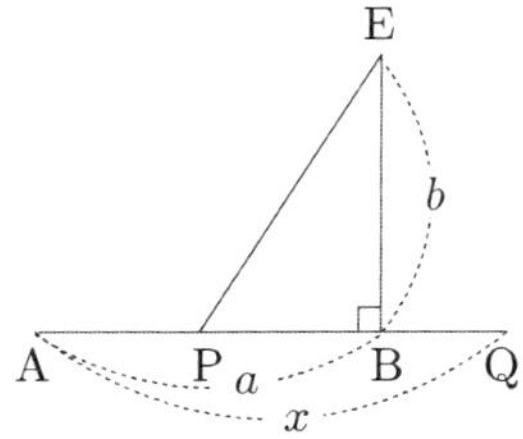

[그림 1–10]

$\overline{AB} = a$, $\overline{AP} = \overline{PB}$, $\overline{BE} = b$

$\overline{PE} = \overline{PQ}$, $\overline{AQ} = x$

$\overline{AQ} \times \overline{BQ} = \overline{PQ}^2 - \overline{PB}^2$

$= \overline{PE}^2 - \overline{PB}^2 = \overline{BE}^2 = b^2$

$\therefore x(x - a) = b^2$, $x^2 - ax - b^2 = 0$

근 x는 $\overline{AQ}$ 또는 $\overline{BQ}$

$x^2 + ax - b^2 = 0$의 근 x 는 [그림 1-10]에서 $-\overline{AQ}$ 또는 $-\overline{BQ}$

• 정다면체의 발견, 공준적 방법의 사용 등

유클리드(Euclid)의 생애에 대해서는 거의 알려진 것이 없다. 확실한 것은 당시 문명의 중심지였던 알렉산드리아의 알렉산드리아 대학의 수학과 교수를 지냈으며 알렉산드리아 수학학교를 설립하였다. 파푸스(Pappus)는 유클리드와 아폴로니우스를 비교하면서 아폴로니우스를 혹평한 반면에 유클리드를 매우 겸손한 사람으로 칭찬하였다.

유클리드에 관한 일화로 다음과 같은 것들이 있다. 당시 톨레미 왕이 유클리드에게 기하학을 터득하기 위한 지름길이 무엇이냐고 물었을 때 유클리드는 "기하에는 왕도가 없습니다"고 대답하였다고 한다. 또 유클리드가 기하학을 배우는 한 학생으로부터 "이런 것을 배워서 무엇을 얻습니까?"라는 질문을 받고는 즉시 하인을 불러서 "그에게 동전 한 닢을 주어라. 그는 자기가 배운 것으로부터 무엇을 얻어야 하니까!"라고 하였다고 한다.

유클리드는 열 가지 이상의 저작을 남겼는데 그 중 다섯 가지는 거의 완전한 형태로 오늘날까지 전해 내려오고 있다. 그를 유명하게 한 그의 『원론(Elements)』은 당시의 수학을 집대성한 불후의 명작으로서 20세기 초까지 이천년 이상 기하학의 교과서로 군림해 왔다. 그러나 원본은 전해지지 않고 있으며 현대판은 유클리드보다 700년 뒤 시대의 알렉산드리아의 테온(Theon)에 의해 만들어진 교정본에 그 기초를 두고 있다. 그러나 그 내용은 유클리드가 쓴 원본과 거의 같은 것으로 판명되었다.

다음은 『원론』의 내용에 대한 설명이다. 유클리드의 원론은 기하학뿐만 아니라 수론과 약간의 대수의 내용도 담고 있다. 원론은 13권의 책으로 되어 있고 465개의 명제가 수록되어 있다. 제1권은 23개의 정의(definitions), 5개의 공준(postulations), 5개의 공리(common notions)들로 시작하고 있으며, 삼각형의 성질, 세 개의 합동정리, 평행선의 성질, 삼각형의 내각의 합은 이직각과 같음, 평행사변형·삼각형·정사각형의 넓이, 피타고라스의 정리, 피타고라스의 정리의 역을 다루고 있다. 제2권에는 넓이의 변환과 기하적 대수를 다루고 있다. 그 중 하나는 오늘날 코사인 법칙에 해당하는 것으로 '둔각(예각)삼각형에서 둔각(예각)의 대변을 한 변으로 하는 정사각형의 넓이는 다른 두 변에서 각각을 한 변으로 하는 정사각형의 넓이의 합에다가 다른 두 변 중 어느 한 변과 그 변을 나머지 한 변에 사영시킨 것의 곱의 두 배를 더한 것과 같다'를 다루고 있다. 제3권에는 원, 현, 호의 측정에 관한 정리들이 있다. 제4권은 3, 4, 5, 6, 15개의 변을 갖는 정다각형을 원에 내접 또는 외접시키는 작도문제를 다루고 있다. 제5권은 에우독소스의 비례론(A, B, C, D가 부호가 붙지 않은 임의의 크기이고, A, B의 단위가 같고, C, D의 단위가 같을 때, 임의의 양의 정수 m, n에 대하여 mC $\leq(\geq)$nD일 때 mA $\leq(\geq)$nB이면 A와 B의 비는 C와 D의 비와 같다)에 관해 설명하고 있다. 제6권에서는 닮은 삼각형에 대한 기본정리, 비례중항의 작도, 이차방정식의 기하적 해, 삼각형에서 한 각의 이등분선이 그 대변을 다른 두 변의 비로 나눈다는 명제 등을 다루고 있다. 제7, 8, 9권에서는 초등 수론을 다루고 있는데, 제7권에서는 유클리드의 호제법, 제8권에서는 연속비례와 등비수열을 다루고 있다. 한 예로서 $a : b = b : c = c : d$ 이면 a, b, c, d는 등비수열을 이룬다. 제9권에는 정수론에 관한 정리들이 있는데, 그 예로는 '1보다 큰 정수는 꼭 한 가지 방법으로 소인수들의 곱으로 표현될 수 있다', '소수의 개수는 무한이다' 등이 증명되어 있다. 제10권에서는 어떤 주어진 선분에 관하여 같은 표준으로 잴 수 없는 선분, 즉 무리수에 관하여 다루고 있다. 또 여기서 실진법(method of exhaustion)을 다루고 있는데 그 내용은 다음과 같다. '한 크기가 주어졌을 때 여기서 그 반 이상을 빼버리고 또 그 나머지로부터 그 나머지의 반 이상을 빼 버리는 과정을 계속해 가면 마침내 어떤 정해진 크기보다 작은 크기를 얻게 된다.' 나머지 세 권인 11권, 12권, 13권에서는 입체기하학을 다루고 있는데, 제11권에서는 공간에서의 직선과 평면에 관한 정의와 정리, 평행육면체에 관한 정리를 다루고 있고, 제12권에서는 실진법을 이용한 부피 문제를 다루고 있으며, 제13권에서는 하나의 구에 다섯 개의 정다면체를 내접시키는 작도문제를 다루고 있다.

유클리드는 원론을 집필할 때 이전까지 있었던 여러 원론들을 인용하였는데, 그 중 가장 영향을 미친 것은 테우디우스(Theudius)에 의해 저술된 플라톤 아카데미의 교과서였다고 한다. 유클리드는 이 전의 내용들을 편집하면서 많은 증명을 만들어 넣고 많은 내용을 완성시켰다. 유클리드의 원론의 특징은 명제를 기술적으로 정선하고 논리적인 결과가 유도되도록 그것을 잘 배열하고 적은 가정으로부터 많은 명제를 연역적으로 추론해 냈다는 데 있다고 하겠다.

유클리드 이후의 그리스 시대의 유명한 수학자로서 아르키메데스(Archimedes), 에라토스테네스(Eratosthenes), 아폴로니우스(Appolonius), 헤론(Heron), 디오판투스(Diophantus), 파푸스(Pappus) 등이 있다. 이들의 대표적인 업적을 간단히 소개하면 다음과 같다.

아르키메데스의 현존하는 작품으로 「원의 측정」, 「포물선의 구적법」, 「나선에 관하여」가 있다. 아르키메데스는 구와 원기둥에 관한 연구에서 구의 겉넓이는 외접원기둥의 겉넓이의 2/3, 구의 부피는 외접원기둥의 부피의 2/3임을 보이고 있다. 아르키메데스의 일화로 다음과 같은 것이 있다. 그는 히에론 왕이 금 세공인에게 명령하여 금으로 왕관을 만들게 했는데, 그 세공인이 금의 일부를 빼내고 은을 넣을 것이라고 의심하고 이 문제를 아르키메데스에게 해결해 줄 것을 부탁하였다. 아르키메데스는 이 문제를 골똘히 생각하다가 어느날 공중목욕탕의 물속에 들어가면서 부력에 관한 법칙을 생각해 내고 너무나 흥분한 나머지 발가벗은 것도 잊은 채 "Eureka, eureka!(알아냈다, 알아냈다!)" 하면서 거리를 달렸다고 한다. 그 직후 그는 왕관과 같은 무개의 순금을 양팔 저울에 달고 물 속에 넣어보고 왕관이 위로 떠오르는 것을 보고 금이 아닌 물질이 섞여 있음을 알아냈다고 한다. 그의 최후는 로마가 시라쿠사를 약탈하고 있을 때 로마병사에 의하여 맞이하게 된다. 아르키메데스가 모래쟁반에 그림을 그려놓고 몰두하고 있을 때, 한 로마 병사가 그의 앞으로 다가왔다. 그러자 아르키메데스가 병사에게 "나의 그림을 밟지 마시오!"라고 외치자 이에 격분한 병사가 창으로 찔러 사망하게 하였다. 아르키메데스의 묘비는 평소 그의 유언에 따라 원기둥에 내접하는 구의 그림을 새겨 넣었다. 그의 무덤은 오랫동안 잊혀져 오다가 1965년에 시라쿠사에서 한 호텔 건축의 기초공사를 위해 땅을 파다가 원기둥에 내접하는 구의 그림이 새겨진 묘비를 발견함으로써 다시 발견하게 되었다.

에라토스테네스는 수학자, 천문학자, 지리학자, 역사학자, 철학자, 시인으로서 뿐만 아니라 운동가로서도 명성을 날렸다. 그는 n보다 작은 모든 소수를 찾아내는 '체'라고 하는 방법을 발견하였다. 그는 눈병 때문에 거의 앞을 볼 수 없게 되자 스스로 단식하여 자살하였다.

유클리드, 아르키메데스, 아폴로니우스는 기원전 3세기의 수학에 있어서 3대 거인이다. 아폴로니우스의 주요한 업적은 그의 저작 『원추곡선론(Conic Sections)』이다. 그는 원추곡선에 타원(ellipse), 포물선(parabola), 쌍곡선(hyperbola)의 이름을 만들었다. 타원은 '부족하다'는 뜻의 그리스어 ellipsis에서, 포물선은 '일치한다'는 뜻의 그리스어 parabole에서, 쌍곡선은 '초과한다'는 뜻의 그리스어 hyperbole에서 유래한 것이라고 한다. 그의 저서 『접촉론』에 의하면 아폴로니우스의 문제로 알려진 "세 원이 주어졌을 때 이들 모두에 접하는 원을 작도하라."를 좌표기하를 이용하여 처음 해결한 사람은 데카르트의 제자인 보헤미아의 프레드릭 5세의 딸인 엘리자베스 공주였다. 그의 마지막 작품 『평면자취론』에 나오는 정리 "A, B가 고정된 점이고 k가 주어진 상수일 때 AP/BP = k인 점 P의 자취는 원 (k ≠ 1)이거나 직선(k = 1)이다."에 나오는 원은 아폴로니우스의 원이라고 불린다.

프톨레마이오스(Claudius Ptolemaeus or Ptolemy)는 0.5°에서 180°까지 0.5°씩 주어진 원의 모든 중심각의 현의 길이를 계산한 현 표를 만들었는데, 이것은 본질적으로 0°에서 90°까지 0.5°마다의 각의 사인(sine)값을 주는 것이다.

헤론의 저작은 크게 두 가지로 분류할 수 있는데 하나는 기하학에 관한 것이고 다른 하나는 역학에 관한 것이다. 1896년에 콘스탄티노플에서 발견된 그의 저서 『측정론』에는 다양한 평면도형의 면적과 입체도형의 곡면적을 다루고 있다. 특히 주목할 내용으로는 세 변의 길이로 삼각형의 넓이를 구하는 공식과 정수의 제곱근의 근삿값을 구하는 방법이다. 그 방법은 다음과 같다. $n = ab$이면 $\sqrt{n}$의 근삿값은 a나 b 보다 $\frac{a+b}{2}$에 더 가깝다. 이 방법을 계속하면 다음과 같다. a_1이 $\sqrt{n}$의 최초의 근삿값이면 $a_2 = \frac{a_1 + \frac{n}{a_1}}{2}$는 더 좋은 근삿값이고, $a_3 = \frac{a_2 + \frac{n}{a_2}}{2}$는 그보다 더 좋은 근삿값이다.

디오판투스는 대수학에 관해 많이 연구하였으며 대수적 표기에 당시로서는 획기적인 방법인 약어적 대수를 사용한 것이다. 대수적 표기의 역사적 발전을 네셀만(Nesselmann)은 수사적 대수(rhetoric algebra), 약어대수(syncopated algebra), 기호대수(symbolic algebra)로 분류하였다. 수사적 대수에선 문제의 풀이에서 기호를 사용하지 않고 순수한 산문형태로 기록하고, 약어대수에서는 빈번히 나오는 양이나 연산에 어떤 약어를 사용하며, 기호대수에서는 문제의 내용과 별로 관련이 없는 기호를 사용한다. 디오판투스의 생애에는 별로 알려진 것이 없다. 유일한 것은 『그리스 명시선집』에 나오는 다음과 같은 묘비명의 문제이다.

> 디오판투스는 그의 생애의 1/6을 소년으로 보냈고 1/12를 청년으로 보냈으며 그 뒤 1/7이 지나서 결혼했다. 결혼한 지 5년 뒤에 아들을 낳았고 그 아들은 아버지의 나이의 반을 살다가 죽었고 아들이 죽은 지 4년이 지나 아버지가 죽었다. 아버지는 몇 살까지 살았는가?

파푸스(Pappus)는 3세기 말엽 알렉산드리아 출신으로 기하학에 관심을 가진 학자이다. 파푸스는 유클리드의 『원론』, 『자료론』, 프톨레마이오스의 『알마게스트』, 『평면천체도』 등에 주석을 썼으며, 그의 저서 『수학집성(Mathematical collection)』은 당시까지 알려져 있던 기하학의 연구에 대한 주석 및 안내서로서 많은 독창적인 명제, 개정, 확장, 역사적 내용 등이 실려 있다. 이 저작은 8권으로 되어 있는데, 제1권과 제3권의 일부가 분실되었다. 파푸스의 저서 제7권 속에는 사영기하에서 다루는 중요한 성질인 복비(cross ratio)에 관한 다음의 성질이 성립함을 보였다.

> 한 점에서 방사된 네 개의 반직선이 두 횡단선과 만날 때 그 대응교점을 각각 A, B, C, D와 A′, B′, C′, D′이라 하면 두 복비 (AB, CD)와 (A′B′, C′D′)는 서로 같다.

또 이 7권 속에는 analyomenos라고 부른 한 연구 분야에 대해 보고하고 있다. 이 단어는 '분석의 보고', '문제를 푸는 기술', 혹은 '발견술(heuristics)'이라고 번역되기도 하는데 주로 발견술로 번역되고 있다. 이에 대한 내용은 제3장 제2절에서 다루고 있다.

2) 고대 중국, 인도, 아라비아, 우리나라의 수학

(1) 중국의 수학

중국은 주(周)나라(1046 B.C.～256 B.C.) 이전부터 기수법으로 십진법을 사용하였으며, 한(漢)나라(202 B.C.～220 A.D.) 시대 또는 그 이전부터 대나무 막대를 이용하는 막대수체계를 사용하였다. 이 수 체계는 본질적으로 밑수가 10인 위치 수체계이다. [그림 1-11]은 숫자 1, 2, 3, 4, 5, 6, 7, 8, 9가 홀수 자리(일단위, 백단위, …)에 나타날 때 표현한 것이고, [그림 1-12]는 1에서 9가지의 각 수가 짝수 자리(10단위, 1000단위, …)에 나타날 때 표현하는 방법이다. 이 수 체계에서 송(宋)대 이후부터 영의 자리에 원 모양의 기호를 사용하였다.

[그림 1-11]

[그림 1–12]

그리고 사칙연산을 할 수 있게 하는 주산이 언제부터인지는 분명히 알 수 없으나 계산의 도구로 사용되어 왔다. 마방진도 주 나라 이전에 이미 개발된 것으로 알려지고 있다.

고대 중국에서 가장 중요한 수학책은 한 나라 시대의 것으로 『구장산술(九章算術)』이라는 것이 있다. 구장산술보다 더 오래된 것으로 추정되는 『주비산경(周髀算經)』도 있다. 구장산술은 농업, 상업, 공업, 측량, 방정식의 해법, 직각삼각형의 성질 등에 관한 246개의 문제가 있다. 이 책에는 해법은 주어져 있으나 그리스식의 증명은 찾아볼 수 없다. 9개의 권으로 되어 있는데, 그 대표적인 내용은 다음과 같다.

제1권 방전(方田)에서는 여러 가지 형태의 전지(田地)의 면적 계산을 다루고 있다. 토지의 모양은 방전 즉 직사각형을 비롯하여 삼각형, 사다리꼴, 원형, 반원, 활꼴, 도넛츠 형 등이 있고, 원형의 면적을 셈할 때, 원주율로 3을 쓰고 있다. 한 예로 다음과 같은 문제가 있다.

[문제] 지금 활꼴 모양의 농토가 있다. 현은 30보, 시는 15보이다. 면적은 얼마인가?[8]

답왈 : 1무 97보 반.

제2권 속미(粟米)에서는 곡물을 교환할 때의 환산법에 관한 문제를 다루고 있다. 한 예로 다음과 같은 문제가 있다.

[문제] 지금 2말 1되가 되는 속(粟, 벼)이 있다. 이것을 비미(쌀)로 만들고 싶다. 얼마가 되는가?

답왈 : 비미 1말 1되 50분의 17.

술왈 : 속을 비미로 만들기 위해서는 27을 곱하여 50으로 나눈다.

8 시는 활꼴의 높이, 1무＝240보^2.

제3권 쇠분(衰分)에서는 차를 두어 분배하는 계산법이 다루어진다. 쇠분은 차이를 뜻한다. 다음과 같은 문제가 있다.

[문제] 베 잘 짜는 아가씨가 있다. 매일 전날의 2배씩 짜서 5일 간에 5척의 베를 잤다. 이 아가씨는 베를 매일 얼마씩 짰는가?

제4권 소광(小廣)에서는 제1장의 방전과 같이 주로 면적에 관한 문제를 다루고 있는데 뒷부분에서는 부피도 다루고 있다. 1장과 다른 점은 넓이가 주어졌을 때 길이를 구하는 문제가 많다. 다음과 같은 문제가 있다.

[문제] 체적이 1조 6448억 6643만 7500 세제곱자인 구가 있다. 그 구의 지름은 얼마인가?

답왈 : 14,300자.

술왈 : 부피를 16배하고 9로 나눈 값의 세제곱근을 구하면 지름을 얻는다.

제5권 상공(商功)장에서는 여러 가지 토목공사와 관련된 계산문제를 다루고 있다. 여기서 商은 측량이라는 뜻이다. 다음과 같은 문제가 있다.

[문제] 도랑을 팠다. 윗면의 폭은 1장 8척, 밑면의 폭은 3척 6치, 깊이 1장 8척, 길이 51824척이다. 부피는 얼마인가?

답왈 : 10074585척 6치.

제6권 균수(均輸)에서는 몇 개의 현으로부터 벼를 일정한 곳에 있는 창고까지 운반하는데, 각 현의 호수, 창고까지 가는데 소요되는 날 수 등을 고려하여 운반해야할 벼의 양, 동원해야 할 수레와 인부의 수를 공평하게 차출하는 문제 등을 다루고 있다.

제7권 영부족(盈不足)에서는 남고 모자라는 것에 관한 문제이다. 여기서 盈은 더 많음을 뜻한다. 다음과 같은 문제가 있다.

[문제] 지금 공동으로 물품을 구입하는데, 각자가 8전씩 돈을 내면 3전이 남고 7전씩 내면 4전이 모자란다. 사람 수와 물품의 값은 얼마인가?

답왈 : 7인, 물품 값 53전.

제8권 방정(方程)에서는 일차연립방정식의 해를 구하는 문제를 다룬다. 다음과 같은 문제가 있다.

[문제] 상품의 벼 3다발, 중품의 벼 2다발, 하품의 벼 1다발의 벼의 양은 39말, 상품 2다발, 중품 3다발, 하품 1다발의 벼의 양은 34말, 상품 1다발, 중품 2다발, 하품 3다발의 벼의 양은 26말이다. 그러면 상, 중, 하의 각 다발의 벼의 양은 얼마인가?

〈풀이〉 이 문제의 풀이는 계수를 이용하여 다음과 같은 행렬 형식으로 나타내었는데, 이것을 방정이라고 한다. 풀이의 방법은 가감법을 이용하여 1원 1차 방정식으로 고쳐서 해를 구한다.

$$\begin{array}{cccc} 3 & 2 & 1 & 39 \\ 2 & 3 & 1 & 34 \\ 1 & 2 & 3 & 26 \end{array} \Rightarrow \begin{array}{cccc} 3 & 2 & 1 & 39 \\ 0 & 5 & 1 & 24 \\ 0 & 4 & 8 & 29 \end{array} \Rightarrow \begin{array}{cccc} 3 & 2 & 1 & 39 \\ 0 & 5 & 1 & 24 \\ 0 & 0 & 36 & 99 \end{array}$$

답왈 : 하품 1다발의 벼의 량은 $\frac{99}{36} = 2\frac{3}{4}$ 말이다.

제9권 구고(句股)에서는 직각삼각형에서 두 변의 길이를 알 때 나머지 한 변의 길이를 구하는 문제를 다룬다. 구(句)는 직각삼각형의 직각을 이루는 변 중 짧은 변을 뜻하고, 고(股)는 긴 변을 뜻한다. 빗변은 현(弦)이라고 한다. 다음과 같은 문제가 있다.

[문제] 1변의 길이를 알 수 없는 정사각형 모양의 읍이 있고, 각 변의 중앙에 문이 있다. 북문을 나와 20보 간 지점에 나무가 서 있다. 남문을 나와 14보 간 다음, 거기서 서쪽으로 1775보 간 지점에서 그 나무를 보았다. 이 읍의 한 변의 길이는 얼마인가?

답왈 : 250보.

술왈 : 북문을 나와서 걸어간 보수 20에 서쪽으로 간 보수를 곱하고 이것을 2배하여 실(實)로 한다. 북으로 간 보수와 남으로 간 보수를 더하여, 종법으로 제곱근을 구하면 된다.

『구장산술』보다 더 오래된 것으로 추정하는 『주비산경』의 내용 중 흥미로운 것은 증명 없이 다음 그림으로 피타고라스의 정리를 다룬 것이다.

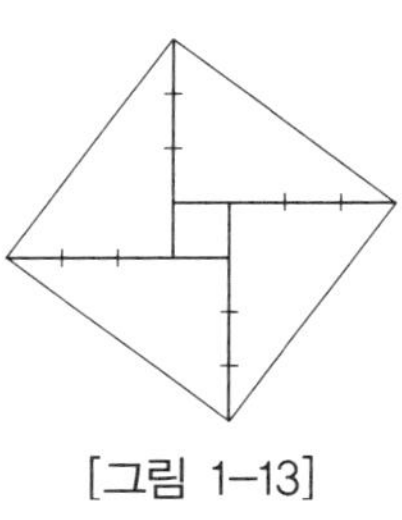

[그림 1–13]

후한 시대의 유휘(劉徽)는 『해도산경(海島算經)』이라는 『구장산술』의 주해서를 썼는데, 이 책에서는 구적법에 관한 문제를 다루면서 원주율 π의 값을 $3.141 < \pi < 3.1427$라고 하였으며, 그 후 약 200년 뒤에 조충지(祖沖之. 430-501)와 그의 아들은 $3.1415926 < \pi < 3.1415927$을 발견하였다. 서구의 수학자들은 1600년까지도 원주율에 대한 조충지 부자의 근삿값을 뛰어넘지 못했다. 송(宋) 시대의 진구소(秦九韶)는 1247년에 출판한 책에서 중국 최초로 영을 표시하는 데 독립된 기호로 원을 사용하였다. 아래 그림은 수 -10724를 나타낸다. 가운데 O은 영을 나타내는 기호이고 오른쪽의 비스듬하게 놓인 막대는 음수를 뜻한다.

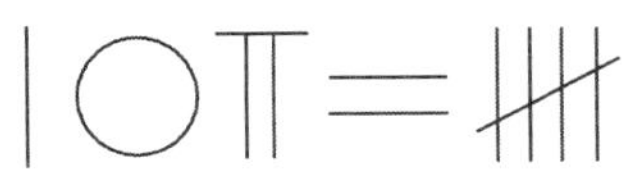

이야(李冶)는 음수에 대한 표기를 소개한 사람으로 막대수체계로 수를 썼을 때 맨 오른쪽 자릿수를 대각선으로 획을 그어서 음수를 표시하였다. 양휘(楊輝)는 파스칼의 삼각형에 대해 설명하였는데, 이는 주세걸(朱世傑)의 책에서도 나온다.

중국의 고대 수학은 거의 독자적으로 발전하였으며 서구의 영향을 받은 흔적은 예수회 선교사들이 중국에 들어간 후인 명조 시대부터이다.

(2) 인도수학

고대 인도의 수학 발전에 관해서는 정확한 기록 부족으로 인하여 별로 알려진 것이 없다. 가장 오래된 역사는 5000년 전에 폐허가 된 모헨조다로의 한 도시에서 발굴된 발달된 문명의 흔적으로 이는 상당한 수준의 기초 수학과 공학을 사용한 것으로 추정된다.

기원전 6세기경 석가모니 부처가 활약하던 시대에 종교문헌인 『술바수트라스』(Sulvasutras; 새끼의 규칙이라는 뜻)가 쓰인 것으로 추정되는 데, 그 내용은 새끼를 꼬아 제단을 건축할 수 있는 기하적 법칙을 구체적으로 설명하고 있고 피타고라스의 3쌍도 알고 있음을 보여주고 있다.

마우리아 제국의 아소카 왕 시대(272 B.C.~232 B.C.)에 세워진 몇 개의 돌기둥에 현재의 숫자가 새겨져 있다. 인도수학은 5세기 초부터 종교보다는 천문학에 공헌하게 되었으며, 6세기경의 작품인 『판챠 싯단티카(Panca Siddhantika)』는 초기 인도 삼각법의 개요와 사인(sine)표를 싣고 있다.

인도인들은 산술과 대수에 많은 공헌을 하였으며 많은 산술문제들을 임시위치법으로 풀었지만 역산법도 선호하였다. 역산법이란 주어진 정보로부터 거꾸로 계산하는 방법이다. 예를 들어 바스카라의 『릴라바티』에 나오는 다음과 같은 문제가 있다.

> '반짝이는 눈을 가진 아가씨, 역산의 올바른 방법을 안다면 내 말을 들어봐요. 어떤 수에 3을 곱한 것에 그 곱의 3/4을 증가시키고 7로 나눈 다음, 그 나눈 것의 1/3을 빼서 그 자신을 곱한 뒤 52를 다시 빼고 그것에 제곱근을 취해서 8을 더하고 10으로 나누면 2가 된다오. 그 수는 얼마이겠소?'

이 문제를 역산법으로 풀면 '$2\times10-8$ …(답 : 28)'와 같이 풀게 된다.

인도인들은 등차수열과 등비수열의 합을 구했으며 단리, 복리, 할인, 조합 등의 문제를 풀었다. 인도의 대수는 약어대수(단어의 첫 음절을 이용하여 식을 세우는 방법)를 사용하였다.

인도인들의 기하학은 주로 경험에 의존했으며 일반적으로 측량과 연관되어 있었다. 엄밀한 논증은 거의 없었으며 공리적 전개는 전혀 없었다. 브라마굽타와 마하비라는 삼각형의 넓이를 그의 세 변으로 구하는 방법(헤론의 공식)을 알고 있었다. 직각삼각형의 세 변 사이의 관계(피타고라스의 정리)에 대한 설명으로서 바스카라의 분해증명법이 있는데, 이 방법은 [그림 1-14]를 그려놓고 "보라"라는 말 이외의 설명을 하지 않았다.[9]

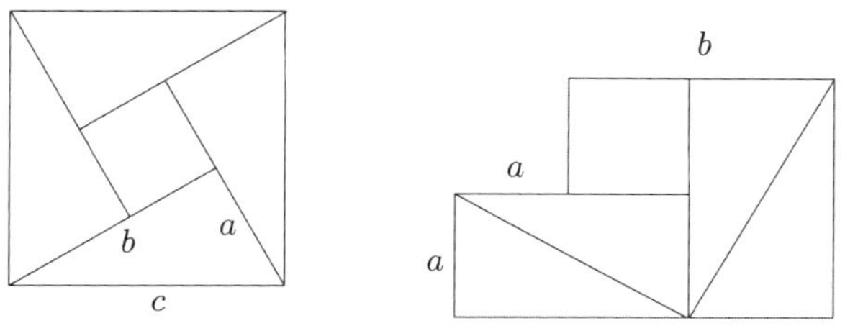

[그림 1-14] 피타고라스의 정리의 증명

9 왼쪽 그림의 넓이는 c^2이고 오른쪽 그림의 넓이는 좌하의 튀어나온 부분의 넓이를 a^2이 되게 하면 남은 부분의 넓이는 b^2이다.

바스카라는 또 빗변에 대한 높이를 그려서 증명하는 다음과 같은 두 번째 증명을 하였다.

$$\frac{c}{b}=\frac{b}{m},\ \frac{c}{a}=\frac{a}{n}$$

$$cm=b^2,\ cn=a^2$$

따라서 $a^2+b^2=c(m+n)=c^2$

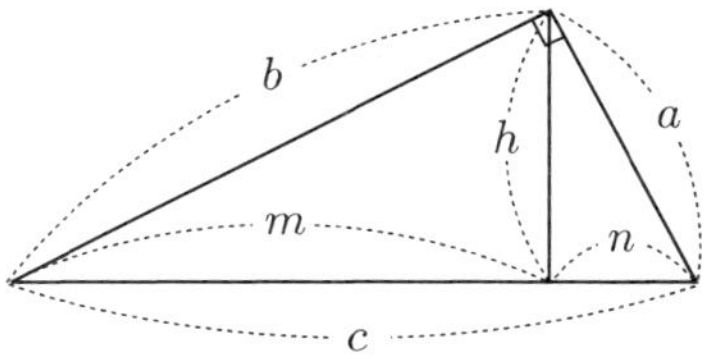

[그림 1-15]

(3) 아라비아 수학

아라비아인들은 그리스와 인도의 많은 지식을 잘 보존함으로서 인류 문화의 보존에 중요한 역할을 하였다. 바그다드의 회교 왕들은 치세도 잘하였지만 학문의 후원자가 되어 뛰어난 학자들을 궁전으로 초대하여 천문학, 의학, 수학 등에 관한 인도와 그리스의 많은 저작들을 아라비아어로 번역하게 하였다. 그 자료들이 후에 유럽 학자들에 의해 라틴어로 번역되어짐으로서 오늘에 전해지게 되었다.

우리에게 알려진 최초의 아라비아 산술책은 알-콰리즈미(al-Khowarizmi)가 쓴 것으로 '이항과 소거의 과학'이라는 뜻인 『알자브르와 무까발라(Hisab al-jabr w'al-muqa-balah)』 책이 있다. 이 책 속에는 사칙연산이 설명되어 있고, 1차 및 2차 방정식이 풀리고 있으며, 몇 가지 기하적 측정과 상속에 관한 문제도 실려 있다. 이 책의 이름 중 al-jabr에서 대수라는 이름의 algebra 가 나왔으며, 저자의 이름인 al-Khowarizmi에서 특별한 방법으로 계산하는 기술을 의미하는 알고리즘(algorithm)이란 용어가 나왔다.

(4) 우리나라의 고대 수학

우리나라 수학사에서 제도화된 산학(算學)[10] 연구의 기점은 삼국사기의 기록을 바탕으로 추측하면 천문관측 및 역산이 활발히 이루어진 삼국시대로 볼 수 있다. 삼국사기의 기사 중에서 신라 신문왕 2년(682)에 국학에서 학생들에게 중국의 산학서 철술, 삼개, 구장, 육장으로 수학을 가르쳤다는 부분으로 보아 중국의 산학서는 이전부터 우리나라에 유입된 것으로 짐작된다. 삼국시대의 산학은 토지측량,

10 중국 수나라 시대부터 사용된 용어로, 당나라에서는 관리교육제도에서 수학을 전문적으로 가르치는 교육기관을 지칭하기도 하였다. 일반적으로 고대 동양에서의 수학을 지칭하는 용어이다.

조세징수, 국고 정리 등의 행정 실무를 위한 수학의 현실적 필요에서 체제화되기 시작하였다. 통일 신라 초기의 활발한 산학 제도는 그 후로 점점 쇠퇴하하였다.

고려의 수학은 통일 신라의 산학을 그대로 답습하여 국자감에서 문종(1019~1083) 대부터 산학을 가르치고 연구하였다. 그러나 별 진전 없이 산학의 전통이 이어졌으나 산학 제도와 무관한 민간 수학은 찾아보기 어렵다.

조선시대에 와서 세종은 고려 왕조의 멸망 원인 중의 하나가 양전(量田)제도의 문란이었음을 깨닫고 전제평소를 설치하여 농지제도의 확립을 꾀하였다. 여기서부터 산학에 대한 수요가 급격히 증가하였다. 따라서 수학의 교육 및 연구가 장려되었으며, 세종 자신도 정인지로부터 『산학계몽』[11]에 관한 강의를 받았다. 그 후 세조 때부터 산학에 관한 관직이 만들어졌으며, 산학의 고시 과목으로 상명산, 양휘산, 계몽산이 있었다. 조선시대의 산학서로 <표 1-3>과 같은 9권이 있으며, 이 책에서 다루는 수학적 내용은 오늘날의 중학교 또는 고등학교 1학년의 수학과 비슷하다고 하겠다.

〈표 1-3〉 조선시대의 산학서와 그 특성

왕조	연도	산학서	저자	특성
·	17C	묵사집산법	경선징	중인출신. 현존하는 가장 오랜 산학서, 3권, 곱셈, 나눗셈, 비례계산, 입체도형의 부피, 분수계산, 등비수열, 연립일차방정식, 영부족술, 제곱근 및 세제곱근 풀이, 2·3차 방정식
숙종	1700년경	구수략	최석정	우의정. 사대부 층의 수학자. 역학에 근거한 수론 전개. 구장산술의 내용과 일치하며 그 원리를 밝힘
·	18C	구일집	홍정하	중인출신의 산학자 집안 출신. 구장산술, 산학계몽, 양휘산법, 상명산법 등의 체제를 이어받아 당시 사회 실정에 맞게 수정
영조	1774	산학입문, 산학본원	황윤석	익찬(세자를 호위하는 무관). 황윤석이 완성한 이수신편 23권 중 21권과 22권의 내용이 산학입문이고 23권이 산학본원임. 중국과 국내의 논저들을 발췌·전개한 것이 대부분임

11 중국 원나라의 주세걸이 발간한 산학 입문서로 상·중·하 3권으로 구성되어 있으며, 특히 하권에서는 일원방정식으로 유도되는 문제를 다루는 일종의 대수학인 천원술을 다루었다.

철종	1854	차근 방몽구	이상혁	차근방(借根方)은 algebra를 번역한 말. 중국의 천원술에 대응하는 서양의 방정식 표기법에 주목하여 4차 이하의 방정식으로 다루는 문제 상황을 다룸
철종	1855	산술관견	이상혁	중인출신. 전통적인 동양 산학서와는 달리 추상적이고 일반적인 논의와 증명이 먼저 나오고 문제를 다루며 구조적임. 서양 수학 반영. 구면삼각법, 무한급수 등 높은 수준의 수학을 다룸
철종	1858	측량도해	남병길	중국의 산학서인 구장산술, 해도산경, 수서구장에서 다루는 닮은 직각삼각형을 활용하는 측량술에 관련된 부분을 발췌하여 그림을 통해 정당성을 밝히고 풀이를 한 것이 특색임
·	19C	유씨구고술 요도해	남병길	형조판서, 의정부 좌참찬. 이상혁을 통하여 이 책의 원본을 보게 됨. 이 책의 처음 편자는 유씨(유수석 ; 홍정하와 함께 조선을 방문한 중국 사력 하국주와 수학을 논하였음)로 추측됨. 남병길은 이 원본을 도해함으로써 이해를 도움. 직각삼각형의 성질과 직각삼각형의 내접원에 관한 문제 다룸
고종	1868	익산	이상혁	중국의 주세걸의 저서인 사원옥감에 있는 방정식과 급수에 대한 자신의 이론을 발전시켰음

2. 수학교육 근대화 운동과 그 후의 수학교육

1) 수학교육 근대화 운동(19세기 말～20세기 초)

유럽에서 18세기 후반부터 일어났던 산업혁명은 가내 수공업에서 기계를 이용하는 다량생산으로 바뀌면서 사회 전반에 대대적인 변화를 초래하였고, 교육에도 큰 영향을 미쳐서 지배계층의 소수 엘리트 교육에서 산업현장에서 일할 수 있는 노동인력 양성을 위한 대중화된 학교교육으로 선회하게 되었다. 특히, 루소(Jean Jacques Rousseau, 1712～1778)의 자연주의 사상, 페스탈로치(Johann Heinrich Pestalozzi, 1746～1827)의 직관주의 교육철학은 수학교육에 영향을 끼치기 시작하여 19세기 후반부터 수학교육 개혁 운동인 근대화 운동(Reform Movements)이 싹트기 시작하여 20세기 초까지 활발히 진행되었다. 수학교육 근대화 운동의 중심 인물에는 영국의 페리(John Perry, 1850～1920), 미국의 무어(Eliakim Hastings

Moore, 1862~1932), 독일의 클라인(Felix Christian Klein, 1849~1895) 등이 있다.

수학교육 근대화 운동은 노동자 출신의 페리가 <The Teaching of Mathematics>라는 주제를 발표하면서 시작되었다. 페리는 1901년 글래스고에서 개최된 영국학술협회(The British Association for Advancement of Science)에서 당시 중등학교에서 지도되고 저명한 대학들의 입학시험에서도 다루던 유클리드 기하를 학교교육에서 배척해야 한다고 주장하였다. 페리는 이 강연에서 기하적인 양을 이해하기 전에 추론을 하는 것은 바람직하지 않다고 주장하였으며 다음은 페리가 강연한 주요 내용이다.

- 실험과 실측을 중시한다.
- 계산에 로그를 사용한다.
- 모눈종이를 사용한다.
- 대수공식을 이용하는 지식과 능력을 기른다.
- 미적분을 조기에 도입한다.
- 수학의 실용성, 특히 수학과 자연과학의 결부를 중시한다.

이 강연 내용은 보수적 수학자들에 의해 강한 비판을 받기도 했지만, 초등 기하학 교과서에 유클리드 기하가 제거되었고 공학자들로부터 환영을 받았으며 세계적인 수학교육 근대화 운동의 원동력이 되었다.

미국은 시카고 대학 교수이며 미국수학회의 회장인 무어가 1902년 미국수학회 연례회의에서 <수학의 기초(On the Foundation of Mathematics)>라는 제목의 강의를 통해 수학교육 근대화 운동이 시작되었다. 무어는 이 강연에서 페리의 주장을 지지하면서 다음을 주장하였다.

- 수학의 각 영역을 통합적으로 지도한다.
- 대수, 기하, 물리, 실생활을 통합하여 다룬다.
- 실험실법 교수방법을 중시한다.
- 이론과 실천을 융합한다.

• 교재를 개선한다.
• 교사 교육을 강화한다.

또한 이 무렵 듀이(Dewey, 1859～1952)의 실용주의와 경험주의 교육이론 및 아동의 활동을 중시하는 진보주의 교육이론이 성행하였다.

독일은 괴팅겐 대학 교수인 클라인에 의해 수학교육 근대화 운동이 이루어졌다. 클라인은 1902년 「고등학교에 있어서의 수학교육에 대하여」라는 논문을 발표하였고 1904년 <중등학교의 수학 및 물리교육에 대한 제 주의>라는 주제로 강연을 하였으며 1905년 메란(Meran)에서 개최된 회의에서 메란 교수요목을 발표하였다. 이 과정에서 강조된 사항은 다음과 같다.

• 학생의 사고가 자연적 발달에 적응하도록 교재를 선택하고 배열한다.
• 형식도야성과 더불어 실용성을 중시한다.
• 수학의 각 분과를 융합하고 타 학과와의 관계를 밀접하게 한다.
• 함수적 사고를 함양한다.
• 공간 관찰력을 함양한다.

프랑스의 수학교육은 일찍이 융합주의적인 경향을 지니고, 중등교육에 함수개념이나 그래프가 들어있는 교과서도 있었기 때문에 페리 등의 영향은 크게 받지 않았다. 그러다 1902년 중학교 수학 교수요목의 취지를 공표하는 자리에서 푸앵카레(Jules-Henri Poincaré, 1854～1912)는 수학에서 직관을 강조해야한다는 강연을 하였다. 그 강연 내용은 일부는 다음과 같다.

> 증명하는 것은 논리에 의한 것이지만, 발견하는 것은 직관에 의한 것이다. 비판할 줄 아는 것이 좋다. 그러나 창조할 줄 아는 것은 더욱 중요하다. … 논리는 이러이러한 길을 가면 장애물에 부딪칠 우려가 없다는 것을 가르치지만 목표에 도달하는 길이 어느 길인가는 가르치지 않는다. 그 목표에 도달하는 길이 어느 것인가를 알려면 목표물을 먼 곳에서 바라보아야 한다. 그리고 바라보는 것을 가르치는 능력이 곧 직관이다.

이 강연은 프랑스의 수학교육에 큰 영향을 주었으며 이 주장에 부합하는 여러 교과서가 제작되었다.

이처럼 여러 나라에서 전개된 근대화 운동은 실존의 양 또는 공간에 눈을 돌려 아동의 감성을 토대로 하여 학습의욕과 흥미를 높이고, 자연과학과의 연관을 깊게 하려는 의의를 갖고 있으며 실용적 원칙, 심리적 원칙을 우위에 둔 것으로 평가된다. 그러나 논리적 원칙을 깊이 고려하지 않고 오히려 논리를 불신하도록 하는 경향을 초래하게 되었다. 또한 1914년에 발생한 제1차 세계대전으로 근대화 운동은 그 빛이 퇴색되었다.

2) 수학교육 현대화 운동

제2차 세계대전 후의 급속한 과학문명의 발달과 사회적 변화는 이를 뒷받침할 수 있는 현대적인 내용의 수학과 과학 교육을 필요로 하게 되었다. 이러한 필요성은 당시의 교육 사조였던 아동중심 교육과 경험중심 교육의 개혁을 요구하게 되었다. 이러한 요구에 입각하여 현대 수학을 조기에 도입하려는 운동이 20세 중반에 나타나게 되었는데, 이 운동을 수학교육 현대화 운동 또는 새수학 운동(New Math Reform Movements)이라고 한다. 수학교육 현대화 운동은 1940년대부터 일부학자들에 의하여 시작되었지만 본격적인 운동은 1957년 소련에서 인공위성 스푸트니크 1호를 성공적으로 쏘아올림으로서 미국을 비롯한 서방 여러 나라들이 우주 정복에 앞장서고자 하였고 이에 수학교육 현대화 운동이 세계적으로 확산되었다.

1930년대 미국 교육의 주류를 이루고 있던 진보주의 교육에서는 아동 중심과 실생활의 문제해결을 중시하는 생활 단원 학습 교육을 중시한 결과 수학 학습 능력이 낮아져 수학교육에 대한 개선의 요구가 나타나게 되었다. 미국수학교사협의회(National Council of Teachers of Mathematics : NCTM)와 미국수학협회(The Mathematical Association of America : MAA)는 1940년 NCTM의 연보 '중등교육에서의 수학의 위치'를 발표하여 현대화 운동의 계기를 마련하였다. 1951년에는 일리노이 대학을 중심으로 한 일리노이즈 대학 학교수학협의회(University of Illinois Committee on School Mathematics : UICSM), 1959년 NCTM과 MAA의 지원하에 예일 대학을 중심으로 한 학교수학연구회(School Mathematics Study

Group : SMSG) 등의 단체들이 중심이 되어 현대화 운동이 활발하게 일어났다. 이 현대화 운동의 공통된 특징은 다음과 같다.

- 집합을 기반에 두고 있다.
- 대수적 구조에 중점을 두고 있다.
- 논리적인 엄밀성을 강조하고 있다.
- 공리적 구성을 강조하고 있다.
- 교재의 배열에 있어서는 나선적 방식을 채용하고 있다.
- 학생의 창의성 개발에 유의하고 있다.
- 문제, 연습문제에 대해 충분한 배려가 있다.

또한 유럽경제협력기구(Organization for Economic Cooperation and Development : OECD) 가맹국들은 과학기술요원 충족을 위한 수학교육 현대화의 필요성을 절감하고 1959년 프랑스의 로야몽(Royamont)에서 수학자, 수학교사, 교육행정가들이 모여 <수학교육에 있어서의 새로운 관점>이라는 주제하에 세미나를 개최하였으며, 이 세미나의 의장인 듀돈네(Jean Dieudonné, 1906～1992)는 다음과 같이 수학교육현대화를 위한 방향을 제안하였다.

- 현대수학의 도입
- 논리적 엄밀성의 보장
- 현대수학으로의 접근을 위한 교재 정비
- 대수적 구조와 현대적 방법의 중시

이 세미나의 결과 위원회가 조직되고 '중등수학의 교수요목'을 작성하여 1960년에 발표하였으며 그 내용은 미적분과 확률론을 깊게 다루는 쪽에 초점을 두고 있었다. 하지만 클라인(Morris Kline, 1908～1992)과 폴리아(George Polya, 1887～1985) 등은 수학교육현대화 운동을 반대하면서 1962년에 NCTM에서 발행한 잡지 「Mathematics Teacher」에서 다음과 같이 비판하였다.

- 학교 수학은 모든 학생을 위한 것이다. 장래 수학자가 될 사람만을 대상으로

할 것은 아니다.

- 추상적인 개념에 미숙한 자에게 성급히 도입해서는 안된다.
- 연역적 추론만이 수학적 사고는 아니다. 귀납적 추론도 중시하여야 한다.
- 수학과 다른 과학과의 관련도 중시해야 한다.

그 외에도 수학교육 현대화를 위한 노력은 새로운 교육과정과 교재 개발은 물론 이를 지도할 교사교육을 필요로 하였다. 교사교육에서 상당수의 교사들이 이전에 학습한 적이 없는 집합론을 비롯한 현대수학을 엄밀하게 이해하는 데 어려움을 느꼈으며 그 결과 현대화 운동에 반대하기 시작하였다. 수학교육 현대화 운동은 1970년대에 걸쳐 일어난 '기본으로 돌아가기 운동(Back to basics)'을 맞이하면서 실패로 끝났다. 우리나라에서는 1973년에 개정된 제3차 수학과 교육과정과 교과서를 통해 수학교육 현대화를 도입하였으나 많은 문제점을 고려하여 그 다음 교육과정기인 1981년에 공표된 4차 교육과정부터 점차적으로 약화되었다.

3) 기본으로 돌아가기(Back to basics) 운동

현대수학을 조기에 지도하려는 수학교육 현대화 운동으로 인해 간단한 생활문제 해결을 위한 계산능력도 이전보다 떨어지는 결과를 낳자 이후 1970년대에 걸쳐 수학교육에서 '기본으로 돌아가기 운동(Back to basics)'을 맞이하게 되었다. 기본으로 돌아가기 운동은 현대화 운동의 비판을 수용하기 위한 것으로 학생의 인지능력을 고려하여 계산 기능과 문제해결을 중시하는 방향으로 선회하게 된다. 기본으로 돌아가기 운동은 1970년대에 미국과 일본을 비롯한 선진국의 무역경쟁에서의 우위를 위한 수학·과학교육의 발전의 필요성에 따라 1980년대부터 수학적 사고와 테크놀로지를 활용하여 여러 가지 문제를 해결하는 능력을 강조하는 문제해결 시대로 넘어가게 된다.

4) 문제해결(Problem Solving) 시대

1970년대의 세계정세는 미국과 일본을 비롯한 선진국들 사이에 무역경쟁에서 우위를 차지하기 위한 노력이 치열하였으며 컴퓨터가 급속도로 발전하여 사회 전반에서 컴퓨터를 도구로 사용하기에 이르렀다. 이와 같은 시대의 변화에 맞추어

1980년대의 미국의 수학교실에서는 계산기와 컴퓨터를 사용하여 실제적인 문제의 해결을 강조하는 문제해결 시대를 맞이하게 된다. NCTM은 1980년에 발표한 <행동을 위한 의제, 1980년대의 학교수학을 위한 제안>에서 문제해결의 강조를 포함하는 8가지의 의제를 제안함으로써 문제해결의 강조는 세계적으로 확산되었다. NCTM이 1980년에 발표한 학교수학을 위한 8개의 의제는 다음과 같다.

① 문제해결은 1980년대 학교 수학의 초점이 되어야 한다.
② 기본 기능이 계산 기능보다 더 강조되기 위해서 정의되어야 한다.
③ 수학 프로그램은 모든 학년에서 계산기와 컴퓨터의 위력을 충분히 활용하여야 한다.
④ 효과와 효율을 위한 엄격한 기준이 수학의 지도에 활용되어야 한다.
⑤ 수학 프로그램과 학생 학습의 성공은 전통적인 테스트보다 더 광범위한 수단으로 평가되어야 한다.
⑥ 모든 학생들을 위해 더 많은 수학 학습이 요구되어야 하며 학생집단의 다양한 요구를 수용하기 위해 선택의 폭이 넓은 유연한 교육과정이 고안되어야 한다.
⑦ 수학교사는 자신과 동료들에게 높은 수준의 전문성을 요구하여야 한다.
⑧ 수학교육을 위한 공적인 지원이 개인과 사회에 대한 수학적 이해의 중요성에 맞는 수준으로 향상되어야 한다.

문제해결과 테크놀로지의 활용은 오늘날까지 수학교육의 기반을 이루고 있다.

5) 수학교육 개혁 운동(Standard-based Reform Movement)

NCTM은 정보화 시대를 대비하여 수학교육은 평생교육 차원에서 문제해결, 추론, 의사소통, 연결성을 학습하게 하며 모든 학생이 의미 있는 수학을 학습하게 하며 자기의 수학적 능력을 최대로 발휘할 수 있게 하는 기회균등을 위한 수학교육 개혁을 위해 1989년에는 학교수학을 위한 교육과정과 평가 기준 『Curriculum and Evaluation Standards for School Mathematics(1989)』을, 1991년에는 수학지도를 위한 전문 기준 『Professional Standards for Teaching Mathematics(1991)』

을, 1995년에는 학교수학을 위한 평가 기준 『Assessment Standards for School Mathematics(1995)』를 발간하였다. 이 자료는 미국을 비롯한 많은 나라들이 수학교육 개혁을 위한 교육과정과 교재용 도서 개발의 중요한 기준으로 사용되었다. 이후 NCTM은 2000년에 위의 세 기준집을 수정, 보완하여 『Principles and Standards for School Mathematics(2000) : 약칭 2000 Standards』를 간행하였다. 이 기준집은 '학교 수학을 위한 원리'와 '학교 수학을 위한 기준'으로 구분하여 제시하고 있는데, 그 기본 개념은 다음과 같다.

(1) 학교 수학을 위한 원리

① 균등의 원리

수학교육에서의 수월성은 균등성을 요구한다. 즉 모든 학생들을 위한 높은 기대와 강한 지원을 요구한다.

② 교육과정 원리

교육과정은 활동을 모아놓은 것 이상이다. 그것은 일관성이 있어야 하며, 중요한 수학에 초점을 두어야 하며, 학년 간에 잘 정돈되어 있어야 한다.

③ 지도 원리

효과적인 수학 지도는 학생들이 무엇을 알고 무엇을 알 필요가 있는지를 이해하여야 하며, 그것을 잘 배울 수 있도록 도전할 수 있게 하고 도움을 주어야 한다.

④ 학습 원리

학생들은 수학을 배움에 있어서 이해를 하여야 하며, 경험과 사전지식으로부터 활동을 통하여 새로운 지식을 구성하여야 한다.

⑤ 평가 원리

평가는 중요한 수학의 학습을 지원하여야 하며 교사와 학생 모두에게 유용한 정보를 제공하여야 한다.

⑥ 테크놀로지(기술공학) 원리

과학기술은 수학을 지도하고 학습함에 있어서 중요한 역할을 한다. 그것은 지도되고 있는 수학에 영향을 주며 학생들의 학습을 향상시킨다.

(2) 학교 수학을 위한 기준

유치원 과정부터 12학년까지의 모든 학생들은 다음을 할 수 있어야 한다.

① 수와 연산

- 수, 수를 표현하는 방법, 수들 사이의 관계, 수체계를 이해한다.
- 연산들의 의미와 연산들이 상호간에 어떻게 관련되는지를 이해한다.
- 능숙하게 계산하며 타당한 추론을 한다.

② 대수

- 규칙성, 관계, 함수를 이해한다.
- 수학적 상황과 구조를 대수적 기호를 사용하여 표현하고 분석한다.
- 수량적 관련성을 표현하고 이해하기 위하여 수학적 모델을 사용한다.
- 다양한 맥락에서 변화를 분석한다.

③ 기하

- 이차원 도형과 삼차원 도형의 특성과 성질을 분석하며 기하적 관련성에 관한 수학적 논증을 개발한다.
- 위치를 상세히 기술하며 공간적 관계들을 좌표기하와 다른 표현체계를 사용하여 기술한다.
- 수학적 상황을 분석하기 위하여 변환을 응용하고 대칭성을 사용한다.
- 문제를 해결하기 위하여 시각화, 공간추론, 기하적 모델링을 사용한다.

④ 측정

- 대상을 측정할 수 있는 속성과 측정의 단위, 체계, 절차를 이해한다.
- 측정을 결정하기 위해서 적절한 기술, 도구, 공식을 적용한다.

⑤ 자료 분석과 확률

- 데이터를 가지고 설명될 수 있는 질문을 만들며 그 질문들에 답하기 위하여 적절한 데이터를 수집하고, 조직하고 전개한다.
- 데이터를 분석하기 위하여 적절한 통계적 방법을 선택하고 사용한다.
- 데이터에 근거한 예측과 추론을 개발하고 평가한다.
- 확률의 기본개념을 이해하고 적용한다.

⑥ 문제해결

- 문제해결을 통해 새로운 수학적 지식을 형성한다.
- 수학 및 수학 외의 상황에서 야기되는 문제들을 해결한다.

• 문제를 해결하기 위해서 다양하고 적절한 전략들을 적용한다.
• 수학적 문제해결의 과정을 모니터하고 반성한다.

⑦ 추론과 증명

• 추론과 증명을 수학의 기본적인 대상으로 인식한다.
• 수학적 예측을 만들고 탐구한다.
• 수학적 주장과 증명을 개발하고 평가한다.
• 다양한 유형의 추론과 증명의 방법들을 선택하고 사용한다.

⑧ 의사소통

• 의사소통을 통하여 수학적 사고를 조직하고 확고하게 한다.
• 수학적 사고를 동료, 교사 또는 다른 사람들과 일관되고 명료하게 의사소통 한다.
• 다른 사람의 수학적 사고와 전략을 분석하고 평가한다.
• 수학적 아이디어를 분명하게 표현하기 위하여 수학적 언어를 사용한다.

⑨ 연결성

• 수학적 아이디어들 사이의 연결성을 인식하고 사용한다.
• 수학적 아이디어들이 어떻게 서로 관련되어 있는지를 이해하며 일관된 전체를 만들기 위하여 각 아이디어들을 쌓아간다.
• 수학 밖의 상황에서 수학을 인식하고 적용한다.

⑩ 표현

• 수학적 아이디어를 조직하고, 기록하고, 의사소통하기 위하여 표현을 창조하고 사용한다.
• 문제를 해결하기 위하여 수학적 표현들을 선택하고 적용하고 변형한다.
• 물리적, 사회적, 수학적 현상을 모델링하고 해석하기 위해 표현들을 사용한다.

6) 수학교육개혁운동 반성–CCSSM 운동

NCTM이 주도한 20여 년간의 수학교육개혁운동의 결과에 대한 연구에 의하면 미국의 수학교과서는 다른 나라에 비해 많은 내용을 포함하고 있어 각 내용들이 심층적으로 학습되고 있지 않으며(Schmidt and Houang, 2007), 개념적인 이해를 요구하는 문제보다는 기계적인 계산문제를 더 많이 다루고 있고(Ginsburg, Leinwand

and Decker, 2005, 2009), 많은 수학교과서들이 정확하지 않은 수학내용을 포함하거나 학생의 수학학습에 대한 흥미를 떨어뜨리고 있다(Steen, 2007)고 설명하고 있다. 미국 각 주들의 교육과정을 분석한 Reys의 연구(2006)는 학년별 수학학습 목표와 내용이 주에 따라 상이함을 보고하고 더 체계적이고 일관성 있는 학습내용 기준 설정을 촉구하였다. 또 다른 교육과정에 관련된 연구에 의하면 초기 학년의 수학학습에서는 수와 연산, 기하와 측정 영역이 중심적으로 다루어져야 하고 특히 수와 연산에 가장 많은 시간을 할애해야 한다고 제안되었다(National Research Council, 2009). 이러한 연구결과에 기초하여 CCSSM(Common Core State Standards)은 주(연방) 정부의 개입 없이 미국의 주들이 주축이 되어 개발이 시작되었고 교사, 교육전문가, 수학자들로 구성된 60여 명의 공동 집필진에 의해 미국 학생들이 대학 진학 준비를 충실히 하고 직업 현장에서 전문가로서 세계 경쟁자들과 동등하게 겨룰 수 있는 학문적 능력을 기르는데 필요한 수학학습 기준을 수학실천기준(Standards for Mathematical Practice)과 수학내용기준(Standards for Mathematical Contents)으로 나누어 제시하였다. 2010년 3월 초안을 발표하였고, 미국 내 교사, 연구자, 교육자, 학부모의 의견을 수렴하는 피드백 과정을 거쳐 2010년 6월에 최종 발표하였다. 2010년 8월까지 미국의 46개 주가 CCSSM을 주 교육과정으로 채택하였다. CCSSM은 NCTM에 의해 주도된 20여 년간의 수학교육개발운동의 결과를 바탕으로 하여 학년별 수학학습내용을 축소 심화하고 미국 주들 간의 교육과정 일관성을 향상시키는데 주안점을 두고 개발되어진 K-12 학교교육을 위한 수학기준집이다.

CCSSM의 수학실천기준은 학년별 구분 없이 모든 학년 수준을 위한 기준으로 수학적 사고력 증진에 주안점을 두고 있으며 수학적으로 뛰어난 학생들이 가지는 공통적 수학사고 습관에 대해 기술하고 있다. 수학내용기준은 학생들이 학습해야 할 수학내용을 K-8학년은 학년별로, 고등학교과정은 영역별로 나누어 제시하고 있다. 수학내용기준은 개념적 이해와 계산능력 발달, 영역별 학년간 연계, 심화에 주안점을 두고 있으며, 학년별 수학학습내용 기준 선정을 위해 1995년도 국제 수학 과학 학업 성취도 평가(TIMSS-Trends in International Mathematics and Science Study) 8학년 시험에서 우수한 결과를 받은 나라들(한국, 싱가폴, 홍콩 등)의 교육과정이 참고 되었다. 수학 기준의 개요는 다음과 같다.

(1) 수학실천기준

수학실천 기준은 모든 단계에서 수학교육자가 학생들의 발달을 위해 추구해야 하는 다양한 전문 지식을 설명 한 것이다. 이는 다음과 같은 수학적으로 뛰어난 학생들이 가지는 공통적 사고 습관에 대한 것이다.

① 문제를 이해하고 해결하기 위해 인내하기

- 수학적으로 뛰어난 학생들은 문제의 의미를 자신에게 설명하고 그 해법에 대한 출발점을 찾기 시작한다.
- 수학적으로 뛰어난 학생들은 방정식, 언어적 표현, 표, 그래프 사이의 상호 관계를 설명하거나 중요한 특징과 관계, 그래프 자료를 도표로 그릴 수 있고, 그 규칙성이나 경향을 찾을 수 있다.
- 수학적으로 뛰어난 학생들은 다른 방법을 이용하고 답이 확실한지에 대해 스스로에게 지속적으로 질문하며 자신의 답을 점검한다.

② 추상적으로 그리고 정량적으로 추론하기

- 수학적으로 뛰어난 학생들은 문제 상황에서 양과 그들 사이의 관계를 이해한다.
- 수학적으로 뛰어난 학생들은 주어진 상황을 추상화하고 이를 상징적으로 나타내는 탈맥락화하는 능력이 있다.

③ 실행 가능한 논의를 구성하고 다른 사람의 추론을 비판하기

- 수학적으로 뛰어난 학생들은 논의 과정에서 이미 기술된 가정, 정의 그리고 형성된 결과를 이해하고 이용한다.
- 수학적으로 뛰어난 학생들은 타당한 두 논의의 효율성을 비교할 수 있고 올바른 논리나 결정이 있는 추론을 구분하고 설명할 수 있다.

④ 수학으로 모델화하기

- 수학적으로 뛰어난 학생들은 일상생활, 사회 그리고 직장에서 발생하는 문제들을 해결하기 위해 그들이 알고 있는 수학적 지식을 적용할 수 있다.
- 수학적으로 뛰어난 학생들은 복잡한 상황을 단순화하기 위해 가설을 세우고 근사치를 설정하는 것에 익숙하며, 이를 나중에 수정해야 할 필요가 있다는 것을 알고 있다.

⑤ 적절한 도구를 전략적으로 사용하기

- 수학적으로 뛰어난 학생들은 수학적 문제를 해결할 때 사용 가능한 도구를 고려한다.
- 수학적으로 뛰어난 학생들은 관련 있는 외적인 수학적 자료들을 확인하여 문제를 제시하거나 해결할 때 그들을 사용할 수 있다.

⑥ 치밀하게 하기

- 수학적으로 뛰어난 학생들은 다른 사람들과 치밀하게 소통하려 한다.

⑦ 구조를 찾고 이용하기

- 수학적으로 뛰어난 학생들은 패턴이나 구조를 자세히 조사한다.

⑧ 반복되는 추론에서 규칙성을 찾아 표현하기

- 수학적으로 뛰어난 학생들은 반복된 계산에 주목하여 일반적인 방법과 간단한 방법을 찾는다.
- 수학적으로 뛰어난 학생들은 문제를 해결할 때 세부적인 면에 주목하는 반면 문제해결 과정에 대한 관리를 한다.

(2) 수학내용기준

수학내용기준은 과정과 이해의 균형 잡힌 결합이다. 수학실천기준들이 연결되어 있는 수학내용기준은 학교수학 교육과정의 중심이 되고 생산적인 개념들에 무게가 실릴 수 있도록 계획되었으며 수학 교육과정, 교수, 평가, 전문적 발달 그리고 학생들의 성취도를 질적으로 개선하기 위해 계획되었다.

① K-8학년 수학내용기준

K-8학년은 해당 학년에서 발달되어야 할 수학적 개념 및 영역들에 대하여 2~4개의 주요 핵심 내용과 세부 기준들을 제시하였다. 해당 학년 급별로 제시한 내용영역은 다음과 같다.

- K : 수세기와 기수, 연산과 대수적 사고, 10진수에서의 수와 연산, 측정과 자료, 기하
- 1~2학년 : 연산과 대수적 사고, 10진수에서의 수와 연산, 측정과 자료, 기하
- 3~5학년 : 연산과 대수적 사고, 10진수에서의 수와 연산, 수와 연산-분수, 측정과 자료, 기하
- 6~7학년 : 비율과 비례관계, 수체계, 표현과 방정식, 기하, 통계와 확률

- 6~7학년 : 수체계, 표현과 방정식, 기하, 통계와 확률, 함수

② 고등학교의 내용기준

고등학교의 내용기준은 앞으로 대학 진학과 취업 준비를 위해 반드시 이수해야 할 수학적 내용을 제시하고 있다. 영역별로 학습해야 할 수학적 내용 영역은 수와 양, 대수, 함수, 모델링, 기하, 통계 및 확률로 구분되었으며 세부 기준들은 각 내용 영역 안에 제시 되었다. 고등학교 기준에서의 새로운 점은 '모델링'이 내용영역으로 구분되었으면서도 다른 영역들의 기준들과의 관계 속에서 존재한다는 점이다. 각 영역별로 제시하고 있는 기준들은 다음과 같다.

- 수와 양 : 실수 체계, 양, 복소수 체계, 벡터와 행렬의 양
- 대수 : 표현 안에서 구조 보기, 다항식과 유리식 계산, 방정식 세우기, 방정식과 부등식에서의 추론하기
- 함수 : 함수 해석하기, 함수 구축하기, 선형방정식, 2차방정식, 지수 모형, 삼각함수
- 기하 : 합동, 닮음, 직각삼각형, 삼각법, 원, 기하성질을 방정식으로 표현하기, 기하적 측정과 기하적 차원, 기하를 이용한 모델링
- 통계와 확률 : 범주적이고 양적인 자료의 해석, 추론하고 결론을 정당화하기, 조건부 확률과 확률법칙, 의사결정을 하기 위하여 확률 사용하기

연구과제

1. 수학의 특성에 대하여 간단히 설명하시오.

2. 수학교육의 목적 및 학습내용과의 관계에 대하여 설명하시오.

3. 고대 동양 수학과 서양 수학의 특성을 시대적 배경과 함께 설명하시오.

4. 임의로 주어진 사각형과 같은 넓이를 갖는 정사각형을 작도하는 방법을 설명하시오.

5. 수학교육현대화 운동의 특징을 설명하시오.

6. NCTM이 2000년에 간행한 『Principles and Standards for School Mathematics』에서 밝힌 '학교 수학을 위한 원리'에 대하여 설명하시오.

7. CCSSM 운동과 우리나라 수학교육을 비교하여 설명하시오.

참고문헌

강문봉(1993). 「Lakatos의 수리철학의 교육적 연구」. 서울대학교 박사학위논문.

강옥기(2003). 『수학과 학습지도와 평가론』. 경문사.

교육부(2000). 초·중·고등학교 수학과 교육과정기준(1946~1997』. 교육부.

이성헌(1991). 『세계수학사 및 수학교수법』. 교학연구사.

장혜원(2006). 『산학서로 보는 조선수학』. 경문사.

차종천 역(2000). 『구장산술 주비산경』. 범양사 출판부.

Common CoreState Standards Initiative. www.corestandards.org

Council of Chief State School Officers. www.ccsso.org

Courant, R. & Robbins, H.(1996). 박평우 외 2인 역(2002). 『수학이란 무엇인가』. 경문사.

Eves, H. 저, 이우영·신항균 역(1996). 『수학사』. 경문사.

Lakatos I.(1976). *Proofs and Refutations – The Logic of Mathematical Discovery*. Cambridge University Press. 우정호 역(1991). 『수학적 발견의 논리』. 서울. 민음사.

Dossey, J. A. McCrone, S., Giordano, F., Weir, M.(2002). *Mathematics Methods and Modeling for Today's Mathematics Classroom*. Brooks/Cole.

Ginsburg, A., Leinwand, S., & Decker, K. (2005). Reassessing U.S. international mathematics performance: New findings from the 2003 TIMSS and PISA," American Institute for Research.

Ginsburg, A., Leinwand, S., & Decker, K. (2009). informing Grades 1-6 Standards Development: What can be learned from high performing Hong Kong, Korea, and Singapore? American Institute for Research.

Grouws, D.(ed)(1992). *Handbook of Research on Mathematics Teaching and Learning*. Macmillan.

Kilpatrick, J. Martin, W. Schifter, D.(2003). *A Research Companion to Principles and Standards for School Mathematics*. National Council of Teachers of Mathematics.

Lakatos, I.(1976). *Proofs and Refutatons – The Logic of Mathematical Discovery*. Cambridge University Press.

National Governors Association. www.nga.org

NCTM(2000). *Principles and Standards for School Mathematics*. National Council of Teachers of Mathematics.

NCTM(1989). *Curriculum and Evaluation Standards for School Mathematics*. National Council of Teachers of Mathematics.

Reys, B.(2006). The intended mathematics curriculum as represented in state level curriculum standards: Consensus or confusions? IAP-Information Age Publishing.

Schmidt, W. H. & Houang, R. T. (2007). Lack of focus in the intended mathematics curriculum: Symptom or cause? In Loveless (ed.), Lessons learned: What international assessments tell us about math achievement. Washington, D.C.: Brookings Institute Press.

Steen, L. A. (2007). Facing facts: Achieving balance in high school mathematics. Mathematics Teacher, Vol. 100.

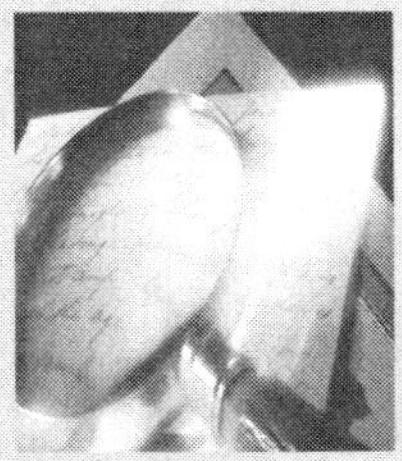

제2장
수학과 교육과정

수학과 교육과정이란 학교에서 가르치는 수학에 관한 교육계획, 교육내용, 교수·학습 방법 및 평가에 대하여 상세히 진술한 문서이다. NCTM에 따르면 학교수학 교육과정은 교사들이 학교에서 학생들에게 수학을 지도하기 위하여 상세히 기술한 운용계획을 기술한 문서이다. 따라서 교육과정은 학생들이 공부할 수학주제, 내용, 기술(skill), 교사가 수행할 일들을 포함한다.

21세기 지식 기반 정보화 사회에 적합한 인재는 숙련된 단순 기능인보다는 자기 주도적으로 지적 가치를 창조할 수 있는 자율적이고 창의적인 인간이라고 할 수 있다. 이를 위하여 초·중등학교 수학과에서는 수학의 기본적인 개념, 원리, 법칙을 토대로 탐구하고 추측하며 논리적으로 추론하는 수학적 사고력, 수학을 이용하여 정보를 처리하고 의사소통하는 능력, 수학적 지식과 방법을 활용하여 실생활이나 다양한 분야의 문제를 창의적으로 해결하는 문제해결력, 수학의 유용성과 가치를 이해하고 활용하는 능력, 수학에 대한 흥미와 자신감 등을 기르는 것이 필요하다.

이와 같은 필요성을 바탕으로 수학교육이 좀더 유용한 교육으로 자리매김하고 수학교육의 본질을 추구할 수 있는 교육이 이루어지도록 하기 위해서 교육과정은 변천을 거듭해왔다. 제2장은 이러한 수학과 교육과정의 변천에 대하여 다룬다.

제1절 ▌수학과 교육과정의 변천[1]

우리나라는 1894년 동학운동과 갑오개혁으로 인해 서구식 행정제도가 도입되면서 학교에서 수학을 가르치기 시작하였고, 그 후 교수요목기부터 2007년 개정 교육과정에 이르기까지 총 8번 수학과 교육과정을 개정하였다. 각 교육과정은 세계적인 동향을 고려하면서 우리나라 수학교육의 실정을 최대한 반영하여 왔다. 제1차 교육과정은 진보주의의 영향을 받아 생활 중심 수학 교육을 강조하였으며, 제2차 교육과정은 수학의 계통성을 중시하는 방향을 강조하였다. 제3차 교육과정은 수학 교육 현대화 운동을 대폭 반영하였으며, 제4차 교육과정은 기본으로 돌아가기 정신을 반영하였다. 제5차 교육과정과 제6차 교육과정은 문제해결력을 강조하였으며, 제7차 교육과정은 수학적 힘의 신장을 강조하였다. 제7차 교육과정 이후 수학과 교육과정은 수시 개정하는 체제로 바뀌게 되었고 이에 따라 현재 2007년 개정 교육과정이 적용되고 있다.

광복 후 우리나라 중등학교 수학과 교육과정의 고시 시기와 특징을 간략하게 표로 정리하면 다음과 같다.

〈표 2-1〉 우리나라 중등학교 수학과 교육과정의 고시 시기와 특징

기별	공포(고시)	근거	특징
교수 요목기	1946. 9. 1		• 미군정청 주도 수행, 일제 시대 교육의 낡은 체제 탈피 • 민주주의에 입각한 우리나라의 교육이념 제도 및 방향 설정 시도 • 교육과정은 가르칠 내용을 열거한 교수요목과 지도방법을 간단히 기술한 지도요지로 구성 • 연구의 불충분으로 해방 전의 교육 내용 대부분 답습
제1차	1955. 8. 1	문교부령 제 46 호 고등학교 교육 과정	• 생활 중심 수학 교육 • 수학적 계통성 미약

1 <교육인적자원부> 고시 제2006-75호 및 제2007-79호에 따른 '개정 중학교 교육과정 해설서'를 참고.

제2차	1963. 2. 15	문교부령 제 120 호 고등학교 교육 과정	• 수학의 계통성 중시 • 수학 교육 현대화 운동 일부 반영
제3차	1973. 8. 31	문교부령 제 350 호 고등학교 교육 과정	• 학문 중심 교육과정 • 수학 교육 현대화 운동 대폭 반영 • 수학의 구조와 엄밀성 강조
제4차	1981. 12. 31	문교부령 제 442 호 고등학교 교육 과정	• 수학 교육 현대화 운동의 반성 • '기본으로 돌아가기' 정신의 반영 • 학습 부담 경감을 위한 학습 내용 축소 • 문제해결 학습의 중요성 인식
제5차	1987. 3. 31	문교부 고시 제 88-7 호 고등학교 교육 과정	• 학습 부담 경감을 위한 학습 내용 축소 • 엄밀한 기호 사용 약화 • 문제해결력의 강조
제6차	1992. 9. 30	교육부 고시 제 1992-19 호 고등학교 교육 과정	• 학습 부담 경감을 위한 학습 내용 축소 • 정보화 사회 대비 • 문제해결력의 강조 • 평가 사항의 구체적 제시
제7차	1997. 12. 30	교육부 고시 제 1997-15 호 고등학교 교육 과정	• 학습자 중심 교육과정 • 수준별 교육 과정(단계형과 과목 선택형) • 학습 부담 경감을 위한 학습 내용 축소 • '수학적 힘'의 신장 도모
2007년 개정	2007. 2. 28	교육인적자원부 고시 2007-79호 [별책8] 수학과 교육 과정	• 현실적합한 수준별 수업 방안 제시 • 교육 내용의 적정화 • 수학적 사고력 및 의사소통 능력 신장 강조 • 수학의 가치 제고와 정의적 측면 강조

1. 조선 말기에서 일제강점기까지의 수학교육

우리나라는 1876(고종 13)년에 일본과의 강화도 조약 체결에 이어 1882년에는 미국과 수호조약을 맺었으며, 1883년에는 영국, 독일과 수호조약을 맺었다. 이로써 우리나라는 서구 문명과 교류하게 되는 개화기를 맞이하게 되었으며, 외국어와 신지식을 가르치는 교육이 필요하게 되었다. 이 시기에 설립된 학교로는 1883년에 설립된 원산학사(元山學舍, 강원도 원산에서 정현석이 서당을 개편하여 만들었음)와 동문학(同文學, 통변학교, 독일의 묄렌도르프가 세운 통역 학교로서 외국어와 筆算을 지도), 미국인 선교사들에 의해 1885년에 설립된 배재학당, 1886년에 설립된 경신학당, 이화학당은 우리나라 초기의 현대식 학교이다.

그 후 우리나라는 1894년에 일어난 동학운동과 갑오개혁으로 인해 일본을 통한 서구식 행정제도가 도입되었으며 양반평민제도 폐지, 징병법 제정, 단발령 등 사회적으로 큰 변혁이 일어나기 시작하였다. 1895(고종 32)년에는 고종의 교육소서(敎育詔書) 발표로 공립학교의 설립이 시작되었는데 교사양성을 위한 한성사범학교(2년제, 6개월제)와 부속학교인 공립소학교(심상과 3년, 고등과 2년)가 처음으로 설립되었다. 1899(광무 3)년에는 중학교 관제가 공포되었고 1906년에는 공립학교 관제와 고등학교령, 1908년에는 고등여학교령, 1909년에는 실업학교령이 공포되면서 현대적 학제를 갖추게 되었다.

1909년의 고등학교 수학과 학과과정은 다음 표와 같다.

학교 학년	고등학교	고등여학교
1	산술, 대수 (주 6시간)	정수, 분수 (주 2시간)
2	대수, 기하 (주 5시간)	분수, 소수, 주산 (주 2시간)
3	대수, 기하, 부기 (주 4시간)	비례, 보합산,[2] 주산 (주 2시간)
4	기하, 부기 (주 4시간)	

위와 같이 현대적 학교교육이 시작되던 시기에 우리나라가 일본의 강제에 의해 한일합방이 조인된 경술국치일(1910년 8월 29일)을 맞게 되면서 식민지 교육을 받게 되었다. 제2차 세계대전(1939～1945) 중인 1941년에는 당시의 수학과 과목명인 산술이 산수로, 소학교가 국민학교로 이름이 변경되었다.[3]

1943년 이전의 중등학교 수학과 교육과정은 다음 표와 같다.

학년 내용	1	2	3	4	5
제1류 (수량)	•통계적 처리 •문자의 사용 •양수, 음수 •일차방정식	•정식 •분수식 •제곱, 근사식 •이차방정식	•다항식, 부등식 •로그	•수의 처리 •자연수와 급수 •계열과 관찰 처리 •연속적 변화의 고찰 처리	•함수의 변화 •통계도표의 고찰

2 보합산 : 비, 비례에 관한 실용적인 계산.

3 1992년에 산수가 수학으로, 1996년에 국민학교가 초등학교로 이름이 변경되었다.

제2류 (도형)	•측량, 측정 •작도 •도형의 합동 •도형의 대칭과 회전	•평행과 닮음 •직각삼각형 •원과 구	•궤적, 원운동과 삼각함수 •삼각형과 삼각함수	•투영도와 투시도 •구면상의 도형 •도형의 절단	•원추곡선 •힘과 운동의 고찰

전쟁이 지속되면서 식민지배에 있던 우리나라는 전시체제의 수학교육을 받았다. 그 한 예로서, 1944년의 초등학교 6학년 산수교과서(理數科 算數 「第六學年下」, 文部省, 1944, pp. 70∼71)의 내용 중에 다음과 같은 문제가 있다.

[문제 1] 시속 250km로 8시간 항속할 수 있는 함상 공격기가 군함에서 나와 호노루루에 가서 또다시 군함에 돌아오기 위해서 군함은 호노루루에서 몇 해리 이내에 있어야 하는가? 그 범위를 지도상에서 조사하여라.

[문제 2] 소총탄은 보통의 흙을 1m의 두께로 쌓으면 막을 수 있다. 밑의 그림(그림 생략)의 모양으로 길이 30m의 토담을 만드는 데 흙이 얼마나 필요한가? 보병이라면 보통의 흙을 한 사람이 한 시간에 0.5m씩 판다고 한다. 다음의 토담을 만들기 위하여 5명의 보병이 흙을 파면 몇 시간이 걸리는가?

이 당시는 전쟁 중에 있었으므로 초등학교의 산수 교육은 전쟁과 군대에 직결되는 최소한의 수학을 가르쳤다. 중등학교의 수학교육은 산술, 대수, 기하, 삼각법 등으로 분과별로 가르치던 것을 해석기하, 미적분, 화법기하, 통계, 역학 등의 초보적인 사항을 덧붙여 수준을 높였으며 종합적으로 구성하였다.

2. 교수요목의 시기(1946∼1954)

우리나라는 1945년 8월 15일에 36년간의 일본의 강점에서 벗어났지만, 1945년 9월 9일부터 1948년 8월 15일 정부수립까지 미군이 설치한 군정청이 우리나라의 모든 국정을 통치하였다. 미 군정청은 군정 법령을 통하여 일본의 군국주의적 사상, 식민지적 사상과 형태를 불식시키고 광복을 맞은 한국을 민주화시키고자 하였다. 미 군정청은 1945년 9월 17일 '일반 명령 제4호'를 통해, 9월 24일을 기하여 모든 공립 초등학교가 수업을 시작하도록 하였다. 한편, 사립 초등학교는 개교 전에 당국의 허가를 받도록 하고, 각 도에 통첩을 보내 중등학교 이상의 학교도 수업을 시작하도록 하였다.

'일반 명령 제4호'에 따라 군정청 학무국에서는 '신 조선의 조선인을 위한 교육 방침'을 시달하였는데, 그 중에서 교과목 등 교육 내용에 관련된 것은 '교수 용어를 한국어로 할 것과 조선의 이익에 반하는 교과목은 일체 교수함을 금하는' 포괄적인 지시였다. 이어 평화와 질서를 당면한 교육 목표로 하고, 일본 제국주의적 색채를 모두 제거하도록 하는 교육의 일반 방침을 시달하는 한편, 초·중등학교 교과목 및 주당 교수 시수표를 시달하였다. 교과서 문제는 각 학교로 하여금 적당히 처리하도록 하되, 산수나 이과와 같은 교과목 외에는 일본 교과서의 사용을 금하였다.

그러나 이것은 교육에 대한 응급조치일 뿐이므로, 이후 미 군정청 편수국[4]에서는 교육과정의 성격을 지니는 '교수요목'을 1946년에 제정하여 당해 9월 1일부터 시행하였다. 이때 제정한 교수요목의 특징은 다음 세 가지로 요약될 수 있다.

- 교과의 지도 내용을 상세히 표시하고, 기초 능력을 배양하는데 주력한다.
- 교과는 분과주의를 채택하고, 체계적인 지도와 지력의 배양에 중점을 둔다.
- 우리나라의 교육 목표인 홍익인간의 정신에 입각하여 애국애족의 교육을 강조하고, 일제의 잔재를 정신이나 생활에서 시급히 제거한다.

그러나 이 '교수요목'은 당시 충분한 시간적 여유 없이 성급하게 제정되었기 때문에 가르칠 주제를 열거하는 수준을 벗어나기 어려웠고, 특히 내용과 수준이 학생들의 지적 능력에 비추어 너무 높다는 비판을 받았다. 이 교수요목은 중간에 부분적으로 수정되기는 하였으나, 미군정 시대를 거쳐 1954년 '국민학교·중학교·고등학교·사범학교 교육과정 시간 배당 기준령'과 1955년 제1차 교육과정이 공포될 때까지 약 10년간 적용되었다. 그러나 이 시기에는 중등학교의 학제가 빈번하게 변경되었고, 학교 교육이 그 궤도를 찾지 못한 채 일제 시대의 교육을 답습하였다. 또한 현재와 같은 교육과정의 체제를 갖추지 못하였으며 교수요목의 내

---

4 미 군정청 산하 기관 중 오늘날의 교육부에 해당하는 조직 명칭은 '학무국'이었다. 그러나 1946년 3월 29일 군정 법령 제64호에 따라서 '학무국'은 '문교부'로, '학무국' 산하에 있던 '편수과'는 '편수국'으로 개칭되었다.

용을 분석해 보면 내용 수준이 매우 높으며, 수학적인 체계성과 계통성이 제대로 확립되어 있지 않은 특징을 보이고 있다. 이 시기의 교육과정은 포괄적인 주제만 열거되어 있어서 구체성이 부족하며, 수학적인 체계와 계통이 제대로 확립되어 있지 않음을 발견할 수 있다.

3. 제1차 교육과정의 시기(1954～1963)

미군정하에서 제정된 교수요목은 임시방편적인 성격을 지녔기 때문에, 1948년 8월 15일에 대한민국 정부가 수립되고, 1948년 12월 31일자로 교육법이 공포됨에 따라 교육과정을 새롭게 제정하고자 하는 요구가 높아졌다. 그 결과 문교부는 1955년 8월 1일자로 각급 학교 교과과정을 공포하였다. 이 '교과과정'은 우리 손으로 만든 최초의 체계적인 교육과정이며, 이 교과과정을 제1차 교육과정이라 한다.

이 시기의 수학과 교육과정 개정의 기본 방향은 "교수요목 시기의 문제점을 개선하며, 학생들이 필요로 하는 욕구와 사회의 요구를 참작하고, 심리적인 배열과 체계적인 면을 적절히 고려하여 수학의 기본적인 개념이나 원리를 알게 하고, 사고 능력의 양성, 기초적인 과정과 상호 관계, 문제해결과 응용 능력, 기능의 숙달 등에 대하여 그 내용을 결정하고 지도 방법을 개선함으로써, 결과적으로 교육 목적을 달성하는 데 좋은 효과를 올려야 한다."(교육부, 1999)는 것이었다. 또, 경제적, 문화적 생활을 하는데 필요한 문제를 수학적으로 해결하려는, 이른바 생활 경험을 강조하는 방향으로 교육과정을 구성하였다. 이런 특징 때문에 이 교육과정의 시기를 수학과에서는 '생활 단원 학습기'라고도 하는데, 이는 미국 진보주의 교육의 영향을 받은 결과라고 할 수 있다(교육부, 1999; 박한식, 1991).

이 시기의 수학과 교육과정의 내용상의 특징은 교수요목의 시기에 비해 많은 내용을 약화 및 삭제하여 내용 수준이나 분량을 학생 수준에 맞게 하향 조정한 것이다.

다음은 수학과 <지도상의 유의점> 란에 제시된 12개의 유의 사항 중 특징적인 몇 가지이다.

- 풍부하고 구체적인 생활을 통하여 기본적인 개념과 원리, 원칙을 이해하도록 지도한다.

- 구체적인 예를 통하여 사고, 추리, 판단하는 능력을 기르고, 자기 스스로가 이것을 일반화하는 능력을 기른다.
- 어떠한 때나 문제해결에 있어서 사고 과정과 그 방식이 강조되어야 하며, 단순한 수식적, 기계적인 연습에 그쳐서는 안 된다.
- 사회나 생활상의 구체적인 문제를 해결하고 취급함으로써 수학의 생활에서 유용성을 체득하게 하며, 이러한 활동을 통하여 명확하고도 능률적으로 처리하는 능력과 태도를 기른다.

위의 유의점들을 분석해 보면, 풍부하고 구체적인 생활 경험을 통하여 수학적 개념과 원리, 원칙을 이해하고, 구체적인 예를 통하여 사고, 추리, 판단하는 능력을 기르며, 실생활의 문제를 해결하는 경험을 통해 수학의 유용성을 이해하는 것을 강조하고 있음을 알 수 있다. 즉, 종전의 교육 과정에 비하여 수학의 실용성과 유용성을 강조하고 있음을 알 수 있다.

예를 들어 고등학교 내용으로 '경제와 금융'이라는 단원에 포함된 '저축과 보험', '세금' 등이 있다. 그 외로 '맞선꼴', '맴돌이' 등의 단어와 같이 수학 용어를 가능하면 한글화하려는 시도가 있었다.

4. 제2차 교육과정의 시기(1963～1973)

제1차 교육과정은 6·25 전쟁 직후에 제정되어, 당시의 혼란한 사회 상태와 그에 따른 여러 가지 제약으로 충분한 연구를 통해 내용을 설정하지 못했다. 이 시기에 선진 외국은 고도 산업 사회로 발전하는 과정에서 높은 수준의 수학과 과학 교육을 필요로 하고 있었다. 예컨대, 미국에서는 수학 교육 현대화 운동이 절정에 달하여 현대 수학의 여러 개념이 엄격한 논리와 기호 및 집합을 사용하여 지도되고 있었다. 뿐만 아니라, 컴퓨터를 교실 수업에 활용하는 CAI에 대한 연구도 활발하였다.

이와 같은 국내외적 교육 상황을 반영하기 위한 교육과정 개정 작업이 1961년부터 시작 되어 1963년에 제2차 교육과정이 공포되었다. 이 교육과정의 개정의 기본 방향 중에서 중요한 내용은 다음과 같다(교육부, 1999).

• 수학의 체계를 근간으로 계통적인 내용을 학생의 심신 발달의 단계에 맞고 다음 교과와 병행할 수 있도록 학년별로 안배하여, 생활 문제 해결에 실천적으로 활용할 수 있도록 한다.
• 과학, 기술의 급진적인 발달에 따라 지도 내용을 충실히 하고 정비하여 논증적인 사고 능력과 수리적인 처리 기능을 기르도록 한다.

위와 같이 제2차 교육과정은 수학의 체계와 지도 내용 수준의 향상, 논증적 사고의 강화 등의 특성을 보이고 있으며, 한편으로는 수학 교육 현대화 운동의 영향을 서서히 받기 시작하고 있었다. 전반적으로 수학의 체계를 강조하고 계통 학습을 중시하였으므로 이 시기를 수학과에서는 '계통 학습기'라고 명명하기도 한다.

이 교육과정에서는 학교에 따라서 수학 수업을 가감할 수 있게 하는 융통성을 부여하고 있다. 중학교 각 학년의 내용은 6개의 영역(수, 식과 문자, 함수, 측정, 통계, 도형)으로 나누어 기술되었으며, 수학의 계통성을 중시하는 방향으로 구성되었다. 또 국민학교와 중복된 부분을 줄이고 기초적인 계산 능력과 논리적인 사고 능력을 기를 수 있도록 하였다. 이 교육과정의 내용은 이전의 것과 비교하여 다음과 같이 수정, 보완되었다.

구분 / 학년	삭제	이동	첨가
중학교 1학년	•이율, 할인 •저축, 요금 등 많은 계산 문제	•문자의 사용(2학년에서) •양수, 음수(2학년에서) •측정, 측정값과 오차(2학년에서)	
중학교 2학년	•복습 내용		•계산법칙(교환법칙, 분배법칙)
중학교 3학년	•복습 내용		

위와 같이, 2학년의 내용을 1학년으로 이동하며 계산 기능 문제를 축소하고 계산 법칙을 새로 도입한 것은 수학 교육 현대화 운동의 영향을 받았기 때문이다. 고등학교(공통수학, 수학 I (인문계), 수학 II (자연계))의 내용 중 제1차 교육과정과

비교하면 다음과 같은 내용상의 변화가 있음을 알 수 있다.

구분 / 학년	삭제	첨가
고등학교	•경제와 금융 : 단리, 복리, 연금연부, 저축과 보험, 세금 •도형 : 합동, 닮음, 간단한 작도, 맞선꼴,[5] 맴돌이[6] •삼각함수 : 탄젠트법칙, 삼각측량 •간단한 고차식 : 조합제법 •궤적의 뜻과 증명, 간단한 작도 •입체도형에서 주면,[7] 추면,[8] 다면체	•통계 : 이항분포, 정규분포, 표본조사 •복소수의 극형식 : 드무아브르의 정리 •평균치 정리 •정적분의 근사값 : 사다리꼴 공식, 심프슨의 공식 •공간좌표

5. 제3차 교육과정의 시기(1973～1981)

1950년대 초부터 미국을 비롯한 여러 나라에서 수학 교육 현대화 운동이 시작되었고, 이에 따른 '새 수학(New Math)'의 영향이 전 세계에 퍼져 나갔다. 이것이 우리나라에 파급된 것은 1960년대 초였지만, 당시에는 새 수학의 구체적인 내용을 파악하지 못한 상태였기 때문에 제2차 수학과 교육과정에서는 이를 적극적으로 반영하지 못하였다. 1970년을 전후하여 SMSG 교재를 통해 수학 교육 현대화 운동의 내용이 우리나라 수학자들에게도 널리 알려지게 되면서, 제3차 교육과정에 '새 수학'의 내용이 대폭적으로 반영되게 되었다. 이 시기의 수학과 교육과정 개정의 기본 방향을 요약하면 다음과 같다.

- 집합 개념을 토대로 한다.
- 수학적 구조에 중점을 둔다.
- 엄밀성을 강조한다.
- 현대 수학의 발전에 비추어 교재를 재구성한다.

5 대칭 도형
6 회전체
7 기둥
8 뿔

• 응용면이 넓은 교재를 조기에 도입한다.

이 시기의 교육과정은 학생 수준에 비하여 지나치게 수학적 구조와 논리적 엄밀성을 강조하였고, 정확한 용어와 기호의 사용을 강조한 점이 특징이다.

중학교 수학과 목표에 따르면, 현대 수학을 엄밀히 지도하여 문제해결력의 신장을 수학의 지도 목표로 하고 있다고 볼 수 있다. 학년목표는 6개의 내용 영역(집합, 수와 연산, 방정식과 부등식, 함수관계, 통계, 도형)에 따라 6개의 구체적인 항목으로 나누어 진술하고 있다. 지도 내용은 수학 교육 현대화 운동의 영향으로 현대 수학의 조기 도입과 엄밀한 논리, 구조화된 수학지도를 목적으로 하고 있으므로, 이 시기의 교육과정에서는 새로운 내용뿐만 아니라 엄밀한 용어 및 기호를 도입하고 강화하여 그 수준이 매우 높았다. 예를 들면, 해집합, 반직선, 사선, $m(\overline{\mathrm{AB}})$, $m(\angle \mathrm{AOB})$,[9] $\overleftrightarrow{\mathrm{AB}}$ 등의 새로운 기호와 용어를 도입하였다.

구분 / 학년	삭제	이동	첨가
중학교 1학년	•비와 비례단위 (국민학교로 이동) •계량 단위(〃) •통계 그림표(〃) •기본 도형의 모양(〃)	•수직, 평행(2학년에서) •음수, 양수, 연산법칙(〃) •일차 방정식(〃) •일차 부등식(〃) •좌표 평면(〃) •입체의 부피, 겉넓이(〃)	•집합 •진법 •수집합의 대수적 구조 •곱집합과 함수 •경우의 수 •확률
중학교 2학년	•제곱비례 •측량(계기의 사용, 평판측량)	•무리수, 제곱근(3학년에서) •연립방정식(3학년) •상관관계(〃)	•집합(명제) •연역적 추론(귀류법) •유리수의 소수표현 •연립부등식 •대표값, 산포도 •도형의 변환(합동, 닮음, 회전, 평행, 대칭변환)
중학교 3학년	•분수식의 사칙계산 •분수 방정식 •삼원일차연립방정식		•실수집합의 대수적 구조 •이항연산 •잉여류

9 제3차 교육과정에서는 선분을 나타낼 때에는 $\overline{\mathrm{AB}}$, 선분의 길이를 나타낼 때에는 $m(\overline{\mathrm{AB}})$로 구분하였으며, m은 도형의 측정량(measurement)을 나타낸다.

	•비례 부분법 •투영도		•이차방정식과 이차함수의 관계 •표본조사 •도형의 위상적 성질(단일 폐곡선, 오일러 공식)

고등학교 내용에서는 이전까지의 교육 과정과 달리 '수학Ⅰ'과 '수학Ⅱ'를 각각 집합, 대수, 기하, 해석, 통계 영역으로 구분하고, 이에 따라 구체적인 내용을 제시하고 있다. 이때 '수학Ⅰ'은 인문계열, '수학Ⅰ', '수학Ⅱ'는 자연계열 학생들이 이수하는 과목이다.

구분 과목	첨가	삭제
수학Ⅰ	•집합, 조건문, 진리값과 진리표 •수학적 귀납법, 순서도 •다항식, 유리식, 무리식 •삼·사차방정식 •조립제법, 나머지정리 •타원, 쌍곡선 •부등식의 영역 •정적분의 근사값	•근삿값와 오차(중학교로 이동) •평면도형과 그 성질('수학Ⅱ'로 이동)
수학Ⅱ	•삼·사차부등식, 유리부등식 •행렬 •평면기하의 공리적 구성 •방향코사인, 방향비 •곡선의 길이	•계산그림표, 계산자 •투영도

각 영역에서 학습할 내용을 기술한 뒤에는 그 영역에서 반드시 다루어야 할 용어와 기호를 각 영역의 끝 부분에 제시하였는데, 제시된 용어와 기호는 매우 구체적이고 엄밀하였으며, 교육 과정에 제시된 내용의 수준을 분명히 파악할 수 있도록 하였다. 이러한 경향은 수학 교육 현대화 운동의 영향을 받았음을 보여주는 대표적인 예이며, 제3차 교육과정기의 수학과 교육과정 체계가 현재까지 이어지고 있다고 볼 수 있다.

중학교 지도상의 유의점은 개괄적이고 일반적인 내용으로 4개 항목으로 나누어 진술되어 있는데, 그 중 특징적인 것은 다음과 같다.

- 집합 개념을 모든 영역에 충분히 활용하도록 한다.
- 수량에 관한 내용과 도형에 관한 내용을 통합적으로 지도하여야 한다.

위의 내용에서 이 교육과정은 집합의 지도를 매우 강조하고 있음을 알 수 있다. 그리고 도형의 대수적 지도, 즉 좌표를 이용한 도형의 성질 지도도 강조되고 있음을 알 수 있다.

6. 제4차 교육과정의 시기(1981～1987)

수학 교육 현대화 운동에 따라 새 수학 내용을 적극적으로 반영하였던 제3차 수학과 교육과정은 그 정신이나 철학에서는 많은 호응을 받았지만, 수학 내용을 조기에 도입하거나 지나치게 수학적 엄밀성을 강조하는 경향 등으로 인해 시행 초기부터 많은 문제점이 드러났다. 우리나라에서 제3차 교육과정을 심의하고 있을 때, 외국에서는 이미 수학 교육 현대화에 대한 비판과 반성의 소리가 나타나면서, 1970년대에 '기본으로 돌아가기(Back to basics)' 운동이 전개되고 있었다.

제3차 수학과 교육과정의 가장 큰 문제점은 내용 분량이 많고 수준의 정도가 지나치게 높다는 것이었다. 따라서 제4차 교육과정은 기본적으로는 새 수학의 정신을 유지하되 여러 가지 문제점을 수정·보완하고, 학생들의 지적 발달 수준에 적절하게 학습 내용을 재조직하는 데 초점을 두었다. 이 교육과정의 개정의 기본 방향은 다음과 같다.

- 수학의 기초적인 개념과 기능을 강조한다.
- 수학적 구조나 논리의 엄밀성을 무리하게 강조함을 지양한다.
- 지도 내용의 양을 적정 수준으로 경감한다.
- 학습자의 발달 수준에 맞게 수준을 적정화한다.
- 문제 해결력을 강조한다.

이 교육과정 개정의 기본 방향과 교육과정의 목표에서는 비록 문제 해결을 강조하고 있지만, 중학교 수학 교과서에는 사실상 문제 해결을 위한 배려가 잘 나타나지 않았다. 다만, 이전의 교육과정과 비교해 볼 때, 높은 수준의 내용을 삭제 또는 경감하며 지나치게 엄격한 용어나 기호의 사용을 완화하는 특성을 보이고 있다.

중학교 내용 영역은 수와 연산, 방정식과 부등식, 함수, 통계, 도형의 5개 영역으로 정하였으며 집합은 수와 연산 영역에 포함시켰고, 3차 교육과정의 '집합' 단원 내에 포함되어 있었던 명제에 관한 내용을 도형 영역으로 이동하였으며, 수학교육의 현대화에 따른 문제점을 수정, 보완하는 입장에서 상당 부분을 삭제, 약화, 이동시켰다. 또한, 도형 영역에서는 $m(\overline{\mathrm{AB}})$, $m(\angle \mathrm{AOB})$와 같은 기호를 간단히 $\overline{\mathrm{AB}}$, $\angle \mathrm{AOB}$로 나타내기로 하였다.

학년 \ 구분	삭제	약화	이동	첨가
중학교 1학년	•이진법, 오진법끼리의 덧셈, 뺄셈 •연산법칙 및 그 성질 •두 집합 사이의 관계(곱집합)	•진법, 근사값	•자료의 정리(2학년에서) •도형의 위상적 성질(3학년에서)	•지수의 확장 (정수 범위)
중학교 2학년	•연립부등식 •도형의 변환	•명제	•상관관계(3학년에서)	
중학교 3학년	•이항연산과 잉여류 •표본조사	•연산의 성질	•경우의 수와 확률(1학년에서)	

제3차 고등학교 수학과 교육과정에서 상당 분량의 내용이 첨가되었기 때문에, 제4차 고등학교 수학과 교육과정에서 새로 첨가된 내용은 없었으며, 부분적으로 삭제되거나 약화된 내용은 다음과 같다.

과목 \ 구분	삭제	약화
수학 I	•로그자의 원리 •함수의 연산 •정적분의 근사값 •헤론의 공식	
수학 II	•평면기하의 공리적 구성	•행렬(3차 → 2차)

그리고 수학 Ⅱ를 수학 Ⅱ-1과 수학 Ⅱ-2로 분리하여 인문계는 수학Ⅰ과 수학 Ⅱ-1을, 자연계는 수학Ⅰ과 수학Ⅱ-2를 지도하였다.

7. 제5차 교육과정의 시기(1987～1992)

제3차나 제4차 교육과정이 학문 중심 교육과정이나 '기본으로 돌아가기'와 같이 대내·외적으로 큰 변화의 조류를 반영한 개정이었다면, 제5차 교육과정은 제4차 교육과정의 운영상에 나타난 문제점을 수정·보완하는 데 역점을 두었기 때문에 이전의 교육과정과 비교할 때 변화의 폭은 크지 않았다.

NCTM는 1980년 총회에서 1980년대 학교 수학에 대한 권고 사항 8가지를 발표하였다. 그 중 첫째가 문제해결이 학교 수학의 초점이 되어야 한다는 것이었다. 이 영향을 받아 세계 각국에서는 문제해결에 대한 연구가 활성화되었으며, 우리의 수학과 교육과정에 반영하기도 하였다. 예를 들어 제4차 교육과정 중학교 수학과 교육과정의 '목표'와 '평가 상의 유의점'에 문제해결에 대한 내용이 일부 언급되었다. 하지만 이 교육과정에서는 단순히 언급되었을 뿐 '내용'이나 '지도상의 유의점' 등에는 반영되지 않았다. 그러나 제5차 교육과정에서는 문제해결력의 신장이라는 조류가 수학과 교육과정에 큰 영향을 미치기 시작하였으며, 그 외에도 정의적 목표의 강화, 대다수 학생을 위한 수학 교육, 학교 수학의 유용성과 적용 가능성의 강조, 학습자 개개인의 경험, 욕구, 흥미 중시, 수학적 활동의 결과로서의 지식뿐만 아니라 그에 이르는 과정으로서의 수학적 활동 경험의 중시 등이 교육과정에 반영되었다. 또한 제5차 교육과정에서는 제3차 교육과정에서 과다하게 삽입된 지도 내용을 더욱 정선하여 학습량을 경감시킴으로써 수학적 사고력을 신장시킬 수 있게 하였고, 수학에 흥미를 가지도록 하면서 기초 학력 배양에 중점을 두었으며, 특히 문제해결력의 신장에 역점을 두었다. 제5차 교육과정의 개정의 기본 방향의 핵심을 요약하면 다음과 같다.

- 최소의 필수 기본 지식 및 기능의 정선
- 수학적 활동의 강화
- 문제해결의 강화
- 정의적 측면의 강조

이 교육과정 역시 제4차 교육과정과 마찬가지로 문제 해결 지도를 강조하였지만, 입시 중심의 교육 풍토와 문제 해결 수업에 대한 인식과 정보의 부족 등으로 이전 교육과정의 시기와 별다른 점이 없었다. 하지만 이전 교육과정의 목표와 비교하여 수학에 대한 흥미와 관심을 지속적으로 가지게 하는, 즉 수학에 대한 정의적 태도 교육을 강조하고 있다.

중학교 교육과정에서는 집합을 수와 연산 영역에, 명제에 관한 내용을 도형 영역에 포함시키고 있다.

구분 / 학년	삭제	약화	이동	첨가
중학교 1학년		•대수적 구조	•원에 대한 기본 개념 (3학년에서)	•진법의 덧셈, 뺄셈 •기본 도형의 위치 관계
중학교 2학년		•지수법칙 (자연수 범위)	•확률(3학년에서)	
중학교 3학년	•대수적 구조 •그래프를 이용한 이차방정식의 풀이		•무리수 (2학년에서) •근사값의 계산(1학년에서)	

위와 같은 내용의 변화는 학생의 학습 부담을 어느 정도 경감시켰다는 평가를 받는다. 고등학교 교육과정(일반수학, 수학 I (인문계), 수학 II (자연계))에서는 학습 주제의 수를 줄이고, 각 계열이나 과정에 부합되도록 내용을 정선하였다.

구분 / 과목	삭제	약화
일반수학	•집합 영역을 대수 영역에 흡수 •진리표, 진리값 •논리합, 논리곱 •명제의 합성 •타원, 쌍곡선('수학 II'로 이동)	
수학 I		•가우스 소거법
수학 II		•타원, 쌍곡선('일반수학'에서 이동)

제5차 교육과정의 <지도 및 평가상의 유의점>은 이전의 방식과 유사하나, 각 학년에 대한 지도상의 유의점을 보다 구체적으로 진술한 것이 특징이다. 지도상의 유의점으로서 특징적인 것은 다음과 같다.

- 일상생활에서 접할 수 있는 수학과 관련된 문제들을 이용하여 수학에 대한 흥미와 호기심을 가지게 하고, 수학적 지식과 사고 방법을 익혀 실제 생활에 적용하게 하여, 성취감과 수학의 필요성을 느낄 수 있도록 한다.
- 자주적으로 문제를 발견하게 하고, 창의적으로 문제를 해결할 수 있도록 하며, 문제해결의 결과뿐만 아니라 해결 과정과 그 방법도 중요시한다.
- 학생의 문제해결력을 개발시키기 위해서는 다단계 문제와 과정 문제를 많이 활용하여 문제해결 과정과 구체적인 문제해결 전략을 지도하도록 한다.

평가 상의 유의점으로서 중요한 것은 다음과 같다.

- 결과의 평가뿐만 아니라 계획과 과정의 평가까지도 고려하여, 문제해결 과정을 포함하는 종합적 사고력과 기능 등도 평가하도록 한다.
- 평가의 방법으로 지필 검사 외에 관찰법 등을 사용하며, 지적 영역과 정의적 영역의 평가 결과를 학습지도와 학습방법의 개선에 활용하도록 한다.

위의 <지도 및 평가 상의 유의점>을 분석해 보면, 수학적 사고력의 신장을 위한 문제해결력의 중요성과 이에 부합되는 평가 방안 등을 강조하고 있다. 특히, 다단계 문제나 과정 문제, 관찰법, 과정의 평가 등 가능한 한 구체적으로 문제의 유형이나 평가 방법 등을 언급함으로써, <지도 및 평가 상의 유의점>이 실제적인 도움을 주는 방향으로 선회하였음을 알 수 있다. 또, 학생들이 수학을 흥미 있고 가치 있는 것으로 이해할 수 있도록 지도할 것을 요구하고 있다. 그러나 문제해결을 위한 구체적인 수업 모형이나 지도 내용 등을 제시하고 있는 것은 아니었다.

8. 제6차 교육과정의 시기(1992～1997)

제6차 교육과정은 정보화 사회에 대비하여 기초 교육의 강화, 정보화 교육 강화, 학습 부담 경감, 실용성 강조, 교육과정의 효율성 제고 등을 고려하여 제정되었다. 제6차 교육과정은 제5차 교육과정의 기본 구조를 가능한 한 그대로 유지하면서 문제점을 수정·보완하고 외국의 수학 교육 동향을 반영하여, 개정의 기본 방향을 다음과 같이 설정하였다.

- 범국민적 기초 소양으로서의 수학 교육
- 수학적 사고력을 신장하는 수학 교육
- 문제해결력을 신장하는 수학 교육
- 수학의 실용성을 강조하는 수학 교육
- 계산기나 컴퓨터를 수학적 도구로 활용하는 수학 교육
- 학생의 적성, 능력, 진로 등에 적합한 학습의 기회를 제공하는 수학 교육
- 다양한 교수·학습 방법과 평가 방법이 이용되는 수학 교육

중학교 수학과 목표는 인지적 영역과 정의적 영역으로 나누어 인지적 영역에서는 수학적 지식과 기능에 대하여, 정의적 영역에서는 수학적 태도에 관하여 기술하고 있다.

제5차 중학교 수학과 교육과정에서는 수, 식, 수의 계산, 식의 계산을 '수와 연산'이라는 영역으로 묶어서 제시하였는데, 제6차 교육과정에서는 이 영역 명을 '수와 식'으로 변경하였다.

구분 학년	삭제	약화	이동
중학교 1학년	•동치, 상수, 변역, 내부, 외부, 수형도	•집합 •정수와 유리수 •식의 계산	
중학교 2학년		•확률	•근사값과 오차의 이해(1학년에서) •근사값의 계산(3학년에서)
중학교 3학년	•이차함수의 제한된 정의역에서 최대, 최소 •이차함수의 활용	•무리수와 무한소수 •이차함수	

	•이차방정식과 이차함수의 관계 •완전제곱수	

제6차 고등학교 수학과 교육과정에서는 과목 설정에서 큰 변화가 있었다. 우선, 고등학교 수학에서 가장 기본적이고 핵심적인 내용으로 구성된 공통수학은 이전 일반수학과 마찬가지로 모든 학생들에게 필수적인 과목이다. 또, '공통수학'보다 발전된 내용인 '수학Ⅰ', '수학Ⅰ'보다 심화·확장된 내용인 '수학Ⅱ'를 두어 순차적으로 학습할 수 있도록 하였는데, 제6차 교육과정의 '수학Ⅱ'는 이전과 달리 '수학Ⅰ'의 내용을 분리한 것이다. 따라서 '수학Ⅰ'은 인문계 학생과 자연계 학생이 공통으로 학습하고, 자연계 학생은 '수학Ⅱ'를 추가적으로 학습하는 것으로 조정하였다. 또, 수학의 실생활 적용을 강조한 '실용수학'을 신설하여 실업계 학생들의 필요를 충족하도록 하였다. 그러나 제4차나 제5차 교육과정과 마찬가지로 학습 내용의 정선을 통한 학생들의 학습 부담의 경감을 기본 방향으로 하고 있다.

과목 \ 구분	삭제	첨가
공통수학	•포물선('수학Ⅱ'로 이동)	•이차함수의 활용(제5차 교육과정에서 중학교에 포함되어 있던 '이차함수의 최대값, 최소값' 내용 포함)
수학Ⅰ	•가우스 소거법 •검정	
수학Ⅱ	•'수학Ⅰ'의 내용 분리	•포물선('공통 수학'에서 이동) •매개변수로 나타내어진 함수의 미분법, 역함수의 미분법

제6차 고등학교 교육과정에서 찾아볼 수 있는 가장 큰 변화 중의 하나는 '수학Ⅱ'의 내용 중 수학Ⅰ의 내용을 분리함으로써 학생들에게 선택의 기회를 확대하고, 학습부담을 경감하고 학습의 수월성을 기할 수 있도록 한 점이다. 또, 중학교에서 이미 정의되었던 용어는 가급적 삭제하고, 필요한 용어를 새로 추가하여 전체적으로 용어를 정비하였다.

제6차 교육과정에서는 <교수·학습 방법>과 <평가> 항목을 분리하였으며, 각각에 대하여 상당히 세밀한 수준까지 기술하고 있다. <교수·학습 방법>에서 강조하고 있는 바는 수학적 사고력과 문제해결력의 강조, 수학의 연결성 및 학생의 정의적인 측면, 계산기와 컴퓨터의 활용 권장 등으로 주요 내용은 다음과 같다(교육부, 2000).

- 교수·학습 활동은 학생들의 경험과 욕구를 바탕으로 하여 수학의 기초적인 개념과 원리를 구체적인 것에서 추상적인 것으로 지도함으로써, 그 내용을 이해하고 스스로 발견해 나가도록 한다.
- 다른 교과 및 일상생활에서 접할 수 있는 수학과 관련된 여러 가지 형태의 문제를 다루도록 하되, 학생들의 지적 수준에 맞게 구성하여 지도한다.
- 문제해결력을 개발시키기 위하여 문제의 의식, 문제의 이해, 계획 수립, 계획 실행, 반성 등의 문제해결과정과 그림 그리기, 예상과 확인, 표 만들기, 규칙성 찾기, 단순화하기, 식 세우기, 논리적 추론, 반례 들기 등의 구체적인 해결 전략을 중요시한다.
- 수학과 교수·학습 과정에서 복잡한 계산이나 문제 해결력 향상 등을 위하여 계산기나 컴퓨터를 활용할 수도 있다.

<평가> 항목에서는 평가의 목표를 밝히고, 교수·학습 과정에서 진단, 형성, 총괄 평가를 실시하여 그 결과를 교수·학습 방법의 개선에 활용하도록 강조하고 있다. 주요 내용은 다음과 같다.

- 수학 학습 평가는 학생 개개인의 전인적인 성장과 교사 자신의 수업 방법 개선을 위한 것이어야 한다.
- 진단 평가, 형성 평가, 총괄 평가를 통해 교수·학습의 전후 과정에 대한 평가를 실시하도록 한다.
- 수학 학습 평가는 수학적 지식, 문제해결력, 수학적 성향의 정도를 판단해야 한다.
- 수학 평가는 교육과정에 제시되어 있는 주요 목표에 대한 성취 수준을 전반적으로 평가하여야 하나, 특히 다음 사항을 강조하여 평가한다.
  (1) 수학의 기초적인 개념, 원리, 법칙의 이해
  (2) 수학의 용어와 기호를 정확하게 사용하고 표현하는 기능

(3) 기초 지식을 토대로 하여 문제를 수학적으로 사고하여 해결하는 능력
(4) 수학적 지식과 기능을 활용하여 합리적으로 문제를 해결하는 태도

• (중학교) 각 영역에서는 특히 다음 사항을 강조하여 평가한다.
(1) '수와 식'에서는 계산 능력
(2) '방정식과 부등식'에서는 식의 표현과 그 활용
(3) '함수'에서는 함수의 개념과 그래프의 이해
(4) '통계'에서는 자료 처리 능력과 그 의미 해석
(5) '도형'에서는 도형의 기본 성질 이해

9. 제7차 교육과정의 시기(1997~2007)

제7차 교육과정의 개정의 기본 방향은 학생의 건전한 인성 발달을 도모하고, 다양한 능력과 적성을 존중하며, 창의적인 능력을 기르고자 하는 학생 중심 교육과정으로서, 학생 개개인의 능력 수준에 맞는 학습이 가능하도록 수준별 교육과정을 도입하고, 단위 학교의 교육과정 및 운영의 자율성을 확대하여 지역과 학교의 특색을 살리는 다양한 교육이 이루어지도록 지원 체제를 확립하는 것이었다. 이와 같은 제7차 교육과정의 개정의 기본 방향에 따라서 개정된 제7차 수학과 교육과정의 주요 특징은 다음과 같다.

① 단계형 수준별 교육과정으로 구성하여 개인의 능력과 수준, 적성 등을 고려한 수학 교육을 도모하였다. 즉, 국민 공통 기본 교육 기간(초등학교 1학년부터 고등학교 1학년까지)인 10년 동안의 수학과 교육은 학생들이 자기가 속하는 학년에 관계없이 자기의 능력에 맞는 단계에서 학습할 수 있게 하는 단계형 수준별 교육과정을 적용하도록 하였다. 수학과의 단계형 수준별 교육과정은 10년간의 기본 교육 기간을 10개의 단계로 나누고 각 단계를 2개의 하위 단계로 나누어 단계 간의 계열성에 있어서 중복이나 단절이 없게 하며, 학생들이 자기의 학습 능력과 속도에 맞는 단계에서 공부할 수 있게 하였다.

② 수학 학습 내용의 적정화를 기하여 수학의 기본 지식을 가지게 하는 수학 교육을 추구하였다. 단계형 수준별 교육과정에서 기본 과정은 모든 학생들

이 학습해야 할 핵심적인 내용으로 하고, 심화 과정은 기본 과정을 성공적으로 학습한 학생들이 발전적으로 학습할 수 있는 내용으로 상위 단계의 수학 학습에 선수 요소가 되지 않는 개념, 또는 수준 높은 사고력과 문제해결력을 필요로 하는 학습 내용으로 구성하였다.

③ 학습자의 활동을 중시하는 수학 교육을 강조하였다.

④ 수학 학습에 흥미와 자신감을 가지게 하는 수학 교육이 되도록 하였다.

⑤ 계산기, 컴퓨터 및 구체적 조작물을 학습 도구로 활용하는 수학 교육을 권장하였다.

⑥ 다양한 교수·학습 방법과 평가 방법을 활용하는 수학 교육을 실현하고자 하였다.

제7차 교육과정 시기의 중학교 수학과의 수업 시간은 1학년과 2학년은 주당 4시간, 3학년은 주당 3시간으로 편성하여, 3학년에서 주당 1시간이 감축되었다. 이것은 교수·학습의 부담을 경감시키고, 재량 활동을 확대하기 위한 총론의 방침에 따른 것이다.

교육과정 체제가 성격, 목표, 내용, 교수·학습 방법, 평가의 5개 항목으로 구분되는 점은 제6차 교육과정의 체제와 거의 유사하다. 다만 제7차 교육과정에서는 단계형 수준별 교육과정의 특징을 살려서 단계별로 내용을 제시하고 있다. 특히 제6차 교육과정까지는 내용을 학년별로 제시하였던 반면에 제7차 교육과정에서는 1단계부터 10단계까지를 다시 두 개의 하위 단계로 나누어 20단계의 내용을 제시하고 있으며, 내용을 제시하는 방식도, 성취기준 형태로 제시하고 있는 점이 특징이다.

제7차 중학교 수학과 교육과정에서 특징적인 것은 이전에는 교수·학습 방법 항목에서 내용 영역별로 교수·학습 상의 유의점을 제시하였으나, 제7차 교육과정에서는 학년별로 각 내용 영역 끝부분에 그 내용 영역과 직접 관련된 학습 지도 상의 유의점을 제시함으로써 교수·학습에 대한 안내를 보다 분명하고 구체적으로 제시한 점이다. 또한, 제7차 수학과 교육과정은 단계형 수준별 교육과정이면서도 심화·보충형 수준별 교육과정의 성격도 동시에 갖고 있어서, 내용 영역별로 [심화 과정]이라는 항목을 만들고 각 내용 영역별로 한 가지씩 심화 학습 내용을 제시하였다. 또한 제6차 교육과정에서는 네 번째 항목을 '방법'으로 간단히 표현하였던 것을 제7차 교육과정에서는 '교수·학습 방법'으로 보다 구체적으로 표현하였다.

제7차 교육과정의 목표는 제5, 6차와 같은 구조로 되어 있으며, 여러 가지 생활 현상을 수학적으로 고찰하는 경험을 통해 수학적인 개념, 원리, 법칙과 이들 사이의 관계를 이해하게 하고, 수학의 기본적인 지식과 기능을 활용하여 생활 주변의 여러 가지 문제를 관찰, 분석, 조직, 사고하여 합리적으로 해결하는 능력과 태도를 강조하고 있다.

> 수학의 기본적인 지식과 기능을 습득하고, 수학적으로 사고하는 능력을 길러, 실생활의 여러 가지 문제를 합리적으로 해결할 수 있는 능력과 태도를 기른다.
>
> 1) 여러 가지 생활 현상을 수학적으로 고찰하는 경험을 통하여, 수학의 기초적인 개념, 원리, 법칙과 이들 사이의 관계를 이해할 수 있다.
> 2) 수학적 지식과 기능을 활용하여 생활 주변에서 일어나는 여러 가지 문제를 수학적으로 관찰, 분석, 조직, 사고하여 해결할 수 있다.
> 3) 수학에 대한 흥미와 관심을 지속적으로 가지고, 수학적 지식과 기능을 활용하여 여러 가지 문제를 합리적으로 해결하는 태도를 기른다.

제7차 교육과정(중학교 1학년에서 고등학교 1학년까지)의 내용 조직은 '수와 연산, 도형, 측정, 확률과 통계, 문자와 식, 규칙성과 함수'의 6개 영역으로 조정되었으며, 영역별로 소항목을 두고 지도 내용을 성취기준형으로 제시하였다. 단계별 내용에서는 필요한 경우 개념이나 원리를 이해하는 데 도움이 되는 구체적 활동 방법을 명시적으로 제시하기도 하였다. 각 단계에서 처음 사용되는 용어와 기호, 학습 지도상의 유의점, 심화 과정의 내용을 내용 영역별로 제시하여 교육과정을 구체화·체계화하여 제시하였다. 또한 선택 중심 교육과정에서는 다양한 선택과목을 제시하고, 학생들이 자신의 능력, 진로, 적성에 부합되는 과목을 선택하여 학습할 수 있도록 하였다. 다음은 선택과목 내용의 주요 특징이다.

① 고등학교 2학년과 3학년 학생은 일반 선택과목과 심화 선택과목 중에서 자신의 진로, 능력 흥미 등을 고려하여 과목을 선택할 수 있다. 일반 선택과목은 교양 증진 및 실생활과 연관된 과목이고, 심화 선택과목은 주로 학생의

진로, 적성과 소질을 계발하는 데 도움이 되는 과목으로, 수학과의 일반 선택 과목으로는 '실용 수학', 심화 선택과목으로는 '수학Ⅰ', '수학Ⅱ', '미분과 적분', '확률과 통계', '이산수학'의 총 6과목이 설정되었다.

② '실용수학'은 수학의 학문적 엄밀성보다는 실용적인 측면을 강조하여 수학을 실생활의 다양한 상황과 관련지어 볼 수 있는 과목으로, 제6차 교육과정에서 처음 설정된 '실용수학'의 성격을 발전적으로 계승한 것이다.

③ '수학Ⅰ', '수학Ⅱ', '미분과 적분'은 서로 연계성을 가지고 순차적으로 학습하게 되는 과목들로, 제6차 교육과정의 '수학Ⅰ'과 '수학Ⅱ'에 포함되어 있던 내용을 중심으로 구성되어 있다.

④ '확률과 통계'는 정보화 시대에 필요한 확률과 통계의 기본 개념과 원리를 학습하기 위하여, 다양한 통계 자료와 정보를 처리하고 우연 현상을 이해할 수 있도록 하기 위한 과목이다.

⑤ '이산수학'은 실생활과 관련된 여러 가지 이산적인 문제를 해결하기 위한 기본적인 수학 개념과 원리의 학습을 목적으로 하는 과목이다.

한편, 제7차 교육과정에서는 제6차 교육과정에 비하여 학습량이 경감되면서 일부 내용을 이동시키거나 통합 및 삭제하였다.

구분 학년	삭제	약화	이동	첨가
7단계	•오진법 •도형의 관찰		•집합(초등에서 이동하여 통합) •정수(〃) •정비례와 반비례(〃) •도수분포표에서 평균구하기(중3에서) •부채꼴의 뜻(초등에서)	•함수개념을 변화관계로 도입
8단계	•근사값의 곱셈, 나눗셈 •기대값	•유한소수를 순환소수로 나타내는 것은 강조하지 않음 •직선의 방정식 구하기를 함수의 식 구하기로	•닮음의 뜻(초등에서 이동하여 통합)	•확률개념 지도 시 상대도수 이용

		통합 •평행선 사이에 있는 선분의 길이의 비에 대한 성질의 역에 대한 증명은 직관적으로 이해		
9단계	•상관도, 상관표, 상관관계 •수심, 방심	•피타고라스의 역의 증명 생략 •삼각비의 활용(단순한 소재로 다룸)	•원과 직선의 위치관계(7단계와 중복, 7단계로) •이차방정식과 이차함수의 관계(10단계로) •산포도와 표준편차(〃) •두 원 사이의 관계(〃) •삼각비 사이의 관계(〃)	
10단계	•진리집합, 동치 용어 •삼차함수의 그래프	•필요조건과 충분조건은 예를 들어 간단히 지도	•지수와 로그, 지수함수와 로그함수(수학 I 로)	

제2절 ▌2007년 개정 수학과 교육과정[10]

제7차 수학과 교육과정은 학교 교육을 공급자 중심에서 수요자, 즉 학생 중심으로 바라보도록 관점을 전환시켰고, 학생들이 자신의 진로, 적성, 흥미, 필요에 맞게 과목을 선택하여 이수할 수 있도록 학생 선택의 자율권을 확대한 점에서는 긍정적인 기여를 하였지만, 수년째 적용·운영되면서 문제점을 드러내었고 이에 대한 개선 요구가 제기되었다. 또한 제7차 교육과정에서 수학 교육의 세계적인 흐름을 반영하여 수학적 힘의 신장을 강조하기는 하였지만 미흡한 점이 있었고, 현대 사회의 빠른 변화에 적응하고 미래 사회에 더욱 적합한 수학 교육을 요청하는 국가·사회적인 요구가 많았다. 이와 관련한 부분을 정리하면 다음과 같다.

첫째, 모든 학생들이 자신의 능력과 수준에 적합한 수학 교육을 받을 수 있도록 하는 것은 우리나라뿐만 아니라 세계적으로도 강조되는 현상이지만, 우리나라 학교 현실을 고려할 때 제7차 단계형 수준별 교육과정은 개선될 필요가 있었다.

둘째, 제7차 교육과정에서 수준별 교육을 강화하기 위하여 기본과정과 함께 제시한 심화 과정의 내용이 수학 학습량의 과다와 학습 수준 상승을 가져왔다. 또한 무리하게 수학 교과의 내용을 감축하는 과정에서 일부 학습 주제가 학년 간, 교과 간 연계성이 떨어지고, 내용 영역 구분 방식에 따라 연관된 수학 내용을 분리하여 지도하도록 함으로써 학습 효과가 떨어지는 문제가 발생하였다.

셋째, 수학적 힘을 구성하는 한 부분인 추론과 의사소통 능력이 제7차 교육과정에서 그다지 강조되지 않았으며, 정의적 태도와 관련한 구체적인 안내가 부족하다.

이러한 개정의 필요성을 반영하여 2007년 개정 수학과 교육과정에서는 다음과 같은 개정의 방향을 설정하였다.

첫째, 개정 교육과정에서는 우리나라 학교 상황에 맞지 않는 단계형 수준별 교육과정을 개정하여 '학생의 능력과 수준, 적성에 적합한 교육 실시'라는 수준별 교육과정 도입 취지는 살리면서도 우리나라 학교 상황에서 운영 가능한 수준별 수업을 운영할 수 있도록 지원하는 방식으로 전환하였다. 또한 초등학교 1학년에

10 상세한 내용은 <2007년 개정 수학과 교육과정 해설서 - 중학교, 고등학교>를 참고할 수 있다.

서 고등학교 1학년은 국민 공통 기본 교육기간이므로 수학과 교육과정에서는 모든 학생들이 필수적으로 알아야 할 학습 내용만 제시하였다.

둘째, 개정 교육과정에서는 고등학교 수학과 교육 내용을 학생들의 미래 생활이나 학습에서의 필요성, 학습량의 적정성, 난이 수준의 적절성, 학년 간, 학교급 간, 교과 간 연계성 측면에서 적정화하였다.

셋째, 고등학교 수학과 선택과목을 학생들의 진로나 사회적 요구뿐만 아니라 미래 생활이나 학습에서의 필요성, 교육과정의 효율적 운영 등을 고려하여 개설하고 각 과목의 교육 내용을 선정하였다. 예를 들어 인문·사회 계열로 진학하려는 학생들에게 '수학Ⅰ', '미적분과 통계기본'을 선택하도록 하여 미분과 적분의 기초적인 내용을 학습할 수 있는 기회를 제공하였으며, 자연과학이나 공학과 관련하여 학습을 계속하려는 학생들은 '수학Ⅰ', '수학Ⅱ', '적분과 통계', '기하와 벡터'의 4개 과목의 내용을 학기 별로 적절히 나누어 이수할 수 있도록 과목 및 과목별 내용을 구성하였다. 또한 선택 비율이 상대적으로 저조하고 '수학Ⅰ'이나 국민 공통 기본 교육과정의 수학과 중복되는 내용이 많은 과목인 '확률과 통계'와 '이산수학'의 경우, 중복되는 내용을 이동, 삭제 및 재구성하여 선택과목별 내용을 재편성 혹은 통폐합하거나 이들 과목의 각 내용 요소를 포괄하는 새로운 '수학의 활용', 과목을 개설하였다.

넷째, 수학적 사고력 신장, 수학적 의사소통 능력 신장 그리고 문제해결력을 강조하기 위하여 수학과 교육 목표, 내용, 교수·학습 방법, 평가 등 교육과정 전반에서 일관되게 수학적 사고력 신장과 관련된 언급을 하고 있다. 특히 제4차 교육과정 이후로 강조되어온 문제해결력 부분과 관련하여 문제 만들기를 소개하였다.

다섯째, 수학에 대한 관심과 흥미가 적고 수학에 대한 자신감이 부족한 현실을 개선하기 위하여 수학과 교육 목표에서부터 수학에 관심과 흥미를 갖도록 하고, 수학의 가치를 이해하며 수학에 대한 긍정적 태도를 기르도록 할 것을 강조하였다.

여섯째, '단계'라는 용어 대신에 '학년', '학기'라는 용어를 사용하였으며 수학과 목표를 제시할 때, 국민 공통 기본 교육기간 10년에 걸친 총괄 목표 외에도 초등학교, 중학교, 고등학교의 학교급별 목표를 다음과 같이 제시하였다.

(1) 초등학교

기초적인 수학적 지식과 기능을 습득하고 수학적으로 사고하고 의사소통하는 능력을 길러, 생활 주변에서 일어나는 현상과 문제를 합리적으로 해결하는 능력을 기르며, 수학에 대한 긍정적 태도를 기른다.

가. 생활 주변에서 일어나는 현상을 수학적으로 관찰하고 조직하는 경험을 통하여 수학의 기초적인 개념, 원리, 법칙을 이해하는 능력을 기른다.

나. 수학적으로 사고하고 의사소통하는 능력을 길러, 생활 주변에서 일어나는 문제를 합리적으로 해결하는 능력을 기른다.

다. 수학에 대한 관심과 흥미를 가지고, 수학의 가치를 이해하며, 수학에 대한 긍정적 태도를 기른다.

(2) 중학교

기본적인 수학적 지식과 기능을 습득하고 수학적으로 사고하고 의사소통하는 능력을 길러, 사회나 자연의 현상과 문제를 수학적으로 고찰하고 합리적으로 해결하는 능력을 기르며, 수학에 대한 긍정적 태도를 기른다.

가. 사회 현상이나 자연 현상을 수학적으로 관찰, 분석, 조직하는 경험을 통하여 수학의 기본적인 개념, 원리, 법칙과 이들 사이의 관계를 이해하는 능력을 기른다.

나. 수학적으로 사고하고 의사소통하는 능력을 길러, 사회 현상이나 자연 현상의 문제를 합리적으로 해결하는 능력을 기른다.

다. 수학에 대한 관심과 흥미를 지속적으로 가지고, 수학의 가치를 이해하며, 수학에 대한 긍정적 태도를 기른다.

(3) 고등학교

발전된 수학적 지식과 기능을 습득하고 수학적으로 사고하고 의사소통하는 능력을 길러, 여러 가지 현상과 문제를 수학적으로 고찰하고 합리적으로 해결하는 능력을 기르며, 수학에 대한 긍정적 태도를 기른다.

가. 여러 가지 현상을 수학적으로 관찰, 분석, 조직하는 경험을 통하여 수학의 발전된 개념, 원리, 법칙과 이들 사이의 관계를 이해하는 능력을 기른다.

나. 수학적으로 사고하고 의사소통하는 능력을 길러, 여러 가지 문제를 합리적으로 해결하는 능력을 기른다.

다. 수학에 대한 관심과 흥미를 지속적으로 가지고, 수학의 가치를 이해하며, 수학에 대한 긍정적 태도를 기른다.

또한 내용 영역을 20단계로 제시하던 것을 학년 단위로 제시하여 교사가 학교와 학생의 여건에 맞게 학습 내용을 탄력적으로 조절하여 수업할 수 있도록 하였다. 그리고 초등학교에서는 수와 연산, 도형, 측정, 확률과 통계, 규칙성과 문제해결의 5개 영역을, 중·고등학교에서는 수와 연산, 문자와 식, 함수, 확률과 통계,

기하의 5개 영역을 제시하여 영역명을 구분하였다.

다음은 제7차 교육과정과 2007년 개정 교육과정 사이의 변화 부분을 정리한 표이다.

(1) 국민공통기본교육과정 기간

구분		제7차 교육과정	2007년 개정 교육과정	비고
기본 방향		•개인의 능력 수준과 진로 고려 •수학의 기본 지식 중시 •수학적 사고력, 문제해결력 신장 •수학 학습에 흥미와 자신감을 가지게 하는 수학교육	•수준별 수업 운영 권장 •교육 내용의 적정화 •수학적 능력 신장 강조 •수학의 가치 제고와 정의적 측면 강조	
성격		•단계형 수준별 교육과정 설명 •6개 내용 영역	•학교급별 5개 내용 영역의 구성 요소 설명	•단계형 삭제 •학교급별 특성에 맞는 영역별 제시 •학습내용간 연계성 강화를 고려한 영역명 제시
목표			•학교급별 목표 제시	•초·중·고의 성취목표를 세분화하여 진술
내용	내용체계	•6개 영역에 따른 내용 구성 •심화과정	•학교급별 5개 내용영역에 따라 내용 구성 •(삭제)	•새 영역명에 따라 내용 재구성 •심화과정 삭제
	중학교 1학년	•이진법의 덧셈, 뺄셈 •≤, ≥	•(삭제) •≤, ≥	•삭제(학습량 감축, 난이도 조정) •수정(국제 표준 사용)
		•정비례와 반비례	•(삭제)	•하향화하여 초6으로 이동
		•함수(비례 관계로 도입)	•함수(종속 관계를 바탕으로 한 대응으로 도입)	•수정(보편적인 개념 사용)
		•표와 그래프 읽기 •'교수학습상의 유의점'의 가평균을 이용하여 평균을 구하는 것은 다루지 않는다.	•표와 그래프 해석 •(삭제)	•수정(자료 해석 강화) •삭제(제한 불필요)

		•기호 $\angle R$	•(삭제) •두 원의 위치 관계	•삭제(학습량 감축, 필수 기호 정선) •고1에서 이동(학습 부담 경감)
	중학교 2학년	•근사값의 덧셈과 뺄셈	•(삭제) •곱셈공식 유도	•삭제(학습량 경감, 필수 내용 정선) •중3에서 이동(학습 부담 경감)
			•명제의 뜻과 증명의 의미 이해 •기호 $p \rightarrow q$ 추가	•학습 내용 명료화 •추가(명제에 대한 이해 향상)
		•'닮음의 활용'과 관련된 명제 증명	•'닮음의 활용'과 관련된 명제 이해	•증명 축소(난이도 조정, 학습량 경감)
	중학교 3학년	•무한소수를 이용하여 무리수 도입 •곱셈공식	•(삭제) •(삭제) •'교수·학습상의 유의점'에 인수분해의 심화 지도 가능 내용 제시	•삭제(수준별 학습지도 가능) •중2로 이동(중3 학습 부담 경감) •상세화(수준별 지도 가능 내용 제시)
		•상관도와 상관표	•(삭제) •중앙값, 최빈값 •분산과 표준편차	•삭제(학습내용 정선) •추가(미래 사회 요구 등) •고1에서 이동(연계성 강화)
		•원의 접선에 대한 성질 증명	•원의 접선에 대한 성질 이해	•증명 축소(난이도 조정, 학습량 경감)
내용	고등학교 1학년		•'조건', '진리집합', '모든', '어떤'	•용어 도입
		•'분산과 표준편차'	•(삭제)	•중3으로 이동
		•시컨트, 코시컨트, 코탄젠트 함수	•(삭제)	•수학 II로 이동
			•'경우의 수', '순열과 조합' 내용	•수학 I 에서 고1로 이동
		•'두 원의 위치 관계'	•(삭제)	•중1로 이동

교수·학습 방법	•단계별 수준별 교육과정 편성·운영 방안, 단계별 보충·심화 과정 운영 유의 사항 제시	•(삭제)	•단계별 수준별 교육과정을 수준별 수업으로 전환
		•다양한 수업 방법 제시	•다양한 수업 방법 활용 권장
		•의사소통 능력 지도 유의점 제시	•의사소통 능력 강화
		•수학적 사고와 추론 능력 지도 유의점 제시	•추론 능력 강화
		•문제해결력에 '문제만들기' 추가	•문제해결력 강화
	•영역별 내용 지도 방안 제시	•(삭제)	•'교수·학습 상의 유의점'에서 제시
	•교육기자재의 활용	•교육기자재의 확보·활용	•교육기자재 확보를 위한 근거 제시
		•수준별 수업 운영 방법 제시	•학교 여건 고려하여 실시하게 함
평가		•다양한 평가 방법 제시	•다양한 평가 방법 활용 권장
		•의사소통 능력 평가 제시	•의사소통 능력 신장
	•수학적 성향 평가	•정의적 영역 평가	•수정(보편 용어 사용)
		•공학적 도구와 교구 이용 평가 기회 제공	•학습과 평가 일치
	•절대 평가 기준 제시	•(삭제)	•평가 기준의 수준 구분에 대한 단위 학교의 자율성 확대

(2) 선택중심교육과정(고2, 고3)

구분		제7차 교육과정	2007년 개정 교육과정		비고
선택과목	과목구성	•일반 선택과목 1개/ 심화선택과목 5개 개설 •수학 I •수학 II •미분과 적분 •확률과 통계 •이산수학 •실용수학(일반 선택과목)	•일반선택과목, 심화선택과목 구별 없이 개설 •수학 I •미적분과 통계 기본 •수학 II •적분과 통계 •기하와 벡터 •수학의 활용		•7차 교육과정과 기본적인 틀이 다르나, 7차의 수학 I 및 확률과 통계와 개정 교육과정의 수학 I 및 미적분과 통계 기본이 비교 가능하고, 7차의 수학 I, 수학 II와 미분과 적분을 통합한 내용은 개정 교육과정의 수학 I, II, 적분과 통계, 기하와 벡터와 비교 가능 •실용 수학과 수학의 활용은 비교 부적합
	수학 I	•영역 : 대수(지수와 로그, 행렬, 수열), 해석(수열의 극한, 지수함수, 로그함수), 확률과 통계(순열과 조합, 확률, 통계)	수학 I	•영역 : 행렬과 그래프, 지수함수와 로그함수, 수열, 수열의 극한	•이산수학의 그래프 이론을 도입하여 행렬과 그래프로 변경(내용의 적정화) •대수영역과 해석영역에 각각 제시된 내용을 통합하여 지수함수와 로그함수라는 영역으로 변경(내용의 연계성)
선택과목	수학 I	•영역 : 대수(지수와 로그, 행렬, 수열), 해석(수열의 극한, 지수함수, 로그함수), 확률과 통계(순열과 조합, 확률, 통계)	미적분과 통계 기본	•영역 : 함수의 극한과 연속, 다항함수의 미분법, 다항함수의 적분법, 확률, 통계	•사회·상경 계열 진학 희망자의 수학적 소양 증진에 도움이 되도록 구성(사회적 요구 및 국가 경쟁력 차원) •적분에 대한 기초 이론을 학습한 후 통계를 학습하도록 하였기 때문에 '정규분포'를 포함

선택과목	수학 Ⅱ	•영역 : 대수(방정식, 부등식), 해석(함수의 극한과 연속성, 다항함수의 미분법, 다항함수의 적분법), 기하(이차곡선, 공간도형, 공간좌표, 벡터)	수학 Ⅱ	•영역 : 방정식, 부등식, 삼각함수, 함수의 극한과 연속, 미분법	•다항함수와 초월함수의 미분과 적분의 연계 지도를 통해 자연 과학 및 공학 계열 진학 희망자의 수학적 소양 증진에 도움이 되도록 구성(내용 중복성 개선, 연계성 고려)
	확률과 통계	•영역 : 자료의 정리와 요약, 확률, 확률변수와 확률 분포, 통계적 추정	적분과 통계	•영역 : 적분법, 순열과 조합, 확률, 통계	•확률과 통계 내용은 미적분과 통계 기본과 적분과 통계에 일부 내용만 제외한 후 흡수됨(시대적 요구) •순열과 조합은 고등학교 1학년 수준을 넘어선 내용으로 구성 •적분에 대한 기초 이론을 학습한 후 통계를 학습하도록 하였기 때문에 '정규분포'를 포함
	미분과 적분	•영역 : 해석(삼각함수, 함수의 극한, 미분법, 적분법)	기하와 벡터	•영역 : 일차변환과 행렬, 이차곡선, 공간도형과 공간좌표, 벡터	•기하와 벡터의 일차변환과 행렬은 그 필요성이 인정되어 제6차 교육과정에서 이동
	이산수학	•영역 : 선택과 배열, 그래프, 알고리즘, 의사결정과 최적화			•그래프는 행렬과 연계하여 수학 Ⅰ에 제시(연계성) •의사결정과 최적화는 내용을 적정화하여 수학의 활용의 기하부분에 제시
	실용수학	•실생활에 근거를 주고 이를 이용하여 수학적인 사고에 중점을 두어 구성함. •영역 : 계산기와 컴퓨터, 경제생활, 생활통계, 생활 문제 해결	수학의 활용	•수학에 근거를 두고 좀 더 쉽고, 생활적인 면으로 구성함. •영역 : 명제와 논리, 지수와 로그, 수열, 확률과 통계, 기하	•수학의 활용은 목적에 있어서는 실용수학과 대응하는 과목으로 비교가능하나 그 발생적 근거가 달라 비교하기 어려움

제3절 ▌2011 개정 수학과 교육과정

교육과학기술부는 2008년 하반기부터 '창의적 인재 육성'이란 국가경쟁력 강화 차원에서의 수학교육 강화를 위한 '수학교육 내실화 방안'을 수립하고(교육과학기술부, 2008), 이를 실현시키기 위하여 2011 개정 수학과 교육과정을 2011년 8월에 고시하였는바, 그 특성을 요약하면 다음과 같다.

1. 교육과정 개정의 방향

1) 수학적 창의성과 인성 강조

2011 개정 수학과 교육과정에서 강조하고 있는 수학적 창의성의 개념은 일반적인 창의성 개념과 차별화하여 학교수학교육 현장에서의 실천과 새로운 수학과 교육과정 구성에 부합하는 조작적인 창의성의 개념이다. 학교수학에서 필요로 하는 창의성의 개념은 수학영재와 같은 특정 학생을 위한 창의성이 아니라 일반 학생들의 수학적 창의력 신장을 꾀한다는 전제를 기본으로 한다. 따라서 수학적 창의성은 수학적 과제를 해결하는 과정에서 다양하고 독창적인 해결 방법을 산출하거나 새로운 관점에서 과제를 탐구하고 지식을 구성하는 능력을 의미한다. 여기서 수학적 과제는 학생들의 수학 계발을 위한 내용적 배경을 제공하는 것으로서, 예를 들어 학생들이 참여하게 되는 프로젝트, 질문, 문제, 활동 등을 망라한 것이다. 이와 같은 수학적 창의성을 계발하기 위해서는 우선적으로 학생들이 정형화된 틀이나 형식에 얽매이지 않고 자신의 수학적 아이디어를 자유롭게 표현할 수 있는 분위기를 조성해 주어야 한다. 이와 같은 학습 상황에서 학생들은 수학을 학습하고 행하는 과정에서 과제에 대한 호기심, 사고와 판단에서의 독자성, 과제해결에 대한 집착성과 끈기 등과 같은 창의성의 정의적 측면도 발전시키게 될 것이다.

한편, 요즈음의 인성교육의 개념은 전통적인 덕목중심에서 현대적 의미의 인성교육으로 진화하고 있으며, 이러한 변화의 중심에 창의성 교육이 새롭게 강조되고 있음을 알 수 있다. 따라서 수학교육에서 생각해 볼 수 있는 인성적 요소를 다음과 같이 구체화시켜 창의성과 상보적이며 융합적인 관계성 설정을 전제로 고려하였다.

- 상대방의 수학적 생각에 대한 존중심 : 상대방의 수학적 아이디어나 생각을 존중하며 경청하여 이해하려는 마음가짐
- 자신의 수학적 생각을 상대에게 이해시키려는 배려심 : 자신의 수학적 아이디어나 생각을 상대가 이해할 수 있게 상대방에게 맞추어 설명하려는 마음가짐
- 서로의 수학적 생각을 나누고자하는 공유심 : 수학적 문제해결 과정에 서로의 수학적 아이디어나 생각의 가치를 인정하고 문제의 해에 도달하기 위하여 생각을 나누고자하는 마음가짐
- 수학적 사고를 유연하게 실행코자 하는 개방심 : 어떤 대상에 대한 수학적 이해의 과정이나 수학적 해결의 과정에 경직되지 않고 모든 가능성을 열어 놓고 대처하려는 마음가짐

2) 수학적 과정의 강화

'수학적 과정'은 수와 연산, 도형 등의 내용 영역에서 다루는 수학적 주제를 이해하고 습득하는 데에서, 그리고 그러한 수학적 주제를 활용하여 다양한 현상을 이해하고 문제를 해결하고 의사소통하는 데에서 활성화되어야 하는 능력을 의미한다. 다시 말해서, '수학적 과정'은 학생들 주변의 다양한 현상을 수학과 연결하고 다양한 상황에서 발생하는 문제를 해결할 때 활성화되어야 하는 수학의 과정적 기능을 의미하며, '수학적 문제해결, 수학적 추론, 수학적 의사소통' 등을 구성요소로 갖는 개념으로 정의하였다. 이는 우리나라의 수학과 교육과정에서 지속적으로 강조되어온 사항이기도 하다.

한편, 수학적 창의성은 학교 수준에서의 수학적 창의성을 의미하기 때문에, 학습자가 수학적 추론과 통찰을 활용하여 기존의 지식과 경험을 유의미한 방법으로 분석·연결·통합하는 과정에서 창의성이 발현된다고 본다. 또한 학교 수학을 통해서 수학적 창의성을 계발할 때에는 창의적인 사고와 관련되는 일련의 과정을 수학적으로 의사소통하고 표현하는 능력도 신장시켜야 할 것으로 생각한다. 따라서 '수학적 과정'의 구성 요소인 수학적 문제해결, 수학적 추론, 수학적 의사소통

등과 수학적 창의성의 상호 관계는 다음 [그림 2-1]과 같이 설정해 볼 수 있다. 즉, 수학적 문제해결, 수학적 추론, 수학적 의사소통은 서로 무관한 독립적인 요소들이 아니라 수학의 개념, 원리, 법칙, 기능 등을 바탕으로 상호 중첩되어 작용하는 것으로 볼 수 있다. 수학적 창의력은 수학적 문제해결력, 수학적 추론 능력, 수학적 의사소통 능력 등과 같은 수학적 과정의 능력이 종합적으로 형성하는 상위 수준의 능력임을 의미한다. 동시에 수학적 창의성의 발현은 수학적 문제해결, 수학적 추론, 수학적 의사소통 등을 방법으로 하여 이루어진다는 개념으로 수학적 과정과 수학적 창의성의 관계 설정을 생각해 볼 수 있다.

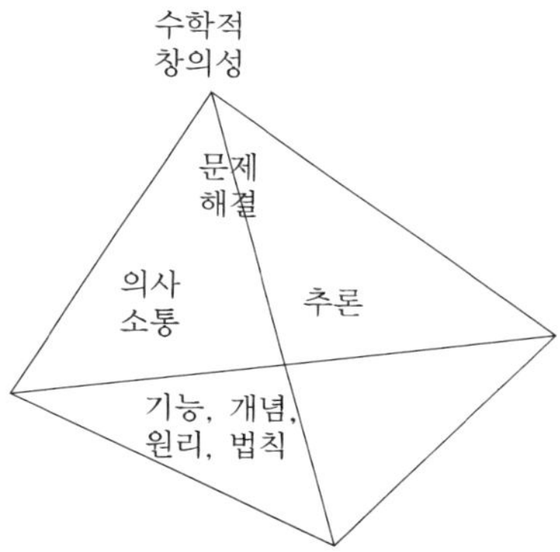

[그림 2-1] 수학적 과정과 창의성의 관계

3) 수학 교과 내용 양의 20% 경감

2009 개정 교육과정 총론(교육과학기술부장관, 2009)의 '교육과정 편성·운영 지침'의 주요 변화 내용 중 2007 개정 수학과 교육과정 대비 현재 연구 중인 개정 시안의 수학 교과 내용 양의 20% 경감의 배경이 될 수 있는 근거는 다음과 같다.

* 학교의 특성, 학생·교사·학부모의 요구 및 필요에 따라 학교가 자율적으로 교과(군)별 20% 범위 내에서 시수를 증감하여 운영할 수 있다(교육과학기술부장관, 2009).

이와 관련하여 박순경(2010)은 2009 개정 교육과정 총론에 따른 교과 교육과정의 개정 방향에 대한 논의에서 각 교과(군)별 현행 교육과정 대비 20%가 경감되어야 함을 다음과 같이 설명하고 있다.

> 증배 가능성을 기대하고 교과 교육과정 기준을 개발할 경우 학습 양이 증가하여 교육내용의 적정화를 저해할 우려가 있음. 따라서 기준 수업 시수를 감안하되 교과 내용의 양은 현행 교육과정보다 20% 정도 감축한다고 상정하고 최적(最適)한 학습 내용을 정선(精選)함으로써 보다 질 높은 교과 교육과정을 추구함 (p.28-29, 국가교육과학기술자문위원회의 교육과정위원회, 2010).

4) 교육과정의 체제에서 학년군제를 염두한 학년별제 적용

2009 개정 교육과정 총론(교육과학기술부장관, 2009)의 초·중등학교 교육과정 구성의 방침에 의하면 "교육과정 편성·운영의 경직성을 탈피하고, 학년 간 상호 연계와 협력을 통한 학교 교육과정 편성·운영의 유연성을 부여하기 위하여 학년군을 설정한다."고 규정하고 있다.

현재 2007 개정 수학과 교육과정 체제에서는 학년제를 따르고 있다. 즉, 각 학년에서 배워야 할 내용을 학년별로 제시하고 있다. 반면 학년군제는 학생들이 배워야 할 내용을 학년별이 아니라 몇 개 학년을 묶어서 제시하는 것이다. 예를 들어, 초등학교 1학년에서 2학년 사이에 학습할 내용을 초등학교 1～2학년군으로 제시하는 것이다.

학년군제 도입에 따른 가장 큰 변화는 학생들의 수준별 학습이다. 학년군제를 실시하는 것은 학생들의 학습 수준의 차이를 인정하는 것이다. 이해가 빠른 학생들은 더 많은 내용을 혹은 더 깊은 내용을 학습할 수 있고, 이해가 느린 학생들은 기본적인 내용을 집중적으로 학습할 수 있다. 학생들은 자신의 흥미나 적성을 고려하여 필요한 수학 교과를 선택할 수 있으며, 이는 학생들의 진로 방향과 관련될 수 있다. 또 다른 변화는 학년군제에서는 다양한 교과서가 사용될 수 있다는 것이다. 교육과정에서 엄격한 학년의 구분이 없어지고 내용이 통합적으로 제시되기 때문에 관련 내용들을 여러 가지 방법으로 재배치할 수 있게 된다. 예를 들어, 초등학교 1학년과 2학년에서 학습할 수와 연산 영역을 초등학교 1학년에서 집중적으로 학습하도록 하는 교과서를 구성할 수 있다. 또는 중학교에서 대수와 함수를 밀접하게 관련시켜서 교과서를 구성할 수 있다. 즉, 수학 교과가 가진 특성을 발휘하여 학생들의 창의력을 발달시킬 수 있는 다양한 교과서의 출현이 가능하게 된다.

그러나 학년군제에 따르는 단점들도 충분히 예상되기 때문에 학년군제를 실행하기 위해서는 다음과 같은 사항들에 대한 해결방안이 모색되어야 한다.

첫째, 수준별 수업 방안이 마련되어야 한다. 학년제 대신에 학년군제를 실시하는 취지 중의 하나는 학생들의 학습 수준을 인정하고 학생들의 수준에 맞는 학습을 통해서 사고 발달과 진로 선택에 긍정적인 효과를 주기 위함이다. 따라서 학생들의 수준에 적합한 수업이 가능할 수 있는 수준별 수업 방안이 마련되어야 한다.

둘째, 우리나라에서 수준별 수업이 원활히 시행되기 위해서는 적절한 평가기준이 마련되어야 한다. 학생들의 다양한 진로와 흥미를 고려하여 과목을 이수하고 이에 대한 타당한 평가가 이루어져야 한다.

셋째, 교육과정이 학년군으로 구성되더라도 학년별로 교과서가 어떻게 저술되어야 하는지에 대한 기준이 필요하다. 이러한 기준이 마련되지 않는다면, 교과서 저술의 혼란이 예상되며, 현장에서 적용하는 방법에서도 상당한 혼란이 예상된다.

넷째, 전학생들을 위한 방안이 마련되어 있지 않다면, 전학생들의 학업 문제가 심각해지게 된다. 국가수준의 교육과정에서는 모든 학생들이 적절한 수업을 받아야 한다. 하지만 전학생들은 이전 학교나 전학 간 학교 양쪽에서 필요한 학습을 하지 못하는 경우가 발생할 수 있기 때문에, 이에 대한 대책이 마련되어야 한다.

2011 개정 수학과 교육과정에서는 학년군제를 염두하고 교육과정을 구성하되 학년별로 해체하는 것도 가능하게, 즉 두 가지 방식 사이에 유연성 있는 변환이 가능하게 '내용'의 구성을 하고 있다. 현재로서 학년군은 5개로 구분되는데, 초등학교를 3개 학년군(초등학교 1～2학년, 초등학교 3～4학년, 초등학교 5～6학년)으로 구분하고, 중학교와 고등학교는 각각 한 개의 학년군으로 통합하고 있다.

2. 수학과 교육과정의 개정 내용

1) 초등학교

영역 \ 학교급 / 학년군	초등학교		
	1~2학년군	3~4학년군	5~6학년군
수와 연산	• 네 자리 이하의 수 • 두 자리 수의 덧셈과 뺄셈 • 곱셈	• 다섯 자리 이상의 수 • 세 자리 수의 덧셈과 뺄셈 • 곱셈 • 나눗셈 • 자연수의 혼합 계산 • 분수 • 소수 • 분수와 소수의 덧셈과 뺄셈	• 약수와 배수 • 분수의 덧셈과 뺄셈 • 분수의 곱셈과 나눗셈 • 소수의 곱셈과 나눗셈 • 분수와 소수
도형	• 입체도형의 모양 • 평면도형의 모양 • 평면도형과 그 구성요소	• 도형의 기초 • 평면도형의 이동 • 원의 구성요소 • 여러 가지 삼각형 • 여러 가지 사각형 • 다각형	• 합동과 대칭 • 직육면체와 정육면체 • 각기둥과 각뿔 • 원기둥과 원뿔 • 입체도형의 공간감각
측정	• 양의 비교 • 시각 읽기 • 시각과 시간 • 길이	• 시간 • 길이 • 용적 • 무게 • 각도 • 어림하기(반올림, 올림, 버림) • 수의 범위(이상, 이하, 초과, 미만)	• 평면도형의 둘레와 넓이 • 무게와 넓이의 여러 가지 단위 • 원주율과 원의 넓이 • 겉넓이와 부피
규칙성	• 규칙 찾기	• 규칙 찾기 • 규칙과 대응	• 비와 비율 • 비례식과 비례배분 • 정비례와 반비례
확률과 통계	• 분류하기 • 표 만들기 • 그래프 그리기	• 자료의 정리 • 막대그래프와 꺾은선그래프	• 가능성과 평균 • 자료의 표현 • 비율그래프(띠그래프, 원그래프)

2) 중학교

영역 \ 학년군 \ 학교급	중학교		
	1~3학년군		
수와 연산	• 소인수분해 • 최대공약수, 최소공배수 • 정수와 유리수의 개념, 대소 관계, 사칙계산	• 순환소수 • 유리수와 순환소수의 관계	• 제곱근의 뜻과 성질 • 무리수 • 실수의 대소 관계 • 근호를 포함한 식의 사칙계산
문자와 식	• 문자의 사용 • 식의 값 • 일차식의 덧셈과 뺄셈 • 일차방정식	• 지수법칙 • 다항식의 덧셈과 뺄셈 • 다항식의 곱셈과 곱셈공식 • 다항식의 나눗셈 • 등식의 변형 • 연립일차방정식 • 부등식의 성질과 일차부등식 • 연립일차부등식	• 인수분해 • 이차방정식
함수	• 함수의 개념 • 순서쌍과 좌표 • 함수의 그래프	• 일차함수의 의미와 그래프 • 일차함수의 활용 • 일차함수와 일차방정식의 관계	• 이차함수의 의미 • 이차함수의 그래프의 성질
확률과 통계	• 줄기와 잎 그림, 도수분포표, 히스토그램, 도수분포다각형 • 도수분포표에서의 평균 • 상대도수의 분포	• 경우의 수 • 확률의 뜻과 기본 성질 • 확률의 계산	• 중앙값, 최빈값, 평균 • 분산, 표준편차
기하	• 점, 선, 면, 각 • 점, 직선, 평면 사이의 위치관계 • 평행선의 성질 • 삼각형의 작도 • 삼각형의 합동조건 • 다각형의 성질	• 이등변삼각형의 성질 • 삼각형의 외심, 내심 • 사각형의 성질 • 닮은 도형의 성질 • 삼각형의 닮음조건 • 평행선 사이에 있는 선분의 길이와 비 • 닮은 도형의 성질 활용	• 피타고라스 정리 • 삼각비 • 원의 현, 접선에 대한 성질 • 원주각의 성질

	• 부채꼴에서 중심각과 호의 관계 • 부채꼴에서 호의 길이와 넓이 • 다면체, 회전체의 성질 • 입체도형의 겉넓이와 부피		

3) 고등학교

영역	수학 I
다항식	• 다항식의 연산
	• 나머지정리
	• 인수분해
방정식과 부등식	• 복소수와 이차방정식
	• 이차방정식과 이차함수
	• 여러 가지 방정식
	• 여러 가지 부등식
도형의 방정식	• 평면좌표
	• 직선의 방정식
	• 원의 방정식
	• 도형의 이동
	• 부등식의 영역

영역	수학 II
집합과 명제	• 집합
	• 명제
함수	• 함수
	• 유리함수와 무리함수
수열	• 등차수열과 등비수열
	• 수열의 합
	• 수학적 귀납법
지수와 로그	• 지수
	• 로그

영역	확률과 통계
순열과 조합	• 경우의 수
	• 순열과 조합
	• 분할
	• 이항정리
확률	• 확률의 뜻과 활용
	• 조건부확률
통계	• 확률분포
	• 통계적 추정

영역	미적분 I
수열의 극한	• 수열의 극한
	• 급수
함수의 극한과 연속	• 함수의 극한
	• 함수의 연속
다항함수의 미분법	• 미분계수
	• 도함수
	• 도함수의 활용
다항함수의 적분법	• 부정적분
	• 정적분
	• 정적분의 활용

영역	미적분 II
지수함수와 로그함수	• 지수함수와 로그함수의 뜻과 그래프
	• 지수함수와 로그함수의 미분
삼각함수	• 삼각함수의 뜻과 그래프
	• 삼각함수의 미분
미분법	• 여러 가지 미분법
	• 도함수의 활용
적분법	• 여러 가지 적분법
	• 정적분의 활용

영역	기하와 벡터
평면곡선	• 이차곡선
	• 평면 곡선의 접선
평면벡터	• 벡터의 연산
	• 평면벡터의 성분과 내적
	• 평면운동
공간도형과 공간벡터	• 공간도형
	• 공간좌표
	• 공간벡터

영역	기초수학
수와 식의 계산	• 수의 연산
	• 문자의 사용과 식의 계산
	• 다항식의 계산
방정식과 함수	• 일차방정식과 일차함수
	• 이차방정식과 이차함수
피타고라스의 정리와 삼각비	• 피타고라스의 정리
	• 삼각비

영역	고급수학 I
벡터와 행렬	• 벡터
	• 행렬과 연립일차방정식
일차변환	• 일차변환과 행렬
	• 고윳값과 행렬의 거듭제곱
그래프	• 그래프의 뜻
	• 여러 가지 그래프
	• 그래프의 활용

영역	고급수학 II
복소수와 극좌표	• 복소수의 극형식
	• 극좌표와 극방정식
미적분의 활용	• 미분의 활용
	• 미분방정식
	• 적분의 활용

편미분	• 이변수함수의 뜻
	• 극한과 연속
	• 편미분
	• 편미분의 활용

연구과제

1. 우리나라 수학과 교육과정은 전세계적인 수학교육의 흐름에 맞추며 변하였다. 우리나라의 수학과 교육과정에 영향을 준 전세계적인 수학교육의 흐름을 시대별로 나열하고 우리의 수학과 교육과정에 어떠한 영향을 주었는지 논하시오.

2. 제7차 수학과 교육과정과 이를 개정한 2007년 개정 수학과 교육과정의 지도 방향을 비교하고 좀 더 강조된 측면을 교수·학습 측면과 평가 측면으로 구분하여 제시하시오.

3. 2007년 개정 중학교 수학과 교육과정의 학년별 지도 내용 중, 이전 수학과 교육과정과 달라진 부분을 소개하시오.

4. 수준별 교육과정과 수준별 수업의 공통점과 차이점을 지적하고 효과적인 수준별 수업을 위한 교사의 자세를 논하시오.

5. 미래형 교육과정의 방향을 예측해보고 이를 효과적으로 우리의 교육에 적용하기 위한 방법을 논하시오.

참고문헌

교육부(1997). 수학과교육과정. 교육부 고시 제1997-15호. 교육부.

교육부(1999a). 중학교 교육과정 해설(Ⅲ) - 수학, 과학, 기술가정 -. 교육부.

교육인적자원부(2006). 수학과 교육과정 교육인적자원부 고시 제2006-75호 수정 고시에 따른 보도자료. 교육인적자원부.

교육인적자원부(2007a). '2007년 개정 교육과정' 개요. 교육인적자원부.

교육인적자원부(2007b). 수학과 교육과정. 교육인적자원부 고시 제2007-79호. 교육인적자원부.

문교부(1980). 한국 교육 30년. 문교부.

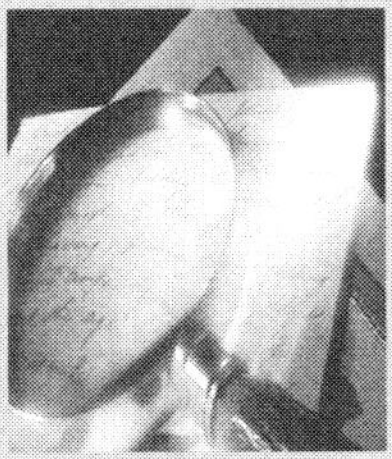

제3장
수학과 문제해결

실생활에서 문제를 구성하고 해결하는 문제해결능력은 급변하는 사회의 한 구성원으로서 제 역할을 해내며 생활을 영위하기 위한 필수적인 능력이다. 이러한 능력은 수학적 문제해결을 통하여 길러질 수 있고 이를 통하여 길러진 문제해결능력은 실생활에서의 여러 문제를 해결할 수 있는 밑거름이 된다. 따라서 수학적 역량을 갖추게 하는 문제해결 교육은 수학 학습지도의 전 과정에서 지속적으로 이루어져야 한다.

제3장은 1980년대 이후, 수학교육에 있어서 중요한 목표이자 수단으로서 강조되고 있는 문제해결의 제 측면에 대하여 살펴본다. 제1절은 문제해결에서의 문제의 뜻과 유형, 문제해결의 의의, 문제해결의 기본 요소를 알아본다. 제2절은 수학적 발견술의 역사, 폴리아의 문제해결에 관한 이론, 문제해결 전략과 그 실제를 살펴본다. 제3절은 문제해결의 여러 가지 동향을 알아보기 위하여 문제제기(problem posing), 수학적 모델링(mathematical modeling), 메타인지(metacognition), 문제중심학습(PBL)을 살펴본다.

제1절 문제해결

1. 문제의 뜻과 유형

문제해결에 대하여 살펴보기 위해서 먼저 '문제(problem)'의 의미가 무엇인지 알아야 한다. 수학 교과서에는 '문제(exercise)'라는 용어가 많이 사용되는데, 예를 들면, '보기(example)'나 '예제(example)'에 이어서 등장하는 '문제(exercise)'가 있다. 수학 교과서에서 어떤 개념의 설명과 '예제'에 이어서 나오는 '문제(exercise)'의 개념은 '문제해결'에서의 문제(problem)의 개념과는 다르다. '예제'는 앞에서 설명한 수학적 개념을 적용하는 방법을 교사가 설명하기 위한 대표적인 과제이며, 예제에 이어서 나오는 '문제(exercise)'는 본문의 설명이나 예제에서 교사가 보여준 방법을 학생들이 스스로 적용하여 해결해 보게 하는 과제이다. 반면에 '문제해결(problem solving)'에서 의미하는 문제(problem)는 학습자가 해결해야 할 과제로서 처음에는 답이나 풀이 방법을 알 수 없지만, 학습자에게 해결하려는 도전감을 불러일으키며, 궁극적으로는 스스로 해결할 수 있는 과제를 의미한다.

케네디(Leonard M. Kennedy)는 문제를 개인이 직면한, 즉시적인 해결이 분명하지 않은, 그러나 해결 가능성이 존재하는 상태로 정의하였다. 킬패트릭(Jeremy Kilpatrick)은 목적이 달성될 수 있는 그러나 그 목적에 이르는 직접적인 방법이 장애에 가려져 있는 상태를 문제라고 정의하였다.

위에서 논의된 것을 종합해보면 문제란 해결방법을 알 수 없는 막연한 상황이지만 도전감을 가지고 노력하면 궁극적으로는 해결할 수 있는 상황이라고 정의할 수 있다.

문제는 학습자가 도저히 해결할 수 없을 정도로 지나치게 어려워도 안 되며, 해결 방법을 즉각적으로 알 수 있어서 도전감을 가질 수 없을 정도로 쉬워도 안 된다. 그러므로 어떤 과제는 학습자에 따라서 문제가 될 수도 있고 되지 않을 수도 있으며, 같은 학생이라도 지적 성숙에 따라서 문제가 되던 과제가 더 이상 문제가 되지 않을 수도 있다.

문제해결 학습지도를 위해 문제를 분류하는 방법에는 여러 가지가 있다. 문제가 표현된 형식에 따라 문장제 문제, 방정식 문제, 도형문제로 나누는 경우도 있으며, 문제에서 사용하는 중요한 소재에 따라, 동전 문제, 비율 문제, 혼합 문제, 도형 문제 등으로 나누는 경우도 있고, 문제해결에 사용하는 수학의 영역에 따라 집합 문제, 방정식 문제, 함수 문제, 통계 문제 등과 같이 나누는 경우도 있다.

칸토스키(Mary Grace Kantowski)는 문제해결을 위한 전략의 사용에 따라 문제의 유형을 다음 세 가지로 분류하였다. 문제의 구조를 인지한 후 적절한 알고리즘을 선택하여 적용하는 '언어 문제(verbal problem)', 문제해결에 필요한 명확한 절차나 적절한 알고리즘이 곧바로 드러나지 않고 해결전략의 사용을 요구하는 '비정형 문제(non-routine problem)', 문제의 조건을 최적으로 만족시키는 독창적 판단을 요구하는 실생활 관련문제인 '실생활 응용문제(real-life application problem)'로 분류하였다.

찰스와 레스터(Randall I. Charles & Frank K. Lester, Jr., 1982)는 문제해결 단계와 활용정도에 따라 문제의 유형을 다음과 같이 6가지 유형으로 분류하였다.

① 반복 연습 문제(drill exercise) : 알고리즘을 사용하여 반복 연습의 기회를 주는 문제로서 계산력 신장에 도움을 준다.

② 간단한 적용문제(simple translation problem) : 하나의 연산을 포함하는 일단계 문제로서 계산과정 또는 사고의 단계가 1회인 문제로, 문제 상황을 수학적 표현으로 나타내는 경험을 하게하고 수학적 지식, 이해 강화, 계산력 활용에 도움을 준다.

③ 복잡한 적용문제(complex translation problem) : 계산과정 또는 사고의 단계가 2회 이상인 문제로(2개 이상의 연산이 요구되는 문장제 문제) 간단한 적용 문제보다는 더 복합적인 수학적 사고력을 신장시키는 데 도움을 준다.

④ 과정 문제(process problem) : 구체적 해결 전략을 이용하여 해결할 수 있는 문제로서 순서적인 사고과정이 중시되어 단계적인 사고를 하는 데 도움을 준다.

⑤ 응용문제(application problem) : 학습자에게 수학적 지식과 사고력을 활용할 기회를 주며 일상생활의 문제해결에서 수학을 활용할 수 있게 해준다.

⑥ 퍼즐 문제(puzzle problem) : 오락적 문제이며 수학에 흥미를 느끼게 하는 문제로서 문제를 해결할 때는 사고의 유연성이 중요하며 여러 가지 관점에서 고찰해 볼 가치가 있는 문제이다.

이와 같이 문제해결 학습지도를 위한 문제는 다양한 관점에 의해 분류된다. 그러나 보편적으로 문제는 정형 문제(routine problem), 비정형 문제(non-routine problem), 실생활 문제(real-life problem)로 분류한다.

정형 문제란 해결의 방법이 정해져 있는 문제로서 교과서에서 주로 다루기 때문에 교과서형 문제라고도 한다. 예를 들면, 삼각형의 넓이 구하는 공식을 알 때, 어떤 다각형의 넓이를 구하는 문제는 이 다각형을 몇 개의 삼각형으로 나누어 그 넓이를 구할 수 있으므로 정형문제가 된다.

비정형 문제란 문제의 해결방법이 정해져 있지 않거나 문제의 답을 구하는 방법이 다양한 열린 문제를 뜻한다. 비정형문제는 문제해결을 위한 사고력과 창의성을 기르는 데 효과적이므로 오늘날 문제해결 학습지도에서 많이 사용하는 문제의 유형이다. 문제를 해결하는 알고리즘이나 답을 얻는 방법을 모르며 문제해결 전략의 사용이나 공식화되지 않은 독창적인 해결방법을 요구하는 진정한 의미의 문제를 말한다. 이러한 문제에서는 문제의 해결 결과보다는 해결 과정이 더 중시되며, 문제의 해결은 특수한 수학적 개념이나 공식 또는 풀이 방법에 전적으로 의존하지 않으며 독자적인 해결 전략의 사용을 요구한다. 예를 들면, 두 도시 사이의 거리를 구하는 문제는 지도보기, 실측하기 등의 다양한 방법으로 접근할 수 있으므로 이 유형의 문제에 해당된다.

실생활 문제란 실생활 상황에서 만들어진 문제를 뜻하며, 다루는 주요 소재가 학생의 실생활에서 얻어지는 것으로서 그 해결방안은 정형적, 비정형적 방안을 모두 포함하지만, 비정형 문제인 경우가 많다. 실생활 문제는 학생들로 하여금 실생활 주변에서 부딪히는 여러 문제들을 해결하는 가운데 수학적 지식과 문제해결 전략들을 학습하게 함으로써 수학의 적용 가능성을 인식하고 수학 학습의 의미를 깨달아 수학학습에 흥미를 가지게 하는 데 적절한 문제이다. 실생활 문제는 문제해결력을 높여줄 뿐만 아니라 수학의 유용성을 이해하게 한다. 앞에서 예로 든 두 도시의 거리를 구하는 문제는 비정형 문제이면서 실생활 문제의 유형에 속한다.

2. 문제해결의 의의

문제해결(problem solving)이란 즉각적인 해결 방안이 뚜렷하지 않은 상태의 문제에서 적절한 방법이나 전략을 사용하여, 그 문제를 해결하는 것을 뜻한다. 수학적 문제해결을 위해서는 적절한 수학적 지식과 기술 그리고 문제의 해결에 필요한 특수한 전략을 필요로 한다.

수학교육에서 문제해결의 지도 역사는 소크라테스(Socrates)가 메논(Menon)의 사동에게 '주어진 정사각형의 넓이의 두 배가 되는 정사각형을 구하는 문제'를 제시하고 대화법을 통해 사동이 스스로 알아내도록 한 예[1]로부터 찾아볼 수 있다. 이후 1930년대에 전통적 지식 교육에 대한 비판이 제기되면서 듀이(John Dewey)는 실제적인 문제해결 교육을 강조하며 반성적 사고를 통한 합리적인 탐구 과정과 문제해결과정을 중시하였다. 1960년대의 '수학교육 현대화 운동(New Math)'과 1970년대의 '기본으로 돌아가기(Back to Basics)' 운동 이후 문제해결에 대한 구체적인 방법이 고려되기 시작하며 폴리아(George Polya)의 문제해결에 대한 논의가 부각되었다.

학교 교육에서 문제해결이 주목을 받기 시작한 것은 1980년에 NCTM이 발행한 「An Agenda for Action : Recommendation for School Mathematics of 1980s」에서 "문제해결은 모든 수준의 수학적인 교수·학습 활동의 중심이 되어야 한다"고 권고한 것에서부터이며, 이후 현대적 의미의 문제해결 학습지도가 세계적인 주목을 받고 연구되기 시작하였다.

우리나라의 경우 1950년대 수학 교육은 수학을 실생활 문제를 해결하기 위한 수단으로 보고 지도함으로써 실생활중심의 문제해결은 강조되었으나 수학의 계통성이 경시되었다. 1960년대와 1970년대의 문제해결은 수학적 지식이나 법칙 등을 지도한 다음 이를 실생활 문제를 해결하는 구체적 장면에 응용한 것으로 문제해결은 문장제와 같은 의미로 사용되었다. 1980년대 이후의 수학교육은 현대적 의미의 문제해결을 강조해오고 있다. 특히 제6차와 제7차 수학과 교육과정에서는 문제해결력의 신장을 위한 지도 내용, 전략, 방법 등을 구체적으로 제시하였다.

2007년 개정 수학과 교육과정의 교수·학습 방법에서는 문제해결력을 신장시키

---

1 소크라테스는 사동이 자신의 영혼에 선재한 지식을 상기하였다고 함.

기 위해 유의할 사항 다섯 가지를 명시하였다; (1) 문제해결은 전 영역에서 지속적으로 지도한다, (2) 학생 스스로 문제 상황을 탐색하고 수학적 지식과 사고 방법을 토대로 문제해결 방법을 적절히 활용하여 문제를 해결하게 한다, (3) 학생의 경험과 욕구를 바탕으로 문제를 창의적으로 해결할 수 있게 한다, (4) 문제해결의 결과뿐만 아니라 문제해결 방법과 과정, 문제를 만들어 보는 활동도 중시한다, (5) 생활 주변 현상, 사회 현상, 자연 현상 등의 여러 가지 현상에서 파악된 문제를 해결하면서 수학적 개념, 원리, 법칙을 탐구하고, 이를 일반화하게 한다.

현대적 의미의 문제해결은 이전보다 넓은 의미를 가진다. 문제해결은 문제에 대한 단순한 답을 구하는 것이 아니다. 해결에 이르는 알고리즘이 주어져 있지 않은 과제를 수행하도록 요구되는 상황으로서 즉각적으로는 달성할 수 없는 문제에서 해결안을 찾는 행위가 문제해결이며 그 능력이 문제해결력이다. 따라서 근래에 수학과에서 사용되고 있는 문제해결의 의미는 전통적으로 사용한 문제해결의 의미뿐만 아니라 계산기나 컴퓨터 등 다양한 자료나 방법을 사용하여 수학적 지식이나 사고를 요하는 문제를 해결하는 것을 모두 포함하는 것으로서, 이미 학습한 지식을 익히고 응용하는 연습문제를 푸는 것과는 그 의미를 달리하고 있다.

문제해결 학습지도의 목적은 학습자로 하여금 주어진 문제를 해결하는 능력을 기르게 할 뿐만 아니라 주어진 상황에서 스스로 문제를 만들고 해결하는 능력을 키우게 하며, 문제해결을 통해 수학적 사고력과 창의적 사고력을 개발하고, 협동하여 문제를 해결하는 능력을 육성하는 것이다.

수학교육에서 문제해결의 중요성을 강조하는 근거로 두 가지를 생각할 수 있다.

첫째, 학생들에게 문제해결을 지도하는 것은 학생들을 더욱 분석적으로 판단할 수 있게 해 주기 때문이다. 지식정보화 사회에서 쏟아지는 각종 정보를 분석적으로 판단하는 것은 현대인의 필수적인 과제이므로 학교교육에서의 문제해결은 더욱 중요하다.

둘째, 수학 학습의 본질은 수학적 사실이나 법칙을 암기하여 문제 풀이에 적용하는 단편지식의 습득과 문제 풀이 기능 습득에 있는 것이 아니라, 주어진 상황에서 수학적인 문제를 구성하고 이를 해결함으로써 실세계에 관련된 문제를 해결하는 능력을 신장하고, 새로운 수학을 창조하는 능력을 기르는 데 있기 때문이다. 따라서 문제해결은 수학교육에서 지속적으로 강조될 것이다.

3. 문제해결의 기본 요소

수학적 문제를 해결하기 위해서는 기본적인 수학적 지식과 문제해결을 위한 전략과 기술이 필요하며, 이용 가능한 지식이나 전략을 어떻게 적절히 사용할 것인지에 대한 결정 능력이 필요하다. 또한 수학에 대한 문제해결자의 신념이 준비되어 있어야 한다. 숀펠드(Alan H. Schoenfeld, 1985)는 수학교육의 근본적인 목표가 수학적 사고를 훈련시키는 것이라 하며, 이를 위한 수학적 문제해결을 강조하였다. 그는 수학적 문제해결 활동을 설명하기 위해서는 문제해결 행동과 관련된 서로 상호 작용하는 네 가지 기본 요소, 즉 자원(resources), 발견술(heuristics), 통제(control), 신념체계(belief system)를 모두 고려해야 한다고 하였다.

자원은 특정한 수학적 상황에서 개인이 발휘할 수 있는 지식의 본체로, 개인이 가지고 있는 사실적, 절차적, 명제적 지식이다. 즉, 자원은 문제해결을 위하여 필요한 전반적인 지식을 말하며, 이는 문제해결 수행을 위한 토대가 된다.

발견술은 비정형적이거나 익숙하지 않은 문제를 효과적으로 해결하기 위한 전략과 기술이다. 전략에는 효율적인 문제해결을 위한 적절한 표기를 포함하여 그림 그리기, 관련 문제 탐구하기, 거꾸로 풀기, 문제 재진술하기, 절차를 검증하고 확인하기 등이 있다.

통제는 문제해결을 시도하는 동안 자원과 발견술의 선택과 실행에 관한 전반적인 결정 능력이다. 통제의 요소로는 계획하기, 모니터링과 평가하기, 의사결정하기, 의식적인 메타인지 활동이 있다. 통제를 잘하는 문제해결자는 자원의 대부분을 활용하고 다소 어려운 문제도 효과적으로 해결할 수 있지만, 통제를 잘 못하는 문제해결자는 자원을 낭비하고 자신이 이해할 수 있는 문제도 쉽게 해결하지 못할 수 있다. 그러므로 이용 가능한 자원이나 발견술을 언제 어떻게 적절하게 사용하는지를 선택하고 이용하는지에 대한 결정 능력인 통제는 문제해결에서 중요한 역할을 한다.

신념체계는 개인의 '수학관'으로, 수학과 수학적 과제에 접근하는 가치관 또는 선입관이다. 수학에 대한 개인의 신념은 문제에 접근하기 위해서 어떤 선택을 하고, 어떤 기술을 사용하고 사용하지 않을 것인지, 얼마나 오래 그리고 열심히 문제에 매달릴 것인지 등을 결정할 수 있게 한다. 신념체계는 자기 자신, 환경, 수학적 주제, 수학에 대한 개인적 행동에 관한 일련의 결정에 영향을 끼친다.

제2절 ❙ 수학적 발견술

1. 수학적 발견술의 역사

발견술이란 실제적인 문제해결에서 전형적으로 유용한 발견과 발명의 방법, 규칙 또는 전략과 전술을 말한다. 문제를 해결하기 위한 유용한 전략과 기술을 찾는 것은 인류의 오랜 바람으로, 문제를 해결하기 위한 발견술에 대한 역사는 고대 그리스 시대로 거슬러 올라간다. 그리스 철학자 파푸스(Pappus)에 의해 처음 체계적으로 정리된 수학적 발견술 연구는 데카르트(René Descartes), 라이프니츠(Gottfried Wilhelm von Leibniz), 푸앵카레(Henri Poincaré), 아다마르(Jacques Hadamard), 폴리아(Polya), 숀펠드(Schoenfeld) 등으로 이어졌다.

수학적 발견술로서 가장 오래된 방법은 분석법이다. 분석법은 피타고라스(Pythagoras) 학파의 수학자들에 의해 사용되었으나 파푸스에 의해 처음 체계적으로 정리되었다. 파푸스의 저서 『수학집성(Mathematical collection)』은 당시까지 알려져 있던 기하학의 연구에 대한 주석 및 안내서로서 많은 독창적인 내용이 실려 있다. 이 저작의 한 연구분야인 analyomenos는 '발견술(heuristics)'이라는 뜻으로 내용을 요약하면 다음과 같다.

> 발견술이란 일반 원론을 공부한 후에, 수학 문제를 푸는 능력을 얻고자 하는 사람들이 사용하도록 하기 위한 특별한 가르침이며, 오직 이것에만 쓰일 수 있는 것이다. 그것은 원론의 저자인 유클리드(Euclid)와 아폴로니우스(Apollonius), 아리스테우스(Aristaenus) 세 사람의 연구결과이다. 그것은 분석(analysis)과 종합(synthesis)의 과정을 거친다.
> 분석은 요구되고 있는 것으로부터 시작하며, 요구되고 있는 것이 옳다고 가정하고 그 결과로부터 다시 결과를 이끌어내어, 종합에서 출발점으로 사용할 수 있는 점에 도달할 때까지 계속한다. 분석에서는 하도록 요구되고 있는 것을 이미 이루어진 것처럼 가정하는 것이다. 선행하는 어떤 것으로부터 바라는 결과가 유도될 수 있는가를 묻고 다시 그 선행자의 선행자는 무엇인가를 묻기를 계속하여 결국 이미 알려져 있거나 참인 것으로 가정한 것에 이르게 된다. 이러한 절차를 분석(analysis), 거꾸

로 풀기(solution backward) 또는 역행적 추론(regressive reasoning)이라 부른다. 그러나 종합은 그 과정을 반대로 하여, 분석에서 제일 마지막에 도달한 점, 즉 이미 알려져 있거나 참인 것으로 가정한 것으로부터 시작한다. 그로부터 분석에서 그에 선행한 것을 끌어내며, 분석 과정을 되밟아 가면서 마지막에 요구하고 있는 것에 도달할 때까지 그러한 연역과정을 계속한다. 이러한 절차를 종합(synthesis), 구성적 풀이(constructive solution) 또는 전진적 추론(progressive reasoning)이라 부른다.

위의 내용을 요약하면, 분석법이 풀이 계획을 발견하는 과정이라고 한다면, 종합법은 그 계획을 실행하는 과정이라고 할 수 있다. 분석법과 종합법을 이용하여 푸는 문제의 예를 들면 다음과 같다.

[예] 마름모 ABCD의 두 대각선이 서로 다른 것을 수직이등분 함을 증명하시오.

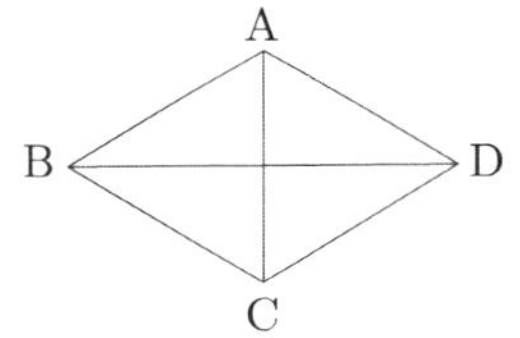

〈분석법〉 우선 사각형 ABCD의 두 대각선 $\overline{AC}$, $\overline{BD}$가 서로 수직이등분한다고 가정하자. 즉 $\overline{AC} \perp \overline{BD}$이고 $\overline{AC}$, $\overline{BD}$가 서로를 이등분한다고 가정하자.

사각형 ABCD가 $\overline{AC} \perp \overline{BD}$이고 $\overline{AC}$, $\overline{BD}$가 서로를 이등분하기 위해서는 $\overline{AC}$가 $\angle A$의 이등분선, $\overline{BD}$가 $\angle B$의 이등분선이 되어야 한다.

그런데, $\overline{AC}$가 $\angle A$의 이등분선, 즉 $\angle BAC = \angle DAC$가 되기 위해서는 두 삼각형 ABC와 ADC가 합동이어야 한다.

$\triangle ABC \equiv \triangle ADC$가 되기 위해서는 $\overline{AB} = \overline{AD}$, $\overline{BC} = \overline{DC}$이고 $\overline{AC}$가 공통변이어야 한다.

같은 방법으로 $\overline{BD}$가 $\angle B$의 이등분선이 되기 위해서는 $\overline{BA} = \overline{BC}$, $\overline{AD} = \overline{CD}$이고 $\overline{BD}$가 공통변이어야 한다.

이렇게 되기 위해서는 $\overline{AB} = \overline{AD} = \overline{BC} = \overline{CD}$ (즉, 사각형 ABCD가 마름모)이어야 한다.

〈종합법〉 $\triangle ABC$와 $\triangle ADC$에서

$\overline{AB}=\overline{AD}$ (가정), $\overline{BC}=\overline{DC}$ (가정), $\overline{AC}$는 공통이므로

$\triangle ABC \equiv \triangle ADC$ (SSS 합동)

$\therefore \angle BAC = \angle DAC$

따라서 $\overline{AC}$는 이등변삼각형 ABD의 꼭지각 $\angle A$의 이등분선이 되어 밑변 BD를 수직이등분 한다. 즉, $\overline{AC} \perp \overline{BD}$이다.

같은 방법으로 $\overline{BD}$는 이등변 삼각형 ABC의 밑변 AC를 수직이등분한다.

그러므로 마름모의 두 대각선은 서로를 수직이등분한다.

데카르트는 모든 문제를 해결할 수 있는 보편적인 방법을 찾는 시도를 하였다. 그는 사고의 패턴을 다음 세 단계로 나누고 모든 문제해결에 이를 이용하려 하였다.

첫째, 모든 문제는 수학 문제로 환원하여라.
둘째, 모든 수학 문제는 대수 문제로 환원하여라.
셋째, 모든 대수 문제는 한 방정식의 풀이로 환원하여라.

해석기하학이 이러한 패턴을 따르는 연구이며, 이러한 사고의 패턴은 주어진 문제를 방정식으로, 즉 대수적 언어로 바꾸어 해결하고자 하는 것이다. 데카르트는 유클리드적 종합기하학을 우선시하는 전통에 도전하여 대수적 방법을 우선함으로써 현대수학의 발전에 크게 공헌하였다. 또한 데카르트는 주어진 문제를 대수적으로 해결 할 때 다음과 같은 규칙을 고려해야 한다고 하였다.

① 우선 문제를 잘 이해한 다음, 문제를 어떤 미지인 양, 곧 수를 결정하는 문제로 환원하여라.
② 문제가 풀렸다고 보고 조건에 따라서 미지인 것과 자료 사이에 성립하여야 할 모든 관계를 적절한 순서로 그려 보면서 문제를 아주 자연스럽게 개관하여라.
③ 같은 양을 두 가지 방법으로 나타낼 수 있도록 조건의 일부분을 분리하여 미지인 것 사이에 성립하는 방정식을 얻도록 하여라. 결국, 조건을 여러 부

분으로 쪼개면 미지인 것의 개수만큼의 방정식으로 이루어진 연립방정식을 얻게 된다.

④ 연립방정식을 하나의 방정식으로 환원하여라.

라이프니츠는 모든 문제를 해결할 수 있는 일반적인 알고리즘을 찾으려는 시도를 하였다. 그는 모든 문제를 기호의 조작에 의해 기계적으로 해결할 수 있는 알고리즘을 찾으려 하였으나 괴델의 불완전성의 정리가 발표됨으로써 그러한 알고리즘의 발견은 불가능함이 알려졌다.

19세기 수학자인 볼차노(Bernhard Bolzano)는 문제해결에서 문제를 정확하게 이해하는 것이 중요하다는 것과 여러 가지 아이디어에 동시에 주의를 집중하는 것의 어려움을 고려하여 문제와 관련된 모든 것을 기록할 것을 권하였다. 또한 그는 적절한 기호의 선택, 문제를 해결하는 동안의 강한 감각적 자극을 피할 것과 분석법과 종합법을 모두 구사하면서 미지인 것과 주어진 조건을 동시에 사고할 것 등을 권하였다.

푸앵카레는 수학적 발견을 이미 알려져 있는 수학적 사실을 이용하여 유용한 결합을 만드는 것으로 보았으며, 발견이란 수학적 지식의 유용한 조합이며, 과학적 심미안에 의한 '식별'과 '선택'이라고 보았다. 또한 그는 수학적 발견활동에 있어서 무의식이 큰 역할을 담당하고 있다고 하였다. 푸앵카레는 무의식적 활동이 의식적 활동과 더불어 진행되기도 하며, 특히 무의식적 자아는 의식적 자아보다 열등하지 않으며, 무의식적 자아의 자동 기계적인 활동의 결과로서 모든 결합이 이루어지기는 하지만, 유용한 것들이 의식의 영역으로 나가는 길을 찾게 된다는 가설을 세우고 무의식적 활동은 의식적 활동의 뒤를 따를 때 효과가 있다는 점을 지적하였다.

아다마르는 푸앵카레의 이론과 수학 분야에서의 발명의 심리학을 중심으로 수학적인 발견적 사고 과정에 관하여 다음과 같이 4단계로 나누어 논의하였다.

① 준비기(Preparation stage) : 문제의 여러 가지 특징을 파악하고 표상결합을 시도한다. 검증(verification)이나 혹은 계시(illumination)의 단계를 거치지 않고 이 단계에서 문제를 해결해 버리는 경우가 있지만, 해결이 되지 않는 경우 의식은 부화기에 들어간다.

② 부화기(Incubation stage) : 이전의 지식을 직접적으로 적용하여 해결할 수 없을 때 의식적인 문제해결이 당분간 중단되고, 그 동안 무의식이 작동하여 문제의 해법에 대한 탐색을 시도한다.

③ 계시기(Illumination stage) : 통찰에 의해 문제가 해결되며, '아하 경험(Aha-experience)'을 가지게 된다. 갑작스러운 통찰이 일어나 문제가 새로운 관점으로 파악되고, 해법이 명백해진다.

④ 검증기(Verification stage) : 문제가 완전히 해결되는 단계이다. 해결의 열쇠를 확인하고 구체적이고 정확한 진술로서 표현하게 된다. 결정적인 통찰이 일어난 후 문제에 대한 해법을 정리하고 형식적으로 확립하는 시기이다.

결국 아다마르에 의하면 '발견'이 있기 위해서는 부단한 의식적 노력(준비기)이 선행되어야 하며, 이러한 의식적 활동이 무의식적 활동으로 이어져야 한다.

폴리아는 파푸스에 이어 여러 학자들에 의해 연구되어 온 발견술을 체계적으로 정리하였으며, 이를 교육적 측면에서 제시하여 문제해결을 위한 방법에 대한 체계적인 설명을 하였다. 폴리아는 일반적인 발견의 기술이 아닌 문제해결 수단과 방법에 대한 연구를 발견술이라고 하며 문제해결 교육의 중요성을 강조하였다. 또한 문제해결을 위한 계획 수립의 단계에서 필요한 발견술에 대하여 구체적으로 언급하였으며, 귀납과 유추에 의한 추측을 통한 발견적 사고와 그 실제적인 지도 방법론을 제시하였다. 폴리아의 현대적 발견술은 문제해결을 중시하는 수학교육계에 지대한 영향을 미치고 있으며, 이를 토대로 발견술에 대한 다양한 연구가 이루어져 왔다.

2. 폴리아의 문제해결

폴리아(George Polya, 1887～1985)는 헝가리 출신의 수학자로 스탠퍼드 대학에서 수학을 강의하면서 명저인 『어떻게 문제를 풀 것인가(How to Solve It)』를 저술하였다. 이 책에서 그는 수학 지도는 알려진 수학을 가르치는 것보다 학생 스스로가 수학을 발견하고 창조하는 방법, 즉 발견술(heuristics)을 가르쳐야 한다고 주장하였다. 그는 교과서나 교수가 강의하는 수학이 옳다는 것을 인정하지만 그러한 수학을 어떻게 발견할 수 있는가에 대해 궁금해 했고, 자신이 지도하던 학생들을 유심히 관찰하며 해답을 얻었다. 폴리아는 문제해결을 위한 사고의 네 단계를 발견하고 각 단계에서 행하여야 할 구체적인 전략(strategies)을 제시하였다.

폴리아에 의하면 학습의 최선의 길은 스스로 발견해 내는 것이다. 그러므로 교사의 역할은 학생 스스로 수학적 활동을 하도록 돕는 것이다. 교사는 학생들이 독자적인 활동을 하고 있다는 생각이 들도록, 너무 지나치거나 모자라지 않도록 도와주어야 한다. 그러기 위해서는 학생의 입장에서, 학생의 마음속에 어떤 생각이 일어나고 있는가를 이해하려고 노력하면서 적절한 발문이나 권고를 하여 사고 단계를 지적해 주어야 한다. 이때 학생의 사고를 돕기 위한 발문과 권고는 일반적이고 상식적인 것이어야 한다. 만일 발문과 권고가 구체적인 문제에 따라 고유하게 다른 것이라면 그 가짓수도 무한히 많을 것이며, 문제의 유형이 알려진 것이 아니면 그 방법도 알 수 없어 발견술로서의 역할을 할 수 없다.

폴리아는 수학교육의 주요 목적이 문제해결능력의 개발에 있다고 보았으며, 문제를 해결하기 위한 사고 활동을 문제의 이해(understanding the problem), 문제해결을 위한 계획 수립(devising a plan), 계획의 실행(carrying out the plan), 반성(looking back)의 네 단계로 구분하였다. 그는 문제해결에 유용한 사고 과정을 동원할 수 있는 적절한 질문과 권고를 체계적으로 구사하여 문제에 도전하고, 독자적인 탐구과정을 통해 스스로 발견할 기회를 가지면 문제해결력을 기를 수 있다고 하며 각 단계에서 해야 할 중요한 사고 활동의 내용을 다음과 같이 제시하였다.

첫째 단계 : 문제를 이해한다

문제 이해 단계에서는 문제를 해결하려는 욕구를 가지고 문제에 주어진 자료가 무엇인지, 주어진 조건은 무엇인지, 문제에서 구하고자 하는 것은 무엇인지, 주어진 조건은 만족될 수 있는지를 알아보아야 한다. 문제해결에 약한 학생들의 공통된 특징은 문제를 정확하게 이해하기도 전에 성급히 식을 세워 답을 구하려고 하는 것이다. 바른 문제해결을 위해서는 먼저 문제를 정확하게 이해하여야 한다. 문제 이해를 위해서 문제의 주요 부분을 여러 측면에서 주의 깊게 반복하여 살펴보아야 한다. 문제와 관련된 그림이 있다면 그림을 그리고, 찾고자 하는 것과 주어진 자료와 조건을 한 그림에 표시하며, 이들 대상에 적절한 기호를 붙여 보는 것은 문제 이해를 위한 좋은 활동이다. 이 단계에서 사용할 수 있는 발문과 권고는 다음과 같다.

- 찾고자 하는 것은 무엇인가?
- 주어진 자료는 무엇인가?
- 주어진 조건은 무엇인가?
- 조건은 성립될 수 있는가?
- 자료는 충분한가, 부족한가?
- 문제를 그림으로 나타내어 보아라.
- 그림에 적절한 기호나 부호를 붙여보아라.
- 결론은 무엇인가?
- 가정은 무엇인가?

둘째 단계 : 문제해결을 위한 계획을 수립한다

찾고자 하는 것을 얻기 위해서 어떤 계산이나 작도를 해야 할 것인가를 알게 되거나 윤곽을 알게 되면, 그것으로 계획을 세운 것이 된다. 문제에 대한 이해로부터 계획을 세우기까지의 길은 길고 얽혀 있을 수 있다. 계획에 대한 생각은 점진적으로 떠오를 수도 있고 시행착오나 망설임을 거친 뒤에 섬광처럼 번쩍이는 생각이 떠오를 수도 있다. 학생들의 입장을 이해하려면 자신이 문제를 풀 때 겪었던 곤란과 성공의 경험을 생각해 보아야 한다. 교과에 대한 지식이 거의 없으면 유용한 생각이 떠오르기 어렵고 지식이 아주 없으면 불가능하다. 과거의 경험과 지식을 바탕으로 하며, 적절한 사실을 회상할 때 유용한 생각을 떠올릴 수 있다. 유용한 생각이 떠오르게 하기 위한 발문과 권고는 다음과 같다.

- 구하는 것이 같거나 혹은 유사하거나 친숙한 문제를 생각해 보아라.
- 관련된 문제로서 전에 풀어본 경험이 있는 문제가 있으면 활용할 수 있는지를 생각해 보아라. 그 방법을 활용할 수 있을까? 그 결과를 활용할 수 있을까?
- 어떤 보조 요소를 사용하여 그것을 활용할 수 있을까?

- 관련된 문제를 생각할 수 없으면 문제를 달리 진술하여 보아라.
- 중요한 용어에 대한 정의를 생각해 보아라.
- 제기된 문제를 풀 수 없고 관련된 문제도 생각나지 않는다면, 그 문제보다 일반적인 문제를 생각해 보아라.
- 더욱 특수한 문제를 생각해 보아라.
- 문제를 부분적으로 풀 수 있는가?
- 조건 가운데 일부분만 남기고 다른 것은 버려라. 그랬을 때 찾고자 하는 것은 어느 정도까지 정해지는가?
- 조건의 일부만 만족하는 풀이들을 이용하여 모든 조건을 만족하는 풀이를 얻도록 시도해 보아라.
- 미지인 것을 결정하는 데 적절한 다른 자료를 생각해 볼 수 있는가?
- 새로운 미지인 것과 새로운 자료가 더욱 가깝게 되도록 미지인 것이나 자료를 변형할 수 있는가?
- 자료는 모두 사용했는가?
- 문제에 포함된 핵심적인 개념은 모두 고려했는가?

셋째 단계 : 계획을 실행한다

계획 실행 단계에서는 앞에서 세운 계획에 따라 문제를 해결한다. 이 때 적절한 식의 선택이나 계산 과정에서 오류를 범하지 않도록 하며 각 단계를 점검하여야 한다.

이 단계를 위한 발문과 권고에는 다음과 같은 것이 있다.

- 각 단계를 점검하여라.
- 각 단계가 올바른지 명확히 확인할 수 있는가?
- 그것이 옳다는 것을 증명할 수 있는가?

넷째 단계 : 반성을 한다

반성 단계에서는 얻어진 결과가 타당한지를 점검하며, 이 해결 방법보다 더 좋은 방법은 없는지 생각해 보며, 결과나 방법을 다른 문제에 활용할 수 있는지를 생각해 본다. 이 단계를 위한 발문과 권고에는 다음과 같은 것이 있다.

• 결과가 옳음을 점검할 수 있는가?
• 논증 과정을 점검할 수 있는가?
• 결과를 다른 방법으로 이끌어 낼 수 있는가?
• 그것을 한눈에 알 수 있는가?
• 결과나 방법을 어떤 다른 문제에 활용할 수 있는가?

다음은 폴리아의 문제해결을 위한 사고 단계에 따른 교수·학습 활동을 보여주는 예[2]이다.

[문제] 가로, 세로, 높이가 주어진 직육면체의 대각선의 길이를 구하여라.

단계	교 사	학 생	비고
문제의 이해	•미지의 것은 무엇인가? •자료는 무엇인가? •적절한 기호를 붙여라. 미지인 것을 어떤 문자로 나타낼 것인가? •가로, 세로, 높이는 어떤 문자로 나타낼까? •a, b, c와 x를 연결하는 조건은 무엇인가? •조건은 미지의 것을 결정하기에 충분한가?	•직육면체의 대각선의 길이입니다. •직육면체의 가로, 세로, 높이입니다. •x 입니다. •a, b, c로 나타냅니다. •x는 가로, 세로, 높이가 각각 a, b, c인 직육면체의 대각선입니다. •a, b, c를 알면 직육면체를 아는 것 입니다. 직육면체가 결정되면 대각선이 결정됩니다.	이 문제에 대한 논의가 유익하려면 학생들은 피타고라스 정리와 그에 대한 응용에 친숙해져 있어야 한다.
계획 수립	•관련된 문제를 알고 있는가? •미지인 것을 살펴보아라. 미지인 것이 같은 다른 문제를 알고 있는가? •미지의 것은 무엇인가?	… (대답 없음) … •직육면체의 대각선입니다.	이 때 교사가 해야 할 일은 유용한 생각이 떠오

2 폴리아의「How to Solve It」에서의 예를 요약 정리하였다.

계획 수립	•미지의 것이 같은 다른 문제를 알고 있는가?	•아직 직육면체의 대각선에 관한 문제를 풀어본 적이 없습니다.	를 수 있도록 학생을 조심스럽게 돕는 것이다.
	•미지인 것이 유사한 다른 문제를 알고 있는가?	…	
	•미지인 것이 선분의 길이인 문제를 한 번도 풀어본 적이 없는가?	•직각 삼각형의 빗변을 구하는 문제 등을 풀어 보았습니다.	
	•이 문제와 관련된 문제로 전에 풀어 본 적이 있는 문제를 활용할 수 있을까?	…	
	•현재의 문제와 관련된 전에 풀어 본 문제를 활용하고 싶은가? 어떤 보조 요소를 도입하면 그것을 활용할 수 있을까?	…	
	•이 그림을 보아라. 여러분이 기억해 낸 문제는 삼각형에 관한 것이었다. 여러분이 그린 그림에 삼각형이 들어 있는가? 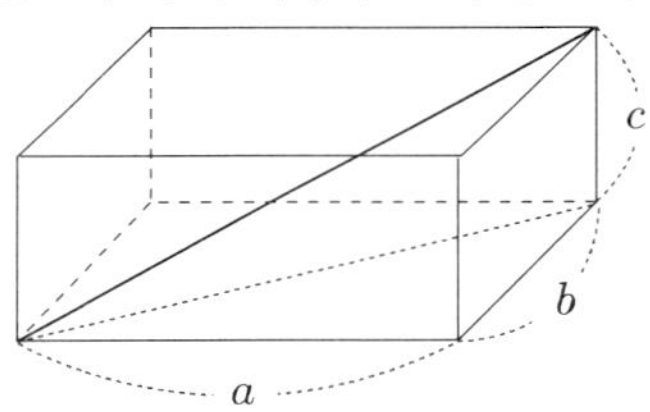 	…	
	•그림에서 삼각형을 찾아보고자 하는가?	…	
	•그림에서 어떤 종류의 삼각형을 찾으려고 하는가?	…	
	•대각선은 아직 구할 수가 없다. 그러나, 여러분은 삼각형의 변은 구할 수 있다고 말하였다. 이제 여러분은 어떻게 할 것인가?	…	
	•대각선이 삼각형의 한 변이라면, 그것을 구할 수 있겠는가?	…	
	•내가 보기엔 그 삼각형을 그린 것은 좋은 생각이다. 이제 삼각형을 찾았다. 그러나 미지의 것은 어떤 것인가?	•미지의 것은 직각삼각형의 빗변입니다. 피타고라스의 정리를 이용하면 그것을 계산할 수 있습니다.	
	•그것은 다른 두 변의 길이를 알고 있으면 구할 수 있다. 그러나 그것들을 알고 있는	•한 변은 주어졌습니다. 그것은 c입니다. 그리고 다른 한	

	가? •매우 훌륭하다. 이제 여러분은 계획을 수립하였다.	변은 또 다른 직각삼각형의 빗변입니다. …	
계획의 실행	•매 단계를 점검해야 한다는 점을 강조한다. •변의 길이가 각각 a, b인 면의 대각선으로 된 변을 y로 나타내도록 권고한다. •각 변이 x, y, c인 삼각형은 직각삼각형임을 명확히 알 수 있는가?	•직육면체의 한 꼭짓점에서 나온 세 모서리가 각각 a, b, c라면 대각선은 $\sqrt{a^2+b^2+c^2}$입니다. •예	학생이 자신이 세운 해결 계획을 잊지 않도록 한다.
반성	•결과는 점검할 수 있는가? •자료는 모두 활용하였는가? 주어진 자료 a, b, c가 모두 대각선을 구하는 공식에 나타나 있는가? •만약 높이 c가 0이 되면 직육면체는 직사각형이 된다. 대각선의 공식에서 $c=0$으로 놓으면 직사각형의 대각선을 구하는 올바른 공식이 얻어지는가? •직육면체의 세 모서리가 같은 비율로 늘어나면 대각선의 비율도 같은 비율로 늘어나는가? •결과나 방법을 어떤 다른 문제에 활용할 수 있는가? 직육면체의 가로, 세로, 높이가 주어졌을 때 한 꼭짓점에서 중심까지의 거리를 구하여라.		교사는 학생들이 사용한 절차를 다시 활용하거나, 획득한 결과를 적용할 수 있는 경우를 상상해 볼 수 있도록 격려 해 준다.

현재 수학교육에서의 문제해결은 폴리아식의 문제해결을 의미한다고 말할 정도이다. 그만큼 문제해결에 있어서 폴리아가 가장 큰 공헌을 하였고 이후 그의 제안을 참고하여 문제해결 모형과 단계별 발견 전략에 관한 많은 연구가 이루어졌다.

쇤펠드는 폴리아의 전략이 학교수학을 위한 것으로 보았으며, 자신은 대학 학부 수준에 맞는 문제해결 전략 모형을 만들었다. 쇤펠드는 폴리아와는 달리 일반적 전략의 중요성을 인식하고, 학생들의 인지적 특성을 매우 강조하였으며, 문제해결 행동과 관련된 요소로서 발견술과 신념체계를 강조하였다.

쇤펠드는 이상적인 문제해결자의 가장 체계적인 행동인 문제해결 과정은 분석

(Analysis), 계획(Design), 탐구(Exploration), 실행(Implementation) 그리고 검증(Verification)이라고 하였다.

분석 단계는 문제에 대한 감각을 얻는 단계이다. 주어진 목표, 요구되는 목표, 그 목표는 가능성이 있는지 그렇지 않은지, 어떤 원리나 법칙이 적용될 수 있을 것 같은지에 대한 감각을 얻는 단계이다.

계획 단계는 문제해결의 흐름에서 전체적인 해결 과정을 제시해 주는 단계를 의미한다. 문제해결자는 문제 풀이의 윤곽을 그려야만 하고 그 후 해결과정이 진행되어 감에 따라 그것을 다시 정교화 시켜야 한다.

탐구 단계는 문제해결 전략의 핵심적인 단계라고 할 수 있다. 관련 문제를 골라 그것을 이용해 보거나, 관련된 문제를 찾기 힘든 경우 약간 수정된 문제를 골라 이용한다. 또는 주어진 문제와 조금이라도 관련이 있는 넓게 수정된 문제를 골라 이용하는 단계이다. 문제해결자는 이 단계에서 풀이의 나머지를 마저 완성시키기 위해 계획 단계로, 그리고 분석 단계로까지 거슬러 올라갈 수도 있다.

실행 단계는 실제 문제해결 활동을 하는 단계이다. 이전 단계에서 세운 전략을 단계적으로 실행하며, 이 때, 문제 해결에 대한 국소적인 검증을 할 수도 있다.

검증 단계는 결과를 검증해보는 단계이다. 풀이 과정을 재음미해 봄으로써 새로운 풀이 방법을 찾아낼 수 있고 다른 주제와의 관련성도 찾아낼 수 있다. 또한 자신이 사용했던 문제해결의 유용한 측면을 의식적으로 인식함으로써 더 나은 문제해결자가 될 수 있다.

크루릭과 루드닉(Stephen Krulik & Jesse A. Rudnick, 1984)은 문제해결을 위해 언어적 기능과 수학적 기능[3]을 충분히 연습하여 문제를 제대로 이해하여야 하며, 문제해결 능력의 신장을 위해서는 교사의 적극적인 도움 아래 학생들이 문제해결을 부단히 연습해야 함을 강조하였다. 그들의 문제해결 과정도 폴리아나 숀펠드의 과정과 본질적으로 같은 맥락이라고 할 수 있다. 그러나 앞서 두 모형에 비해 일반 전략과 특수 전략을 확연히 구분하여 문제 읽기(Read), 탐구(Explore), 전략선택(Select a stratege), 해결(solve), 검토 및 확장(Review and extend)을 제시하고 있다.

---

3 학생들이 충분히 연습해야 할 기본기능으로 크루릭과 루드닉이 제시한 것으로는 사실을 찾아내기, 질문을 찾아내기, 어휘를 이해하기, 가시화, 자료를 표, 다이어그램, 도표, 그래프, 대수적 문장 등으로 표현하고 조직하기, 수치적 또는 개략적인 근사, 대수적 기능, 기하학적 기능 등이다.

한국교육개발원(1989)도 실제 학급 환경에서 문제해결력을 신장시키기 위한 문제해결 과정을 문제의식, 문제 이해, 계획 수립, 계획 실행, 반성의 5단계로 제시하였다. 이것은 폴리아의 제안을 참고로 하여 문제해결 모형과 단계별 발견 전략을 제시한 것이다. 각 단계를 살펴보면 다음과 같다.

① 문제 의식 : 이 단계는 주어진 문제가 문제라는 것, 다시 말해 어떤 문제가 곧바로 해결되지 않는다는 것을 깨닫게 하고 그 문제를 해결해 보겠다는 도전감을 갖게 하는 단계로 심정적이고 의식 속에 숨겨진 단계로 볼 수 있다.
② 문제 이해 : 문제가 주어지고 그 문제를 해결하고자 하는 도전감이 생겼을 때 그 문제를 분석하여 주어진 조건과 찾고자 하는 것을 깨닫는 단계이다.
③ 계획 수립 : 문제를 이해한 후 곧바로 계산이나 증명을 할 수는 없다. 즉 문제를 해결하기 위하여 어떤 전략을 모색해 보는 단계가 필요하다. 이것이 바로 계획 수립의 단계이다.
④ 계획 실행 : 이 단계는 계획 수립 단계에서 선택한 전략을 계획에 따라서 실행하여 문제를 해결하고 답을 얻는 단계이다. 이때는 주어진 조건을 잘못 이용하지 않도록 그리고 계산을 틀리지 않도록 주의해야 한다.
⑤ 반성 : 문제를 해결하여 답을 얻고 나면 대개 문제해결 활동을 끝마치는 경우가 많다. 그러나 실수는 언제나 발생 가능한 것이므로 각 단계의 실행 과정을 확인 해 볼 필요가 있다. 그렇게 함으로써 자신의 풀이가 옳음을 확신할 수 있게 된다. 그 외에도 주어진 문제를 해결할 수 있는 다른 방법을 생각해 보거나 그 문제와 유사한 문제의 해결 방법을 모색해 봄으로써 문제해결 능력을 심화시킬 수 있는 단계이다.

3. 문제해결 전략과 그 실제

문제를 잘 해결하기 위해서는 앞서 제시한 사고의 단계를 따르는 것과 동시에 구체적인 문제해결에 적용할 전형적인 몇 가지 전략을 이해하고 사용하는 것이 중요하다. 폴리아는 『How to Solve It』의 3부 '발견술 소사전(Short Dictionary of Heuristic)'에 문제해결의 기본이 되는 전략들과 문제해결 활동에 필요한 여러 가지 사항을 설명하였다. 그 가운데 전형적으로 사용되는 전략은 그림 그리기, 표 만들기, 식 세우기, 예상과 확인, 거꾸로 풀기, 유추, 귀납법, 규칙성 찾기, 단순화하기, 특수화하기 등이 있다. 일반적으로 사용되는 이러한 문제해결 전략들과 그 전략들이 실제 활용되는 예에 대하여 알아본다.

1) 그림 그리기

이 전략은 기하 문제뿐만 아니라 도형이 없는 많은 종류의 문제에서도 중요한 역할을 한다. 문제해결에서 그림의 중요한 역할로 두 가지를 생각할 수 있다. 첫째, 미지의 것과 주어진 자료 및 조건들을 하나의 그림에 표현할 수 있으므로 이들을 독립적으로 또는 종합적으로 생각하는 것을 용이하게 해 준다. 특히 해결하려고 하는 문제가 기하 문제라면 도형을 생각하여야 한다. 이 도형은 마음속에 있을 수도 있고, 종이 위에 그려져 있을 수도 있다. 우리가 여러 가지를 자세하게 차례차례 분석해야할 경우에는 그림을 이용하는 것이 바람직하다. 여러 가지 상황을 동시에 생각할 수는 없지만 이들을 동시에 종이 위에 나타낼 수는 있다. 머릿속에 있는 그림은 곧 잊을 수 있지만, 종이 위에 그려진 그림은 그대로 남아 있으며 우리가 그림을 다시 대하면 이전에 생각했던 중요한 것들을 곧바로 회상하게 해 준다. 둘째, 문제의 상황을 그림으로 나타내봄으로써 문제의 성립 가능성 판별을 쉽게 해 준다. 즉, 주어진 문제가 막연하게 성립할 것이라고 믿고 해결하려 하는 것보다는 그림을 통하여 미지인 것과 주어진 자료와 조건을 만족시키는 대상이 있음을 확인하고 그것을 찾으려고 할 때 실수를 방지할 수 있게 된다.

그림을 그릴 때, 그림의 정확성을 어느 정도로 할 것인가를 생각하는 것도 의미가 있다. 그림의 역할은 위에서 제시한 두 가지가 있다. 우리가 그린 그림이 그 역할을 충분히 할 수 있다면 간단하고 그리기 쉬운 그림이면 충분하다. 일반적으로 기하에 관한 문제는 그림을 정확하게 그림으로써 해결을 위한 힌트를 얻기 쉽다. 문제에 선분의 길이나 각의 크기가 주어진 문제는 상황에 맞도록 그림을 그릴 때 중요한 정보를 얻을 가능성이 높다. 집합을 나타내는 벤다이어그램과 같이 대수적 문제나 해석적 문제의 요소나 사고의 과정을 나타내기에 충분하다면 손으로 적당히 그리면 된다. 이 경우 그림의 정확성 보다는 필요한 요소나 정보를 명확하게 나타냈는지가 중요하다.

그림 그리기 전략이 사용되는 예를 들면 다음과 같다.

[예 1] 일차방정식 $3x+12=5x+6$을 수직선을 그려 해결하기

〈풀이〉 그림 그리기 전략이 사용되는 예를 들면 다음과 같다.그림 그리기 전략이 사용되는 예를 들면 다음과 같다.

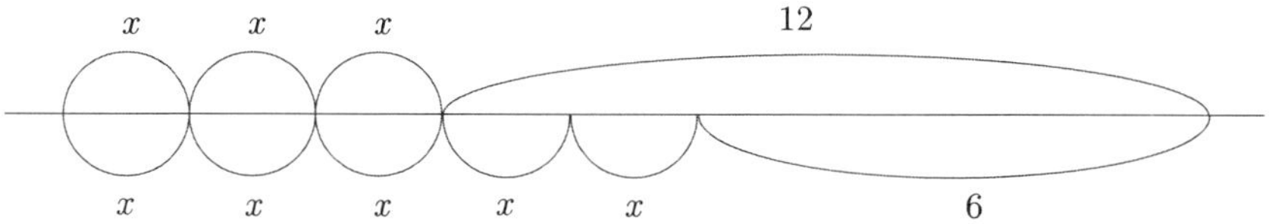

$$2x=6\text{이므로 } x=3$$

[예 2] 연립방정식 $\begin{cases}2x+3y=27\\5x+8y=69\end{cases}$ 을 그림으로 풀기

〈풀이〉 x를 □, y를 △로 나타내면

□□△△△=27

□□□□□△△△△△△△△=69

첫 줄의 □ 2개를 둘째 줄의 □ 5개와 같게 만들기 위해 첫 줄을 2.5배 하면

두 식의 차를 구하면

⊿=1.5

따라서 △=3, □=9이므로

$$x=9,\ y=3$$

[예 3] A지역에서 B지역으로 가는 데 1분에 50m씩 가면 1분에 30m씩 가는 것보다 40분이 적게 걸린다고 한다. 두 지역의 거리를 구하여라.

〈풀이〉

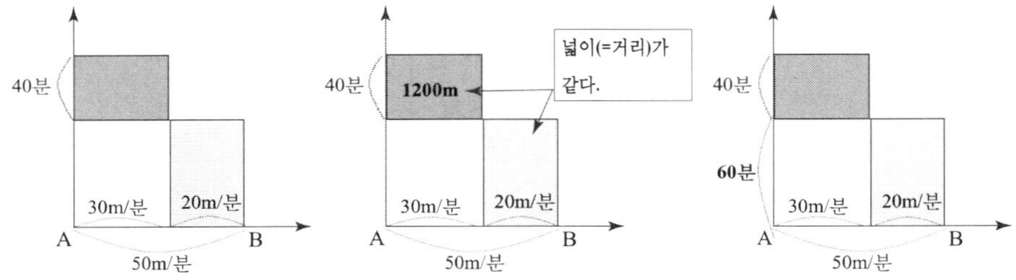

2) 표 만들기

표 만들기 전략은 주어진 문제의 정보들을 표로 나타냄으로써 그 정보들 사이의 관계를 일목요연하게 볼 수 있도록 해준다. 뿐만 아니라 문제가 쉽게 이해되고 문제를 해결하기 위하여 무엇을 해야 할지 쉽게 알 수 있게 하는 중요한 문제해결 전략 중 하나이다.

[예] 어느 학교 학생 수는 작년에 비하여 남자는 15% 늘고 여자는 10% 줄었다. 전체 학생 수는 20명이 늘어나서 620명이 되었다고 한다. 올해의 남학생, 여학생 수를 각각 구해보자.

〈풀이〉 문제의 정보를 잘 나타낼 수 있는 표의 틀을 생각하여 주어진 정보들을 해당 칸에 적어 넣는다.

	남학생	여학생	계
작년 학생 수	x	$600-x$	600
올해 학생 수	$x+0.15x$	$(600-x)\times 0.9$	620

이제 표를 보고 식을 세우면 $1.15x+(600-x)\times 0.9=620$이고 이때의 $x=320$이다. 따라서 올해의 남학생 수는 368명, 여학생 수는 252명이다.

3) 식 세우기

뉴턴(Isaac Newton)은 『Arithemetica Universalis』에서 식 세우기를 마치 한 언어를 다른 언어로 번역하는 것과 같다고 밝혔다. 식을 세운다는 것은 문장으로

된 조건을 수학적 기호를 사용하여 표현하는 것이다. 식 세우기는 마치 한 언어를 다른 언어로 번역할 때처럼 주어진 문제 상황을 정확하게 이해하고 있어야 한다. 그렇게 하면 그 상황에 맞는 적절한 기호와 용어를 선택함으로써 적절한 식을 세울 수 있다.

식 세우기를 할 때는 일반적인 관습을 지키는 것이 식을 이해하거나 다른 사람과 의사소통할 때 편리하다. 예를 들면, 찾는 미지의 것은 x, y, z 등과 같이 알파벳의 뒷부분의 문자를 사용하며, 상수의 역할을 하는 미지의 것은 a, b, c 등과 같이 알파벳의 앞부분의 문자를 사용한다. 또 원주율은 π로 나타내며, 미분이나 적분을 다룰 때는 모든 사람이 공통으로 사용하는 기호를 나타내는 것이 바람직하다.

문제의 조건을 만족하는 식을 세우고 나면 실생활의 문제가 수학적인 문제로 바뀐다. 세워진 식을 사용하여 문제의 답을 얻은 다음 그 답이 실제 문제의 답으로서 적절한지를 생각해 보고 필요한 경우 이를 수정하여 실제의 답을 구하여야 한다.

식 세우기 전략을 사용하여 문제해결을 하는 예를 들면 다음과 같다.

[예] 어떤 질병 치료제는 환자들에게 투여되면 매월 환자수를 10%씩 줄어들게 한다. 이 치료제를 투여한 지 n개월 후의 환자수가 처음 환자수의 5% 이하가 되었다. 자연수 n의 값을 구하여라(단, $\log 2 = 0.301$, $\log 3 = 0.4771$이다).

〈풀이〉 처음 환자수를 a라 하고 주어진 조건을 만족하는 식을 세우자.

1개월 후의 환자수는 처음 환자수의 90%이므로 $0.9a$이다.

2개월 후의 환자수는 그 이전 달 환자수의 90%이므로 0.9^2a이다.

…

n개월 후의 환자수는 $0.9^n a$이므로 $0.9^n a \le 0.05a$인 n을 구하면 된다.

양변을 a로 나눈 후 로그를 취하면 $n\log 0.9 \le \log 0.05$

$$n(2\log 3 - 1) \le \log 5 - 2$$

$$n \ge \frac{1.301}{0.0458} \fallingdotseq 28.40$$

n의 최솟값은 29이다.

4) 예상과 확인

예상한 결과는 참일 수도 있고 거짓일 수도 있다. 따라서 예상한 것을 그대로 믿는 것은 어리석다. 그러나 예상한 것이 참일 수도 있으므로 예상을 하지 않는 것도 어리석다. 어떤 종류의 예상은 진지하게 검토해 보아야 한다. 특히 관심이 매우 많은 문제가 있을 때, 그 문제에 대하여 충분히 생각하고 문제를 충분히 이해한 다음에 떠오른 예상은 그것을 검토해 볼만한 충분한 가치가 있다. 그 예상 전체가 참은 아닐지라도 일부는 참일 수도 있으며, 예상을 적절히 검토하면 전체적인 참을 유도해 낼 수 있는 기회일 수도 있다.

많은 예상들은 거짓으로 판명되지만, 더욱 좋은 예상을 하는 데에 유용할 수 있다. 무비판적인 사람이 아니라면 아무런 생각이 없는 것은 바람직하지 않다.

문제를 해결하기 위하여 예상과 확인 전략을 사용하는 예는 다음과 같다.

[예] 둘레의 길이가 주어진 모든 사각형 중에서 그 넓이가 최대인 사각형을 찾아라.

〈풀이〉 미지의 것은 무엇인가? 사각형

주어진 자료는 무엇인가? 사각형의 둘레의 길이가 주어졌다.

조건은 무엇인가? 둘레의 길이는 같은데 그 넓이는 최대가 되어야 한다.

이 문제는 기초적인 수준의 기하 문제로서는 매우 특이한 문제이다. 그러므로 예상을 하는 것은 매우 자연스럽다. 어떤 사각형의 넓이가 최대일까? 가장 단순한 예상은 무엇일까? 둘레가 일정한 모든 도형 중 원의 넓이가 최대라는 것을 들어본 적이 있을 것이다. 그렇다면 어떤 사각형이 원에 가장 가까운가? 어떤 것이 대칭인 면에서 원에 가장 가까운가? 분명히 정사각형일 것이라고 예상할 것이다. 따라서 다음과 같은 예상을 할 수 있다. '둘레의 길이가 주어진 사각형들 중에서 정사각형의 넓이가 최대이다.' 이제 이 예상을 증명하거나 반례를 들어야 한다. 이제 문제는 증명 문제로 넘어갔다. 그런데 이 문제도 쉬운 문제는 아니다. 원래의 문제를 해결할 수 없으면 관련된 문제를 생각하여 보아라. 사각형 중에서 넓이가 최대인 것이 정사각형이라면, 직사각형 중에서 넓이가 최대인 것도 정사각형일 것이다.

이제 원래 문제의 일부를 만족하는 관련된 문제로서 다음 문제를 생각할 수 있을 것이다. '직사각형들 중에서 넓이가 최대인 것은 정사각형임을 증명하여라'

이 문제는 다음과 같이 증명할 수 있다. 직사각형의 두 변의 길이를 각각 a, b라

두면 직사각형의 넓이는 ab이고 정사각형의 넓이는 $\left(\frac{a+b}{2}\right)^2$이다. $\left(\frac{a+b}{2}\right)^2 \geq ab$가 성립함은 쉽게 증명할 수 있다. 예상을 활용하여 문제의 일부를 해결하였다. 남은 문제는 모든 사각형은 넓이가 같은 직사각형으로 변형할 수 있음을 밝히는 것이다.

5) 거꾸로 풀기

거꾸로 풀기 전략은 문제에서 찾고자 하는 것을 알고 있다고 가정하고 그것이 성립하기 위한 전 단계를 찾는 방법을 계속하여 문제의 조건이나 가정에 도달함으로써 문제를 해결하는 방법이다. 문제를 풀 때 주어진 자료와 조건에서 출발하여 구하는 것을 찾는 것이 아니라, 구하는 것에서 출발하여 이것을 얻기 위해 필요한 것을 찾고 다시 이것을 얻기 위해 필요한 것을 찾는 과정을 계속하여 주어진 자료와 조건에 이르는 문제해결전략을 거꾸로 풀기라고 한다.

폴리아에 의하면, 인간과 동물은 모두 문제해결을 하는데 그 차이점은 하등동물일수록 거꾸로 풀기 전략을 잘 사용하지 못한다는 것이다. 즉, 이 전략은 문제해결을 위한 매우 중요한 전략이라는 것이다.

거꾸로 풀기 전략은 가장 오래된 발견술의 하나로 분석법이라고도 한다. 파푸스의 저서 『수학집성』에 소개된 이 전략은 유클리드, 아폴로니우스, 아리스테우스도 연구하였다고 한다.

거꾸로 풀기의 예로서 다음과 같은 것이 있다.

[예 1] 철수는 책을 여러 권 가지고 있다가 친구들에게 순서대로 책을 빌려 주었다. 먼저 갑에게는 6권과 남은 책의 $\frac{1}{2}$을, 다음으로 을에게는 4권과 남은 책의 $\frac{1}{4}$을, 마지막으로 병에게는 3권과 남은 책의 $\frac{1}{3}$을 빌려 주었다. 그랬더니 철수에게 8권이 남았다. 철수는 처음에 몇 권의 책을 가지고 있었는가?

〈풀이〉 철수가 병에게 책을 빌려 주기 전에 가지고 있던 책을 x 권이라 하고 먼저 x를 구하자. 병에게 3권을 빌려 주고 남은 책의 $\frac{1}{3}$을 또 빌려 주었으므로 남은 책의 $\frac{2}{3}$가 8권이다. 따라서

$$(x-3)\times\frac{2}{3}=8,\quad \therefore\ x=8\times\frac{3}{2}+3=12+3=15(\text{권})$$

을에게 책을 빌려 주기 전에 가지고 있던 책을 y(권)이라 하고 y를 구하자. 을에게 4권을 빌려 주고 남은 책의 $\frac{1}{4}$을 또 빌려 주었으므로 남은 책의 $\frac{3}{4}$이 15권이다. 따라서

$$(y-4)\times\frac{3}{4}=15,\quad \therefore\ y=15\times\frac{4}{3}+4=20+4=24(\text{권})$$

갑에게 책을 빌려 주기 전에 가지고 있던 책을 z(권)이라 하고 z를 구하자. 갑에게 6권을 빌려 주고 남은 책의 $\frac{1}{2}$을 또 빌려 주었으므로 남은 책의 $\frac{1}{2}$이 24권이다. 따라서

$$(z-6)\times\frac{1}{2}=24,\ \therefore\ z=24\times2+6=48+6=54(\text{권})$$

따라서 처음에 철수가 가지고 있었던 책은 54권이다.

[예 2] $4l$들이 양동이와 $9l$들이 양동이를 이용하여 강에 있는 물을 길어 $6l$들이 물을 남게 하여라.

〈풀이〉

거꾸로 풀기	문제 해결
우선 $6l$가 되려면 $9l$에서 $3l$를 버리면 된다. $9l$양동이에서 $4l$양동이에 정확하게 $3l$를 따르려면 $4l$양동이에 $1l$ 물이 있어야 한다. $4l$양동이에 $1l$ 물이 있으려면 $9l$ 양동이에 물을 가득 부은 후 $4l$양동이에 물을 두 번 가득 따르고 남은 $1l$ 물을 $4l$양동이로 옮기면 된다.	$9l$양동이에 물을 가득 채운 후 $4l$양동이에 가득 따르고 $4l$양동이를 비우는 것을 두 번 하면 $9l$양동이에 $1l$만 남는다. 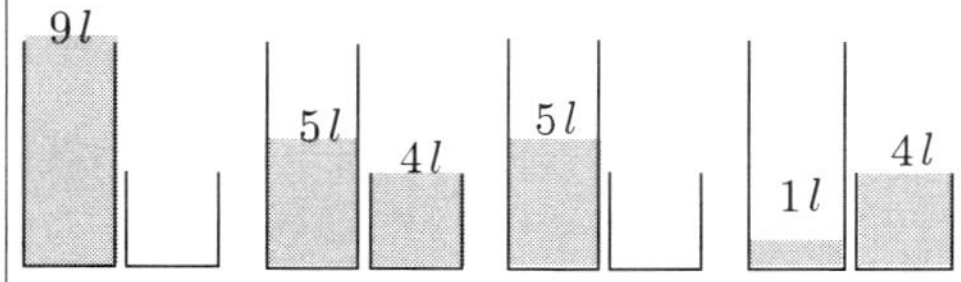 이 물을 $4l$양동이로 옮긴 다음, $9l$양동이에 가득 채운 물을 $4l$의 양동이에 가득 차게 부으면, $9l$양동이에 $6l$의 물이 남는다. 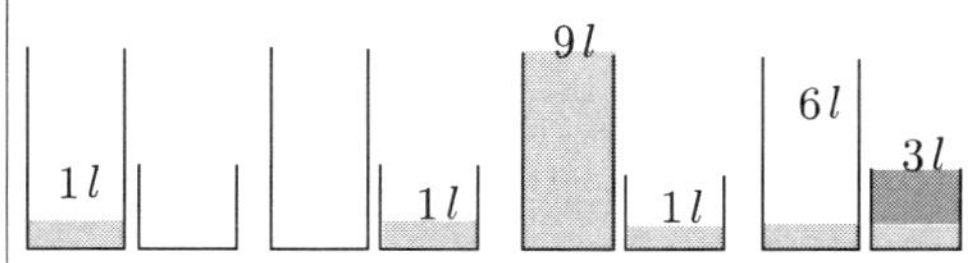

6) 유추

유추란 두 개의 대상이 있어서 이 대상을 이루고 있는 각 부분의 관계가 대응되는 것을 말한다. 이에 비해 닮음이란 두 대상을 이루는 각 부분이 서로 대응되는 것이다. 예를 들면, 직사각형의 두 변의 관계와 직육면체의 두 면의 관계를 유추하면 직육면체의 두 면의 관계는 서로 평행하거나 수직임을 예측할 수 있다. 유추는 차원이 높은 복잡한 문제를 다룰 때 그보다 차원이 낮은 간단한 문제와 비교함으로써 해결의 실마리를 얻는 데 사용할 수 있다.

예를 들어, 사면체의 무게중심을 찾는 문제를 풀어보자. 무게 중심을 구하는 문제는 삼각형에서 다룬 바 있으므로, 사면체의 무게 중심을 찾는 문제를 잠시 뒤로하고 삼각형의 무게 중심을 구하는 문제를 풀어보자. 삼각형의 무게중심은 세 중선의 교점이다. 그 이유는 삼각형을 아래 그림과 같이 한 변에 평행하게 칼로 잘게 자르면 얇은 띠가 생기는 데 각 띠의 무게중심은 중점이 되고, 이러한 중점이 모인 선 위에 삼각형의 무게중심이 있게 된다. 이렇게 자르는 일을 다른 두 변에 평행하게 해도 같은 주장을 할 수 있게 된다. 따라서 삼각형의 무게중심은 세 중선의 교점이 될 수밖에 없다.

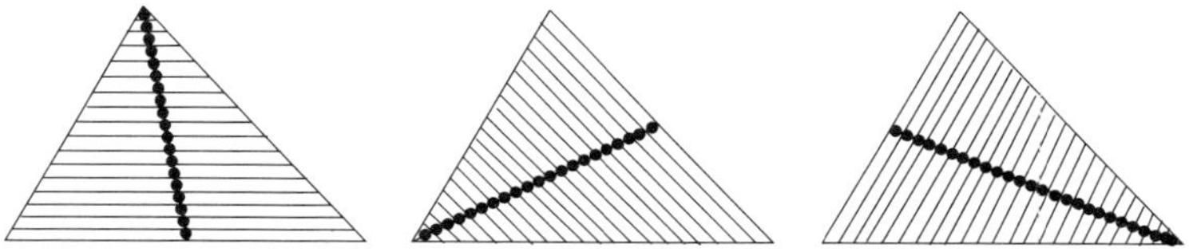

이제 사면체의 무게중심 문제로 되돌아오자. 사면체의 문제중심에 대한 추측은 삼각형의 무게중심에 대한 경우와 유사하게 추측할 수 있다. 사면체 ABCD를 밑면과 평행한 면으로 잘게 자르면 얇은 면이 생긴다. 각 면의 무게 중심은 삼각형의 중선 위에 존재하므로, 사면체의 무게중심은 다음 그림처럼 중선으로 이루어진 면(중면) 위에 있다. 그림의 중면은 $\overline{CD}$ 를 포함하는 평면으로 사면체를 자를 때 생기면 단면이다. 사면체에는 여섯 개의 변이 있으므로, 각 변을 포함하는 평

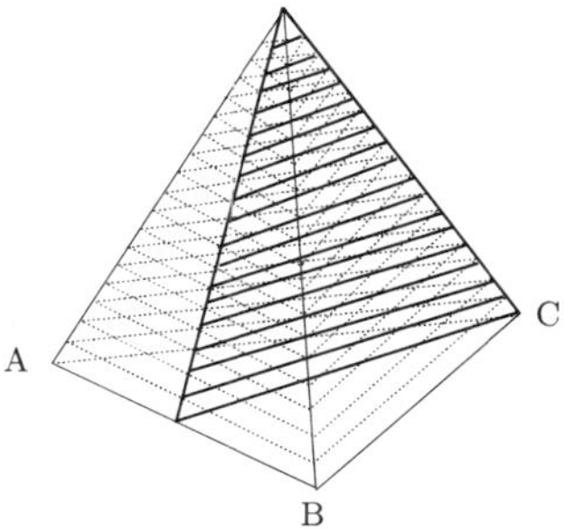

면으로 사면체를 자를 때 여섯 개의 중면이 생기게 된다. 삼각형의 무게중심이 세 중선의 교점이므로 사면체의 무게중심은 이 중면들의 교점이 된다.

7) 귀납법

귀납법이란 특별한 예들을 관찰하고 조합함으로써 일반적인 법칙을 발견하는 과정이다. 이 방법은 모든 과학에서 사용하며 수학에서도 사용한다. 그러나 수학적 귀납법은 특별한 종류의 정리를 증명하기 위해 수학에서만 사용된다.

예를 들면,

$$1^3 = 1^2$$
$$1^3 + 2^3 = 3^2$$
$$1^3 + 2^3 + 3^3 = 6^2$$
$$1^3 + 2^3 + 3^3 + 4^3 = 10^2$$
$$1^3 + 2^3 + 3^3 + 4^3 + 5^3 = 15^2$$

을 관찰한 다음 귀납법에 의하여 '처음부터 n개의 세제곱 수의 합은 제곱수이다' 라는 명제를 제안할 수 있다. 이 명제를 좀 더 조사하면 귀납법에 의하여

$$1^3 + 2^3 + 3^3 + \cdots + n^3 = \left\{ \frac{n(n+1)}{2} \right\}^2$$

을 얻을 수 있다. 귀납적 방법으로 얻은 이 명제가 참임을 수학적 귀납법으로 증명할 수 있다.

8) 규칙성 찾기

규칙성 찾기는 문제에 주어진 조건이나 관계를 이용하여 관련된 성질·규칙을 찾아내어 그 규칙성을 적용해 감으로써 문제를 해결하는 전략을 말한다. 규칙성 찾기 전략을 사용하는 예는 다음과 같다.

[예] n개의 직선으로 평면이 최대 a_n개의 영역으로 나누어질 때, a_{12}의 값은?

〈풀이〉

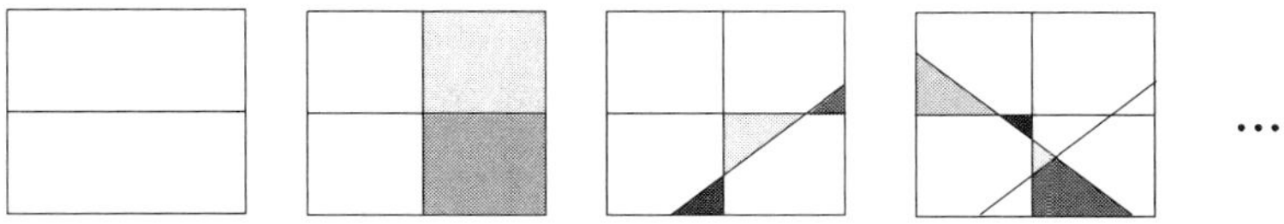

$n=1$ $n=2$ $n=3$ $n=4$

1개의 직선을 긋는 것부터 차례로 한 개의 직선을 더해 나갈 때마다 나누어지는 영역의 개수가 얼마나 늘어나는 지 규칙을 찾으면 $a_{n+1}=a_n+(n+1)$ 임을 알 수 있다. $a_1=2$ 이므로 구하는 $a_{12}=a_1+(2+3+\cdots+12)=79$이다.

9) 단순화하기

문제에서 주어진 상황이 복잡하거나 변수가 많을 경우, 간단한 상황으로 바꾸거나 변수를 줄인 문제를 풀어 원래의 문제를 해결하는 전략을 단순화하기라고 한다.

예를 들어, 12명의 학생이 수학수업을 받는다고 하자. 매 수업이 시작되기 전에 학생이 다른 학생 모두와 악수를 한다고 할 때, 악수의 총 횟수를 구해보자. 이 문제가 어려우면 문제 상황을 간단하게 바꾸어 풀어보자. 먼저 교실에 2명의 학생만 있다고 하자. 그러면 악수의 횟수는 1회이다. 그 다음에 한 명의 학생이 들어온다고 하자. 그러면 악수는 2회 더해진다. 따라서 (악수의 총 횟수) $=1+2=3$ 이 된다. 또 한 명의 학생이 들어오면 이전의 모든 학생과 악수를 해야 하므로 악수의 횟수는 3이 더해진다. 따라서 (악수의 총 횟수)$=1+2+3=6$ 이 된다. 이러한 상황이 계속되어 12번째 학생이 들어와 11명과 악수하면 (악수의 총 횟수)$=1+2+3+\cdots+11=66$ 회이다.

10) 특수화하기

문제의 조건에 해당되는 특수한 경우를 고찰하여 원래 문제를 해결하는 전략을 특수화하기라고 한다.

[예] 자연수 $n(n \geq 2)$으로 나누었을 때, 몫과 나머지가 같아지는 자연수를 모두 더한 값을 a_n 이라 하자. $a_n > 500$을 만족시키는 자연수 n의 최솟값은?

〈풀이〉 자연수 n 의 특수한 경우인 $n=4$ 일 때에 대하여 먼저 생각해 본다.

4로 나누었을 때, 몫과 나머지가 같아지려면

(1) 몫과 나머지가 모두 1인 경우 : $4\times1+1=5$

(2) 몫과 나머지가 모두 2인 경우 : $4\times2+2=10$

(3) 몫과 나머지가 모두 3인 경우 : $4\times3+3=15$

몫이 4이상일 수는 없기 때문에 구하는 자연수는 5, 10, 15이다.

따라서 $a_4=5+10+15=30$ 이다.

이렇게 n이 특수하게 4인 경우에 대해 생각한 것을 바탕으로 문제를 해결하면

(1) 몫과 나머지가 1인 경우 : $n\times1+1=n+1$

(2) 몫과 나머지가 2인 경우 : $n\times2+2=2(n+1)$

(3) 몫과 나머지가 3인 경우 : $n\times3+3=3(n+1)$

…

(4) 몫과 나머지가 $n-1$ 인 경우 : $n\times(n-1)+(n-1)=(n-1)(n+1)$

$$\therefore\ a_n=\{(1+2+3+\cdots+(n-1)\}(n+1)=\frac{n(n-1)}{2}\times(n+1)$$

$$a_n=\frac{n(n-1)}{2}\times(n+1)>500$$

$$(n-1)n(n+1)>1000$$

$$n\geq 11$$

따라서 자연수 n 의 최솟값은 11이다.

제3절 ▌문제해결의 여러 가지 동향

1. 문제제기

문제제기(Problem posing)[4]는 새로운 문제를 만들어 내거나 주어진 문제를 재명료화하는 것을 의미한다. 문제제기는 주어진 문제를 능동적으로 취급함으로써 학생들을 수동적인 문제해결자에서 능동적인 문제해결자로 변화시킬 뿐만 아니라 수학적 발견의 경험을 제공하여 문제해결 능력을 개발할 수 있도록 해 준다. 따라서 최근 교수 학습의 개선과 발전을 위하여 교육과정에 있어서도 많은 관심을 받고 있다. NCTM(1989)은 "9～12학년의 학생들은 스스로 문제를 인식하고 만들어 보는 경험, 수학을 행하는 중심적 활동을 해야 한다."며 문제제기와 문제해결의 중요성을 교육과정 상의 목표와 관련하여 설명하였다.

문제제기의 중요성은 문제해결과 관련하여 논의되고 있는데, 킬패트릭은 학생 자신이 문제를 발견하고 만들어 내는 것에 대한 경험은 모든 학생 교육의 일부이어야 한다고 주장하였다.

폴리아는 문제제기의 중요성을 이야기하며 문제제기를 문제를 해결하기 위한 수단으로서의 측면과 문제를 해결한 후 그 결과를 이용하여 새로운 문제를 제기하는 두 가지 측면에서 고찰하였다. 폴리아가 제시한 문제해결 사고 단계와 관련이 있는 문제제기는 문제해결 활동에서 단지 주어진 문제의 해결에만 몰두하는 것이 아니라 주어진 문제가 어디에서 비롯된 것인지, 본래의 문제를 변형하여 새롭게 문제를 제기할 수 있는지, 해결된 문제를 이용하여 새로운 문제를 해결할 수 있는지를 생각할 수 있게 해 준다. '일반화', '특수화', '유추'등의 전략을 이용하여 학생들은 문제로부터 다시 사고하게 되고, 문제를 이해하려는 활동에 참여하게 됨으로써 문제제기에 대한 계획을 세우려 시도하고, 이러한 과정에서 그 문제를 더 잘 이해해야 할 필요성을 느낄 수도 있다. 이와 같이 학생들이 자신의 생각을 통하여 문제해결 활동에 능동적이고 적극적으로 참여하면 효과적인 문제제기 활동이 가능하다.

---

4 문제제기는 문제 설정, 문제 생성, 문제의 형식화, 문제 만들기란 용어로 사용되기도 한다.

브라운과 월터(Stephen I. Brown & Marion I. Walter)는 문제제기는 어떤 내용을 과거와는 전혀 다른 새로운 관점에서 보게 할 뿐만 아니라 그 내용에서 새로운 생각을 하는 데 도움이 될 수 있다며 문제제기의 중요성을 강조하였다. 또한 문제제기를 '수용 단계'와 '도전 단계'의 두 단계로 나누고 각 단계별 문제제기의 전략을 제시하였다. 수용(accepting) 단계는 탐구 과정에서 주어진 것을 있는 그대로 받아들이는 단계이다. 이 단계에서는 문제 상황에 대한 관찰과 추측, 구체적인 것과 특별한 것, 내적 탐구와 외적 탐구, 정밀한 탐구와 근사적 탐구, 역사적 탐구 등의 문제제기 전략을 사용한다. 도전 단계는 체계적으로 문제를 만드는 단계이다. 이 단계에서 문제의 조건이나 목표를 다양화하여 원래 문제로부터 새로운 문제를 만든다. 이 단계에서 브라운과 월터가 제안한 What-If-Not 전략의 단계는 다음과 같다

제 0 단계 출발점 선택하기

제 I 단계 속성 열거하기 : 문제를 구성하고 있는 요소나 속성을 모두 열거해 본다.

제 II 단계 속성 부정하기(What-If-Not) : 전 단계에서 열거한 속성이 '만약 그렇지 않다면 어떻게 될 것인가?'라는 의문을 가져본다.

제 III 단계 질문과 문제제기 하기 : 전 단계에서 생각한 의문을 기초로 새로운 문제를 만든다.

제 IV 단계 설정된 문제 분석하기 : 새로 만든 문제를 분석하거나 해를 찾는다.

브라운과 월터는 What-If-Not 전략의 예로 피보나치 수열을 들어 구체적으로 다음과 같이 설명하였다.

제 0 단계 : 1, 1, 2, 3, 5, 8, 13, 21, 34, 55, 89, …인 피보나치 수열을 출발점으로 선택한다.

제 I 단계 : 피보나치 수열의 속성을 열거한다.

- 이 수열은 처음 두 수가 같고 그것은 1이다.
- 만일 연속하는 임의의 두 항에 무언가를 한다면 다음 항을 얻는다.
- 우리가 하는 것은 덧셈 연산이다.

제Ⅱ단계 : 나열한 속성 중 어느 하나에 What-If-Not(만일 그렇지 않다면 어떻게 될까?)을 수행한다.

- 만일 처음 두 수가 1이 아니라면 어떻게 될까?
- 처음 두 수로 10과 7을 선택한다면 10, 7, 17, 24, 41, 65, …인 수열이 된다.

제Ⅲ단계 : 변형된 현상에 대하여 몇 가지 새로운 질문을 던진다.

- 연속된 항의 비에 대한 극한은 어떤 값일까?
- 그 수열의 제n항을 만드는 명시적인 공식은 무엇일까?
- 이 수열의 성질과 원래 수열의 성질과는 어떻게 비교될까?

제Ⅳ단계 : 최종적으로 이 질문을 분석해 본다. 위의 첫 번째와 세 번째 질문을 분석함으로써 이웃하는 두 항의 비에 주목하게 된다. 그 항의 비는 각각 $\frac{10}{7}=1.429$, $\frac{7}{17}=0.412$, $\frac{17}{24}=0.708$, $\cdots$,$\frac{106}{171}=0.620$이고 이를 계속해 보면 $0.618\cdots$로 황금비에 매우 가까워지고 있음을 알 수 있다. 그것은 원래의 피보나치수열에서도 나타나는 것이고 왜 이러한 일이 일어나고 있는지 분석함으로써 원래의 현상에 대한 분석으로 되돌아간다. 또한 이를 통해 황금비에 대한 새로운 관점이 생기게 된다.

이와 같이 What-If-Not 전략을 통해, 처음에는 의미 없어 보이는 관찰이나 질문이 단순한 암기나 무의미한 규칙을 적용하는 데 그칠 수 있는 문제에 대하여도 의미와 중요성을 검토할 수 있게 된다. 또 이미 접해보았지만 관련성이 없어 보이던 개념들을 새로운 수학적 개념에 연결시킬 수 있게 된다. 따라서 문제제기를 통하여 문제에 대한 통찰력과 그 문제에 내포되어 있는 수학적 내용에 대한 이해가 깊어질 수 있다.

문제제기는 문제를 새로운 관점에서 보게 할 뿐만 아니라 문제와 관련한 새로운 개념을 생각 할 수 있도록 해주기도 한다. 그러므로 문제제기는 주어진 문제만을 해결하는 것에 몰두하는 것이 아닌 보다 발전적인 문제해결을 위한 것으로 문제에 대한 해결 방법 못지않게 중요하며 학생들을 훌륭한 문제해결자가 되도록 도울 수 있는 잠재력을 지니고 있다. 이러한 문제제기의 역할과 중요성을 정리하면 다음과 같다.

① 창의적 문제해결 능력과 수학적 사고 능력을 길러준다.
② 학생들에게 의미 있는 수학 학습 활동을 제공한다.
③ 문제의 구조를 파악하고 문제해결에 필요한 전략을 찾을 수 있는 능력을 길러준다.
④ 수학에 대한 긍정적인 성향을 함양시키는 수단이 된다.
⑤ 학생들의 이해정도를 파악하는 수단이 된다.
⑥ 학생들에게 이미 배운 지식을 종합적으로 이용할 수 있는 기회를 제공한다.

2. 수학적 모델링

수학을 학습하는 중요한 목적 중의 하나는 실생활의 여러 가지 문제를 수학을 이용하여 해결하기 위한 것이다. 실생활 문제를 해결하기 위하여 수학을 이용한다는 것은 실생활 문제를 수학적 문제로 변환한 다음 그 문제를 해결한 결과를 해석하여 실생활 문제를 해결하는 것이다. NCTM(1989)는 이와 같은 일련의 과정을 수학적 모델링(mathematical modeling)이라고 하였다.

수학적 모델은 수학적 모델링에서의 주요한 개념이다. 도지 등(John A. Dossey et al., 2002)은 실세계 체계나 현상을 연구하기 위해 디자인된 수학적 구조물을 수학적 모델이라고 정의하였다. 수학적 모델의 개념을 좀 더 일반화하면 실세계 현상을 수학적 기호나 식, 그래프, 도형 등과 같은 수학적 방법으로 나타낸 추상적 모델을 수학적 모델의 개념으로 사용할 수 있다. 따라서 수학에서 사용하는 문자, 기호, 식, 그래프, 도표, 컴퓨터에서 사용하는 스프레드 수식 등은 모두 수학적 모델이다. 수학적 모델은 실세계 현상을 수학적으로 표현하기 위해 이미 존재하는 수학 중에서 선택될 수도 있고 만들어질 수도 있으며, 실세계의 현상의 변화를 묘사하기 위한 실험 또는 시뮬레이션일 수도 있다. 실세계 현상과 수학적 모델의 관계는 다음과 같은 그림으로 나타낼 수 있다(Dossey, et al., 2002).

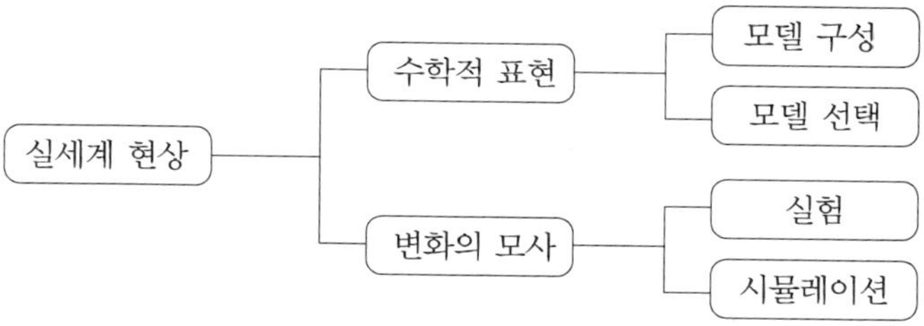

[그림 3-1]

수학적 모델링은 문제 상황의 구체와 추상을 연결할 뿐만 아니라, 적절한 단순화와 이에 부합하는 수학적 모델을 개발하고, 시행착오를 통하여 획득할 수 있다. 이러한 수학적 모델링의 특징은 실세계 현상을 이해하기 위해 수학적 모델을 찾거나 만들고 그것을 사용하는 수학적 모델링의 과정을 통해 더욱 명확히 나타난다.

NCTM(1989)은 실생활 문제를 수학적 문제로 변환하여 그 문제의 해를 구한 다음 실제 문제에 맞게 해설하는 것을 수학적 모델링이라고 하며, 수학적 모델링의 과정을 다음과 같이 제시하였다.

① 실세계 문제 상황을 단순화하여 실제적 문제를 구성한다.
② 구성된 문제를 방정식, 그래프 등을 이용하여 수학적 모델로 나타낸다.
③ 수학적 모델을 변형하여 수학적 해를 구한다.
④ 수학적 해를 구성된 실제적 문제에 맞게 해설한다.
⑤ 실제적 문제의 해가 실세계 문제 상황에 타당한지를 확인한다.

이러한 수학적 모델링의 과정을 그림으로 나타내면 다음과 같다.

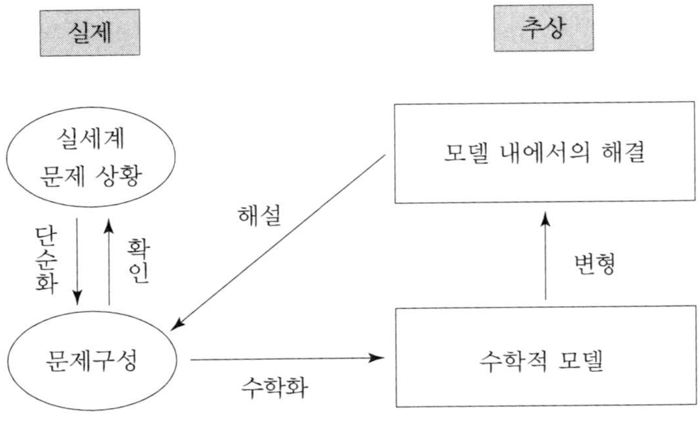

[그림 3-2]

NCTM의 수학적 모델링 과정은 실세계와 수학적 모델 사이의 관계를 명료하게 설명하고 있다. 그러나 수학적 모델링의 과정은 일회적으로 완전히 종결되는 경우도 있지만, 경우에 따라서는 문제 상황이 매우 복잡하여 이를 해결하기 위한 수학적 모델을 만들기가 어렵거나 복잡하여 수학적 모델링의 과정이 쉽지 않은 경우도 있다. 대부분의 실생활 문제 상황은 여러 개의 변인을 내포하고 있고 이들을 모두 반영한 해를 구하려면 매우 복잡한 문제가 되어 그 해를 구하는 것이 복잡하고 어려울 뿐만 아니라, 구한다고 해도 큰 의미가 없을 수도 있다. 이와 같은 복잡한 문제를 해결하는 한 방법으로서 문제 상황의 기본적인 일부 변인만을 고려한 문제를 구성하여 그 해를 구한 다음 남은 변인을 반영해 가면서 점차적으로 정교한 해를 구하는 방법이 있다. 수학적 모델을 구한 다음 변인의 수를 점차적으로 늘리면서 더욱 정교한 해를 구할 수 있게 변형하는 것을 수학적 모델링의 정교화라고 한다. 어떤 상황에서 얻은 자료들의 분포 경향을 나타내는 수학적 모델을 더욱 정밀한 해를 구할 수 있는 수학적 모델로 변형하는 것도 수학적 모델링의 정교화라고 한다. 실제문제를 단순화 하고 그에 맞는 수학적 모델을 만들어 사용할 수도 있지만, 그 수학적 모델을 기반으로 하여 문제 상황에 더욱 적합한 수학적 모델이 되도록 정교화할 수도 있다. 강옥기(2010)는 이러한 점을 반영하여 수학적 모델링을 정교화한 수학적 모델링의 과정을 [그림 3-3]과 같이 제시하였다.

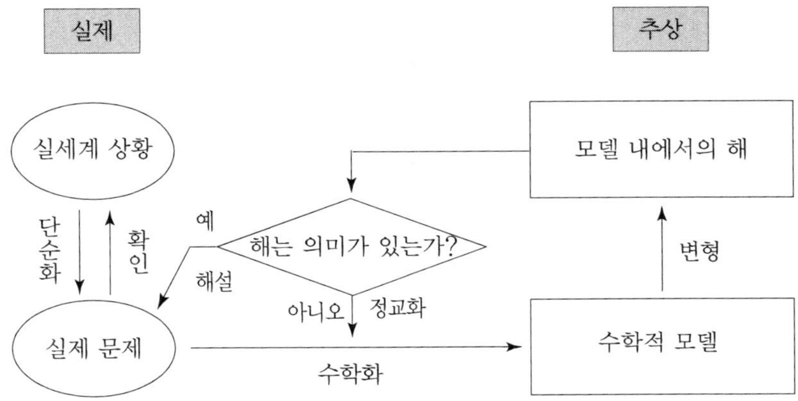

[그림 3-3]

① 실세계 문제 상황으로부터 변화의 요인들을 관찰하고 자료를 수집하여 실제적인 문제를 구성한다.
② 실제적 문제를 수학적 문제, 즉 수학적 모델로 변환한다. 이 때 문제에 영향을 주는 가정을 구체적으로 설정한다.
③ 수학적 모델을 변형하여 그 해를 구한다.
④ 수학적 모델에서 얻어진 해가 실제문제에 의미가 있는지 조사해 보고 의미가 만족할 정도가 아니면 수학적 모델 단계로 돌아가서 가정을 수정하거나 같은 가정하에서 정교화된 새로운 수학적 모델을 구성한다. 의미 있는 해가 나올 때까지 이 과정을 순환한다.
⑤ 수학적 해가 의미가 있으면 실제 문제의 해로 해설한다.
⑥ 만들어진 수학적 모델을 실세계의 유사한 상황에 적용한다.

주어진 현상에서 수집한 자료로부터 그 단원에서 학습한 수학적 개념이나 성질을 이끌어내어 활용하도록 정교화한 수학적 모델링의 과정이 적용되는 예를 들면 다음과 같다.

[예] 높은 빌딩에서 물체를 지면으로 떨어뜨리고 이를 관찰하여 떨어진 시간과 떨어진 거리의 관계를 알아보자(소재 출처 : 강옥기 외 2인. 중학교 수학 9-가. (주)두산. 2004 p. 130 수정).

〈실세계 상황〉 높은 빌딩에서 플라스틱 볼을 지면으로 떨어뜨린 다음, 일정 시간 간격으로 공이 떨어진 거리를 관찰하고 그 결과를 표와 그래프로 나타내어 본다.

〈단계 1 : 실제 문제〉

x초 동안 볼이 떨어진 거리를 $y$cm라 하고 다음 문제를 해결해 보자

x(초)	1	2	3	4	…
y(cm)	5	20	44	78	…

[문제 1] y를 x에 관한 식으로 나타내어라.

[문제 2] 5초 후 볼의 위치는 출발 지점에서 몇 cm 떨어진 곳에 있는가?

(가정) 볼이 떨어진 거리는 측정한 것이므로 근삿값이다.

〈단계 2 : 수학적 모델〉

x와 y의 관계를 파악하기가 어려우므로 이 자료를 좌표평면에 그래프로 나타내 보면 다음 그림과 같다.

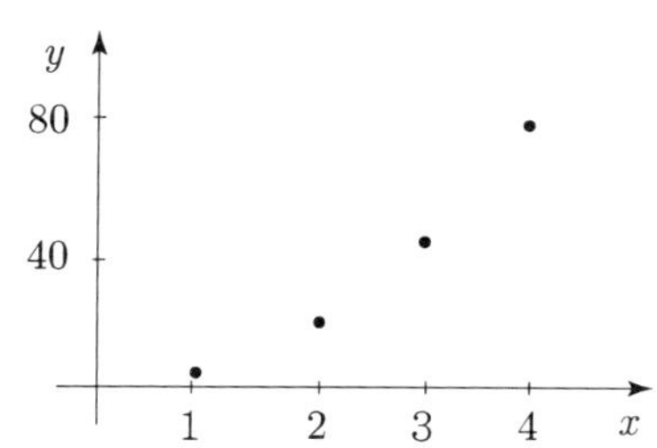

이 그래프는 원점을 지나는 포물선의 모양을 하고 있으므로 구하는 모델은

$$y = ax^2$$

일 것으로 예상된다. 이 모델에서 계수 a를 찾기 위하여 점 (1, 5)를 $y = ax^2$에 대입하면 $a = 5$

따라서 구하는 모델은

$$y = 5x^2 \quad \cdots \text{㉠}$$

일 것으로 예상된다.

〈단계 3 : 모델의 해〉

모델 ㉠으로부터 [문제 1]의 해는 $y = 5x^2$, [문제 2]의 해는 125cm이다.

〈단계 4 : 해는 의미가 있는가?〉

그런데 이 모델은 순서쌍 (2, 20)은 만족하지만 순서쌍 (3, 44), (4, 78)은 만족하지 못하므로 적절하다고 단언할 수 없다. 다른 방법으로 적절한 모델을 탐구해 볼 필요가 있다.

〈단계 5 : 모델 정교화〉

순서쌍 $(x,\ y)$를 표현한 그래프는 이차함수의 그래프의 모양을 하고 있으므로 $x^2 = X$라 하면 X와 y의 관계는 아래 표와 같으며 그 그래프는 아래의 그림과 같다.

X	1	4	9	16	…
y	5	20	44	78	…

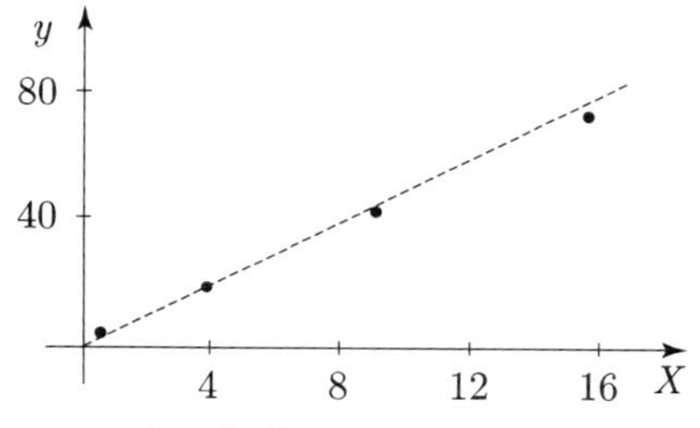

X와 y의 관계

위의 그래프에서 4개의 점은 한 직선을 중심으로 분포되어 있으며 그 직선은 원점(0, 0)과 점 (16, 78)을 지나는 것으로 보면, 이 직선의 기울기는 4.9이다.

따라서 X와 y의 관계는

$$y = 4.9X$$

로 나타낸다.

이 식에서 $X = x^2$을 대입하면 [문제 1]의 답으로

$$y = 4.9x^2 \qquad \cdots ㉡$$

을 얻는다.

위의 식에 $x = 5$를 대입하면

$$y = 4.9(5^2) = 122.5 ≒ 123$$

따라서 [문제 2]의 답은 123cm 이다.

〈단계 6 : 해설·적용〉

모델 ㉠과 모델 ㉡을 실제 문제에 적용해보면 모델 ㉡이 더 정교함을 알 수 있다.

이처럼 수학적 모델링 문제는 현상 또는 실세계 상황을 관찰하여 그 현상 속에 포함된 문제 상황을 단순화하여 수학적 문제로 환원시킨 것이다. 따라서 수많은 현상이나 실세계 상황들로부터 독립적으로 출발하여 수학적으로 환원되어 단순한 문제 상황으로 바뀌기 때문에 그 절차나 전략 또한 고유하다. 수학적 모델링은 실세계 상황을 수학적 모델로 바꾼 후 수학적 문제를 해결한다는 점에서 어떤 현상을 설명하는 수학적 구조를 고안하는 과정으로서의 문제해결로 해석될 수 있다. 또한 현상 또는 실세계 상황에서 문제를 도출하고 그 문제를 수학적으로 해결하여 다시 현 상황으로 해석하는 과정을 거치는 수학적 모델링을 통해 수학이 실생활에 응용됨을 알 수 있고, 문제해결력 또한 향상될 수 있다. 학습자가 수학적 모델링을 통하여 취할 수 있는 가장 큰 특징이자 장점 중의 하나도 수학적 문제해결력 향상에 있다고 볼 수 있다.

지금까지의 문제해결은 다소 고정된 해석과 절차, 하나의 답에 이르는 경향이 높았음을 부인할 수 없다. 그러나 국외는 물론, 국내의 7차 교육과정에서도 학습자 중심의 탐구 지향 문제 또는 열린 반응 문제의 중요성이 점차 강조되면서 문제해결 활동에서도 그러한 문제들이 가능한 한 풍부하게 다루어지기를 기대하고 있다(교육부, 1997). 따라서 다양한 해결 방법을 통한 열린 반응의 문제해결이 점차 강조되고 있으며 이를 위한 대안으로 수학적 모델링이 강조되고 있다.

3. 문제해결과 메타인지

문제를 해결하는 과정에서 자신이 문제를 바르게 해결하고 있는지, 더 좋은 방법은 없는지 등을 생각하며 문제를 해결하는 것은 문제의 효율적인 해결을 위한 매우 중요한 습관이다. 이와 같이 자신의 사고 활동을 모니터하고 조정하는 인지 작용을 메타인지(metacognition) 또는 초인지(超認知)라고 한다.

수학교육에서의 메타인지는 1980년대에 숀펠드, 가로팔로와 레스터(Joe, Garofalo & Frank K. Lester, Jr.) 등의 문제해결에 대한 연구와 관련하여, 문제해결 지도 결과의 성공과 실패의 원인을 찾는 과정에서 나타난 문제해결의 주요 변인으로서 주목받기 시작하였다. 이후 문제해결 학습이 강조되면서 메타인지에 관한 관심이 증대되고 있다. 문제해결 과정에서 요구되는 발견술적 전략을 세우거나 자신의 사고활동을 조정하고 통제하는 능력은 바로 메타인지적 활동이라 할 수 있다.

메타인지의 구성요소에는 '메타인지적 지식'과 '메타인지적 기능'이 있다. 메타인지적 지식은 문제를 효율적으로 해결하는 데 필요한 기능, 전략 그리고 지식을 포함한다. 메타인지적 기능은 성공적인 문제해결을 위하여 메타인지적 지식을 실행하는 방법과 시기를 결정하는 것과 관련한 결정 능력으로 메타인지적 자기 조정 능력이다. 이는 학습자가 자신의 인지활동을 계획하고 점검하며 수정하는 활동으로서 문제를 해결하는 과정에서 사용하는 실질적인 인지 전략이다.

듀이(John Dewey), 피아제(Jean Piaget), 스켐프(Richard R. Skemp) 등은 비록 메타인지라는 용어를 사용하지는 않았지만 반성적 사고, 반영적 추상화, 반성적 지능 등과 같은 메타인지적 기능을 강조하였다.

숀펠드는 자기 자신의 사고 과정에 관한 자신의 지식인 메타인지적 지식과 통제 또는 자아 조절인 메타인지적 기능 그리고 신념과 직관이라는 지적 행동의 세 가지 관련된 다른 영역들에 초점을 두었다. 숀펠드는 메타인지적 지식과 메타인지적 기능을 신념체계와 함께 메타인지의 중요한 측면으로 강조하였다.

한편 가로팔로와 레스터는 학생들의 문제해결력을 개선하려는 많은 연구가 실패한 이유가 발견술적 기능의 개발을 지나치게 강조하였기 때문이며, 이로 인해 학생 자신이 자신의 활동을 조정하는 관리적 기능을 무시한 데 그 원인이 있다고 하며 문제해결에 있어서의 메타인지적 지식과 메타인지적 기능을 강조하였다.

메타인지는 문제해결의 모든 과정에서 자신의 활동을 조정하고 관리하는 것이 필요하다는 측면에서 폴리아의 문제해결 4단계에 모두 영향을 미친다. 특히 문제해결의 결과와 풀이 과정을 점검하고 다양한 방법을 모색하는 등의 메타인지적 활동이 필요한 반성 단계는 메타인지와 밀접한 관련을 갖는다.

문제해결에서 메타인지를 위해 사용할 수 있는 질문에는 다음과 같은 것들이 있다.

- 우리가 할 수 있는 것이 무엇이지?
- 계획을 가지고 있니?
- 더 풀기 전에 우리가 확실히 문제를 이해한 거니?
- 잘 풀고 있는 거니? 아니면 우리가 하고 있는 것을 재검토해야 할까?
- 이것이 왜 사실이라고 생각하지?
- 지금 무엇을 하고 있니?
- 왜 그것을 하고 있니?
- 그것이 너에게 어떤 도움을 주지?

메타인지는 이러한 질문이 풍부하게 이루어지는 교실 환경을 통해 잘 개발된다. 메타인지를 위한 이러한 질문은 학생들이 문제를 해결하는 동안 교사가 학생으로 하여금 자기의 사고를 반성하고 조정하게 하기 위해 사용할 수도 있으며, 학습자가 자신에게 질문함으로써 자기의 사고 과정을 반성하고 효율적인 방향으로 사고를 조종해 갈 수 있게 한다.

성공적인 문제해결을 위해서는 수학적 지식뿐만 아니라 문제해결 과정을 계획하고 통제하며 평가하는 등의 메타인지 활동이 중요한 역할을 한다. 따라서 메타인지 습관은 문제해결을 위해 매우 중요한 습관이다.

메타인지의 습관을 기르게 하는 한 방법으로서, 문제해결 활동이 끝난 직후 학생들에게 메타인지를 사용 하였는지, 어떤 메타인지를 사용 하였는지를 질문하고, 이 질문에 대한 학습 토론을 하게 하는 것은 매우 효과적이다. 또 다른 방법은 문제해결이 끝난 후 메타인지를 얼마나 사용하였는지를 주기적으로 메타인지 체크리스트에 스스로 체크해 보게 하는 것이다. 반 드 월르(Van De Walle, 1998)는 메타인지 체크리스트를 다음과 같이 제시하였다.

메타인지 체크리스트(Van De Walle, 1998)

메타인지 항목	하지 않았다	한 것 같다	하였다
문제해결 전 문제를 시작하기 전, 당신은 무엇을 하였는가? 1. 문제를 두 번 이상 읽었다. 2. 그 문제에 관해 내가 할 수 있는 모든 것을 찾으려고 노력하였다. 3. 나는 다음을 자문하였다. "문제가 묻고 있는 것을 나는 진실로 이해하는가?" 4. 나는 이 문제의 해결에 필요한 정보를 생각하였다. 5. 나는 다음을 자문하였다. "이와 같은 문제를 이전에 풀어 본 경험이 있는가?" 6. 나는 자문하였다."이 문제에 필요하지 않은 정보는 있는가?"			
문제해결 중 문제를 해결하는 동안, 당신은 무엇을 하였는가? 7. 내가 한 것에 대하여 반성해 보았다. 8. 내가 무엇을 하고 있는지, 왜 그렇게 하고 있는지를 생각해 보았다. 9. 내가 한 것을 그 순서에 따라 검토해 보았다. 10. 다른 방법으로 다시 시작하였다. 11. 다음과 같이 자문하였다. "내가 하고 있는 것이 답에 가까이 가고 있는가?"			
문제해결 후 문제해결을 끝낸 후, 당신은 무엇을 하였는가? 12. 모든 계산이 맞았는지를 확인하여 보았다. 13. 내가 해결한 것이 좋은 방법인지를 반성하여 보았다. 14. 내가 풀이한 답이 의미가 있는지 확인하기 위해 문제를 다시 보았다. 15. 그 문제의 다른 풀이 방법을 생각해 보았다. 16. 문제가 묻고 있는 것 이상을 찾을 수 있는지 알아보려고 노력하였다.			

4. 문제중심학습(PBL)

문제중심학습(Problem-Based Learning : PBL)은 실생활에서 접하게 되는 문제와 유사한 비구조적인 문제 상황의 제시로부터 학습을 시작하고 학습자가 문제를 해결하기 위해 필요한 지식과 정보를 스스로 탐구하여 적절한 해결안을 찾는 과정을 통하여 학습을 하는 교수·학습 방법이다. 수학과 PBL은 단순한 공식을 암기하여 문제를 해결 하는 것과는 달리 학습자가 가지고 있는 수학적 지식을 모두 활용하여 문제를 해결하는 과정을 통하여 수학적 개념과 원리를 학습하게 된다. 따라서 PBL의 중요한 핵심은 '문제해결을 통한 학습'이다. 학습자는 PBL에서 실제적이며 비구조적인 문제를 해결해 가는 과정을 통해 협동학습능력과 자기 주도적 학습능력 그리고 문제해결능력을 신장하게 된다.

PBL은 스태닉과 킬패트릭(George M. A. Stanic & Jeremy Kilpatrick, 1988)이 주장한 수단으로서의 문제해결의 역할과 밀접한 연관을 갖는다. 문제해결을 통한 수학의 학습이라는 새로운 관점은 문제 상황에 직면한 학생들이 그 문제를 해결하기 위하여 기존의 지식을 사용한다는 것에 교수학적 기초를 두고, 문제해결 과정에서 새로운 지식과 이해를 구성한다는 측면에서 문제중심학습과 같은 맥락에 있다. 이러한 관점에서 PBL이 여타의 교수·학습 방법과 구별되는 주요 특징은 다음과 같다.

첫째, PBL은 문제로부터 시작한다. 학습자가 자신이 학습의 주체가 된다는 의식을 가질 수 있도록 현실과 밀접한 관련이 있는 문제가 제시되어, 학습자 스스로 무엇이 중요한지에 대한 판단을 할 수 있는 순간부터 학습이 시작된다.

둘째, 학습자 중심이다. 학습자는 자주적이고 능동적으로 학습의 주체가 되어 스스로 문제를 통해 배워야 할 학습 주제와 목표를 정한다. 문제를 해결하기 위해 그룹 내에서의 각자의 역할을 분담하여 자료를 수집하며 이를 통해 학습 주제를 재분석 하면서 학습자 중심의 학습을 구현하게 된다.

셋째, 교사의 역할은 조력자로서의 역할이다. PBL에서의 교사의 역할은 완성된 지식을 전달하는 단순한 지식의 전달자의 역할이 아니라, 학습자의 사고를 존중하고 지원하여 학습자의 학습과 지식의 구성을 안내하고 돕는 조력자(scaffolder)의 역할을 한다.

넷째, 협동학습과 자기주도적 학습을 강조한다.

다섯째, 평가는 학습자 중심으로, 다양한 방법으로 이루어진다. PBL에서의 평가는 결과 중심의 평가가 아니라 문제해결 전반적인 과정에 대한 지속적인 평가가 이루어진다.

한편, PBL이 다른 여타의 교수·학습 방법과 구분되는 가장 큰 특징은 새로운 지식획득의 출발점으로서 문제를 사용한다는 것이다. 그러므로 PBL에 사용되는 문제는 매우 중요한 역할을 한다. 따라서 수학과에서 사용하는 PBL 문제는 문제해결에서의 문제가 지녀야 할 특징의 범주 안에서 다음과 같은 요소들을 갖추어야 한다.

첫째, 학습에 대한 흥미와 목표를 유발할 수 있으며, 학습자 스스로 수학적 문제 상황으로 이해할 수 있도록 하는 학습의 시작으로서의 문제이다.

둘째, 학습자에게 친근한 맥락으로 구성되어 있으며, 다루려는 주제가 실생활 속에서 이해되고 적용될 수 있도록 하는 실제적인 문제이다.

셋째, 문제해결에 필요한 정보가 모두 포함되어 있지는 않아야 하며, 단순한 규칙이나 수학적 원리만으로 쉽게 문제해결이 되지 않는 비구조적인 문제이다.

넷째, 도입할 수학적 개념은 선수학습 요소를 바탕으로 하고 있고, 문제해결을 위해 교육과정의 수학적 원리와 개념도입을 필요로 하는 교육과정에 기초한 문제이다.

이러한 특징을 지닌 PBL 문제의 예를 들면 다음과 같다(문제 출처 : 허난, 2009).

문제 : 지구가 더워져요

2020년 한반도 남해안은 '아열대 기후'
[한국경제 2009-01-12]

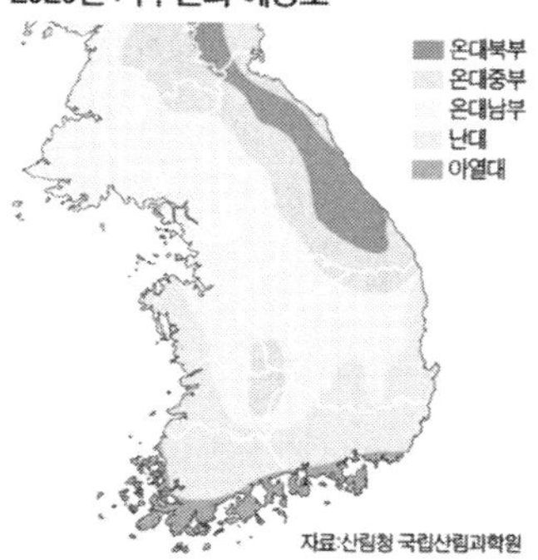

지구온난화로 인해 우리나라 산림에도 생태지도의 변화가 나타나고 있다는 주장이 제기됐다. 산림청 국립산림과학원(원장 최완용) 임종환 박사팀은 지난 100년간의 기후 변화로 우리나라 평균기온이 도시지역을 중심으로 1.5도 상승함에 따라 여러 가지 생태계의 변화가 관찰되고 있다고 12일 밝혔다. 임 박사는 이 같은 내용의 '기후변화에 따른 산림 생태계 영향평가 및 적응 연구'를 14~16일 제주에서 열리는 '기후변화 대응 연구 범 부처 합동워크숍'에서 발표할 예정이다.

연구팀에 따르면 1962년부터 45년 동안 제주(서귀포)는 연평균 기온이 1.68도(겨울철 2.05도) 상승했으며, 이에 따라 한라산 정상 부근의 구상나무림이 급속히 쇠퇴하고 있는 것으로 파악됐다. 연구원은 향후 온난화가 더 진행될 경우 이 같은 현상이 가속화할 것으로 전망하였다. … (생략)

지난주에 아빠가 이런 신문기사를 읽으시다가 나와 나눈 대화이다.

아빠 : 아무래도 지구 온난화 현상이 가속되고 있는 것 같구나.
나 : 아빠가 해마다 여름에는 점점 더 더워지고 겨울도 예전처럼 춥지가 않다고 하시더니 그게 지구 온난화 때문인가요?
아빠 : 그래 맞아. 이렇게 자꾸만 지구가 더워지면 많은 문제가 발생 할 텐데…… 그나저나 이 기사대로라면 10년 후, 20년 후, 그리고 우리 딸이 할머니가 될 즈음의 우리나라의 평균기온은 얼마나 될까?
나 : 아빠, 그건 쉽게 알 수 있어요. 보세요. ……………………………………………………

아빠의 궁금증을 풀어드릴 수 있겠죠? 대화를 완성해보세요.

수학과 PBL은 학습하고자 하는 수학적 개념을 주어진 문제 상황에서 수학적으로 해석하고 수학적으로 해결해 나가는 과정을 통해 수학을 학습하게 된다. 즉, 문제 상황을 수학적 문제 상황으로 이해하고 중요한 내용을 수학적 개념과 연결한다. 따라서 수학과 PBL에 적용되는 학습 모형은 학습자가 주도적으로 문제를 해결하고, 학습하고자 하는 수학적 개념이나 원리에 대한 정의와 학습하고자 하는 개념에 대한 정리의 과정을 포함한다.

허난(2009)은 문제해결 과정을 통하여 수학적 개념을 학습할 수 있도록 하는 수학과 PBL 학습 모형을 문제 이해하기, 문제해결 계획 세우기, 탐구하기, 미니 강의, 문제해결하기, 정리의 6단계로 제시하였다. 이는 일반적인 PBL의 공통 과정을 포함하면서 수학교과가 지니는 특성을 고려하여 제시한 것으로 각 단계의 특징은 다음과 같다.

① 문제 이해하기 : 학습하고자 하는 내용지식을 학습하기 이전에 문제를 먼저 만나게 되고 그 문제를 해결하기 위해 문제를 올바르게 이해하는 단계로서, 주어진 문제 상황을 수학적 문제 상황으로 이해하는 단계이다.

② 문제해결 계획 세우기 : 문제에 대한 주인의식을 갖도록 해 주는 단계이다. 소그룹 활동을 통하여 '알고 있는 것'과 '알아야 할 것'을 찾는 과제수행계획서를 작성하는 과정을 통해 문제해결 계획을 세우고, 학습 목표를 고려하여 문제를 새롭게 재정의 하는 단계이다.

③ 탐구하기 : 문제해결안을 모색하는 단계이다. 문제해결 계획 세우기 단계에서 학습자가 '알아야 할 것'들로 이끌어낸 지식과 정보를 학습자 스스로 찾도록 하거나 학습할 수 있는 기회를 주는 단계이다. 이때 학습자는 학습을 하는 이유를 알게 되고 문제를 해결하는데 학습하는 내용이 어떻게 관련되는지를 알아간다.

④ 미니 강의 : 학습자 스스로 정의하기 어려운 수학적 개념이나 용어에 대한 정의가 필요할 때 선택적으로 투입할 수 있는 단계이다. 이때 교사는 이전 단계에서 학습자가 파악한 수학적 개념에 대한 수학적 정의를 할 수 있도록 돕는 조력자의 역할을 수행하며 단순히 지식을 전달하는 전달자가 되지 않도록 주의한다.

⑤ 문제해결하기 : 그동안 탐구하고 학습한 지식과 정보, 개념을 이용하여 해결

안을 고안하고, 해결안을 발표하여 해결안에 대한 정당화를 하며 문제해결 안을 서로 공유 하는 단계이다.

⑥ 정리 : 문제의 해결안을 학습목표와 연관 지어 확인하고 재정리하는 단계이다. 이때, 학습자는 문제해결 과정을 통해 학습하고자 했던 내용을 정리하고 반성을 할 수 있다.

이러한 과정을 나타내는 수학과 PBL 학습 모형은 다음 [그림 3-4]와 같다.

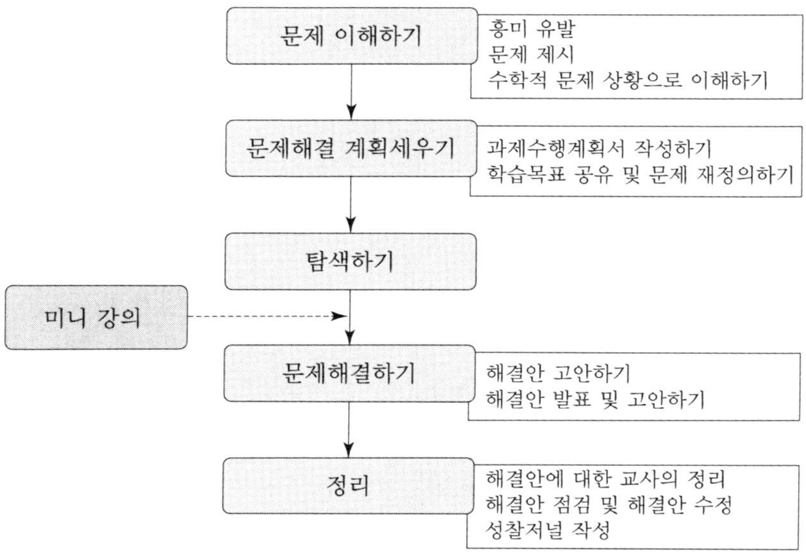

[그림 3-4] 수학과 PBL 학습 모형

연구과제

1. 문제해결에서 말하는 문제란 무엇인지 설명하시오.

2. 문제해결의 뜻과 문제해결 학습지도의 필요성을 설명하시오.

3. 답이 한가지로 정해지지 않는 실생활 문제를 만들고, 그 문제를 해결하는 방법을 토론하시오.

4. 크림이 있는 컵에서 크림을 한 스푼 떠서 커피 컵에 넣고 잘 저어서 섞었다. 이번에는 크림이 섞인 커피 컵에서 커피를 한 스푼 떠서 크림 컵으로 옮겨서 잘 섞었다. 크림 컵에 있는 커피의 양과 커피 컵에 있는 크림의 양은 어느 것이 더 많은가?

5. 아래 그림과 같이 전시실이 36개 있는 박물관이 있다. 각 전시실 사이에는 출입문이 있어서 자유롭게 왕래할 수 있다. 출입문 A로 들어가서 각 전시실을 한 번씩만 지나 출입문 B로 나올 수 있는지 알아보시오.

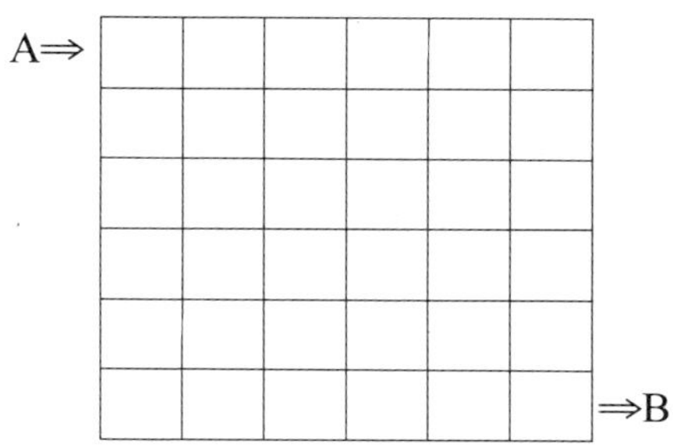

6. 김 교사는 피타고라스 정리를 일반화한 것이 제이코사인 법칙이라는 것을 보이기 위한 수업을 진행하고자 한다. 이 때, 브라운과 월터의 What-If-Not 전략을 써서 문제를 하나 제기하고, 제기된 문제를 해결하시오.

7. 수학과 문제중심학습(PBL) 문제가 갖추어야 할 요소를 모두 포함하는 문제를 하나 만드시오.

참고문헌

강옥기(2007). 『수학과 학습지도와 평가론』. 경문사.

강옥기(2010). 수학적 모델링의 정교화 과정 연구. 「수학교육학연구」, 20(1), 73-84.

강옥기, 조현공, 허난(2007). 『수학서핑』. 성균관대학교 출판부.

강옥기 외(1989). 수학과 문제해결력 신장을 위한 교수 · 학습자료 개발 연구-국민학교를 중심으로-. 한국교육개발원 연구보고 RR 89-11.

강옥기 외(1989). 수학적 사고력 신장 프로그램 개발을 위한 방안 탐색-국민학교 산수과를 중심으로-. 한국교육개발원 연구자료 RM 89-11.

정은실(1993). 문제제기에 대한 고찰. 『대한수학교육학회 논문집』, 3(2), 37-46.

최승현, 이대현(2006). 『문제해결을 통한 수학적 경험』. 경문사.

허난(2009). 「수학과 문제중심학습을 위한 문제분석기준 개발과 학습모형 연구」. 박사학위논문. 성균관대학교.

Brown, S. I., Walter, M.(2005). *The Art of Problem Posing* (3rd. Ed. e-book). Lawrence Erlbaum Associates Publishers.

Charles, R. I. & Lester, F. K.(1982). *Teaching Problem Solving-What, Why & How*. Palo Alto, CA : Dale Seymour Publication.

Dossey, J. A. et al.(2002). *Mathematics Methods and Mathematical Modeling*. Houndmills, London: Macmillan Education Ltd..

Garofalo & Lester Jr.(1985). "Metacognition, Cognitive Monitoring, and Mathematical Performance", *Journal for Research Mathematics Education*, 16(3), pp.163-176.

Kantowski, M, G.(1981) *"Problem Solving", Mathematics Education Research : Implications for the 80's*. Alexandrai Virginia for Supervision and Curriculum Development.

Kenedy, L.M.(1975). *Guiding Children to Mathematical Discovery,* Second Edition. Belmont, Wadsworth Publishing Company, Inc.

Kilpatrick, J.(1985). A Respective Account of the Past 25 Years of Research on Teaching Mathematical Problem Solving, *Teaching and Learning*

Mathematical Problem Solving : Multiple Research Perspectives, Silver, E.A.(Ed). Hillsdale, Lawerence Erlbaum Associates Publishers.

Kilpatrick, J.(1987). "Problem Formulating : Where Do Good Problems Come From?", Scheonfeld. A. H.(Ed.) *Cognitive Science and Mathematics Education*, Lawrence Erlbaum Associates, Publishers, p.123.

Krulik, S., Rudnick, J.(1984). *A Sourcebook for Teaching Problem Solving*. Allyn and Bacon, Inc.

NCTM(1989). *Curriculum and Evaluation Standards for School Mathematics*. Reston. NCTM

NCTM(2000). *Principles and Standards for School Mathematics.* NCTM.

Polya, G.(2004). *How to Solve It.* Princeton University Press.

Polya, G.(우정호 역, 1991). 『어떻게 문제를 풀 것인가』. 천재교육

Schoenfeld. A. H.(1985). *Mathematical Problem Solving*. Academic Press, Inc.

______(1989). Teaching Mathematical Thinking and Problem Solving. In L. B. Resnick & B. L. Klopfer(Eds.), *Toward the Thinking Curirculum : Current cognitive research*, pp.83-103. Washington. DC : ASCD.

Stanic, George M. A., Jeremy Kilpatrick(1989). Historical Perspectives on Problem Solving in the Mathematics Curriculum. In The Teaching and Assessing of Mathematical problem Solving. *Research Agenda for mathematics Education*, Vol. 3, edited by Randall I. Charles and Edward A. Silver, pp. 1-22. Hillsdale, N.J. : Lawrence Erlbaum Associates, and Reston, Va. : NCTM.

Van de Walle, J. A.(1998). *Elementary and Middle School Mathematics : Teaching Developmentally*, third edition, Addison Wesley Longman, Inc.

Yamaguchi, T.(1993). A Study of metacognition in mathematical problem solvin g : The Role of metacognition on solving a construction problem. *PME XVII*, July 18-23, 1993. Tsukuba : University of Tsukuba.

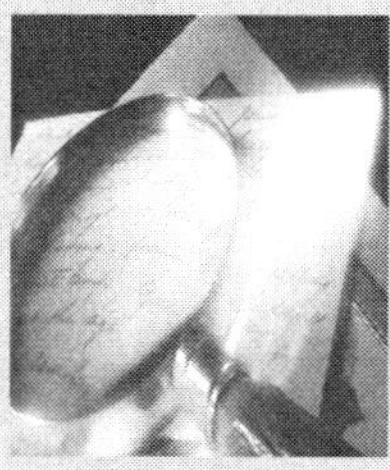

제4장
수학 학습 심리학

수학을 지도할 때 교사는 학생의 심리상태를 정교하게 파악할 수 있어야 하며, 교사 자신의 심리상태까지 메타인지할 수 있어야 한다. 이런 부분과 관련하여 많은 심리학자들이 학생과 교사의 심리적인 측면을 연구하여 소개하고 있다. 제4장에서는 1990년 이래 수학 교수·학습에 대하여 심리학적으로 논의한 여러 학자들을 소개한다. 제1절에서는 수학 학습 심리학의 유형을 행동주의, 형태주의, 구조주의 그리고 구성주의로 구분하여 수학 학습 심리학의 발달 과정을 논하며, 제2절에서는 1990년대 초의 손다이크를 시작으로 최근 강조되는 프로이덴탈까지 수학 학습과 관련하여 연구한 심리학자들을 집중적으로 소개한다.

제1절 ▌수학 학습 심리학의 발달 과정

수학 학습 심리학이란 학생들이 수학적 지식을 어떻게 학습하는지 그 과정을 규명하는 영역이다. 그동안 많은 교육심리학자, 심리학자 그리고 수학교육학자들에 의해 발달되어 온 학습심리학은 행동주의, 형태심리학, 구조주의 그리고 구성주의 등으로 나눌 수 있다.

1. 행동주의 심리학(Behaviorism psychology)과 수학학습

행동주의는 관찰가능하고 측정 가능한 외현적 행동(behavior)을 연구의 대상으로하는 심리학이다. 대표적인 학자로는 파블로프(Pavlov), 손다이크, 스키너, 거스리(Guthrie), 홀(Hull) 그리고 가네 등이 있다. 손다이크는 '학습은 자극(S)과 반응(R) 사이의 연결(또는 본드)을 만드는 것'으로 보았으며 연습이 완벽함을 만든다고 강조하면서 효율적인 본드 형성 조건으로 효과의 법칙, 연습의 법칙, 준비성의 법칙을 설명하고 있다. 신행동주의자인 가네는 행동을 유도하기 위해 학습을 8단계의 형태로 구분하였으며 문제해결 학습은 원리학습이 선행되어야 하고, 이를 위해 개념학습이 선행되어야 한다고 소개하였다.

행동주의는 겉으로 나타나는 반응을 기준으로 학습 여부를 판단하기 때문에 수학학습을 설명하기에 충분하지 않으며 자극(S)-반응(R)이라는 간단한 도식을 기본으로 하기 때문에 알고리즘이나 단순한 개념·원리를 지도하는 것과 관련해서는 그 적용이 어느 정도 적합할 수 있으나 복잡한 문제해결 등 고차적인 내용의 학습에는 부적절하다는 비판을 받는다.

2. 형태주의 심리학(Gestalt psychology)과 수학학습

학습에 대한 인지적 접근은 1900년대 초반 베르트하이머가 지각에 관한 연구에 몰두하면서 형태주의 심리학을 제창한 것에서 그 기원을 찾아볼 수 있다. 형태주의 심리학은 행동을 복합적인 전체로 다루지 않고 단순한 요소들, 즉 자극(S)-반응(R) 연합의 집합으로 나누어 연구하려는 경향에 반대하면서 '전체는 부분의 합 이상'이라고 주장하였다. 이러한 형태주의 심리학에서 가장 중요한 부분은 문제를 해결할 때 '통찰력(insight)'을 사용하는 것이다. 대표적인 사람인 쾰러는 손다이크의 시행착오설을 논박하는 과정에서 '통찰학습설'을 주장하였다. 그리고 파이(Phi) 현상[1]을 소개한 베르트하이머는 수학수업을 관찰하면서 의미 없는 (ugly) 수업의 진행방법을 비판적인 시각으로 관찰하고 통찰을 활용한 학습이 효과적임을 주장하였다.

형태주의 심리학은 행동주의 심리학으로 설명이 불가능한 문제해결 등의 고차적인 내용의 학습을 설명하는 것이 가능하다.

3. 구조주의 심리학(1960년대)과 수학학습

1957년 소련의 스푸트니크(Sputnik) 인공위성 발사 성공이 도화선이 된 수학교육 현대화 운동을 이론적으로 뒷받침한 심리학은 1959년 34명의 과학자, 수학자, 교육학자, 심리학자들의 회의 결과를 정리한 브루너의 저서 『교육의 과정』으로 대표되는 구조주의 심리학이다. 수학교육과 관련한 대표적인 학자로는 브루너와 딘즈를 들 수 있다.

브루너는 지식의 구조를 학습자의 수준에 맞게 EIS이론을 활용하여 발견학습으로 가르칠 수 있다고 주장하였다. 딘즈는 브루너와 공동 연구한 결과, 8세 아동에게 대수 막대(Dienes block)를 이용하여 인수분해 방법을 발견하게 하였으며, 구조 교구를 활용하여 수학적 개념의 조기 도입이 가능함을 보여 주었다. 그리고 '자유놀이－게임－공통성탐구－표현－기호화－형식화' 단계와 '역동적 원리, 구성의 원리, 수학적 다양성의 원리, 지각적 다양성의 원리' 활용을 강조하였다.

4. 구성주의와 수학학습

구성주의는 최근에 소개된 이론이지만 인식론의 발달과 함께 계속 진화·형성되어 온 이론으로 1960년대와 70년대를 거치면서 그 이론적 체계를 갖추게 되었다. 구성주의에서는 학생들이 스스로 수학적 개념을 구성한다고 생각한다. 그러므

1 불빛이 일정한 빈도로 켜졌다, 꺼졌다 함에 따라 생기게 되는 가현운동(객관적으로는 움직이지 않는데도 움직이는 것처럼 느껴지는 심리적 현상)을 경험하는 것이다.

로 교사는 강의하고 설명하거나 자신의 지식을 '전달'하려는 것보다 학생이 지식을 스스로 구성하고 학습할 수 있도록 환경을 제공해야 한다.

수학 학습과 관련하여 구성주의는 조작적 구성주의, 급진적 구성주의 그리고 사회적 구성주의로 구별된다. 조작적 구성주의는 피아제가 소개한 발생학적 인식론(genetic epistemology)을 말한다. 피아제는 인지발달 4단계에 맞춘 조작 활용을 소개하고 수학과 관련하여 반영적 추상화를 언급하였다. 본 글라저스펠트는 피아제의 조작적 구성주의를 기반으로 급진적 구성주의를 주장하였다. 급진적 구성주의에서 지식은 개인이 구성한 개인의 것이며 객관적인 지식이 존재하느냐를 검증하는 수단을 찾을 수 없기 때문에 객관적인 지식이 존재하지 않는다고 보았다. 이는 수학교육자들 사이에 논란의 대상이 되었으며 이를 수정 보완하여 사회적 구성주의가 등장하였다. 어니스트(1994)에 의하면 수학의 사회적 구성주의는 관습주의와 준경험주의 입장에서의 수학에 대한 관념을 세련시키고 종합함으로써 발생한 것이다. 사회적 구성주의는 수학을 하나의 사회적 구성으로 보고 있다. 그 이유는 인간이 사회적 활동을 통해 사용하고 있는 언어, 규칙, 합의는 참인 수학을 확립하고 그것을 입증하는 데 중요한 역할을 하기 때문이다. 사회적 구성주의는 준경험주의로부터 오류주의 인식론을 받아들이며, 수학적 지식과 개념은 발달하며 변화한다는 견해를 받아들인다.

제2절 ▌수학 학습 심리학자

20세기 초 손다이크로부터 시작된 수학 학습 심리학은 교육 심리학적 측면을 기반으로 연구가 시작되었으며 순수하게 수학교육학적 측면으로 연구되고 있다.

교육 심리학적 측면에서 수학 학습을 연구한 학자로는 손다이크, 스키너, 가네, 베르트하이머, 듀이, 피아제, 비고츠키, 브루너, 오수벨 등이 있으며 수학교육학적 측면에서 수학 학습을 연구한 학자로는 딘즈, 스켐프, 프로이덴탈, 반힐 그리고 브루소 등이 있다.

1. 손다이크

미국의 심리학자이며 컬럼비아 대학의 사범대학에서 연구를 했던 손다이크(Edward Lee Thorndike, 1874~1949)는 수학학습의 형식도야적인 가치에 회의를 품고 동일요소설을 주장하면서 형식도야 이론의 일반적이고 자동적인 전이를 부정하였다. 더불어 효율적인 수학 학습은 실용적이면서 실생활과 비슷한 상황에서 일어나며 이후에 사용될 지식과 기능이 학교 학습의 중심이 되어야 한다고 주장하였다.

1) 손다이크 이론의 배경

18세기경에 생겨나 19세기 후반기의 대부분의 교육에 영향을 끼친 심리학은 능력심리학[2]이며 이에 기초를 둔 교육과정 이론이 형식도야이론이다. 형식도야이론에서 교육의 목적은 정신을 도야하는 것이며 수학은 '의지력'을 기르는데 효과적인 교과이다. 그러나 20세기에 들어와서 심리학이 과학화됨에 따라 능력심리학

2 능력심리학이란 인간의 마음에 관한 상식적인 견해를 반영한 이론으로, 이 이론에 의하면 인간의 마음은 지각, 기억, 의지, 감성 등과 같이 서로 뚜렷이 구분되는 몇 가지 일반적인 능력으로 구성되어 있다.

은 점차 부정되었고, 결과적으로 형식도야 이론도 점차 교육 이론으로서의 가치를 상실하게 된다. 이즈음 손다이크는 내용이나 절차에 '동일한 요소'들이 있을 때 학습의 전이가 가능하다고 주장하였다. 예를 들어 추론 대상이 되는 구체적인 사실과 관련 없는 일반적으로 작용하는 추론 능력이라는 것은 존재하지 않기 때문에 추론 능력을 효율적으로 연습하기 위해서는 실제로 구체적인 문제에 대해서 추론해야 한다는 것이다. 따라서 수학의 교수·학습 시 교사는 학생으로 하여금 추론 활동을 하도록 장려할 뿐만 아니라 추론을 유용한 방향으로 이끌고 실제적인 결과를 가져올 수 있는 구체적인 적절한 문제를 찾아야 하며, 순수하게 도야적인 문제는 실생활에서 가치 있는 문제로 대치해야 한다는 것이다.

2) 손다이크의 연결주의

손다이크는 연결주의 이론으로 학습의 원리를 설명하였다. 연결주의 이론에서 사고를 포함한 모든 행동은 외부적 사건인 '자극(S)'과 그것에 대한 '반응(R)'이라는 기본 단위로 분석되며, 학습은 주어진 상황에서의 자극과 반응을 연결하는 본드(bond)의 형성으로 해석된다. 예를 들어 두 자리 수의 세로 덧셈을 위해서는

- 어떤 것을 더할 때 열(column)을 나란히 맞추는 것
- 그것에 다음 수를 더할 때까지 각 덧셈의 결과를 기억하는 것
- 보이는 수를 생각하고 있는 숫자에 더하는 것
- 열에서 빈칸은 무시하는 것
- 열에서 0은 무시하는 것

등 여러 가지 하위 본드가 형성되어야 하며 이들이 종합하여 조직될 때 세로 덧셈이 가능해지는 것이다. 만약 학생이 계산을 부정확하게 한다면 그 계산과 관련된 본드가 약하다는 것을 의미한다. 이러한 본드 형성과 관련하여 손다이크는 과학적인 교수란 여러 가지 하위 본드를 종합하고 조직하여 전체 능력을 형성하도록 돕는 것이라 지적하였다. 이를 위해 교사는 첫째, 과제를 간단한 자극-반응 과제들로 분석하여 적절한 준비성의 위계로 정렬하고 둘째, 보상을 통해 하부 본드를 형성하며 셋째, 연습에 의해 과제를 구성하는 여러 가지 본드를 강하게 해야

한다. 그리고 교사의 교수·학습을 위해 연습의 법칙(law of exercise), 효과의 법칙(law of effect), 준비성의 법칙(law of readiness)과 같은 세 가지 기본 법칙을 활용할 수 있다. 연습의 법칙이란 모든 학습은 연습을 통해 진보 향상되고 바람직한 행동의 변화를 가져오게 된다는 것이다. 학습은 단번에 성과를 거두기보다 꾸준히 반복적으로 연습한 결과로 목표에 도달하고 성공하게 되며, 이 때 보상이 뒤따라와야 한다. 예를 들어 연산의 숙달은 부단한 연습을 통해 습관화되며, 추론적 사고 역시도 연습과 훈련을 통해 이루어진다. 효과의 법칙이란 자극에 대한 반응 이후 만족감이 클수록 자극과 반응 사이의 결합은 강화되고 반대로 불만족을 주는 사태가 계속되면 그 결합은 약해진다는 것이다. 따라서 문제해결과 같은 학습 이후 학생은 자신의 결과에 대하여 만족스러워야 하며 학습 동기유발이 유지되어야 한다. 준비성의 법칙이란 학습자가 학습할 준비가 되어 있을 때 학습하여야 그 효과를 얻을 수 있으며 반대로 학습할 준비가 되어 있지 않을 때 학습을 한다면 학습이 효과적이지 못하다는 것이다. 여기서 준비성이란 물리적인 것뿐 아니라 심리적으로 학습을 하고자 하는 조건을 의미한다. 즉, 학습자의 지능, 경험, 성숙도, 성격, 태도, 의지, 노력 등의 심리적 준비성은 학습에 있어서 매우 중요한 요소들이다.

2. 스키너와 가네

제2차 세계 대전이 발발한 이후 손다이크의 연결주의 이론은 수학교육에서 점차 다시 부각되게 되었다. 전쟁 기간 동안 군대식 교육의 영향으로 교육자들은 학습의 목표 행동을 확립하고자 하였고 이러한 목표를 위해 연결주의 이론의 '연습과 습관'을 다시 중시하게 된 것이다. 또한 이 시기에 학습 기계(teaching machine)와 프로그램 학습, 컴퓨터 보조 학습 등에 대한 관심이 증가하게 되었다. 프로그램 학습은 주제를 기본적인 부분으로 나누고 학습자로 하여금 특정한 기능을 습득하도록 고안된 순서를 차례로 통과하도록 지도하는 것이다. 따라서 연결주의는 프로그램 학습을 지향하는 사람들에게 있어 주요한 이론적 배경이 되었다. 스키너, 가네 등의 연구에 힘입어 연결주의가 새롭게 부활하게 되었으며, 이들은 손다이크의 연결주의를 변화, 발전시켰다.

1) 스키너[3]의 학습 이론

스키너(Burrhus Frederic Skinner, 1904~1990)는 전통적인 수학 학습 과정에 있어서 부적인 강화를 주로 사용한다는 점과 학생의 반응과 이를 강화하는 자극 사이의 시간적 간격이 크다는 점, 그리고 강화 스케줄이 부족하며 강화가 턱없이 모자라는 점 등의 잘못을 지적하였다. 또한 수나 수식이 수학적인 행동이 일어나도록 하는 자극이 되기보다 조심, 두려움 등을 일으키는 자극이 된다고 지적하였다. 이러한 수학 학습 과정을 개선하기 위하여 스키너는 '어떤 행동이 형성되어야 하는가', '최종 형태의 행동으로 이끌 점진적인 접근 프로그램에 이용할 수 있는 반응은 어떤 것인가', '그 행동을 강하게 유지하기 위해 어떻게 강화를 가장 효과적으로 짤 수 있는가' 등을 바탕으로 한 프로그램 학습이라는 새로운 교수·학습 방안을 소개하였다. 프로그램 학습은 다음과 같은 특징을 갖는다.

① 학습 목표가 명확하다. 학습목표는 관찰 가능하고 측정 가능한 행동적 용어로 진술된다.

② 목표에 이르는 길을 많은 소규모 단계(small steps)로 구성한다. 프로그램 학습에서는 학생들의 실수 또는 오답을 최소화하려고 한다. 따라서 아주 간단한 내용부터 점진적으로 목표를 향해 나아가도록 한다.

③ 적극적 반응을 강조한다. 학생들이 적극적인 자세를 보이지 않으면 학습은 진전되지 않는다. 따라서 프로그램 학습은 개인의 자발적인 학습에 대한 참여를 그 기본 원리로 하고 있다.

④ 즉각적 피드백을 해준다. 각 문항에 대한 계속적인 성패 여부의 평가 결과를 즉시 학습자에게 알려 준다.

⑤ 긍정적 강화를 강조한다. 프로그램 학습은 아주 쉬운 간단한 것부터 시작하기 때문에 누구나 처음에는 정답을 알 수 있다. 답이 맞으면 학습자에게는

---

3 스키너는 행동을 무릎 반사나 눈 깜박임 등과 같은 무의식적인 행동(respondent behavior)과 어떤 자극에 대하여 자발적으로 나타나는 반응인 조작적 행동(operant behavior)으로 구분하였다.

긍정적 강화가 되어 계속 학습하도록 동기를 유발시키며 성취감을 주게 된다. 따라서 학습 단위를 아주 작게 하여 학생이 계속해서 답을 맞히고 긍정적 강화를 받을 수 있도록 한다.

⑥ 개별교수가 가능하다. 프로그램 학습의 자료는 개인의 학습 속도에 따라 진도가 다르다.

2) 가네의 학습이론

가네(Robert Mills Gagné, 1916-2002)는 누적학습이론(cumulative learning theory)을 소개하면서 모든 학습은 간단한 과제에서 보다 복잡한 과제로 진행된다고 설명하였다. 가네는 기대되는 최종 수행행동을 분석하여 그것을 하위 요소로 나눈 다음 그들 사이의 전후, 상하의 연결 관계를 밝혀 학습 위계를 정해야 한다고 언급하였다. 그 예로 학습은 신호학습(signal learning), 자극-반응 학습(stimulus-response learning), 연쇄(chaining), 언어적 연합(verbal association), 다중식별(multiple discrimination), 개념학습(concept learning), 원리학습(principle learning), 문제해결(problem solving) 8가지 유형으로 구별되며 이는 순차적으로 진행된다.

신호학습과 자극-반응 학습은 초기의 자극-반응 이론과 관련된다. 이 때, 신호학습은 반응이 무의식적이며 유기체의 완전한 통제하에 있지 않지만 자극-반응 학습은 학습자의 자발성을 근거로 한다. 연쇄는 이전에 학습된 둘 또는 그 이상의 자극-반응 연결을 하나의 계열로 결합한 학습이다. 예를 들어, 문 열기를 학습하는 것은 올바른 열쇠를 확인하고, 그것을 알맞게 위치시키고, 옳은 방향으로 그것을 돌리고, 문을 밀어서 여는 것 등을 학습하는 것으로 이루어져 있다. 언어적 연합 학습은 명명할 때 흔히 일어난다. 예를 들어 평행사변형을 보자마자 학생이 평행한 변들을 알아차리고는 그것을 '평행사변형'이라는 언어 출력으로 연결시키는 것은 언어적 연합 학습의 결과이다. 다중식별은 하나의 항목을 다른 것과 구분할 때 일어나는 학습이다. 예를 들어 첨자·계수·지수의 위치, 중괄호와 대괄호, 여러 각의 크기, 마주보는 변(각)과 인접한 변(각), 직선의 방향 등을 구별하는 것이다. 수학에서 혼란을 일으킬 가능성이 있는 기호나 도형이 새롭게 도입될 때 다중식별이 필요하다. 개념학습은 추상적인 개념을 학습하는 것이다. 예를 들어, '가운데(middle)'라는 개념은 다양한 '가운데'를 보여주는 예들을 통해 형성되며, 학생이 서로 다른 모양을 늘어놓고 가운데 것을 구분할 수 있게 되면 '가운데'라는 개념을 획득한 것이다. 원리학습은 둘 또는 그 이상의 개념으로 하나의 아이디어를 획득하는 것이다. 예를 들어 직각삼각형, 빗변 등의 개념들 사이의 관계는 '피타고라스 정리'로 연결된다. 마지막 학습 형태는 문제해결이다. 문제해결이란 "이미 학습한 원리를 재조직해서 새로운 것을 만드는 것"이라 정의한다. 따라서 문제해결을 위해서는 먼저 학습자가 문제해결에 필요한 관련 원리들을 기억해내야 한다. 문제해결 학습에서는 학습자에게 궁극적인 목표가 되는 더 높은 수준의 원리를 알려 주지 않고 그것을 '발견'하도록 한다.

가네의 이론에 따르면 문제해결을 하기 위해서는 원리학습이 선행되어야 하고, 이를 위해서는 개념학습이 선행되어야 하며, 모든 단계의 학습은 전 단계가 이루어진 기초 위에 다음 단계가 이루어진다. 하지만 가네가 주장한 것과 달리 모든 수학 학습에 적용되는 일반적인 계열은 존재하지 않는다. 따라서 교사는 자신이 지도하는 각 주제에 대해 알맞은 계열을 고안할 필요가 있다.

3. 베르트하이머

베르트하이머는 코프카(Kurt Koffka, 1886～1941), 쾰러(Wolfgang Köhler, 1887～1967)와 함께 형태주의 심리학을 창시한 체코 출신의 심리학자이다. 베르트하이머는 행동주의 이론에 반대하면서 행동을 복합적인 전체로 다루지 않고 단순한 요소들 즉 S-R 본드의 집합으로 나누어 연구하려는 경향에 반대하면서 '전체는 부분의 합 이상'이라고 주장하였다.

1) 형태주의(Gestalt[4]) 심리학

형태주의 심리학은 인지과정에는 관심이 없고 자극에 대한 외적인 반응의 측정에만 관심을 가졌던 행동주의 심리학이 활발하던 시기에 독일에서 시작되었다. 대표학자인 쾰러는 손다이크의 시행착오설을 논박하는 과정에서 '통찰학습설'을 주장하였다. 쾰러는 침팬지를 대상으로 연구한 과정에서 침팬지가 문제를 해결하기 위해서 통찰력을 사용하는 것을 발견하게 되었고, 침팬지가 문제를 해결한 것은 단순한 과거 경험에 의해서가 아니라 과거의 경험을 재구성해서 구조가 변화된 것이고, 통찰력이 탐색과정을 통해서 이루어지지만 시행착오와는 다르다고 소개하였다.

2) 베르트하이머

베르트하이머(Max Wertheimer, 1880～1943)는 인간의 인지 구조에 대한 Gestalt 개념을 교육과 관련하여 논의하였다. 그는 사고를 문제해결의 과정이라 보고 문제를 해결하는 '생산적 사고' 즉 원리의 이해를 기초로 하는 사고를 설명하고자 하였다. 베르트하이머에 의하면 수학적 원리를 이해하면 문제를 단순화시키고 계산 시간과 계산 단계를 줄이며 계산상의 오류를 줄일 수 있다. 또한 알고리즘 자체가 세련되지 않은 사고에 속하는 것은 아니지만 알고리즘이 원리의 맥락에서 학습되어야 효과적이므로 계산 절차에 대한 수학적 원리를 직관적으로 이해할 수 있도록 하고 이후에 지름길로써 알고리즘을 소개해야 한다.

베르트하이머는 다음의 수학 수업을 직접 관찰하면서 '의미 없는(ugly)' 수업의 진행 방법을 비판적인 시각으로 바라보았다.

> 어느 교사가 평행사변형의 넓이를 가르치는데 넓이에 대한 '개념'은 전혀 사용하지 않고 넓이를 구하는 '절차'만을 학생들에게 소개하고 있다.

---

4 gestalt란 모습, 생김새, 자태, 전체, 형태로 해석된다.

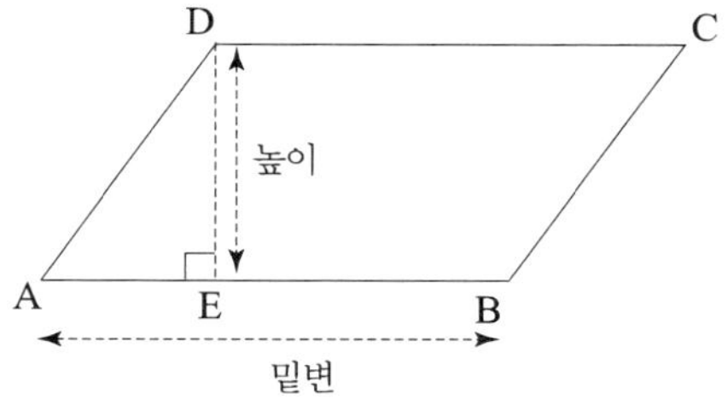

교사는 아동들에게 윗변의 왼쪽 꼭짓점에서 밑변에 수직인 직선(수선)을 긋는 방법을 보여준다. 그 다음 넓이를 구하기 위하여 수직선의 길이를 측정하여 밑변의 길이에 곱하게 한다. 이 표준적인 알고리즘을 사용하여 아동들은 많은 연습문제를 훌륭하게 계산하게 되고 교사도 학생들의 문제해결에 만족한 반응을 보인다. 하지만 이 때 다음과 같은 평행사변형의 넓이를 구하는 문제가 제공되고 교실은 혼란스러워진다.

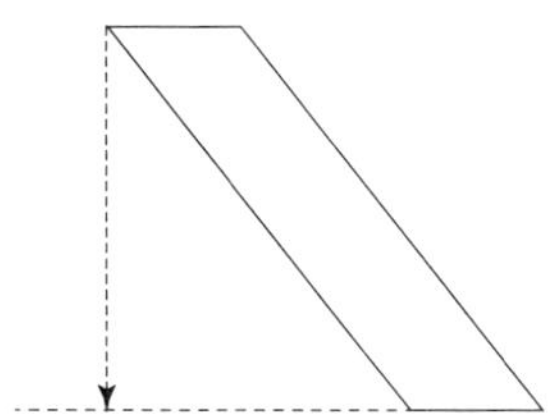

이 문제는 결국 좀 전의 교사가 제시한 평행사변형을 약간 변형한 것에 불과하지만 윗변의 꼭짓점에서 내린 수선의 발이 밑변 밖에 존재하는 평행사변형이므로 선생님이 가르쳐준 표준적인 공식을 적용할 수 없다는 것 때문에 학생들에게 부담을 주게 된 것이다. 학생들은 '이 문제는 배우지 않았습니다. 따라서 틀린 문제입니다', '평행사변형의 밑변×높이의 알고리즘이 적용될 수 없습니다' 또는 '포기하겠습니다'라는 반응을 보인다. 이와 같은 학생들의 반응은 학생들이 알고리즘의 기초가 되는 구조적인 원리를 이해하지 못한 채 의미 없는 기계적 학습을 하였기 때문이다. 결국 문제해결 방법은 맹목적인 알고리즘을 이용해서가 아닌 문제의 원리에 대한 진정한 이해를 통하여 얻어내어야 한다.

…

학생들이 평행사변형의 넓이를 구하기 위한 여러 가지 접근법을 시도해보는 중, 평행사변형의 중간 부분은 별 문제없이 꽉 채워져 있는데 왼쪽 끝 부분과 오른쪽 끝 부분이 문제가 됨을 알게 된다. 그리고 왼쪽의 남는 부분과 오른쪽의 모자라는 부분이 같게 되므로 왼쪽의 남는 부분을 오른쪽의 모자라는 부분으로 옮겨 붙여 문제를 해결한다.

결국 이러한 과정을 통해 학생들은 직사각형과 평행사변형의 넓이가 같게 될 수 있다는 전체적인 Good Gestalt를 형성하게 되고 왜 왼쪽과 오른쪽의 끝 부분을 고려해야 하는지를 인식하게 되면서 평행사변형 넓이 구하기에 대한 통찰을 얻게 된다.

베르트하이머는 답을 얻을 수 있고, 논리적으로 적절한 연산을 사용했으며, 그 결과가 옳다 하여도 학생들이 문제를 이해하지 못하고 해결과정의 각 단계가 의미하는 것을 이해하지 못한다면 이는 좋은 교수방법이라 볼 수 없다고 지적하였다. 아직도 학교현장에서는 개념이나 원리 보다는 절차와 방법만을 전수하는 교수방법이 만연해 있는데 이는 베르트하이머의 표현을 빌리자면 '의미 없는' 수업이다.

4. 듀이

듀이(John Dewey, 1859～1952)는 교육과 사회 개혁에 영향을 준 미국의 철학자, 심리학자 그리고 교육 개혁가로 진보주의와 도구주의 철학에 입각한 경험중심 교육사상의 대표자이다. 우리나라의 1차 교육과정은 듀이의 교육 이론의 영향을 많이 받았다.

듀이에게 교육은 인간이 자연환경과 사회문화적 환경에 적응하기 위한 경험의 계속적인 재구성 과정인 '삶'을 영위하기 위한 필연적 조건이며, 삶의 사회적 연속성을 유지하고 발전시켜 나가는 필수적인 수단이다. 따라서 수학은 사회적 삶의 현실과의 관련 속에서 제기되는 문제를 해결하기 위한 도구로서 구성된 지식이며 수는 생활의 필요에서 비롯된 측정이라는 인간 활동의 소산인 것이다. 이를 위해 아동들은 측정활동을 통해 수 발생의 과정을 경험하는 구성적인 수학 교수·학습이 필요하다.

듀이는 수 개념을 변별과 관계 짓기, 분석과 종합이라는 아동의 활동으로부터 얻어진 결과물이라 소개하였다. 여기서 변별과 관계 짓기, 분석과 종합이라는 지적 조작은 측정 활동에 의해 발생된다. 이 때 측정은

(1) 막연한 전체 → (2) 단위로 분할(분석) → (3) 전체의 재결합(종합)

의 순서로 진행되며, 이러한 측정 과정에서 전체량은 단위의 반복을 통하여 수값으로 변형된다. 결국 수가 의미하는 것은, 측정하고자 하는 양을 채우기 위하여 단위를 '몇 번' 사용하였는가 하는 것이다. 측정량은 단위와 수라는 두 요인에 의하여 표현되며 수는 언제나 측정된 양을 나타내며 수의 본성은 전체량에 대한 단위의 상대적인 가치, 즉 비(比)이다. 예를 들어 다음의 막연한 전체

● ● ● ● ● ● ● ● ● ● ● ●

는 ●를 단위로 분할한 결과 그 비가 12가 되며, ●●를 단위로 분할한 결과 그 비가 6이 되며, ●●●를 단위로 분할한 결과 그 비가 4가 되며, ●●●●를 단위로 분할한 결과 그 비가 3이 되고, ●●●●●●를 단위로 분할한 결과 그 비가 2가 된다. 이러한 과정을 '구성 활동(constructive activity)[5]'이라 한다. 이 과정 중, '막연한 전체'란 측정하고자 하는 전체량이지만 생활 중 발생 가능한 '문제 상황(situation)'을 의미한다.

듀이에 의하면 모든 세기는 측정하는 것이고 모든 측정은 세는 것이다. 사과가 다섯 개라고 말하는 것은 사과의 양을 측정한 것이며 한 더미의 곡식의 무게를 측정하는 것은 전체 속에 포함된 단위를 세는 것이다. 이와 관련하여 듀이는 무엇보다도 수를 고정단위의 누적으로 규정하는 관점에 근거한 '고정단위 방법'을 강하게 비판하였다. 이 관점에 따르면 '하나'는 모든 양의 자연적인 단위이다. '하나'에 또 다른 '하나'를 첨가해서 '둘'이 되고 또 다른 '하나'를 첨가해서 '셋'이 되는 것이다. 그러나 m나 kg이 단위인 것은 그것 안에 내재하는 성질 때문이 아니라 길이나 무게를 측정하기 위한 도구로서 사용되기 때문이며 '하나'라는 것은 우리가 주목하는 행위에 따른 것이다. 결국 수란 사물을 다루는 마음의 활동 안

5 구성활동에는 다음의 3가지가 있다. (1) 달성하고자 하는 목적하에 사물을 반성적이고 체계적으로 사용하는 활동 (2) 물리적 활동에 의하여 도움을 받는 심적 활동 (3) 사물을 배열(arrangement of things)함으로써 가치를 구성하는 활동.

에서 그리고 마음의 활동을 통하여 발생하는 것이며 사물을 단지 사물로서가 아니라 전체의 부분으로, 목적을 위한 수단으로 다룰 때에 비로소 수는 발생한다.

5. 피아제

스위스 출신의 심리학자인 피아제(Jean Piaget, 1896~1980)는 유치원과 초등학교 수준의 아동을 대상으로 인지 발달 과정에 대하여 연구하였다. 그는 심리학을 공부하기 전에 생물학을 공부한 바 있으며 이에 기초하여 생물체의 진화론의 관점에서 인지심리학(cognitive psychology)을 연구하였다. 피아제에 따르면 인간의 인지 능력은 환경과 균형을 이루기 위해 본능적으로 작용하는데, 이를 '균형이론'이라 한다. 또한 모든 사람의 인지 능력은 일정한 단계를 거쳐 발생, 발달한다고 본다. 이 이론에 의하면, 지식의 습득은 교사에 의해서 전달되는 것이 아니라 학생 스스로가 동화와 조절의 인지활동을 통해 구성한다고 보는 조작적 구성주의가 가능해진다.

1) 인지발달 단계 이론

피아제는 인간의 인지는 계통적인 네 단계(감각-운동 단계, 전조작 단계, 구체적 조작 단계, 형식적 조작 단계)를 거치면서 발생, 발달한다고 밝혔다. 그에 따르면, 이 단계의 순서는 모든 사람에게 불변하지만 각 단계에 진입하는 연령은 유전성과 환경적 특성에 따라서 사람마다 다소 차이가 있으며, 학습 지도는 이 인지발달의 단계에 맞게 실시할 때 의미 있는 학습 지도가 가능하다. 피아제가 제시한 인지발달의 네 단계와 각 단계의 중요한 특징은 다음과 같다.

① 감각-운동 단계(Sensory-Motor Stage) : 인지발달의 첫 단계로서 출생 후부터 약 2세까지 지속된다. 태어날 때 보인 신생아의 반사적인 수준에서 점차 벗어나면서 신체중심에서 활동중심으로 행동이 변하게 된다. 하지만 가역성을 이용한 행위인 조작 능력은 아직 없다.

• 육체적 정신적 활동을 스키마[6]로 구성하기 시작한다. 출생부터 2세까지의 어

린이들은 본능적으로 빨기, 쥐기, 울기 등의 스키마를 이용한다.

- 감각과 운동을 조직하는 것이 가능해진다.
- 물리적 대상에게 이름을 붙이는 것이 가능해진다.
- 시야에서 사라진 물체는 없어진 것이 아님을 알게 된다. 예를 들어 이 단계의 마지막 부분에 있는 아이들은 아버지가 출근을 위해 문 밖으로 나가고 없어도 저녁이면 다시 돌아온다는 것을 알게 된다.

② 전조작 단계(Preoperational Stage) : 인지발달의 두 번째 단계로서 2세부터 약 7세까지 지속된다. 이 단계의 아동은 점차 언어가 발달하게 되고, 기호를 사용하게 되며, 자기중심적이고 하나의 사물에 관심을 기울이는 경향이 있다. 이 단계의 후반에는 보존개념이 나타나게 된다. 하지만 여전히 조작 능력은 나타나지 않는다.

- 모방을 잘하며, 모든 사물을 자기중심적으로 바라본다.
- 자기의 생각을 다른 사람들도 다 같이 가지고 있다고 믿는다.
- 무생물도 생명체와 같이 감각을 갖고 있다고 믿는다.
- 하나와 다수 사이의 구별을 잘 하지 못한다. 예를 들면, 많은 백화점 앞에 산타 할아버지가 하나씩 있어도 산타 할아버지는 한 사람이라고 생각하며 이상하게 생각하지 않는다.
- 가역적으로 사고하기에 어려움을 느끼며, 어떤 행동을 재현하는데 어려움이 있다.
- 한 대상이나 상황에 대한 두 가지 측면을 동시에 생각할 수 없다.
- 귀납적 추론(구체적인 대상으로부터 일반화하는 추론)과 연역적 추론(일반적인 특징을 구체적인 대상에 적용하는 추론)을 할 수 없으나, 변환적(transductive) 추론(구체적인 사실로부터 구체적인 사실을 추론하는 것)을 할 수 있다.
- 사실과 환상을 차별화할 수 없다. 어린이들의 거짓말은 도덕성의 결핍에 의해서가 아니라 현실과 그들의 상상적 세계를 구별하지 못하기 때문에 일어나는 경우가 많다.
- 자기의 믿음에 대한 이유를 제시할 수 있다.

---

6 스키마(schema)는 피아제의 쉐임(schéme)과 같은 단어이다.

• 사물의 집합을 하나의 기준에 의해 분류할 수 있다.

③ 구체적 조작 단계(Concrete Operational Stage) : 인지발달의 세 번째 단계로서 7세에서 12, 13세에 걸쳐 지속되며 그 이후까지도 지속되는 경우가 있다. 이 단계는 논리적인 사고가 처음으로 나타나게 되며 아동은 분류조작, 순서조작과 같은 조작을 수행할 수 있게 된다. 하지만 구체적인 예에 대해서만 가능하다. 이 단계부터 학생들은 조작 능력을 할 수 있다.

- 자기중심적 행동이 급격히 줄며, 혼자 노는 대신 다른 아이들과 어울려 놀기를 좋아한다.
- 여러 가지 특성이 있는 대상들을 구체적인 특성에 따라 집합과 부분집합으로 분류할 수 있으며, 한 대상의 여러 가지 특성을 동시에 생각할 수 있다.
- 농담을 이해하기 시작하지만, 격언의 설명을 이해하는 데 어려움을 느끼며 격언에 숨어 있는 뜻을 잘 이해하지 못한다.
- 여러 가지 보존 개념을 형성한다. 이 시기에 형성하는 보존 개념의 종류는 다음과 같다.
  - i) 물질량의 보존 : 물질의 양은 분할이나 변형과 관계없이 변하지 않는다.
  - ii) 수의 보존 : 원소의 개수는 배열과 관계없이 변하지 않는다.
  - iii) 길이의 보존 : 물체의 길이는 이동과 분할 혹은 변형과 관계없이 변하지 않는다.
  - iv) 넓이의 보존 : 면의 넓이는 분할 혹은 변형과 관계없이 변하지 않는다.
  - v) 무게의 보존 : 물질의 무게는 분할이나 변형과 관계없이 변하지 않는다.
  - vi) 부피의 보존 : 물체의 부피는 분할이나 변형과 관계없이 변하지 않는다.
- 연산과 절차를 역순으로 할 수 있다. 즉, 가역적 사고가 가능해진다.
- 다른 사람의 견해를 이해하기 시작하며 이 단계의 말기에는 구체적인 예를 통하여 귀납적, 연역적 추론을 하기 시작한다.
- 역연산, 대입, 집합의 합집합과 교집합 구하기, 구체물을 크기 순서로 배열하기 등과 같은 계산을 수행할 수 있다. 그러나 이 연산들을 언어로 표현하는 것을 힘들어한다.
- 판단과 논리적 추론 능력이 아직 부족하다. 예를 들면, “영희는 순희보다 크다. 영희는 정희보다 작다. 세 사람 중 누가 제일 작은가?”와 같은 문제를 잘

해결하지 못한다.

- 크기가 다른 한 묶음의 막대를 크기의 순서로 배열할 수 있다.
- 정의를 잘 이해하지 못하며, 몇 개의 구체적 사실로부터 일반화를 하는 것이 불가능하다. 예를 들어, $2+3=3+2$, $8+11=11+8$은 이해하면서도 이로부터 일반화된 교환법칙 $a+b=b+a$를 이끌어내지는 못한다.
- 변수를 포함한 수학적 기호 조작을 이해하기 힘들어 하며, 대수를 의미의 이해를 통해서보다 공식의 암기에 의해 학습한다. 예를 들면, $(x+y)^2=x^2+y^2$, $\frac{a+b}{a}=b$, $\sqrt{x^2+y^2}=x+y$라고 생각하는 경향이 있다.
- 구체적인 자료를 조작하여 여러 가지 모양을 창의적으로 구성할 수 있다.

④ 형식적 조작 단계(Formal Operational Stage) : 인지발달의 마지막 단계로서 12세 이후의 인지단계이다. 이 단계의 아동은 형식적인 수학적 추론을 할 수 있으며 더 이상 물리적인 대상의 조작에 한정하지 않고 추상적인 개념에 대해서도 조작을 수행할 수 있다. 가정으로부터 추론을 할 수 있고 실제와 대비해서 결론을 테스트할 수도 있다. 본질적으로 이 단계는 성인의 추론 단계라고 부를 수 있다.

- 구체적인 조작에 의존하지 않고도 정신적 추상을 표현하거나 설명할 수 있다.
- 많은 견해를 동시에 생각할 수 있다.
- 자신의 활동을 객관적으로 볼 수 있으며, 자신의 사고 과정을 반성해 볼 수 있다.
- 정리를 만들고, 가설을 세우고, 여러 가지 가설을 시험할 수 있다.
- 적절한 상황에서 정의, 법칙, 공식 등을 이해하고 사용할 수 있다.
- 귀납적 사고, 연역적 사고, 함의적 사고(만일 …이면 …이다) 등을 할 수 있다.
- 순열과 조합, 명제, 상관관계, 확률 등의 복잡한 개념을 이해하고 응용할 수 있다.
- 무한대와 무한소의 개념을 인식할 수 있다.

2) 동화와 조절

피아제에 의하면 모든 유기체는 환경에 적응하려는 성향을 갖고 태어나며, 적응은 상호보완적인 동화(assimilation)와 조절(accommodation)이라는 두 과정에 의해 일어난다. 여기서 동화과정은 개인이 현재 구조들을 사용하여 환경적 요인을 다루는 보완적인 과정이며 조절과정은 개인이 환경의 요구에 대한 반응으로 변화하는 과정이다. 피아제는 생물학에서 쓰이는 동화와 조절이라는 두 과정을 지적 적응에도 적용하면서, 사람은 외부 환경의 요소들을 자신의 심리적 구조들에 융합하거나 동화하며 외부 환경의 요구를 충족시키기 위해 자신의 심리적 구조들을 수정하거나 조절한다고 하였다. 예를 들어 중학교 3학년 수학시간에 배운 삼각비를 알고 있는 학생에게 삼각함수를 지도한다면 '직각삼각형 이용하기, sin, cos, tan 용어 사용하기' 등은 동화 과정을 통해 이해하게 된다. 하지만 '함수의 입장에서 해석하기, 일반각으로 확장하기, 삼각함수의 그래프 그리기' 등은 이전 지식인 삼각비를 통해 동화할 수 있는 부분이 아니므로 조절 과정을 통해 이해하게 된다.

이 때 동화와 조절은 상호보완적인 과정들이며 모든 행위(인지적 행위를 포함)에서 동시에 일어난다.

3) 반영적 추상화

수학에서 다루는 대상은 '구체적'인 것이 아니라 '추상적'인 것이며, 수학적 개념을 알게 되는 과정은 구체적인 것들로부터 추상적인 것을 머릿속에 만들어 나가는 추상화 과정을 통해 이루어진다. 피아제는 논리-수학적 개념이 구성되는 추상화 과정을 '반영적 추상화'라 부르면서 물리적 개념의 추상화 과정인 '경험적 추상화'와 구분하였다. 여기서 반영적 추상화는 감각-운동적 행동의 단계로부터 구체적 조작의 단계, 형식적 조작의 단계로의 이행에 수반되는 인지 구조를 구성하는 원동력이다.

이처럼 어떠한 개념을 알아가는 추상화 과정을 피아제는 세 가지로 구분한다. 우선 개인의 주변 대상이 갖는 성질들을 일반화된 지식으로 이끌어내는 추상화를 경험적 추상화(abstraction empirique)라 하며, 개인의 조작 활동에 대한 반성을 통해 일반화된 지식을 구성하는 추상화를 반영적 추상화(abstraction réfléchissante)라 한다. 그리고 개인의 조작 활동에 대한 반성을 통해 일반화된 지식이 구성되지만 그 구성 결과의 확인이 그 조작 활동에 사용된 외부 대상에 대해서 행해지는 추상화를 준-경험적 추상화(abstraction pseudo[7]-empirique)라 구분한다. 각각의 추상화를 좀 더 구체적으로 소개하면 다음과 같다.

사물의 색깔이나 무게 등의 물리적 지식은 경험적 추상화로 얻어지는 개념이다. 이러한 성질들은 사물 자체 내에 속한 것으로, 인식 주체는 그 사물을 눈으로 보거나 손으로 들어보는 등의 행동을 통해 추상화한다. 이 때 얻어지는 지식은 조건이 달라진다면 성질에 대한 결론도 달라지는 물리적 성질이다. 예를 들어 사물을 '눈으로 보아서' 색깔을 추상화하는 경우, 사물을 보는 조건 즉 주어지는 빛의 상태 또는 보는 사람 등에 따라 추상화되는 지식이 변화한다.

논리-수학적 지식은 반영적 추상화로 얻어지는 개념이다. 예를 들어 몇 개의 돌멩이를 여러 모양으로 세어보아도 그 전체 개수가 같다는 것을 통해 '물건의 전체 개수와 세어보는 순서와는 관계가 없다'는 사실을 추상화하는 것이다. 이 추상화 과정은 주어지는 사물(돌멩이)의 상태가 어떻든, 사물의 종류가 무엇이든, 세어보는 사람이 누구든 관계없이 오직 객관적이고 필연적인 '세어 보는 행동'에만 관련되어 있다. 즉, 반영적 추상화를 통해 얻어지는 논리-수학적 개념은 구체적인 사물로부터 독립되어 있는 것이다. 결국 경험적 추상화는 '대상으로부터'의 추상화이고 반영적 추상화는 '행동으로부터의' 추상화이다. 또 경험적 추상화가 인식 객체로의 방향을 지향한다면 반영적 추상화는 인식 주체로의 방향을 지향한다고 할 수 있다.

한편, 크게 보면 반영적 추상화의 범주에 들어가야 하지만 구체적인 대상이 없이는 이루어질 수 없는 추상화가 있는데 이를 준-경험적 추상화라 한다. 이는 자신이 확인할 수 있는 구성 결과에 근거하지 않고서는 구성을 실행할 수 없는 전조작적 수준의 아동이나 구체적 조작 수준의 아동에게 이루어지는 추상화이다. 예를 들어, 일렬로 정렬해 놓은 연필 10자루와 지우개 10개 사이의 대응을 통해 일대일 대응을 이해하는 것이다. 결국 준-경험적 추상화는 반영적 추상화의 전 단계라 할 수 있다.

반영적 추상화 과정을 통해 객관적인 지식과 필연적인 지식이 확보되며 이전의 구성 결과인 지식을 특별한 경우로 포괄하는 지식의 '재구성'이 이루어진다.

피아제의 반영적 추상화 과정은 '전단계에서 얻은 것을 보다 상위의 수준으로

---

7 '의사, 준, 모조의, 가짜의 허위의' 등의 뜻을 가진다.

옮긴다는 의미의 반사(réfléchissement)'와 '전단계에서 반사된 것을 새로운 수준에서 재구성하거나 혹은 거기에 이미 놓여져 있는 것과 전단계의 요소를 관련짓는 반성(réflexion)'이라는 상보적인 두 과정으로 구성되어 있으며, 반사와 반성은 절대적인 시작이나 끝이 없이 보다 넓은 영역을 향해 끊임없이 교대하여 진행되는 과정이다.

4) 수학과 학습·지도 원리

피아제는 아동의 인지 발달 단계에 관해 구체적으로 연구한 반면, 학습·지도에 관해서는 연구가 부족하였다. 그 뒤 여러 수학교육학자들이 피아제의 이론을 바탕으로 다음과 같은 학습·지도 이론을 개발하였다.

(1) 전교육과정 원리(precurriculum)

피아제의 공동연구자인 인헬더(Bärbel Inhelder, 1913~1997) 여사는 전조작 단계에 있는 초등학교 입학 전 아동에게는 수학적 개념의 지도가 아닌 논리적, 수학적 경험이 필요함을 주장하였다. 논리적, 수학적 경험이란 기본적인 입체도형이나 평면도형을 손으로 조작하여 창의적으로 여러 가지 모양을 만들거나 분류하기, 순서적으로 배열하기 등과 같은 논리적이고 수학적인 사고 활동을 경험하게 하는 것이다. 이러한 활동을 충분히 경험하는 것은 다음 단계에서의 수학적 개념의 이해와 계산기능 등에 중요한 영향을 미치기 때문이다.

(2) 활동적 학습 원리

활동적 학습 원리란 수학적 개념을 추상적으로 지도하기 전에 구체적인 조작 활동이 선행되어야 한다는 것이다. 아동의 조작 활동을 촉진시키기 위해서는 도전감을 주는 적절한 문제와 활동자료를 제시해야 한다. 또, 학생들의 활동을 촉진하기 위해 교사는 탐구적인 질문을 제시하며 학생들은 소집단을 형성하여 토론과 탐구활동을 해야 한다. 특히, 학생들의 자발적인 학습활동을 촉진하기 위해 적절한 활동 자료, 예를 들어 퀴즈네르(George Cuisenaire)의 색막대, 딘즈(Dienes)의 대수 막대, 가테그노(Caleb Gattegno)의 기하판 등을 적극 활용해야 한다. 최근에는 컴퓨터와 계산기를 이용하는 많은 활동자료들이 개발되고 있다.

(3) 통합의 원리

아동들이 새로운 개념을 학습할 때 단편적이고 고립적으로 이해하는 학습이 아닌, 아동이 가지고 있는 기존의 개념과 관련을 지어 학습하게 해야 한다. 그 결과 아동이 학습한 새로운 개념은 기존의 개념들과 밀접한 관계를 가지게 된다. 예를 들면, 유리수의 덧셈은 유리수를 분모가 같은 수로 변형한 다음 정수인 분자들의 덧셈으로 생각하게 할 수 있으며, 복잡한 모양의 다각형의 넓이는 이들을 삼각형 또는 기본적인 사각형으로 분해한 다음 이 기본 도형들의 넓이를 이용하여 구할 수 있게 한다.

(4) 조작적 원리

피아제에 의하면 사고의 기본적인 요소는 조작(operation)이다. 이때 조작이란 '실제적인 행동이 내면화된 가역적인 행동'으로서, 조작적 원리란 이전의 행동이나 조작을 바탕으로 탐구활동을 통하여 지식이 구성된다는 원리이다. 이 원리에 의하면, 학습의 결과는 같은 행동을 반복적으로 할 수 있을 뿐만 아니라 그 역순도 생각할 수 있어야 한다. 이 원리에 의하면, 덧셈을 지도할 때 뺄셈의 개념을 탐구해 보게 하며, 어떤 명제의 참, 거짓을 생각할 때 그 역의 참, 거짓도 탐구해 보게 하는 것이 바람직하다.

(5) 발달단계에의 순응

아동의 인지발달은 누구나 피아제가 제시한 인지발달의 네 단계를 거친다. 따라서 아동의 학습은 인지 발달의 단계에 맞게 이루어져야 하며, 조기학습이나 지연학습을 할 필요가 없다고 보는 것이 피아제 학파의 견해이다. 즉, 자신의 단계에 맞는 학습활동이 학습의 효과를 높이며, 조기학습을 한다고 해도 정상적으로 학습한 아동에 비하여 장기적으로 볼 때 차이가 없다는 것이다.

그 외로 피아제는 자신의 인지 발달 이론이 수학적 개념 학습에 시사하는 바를 검사하기 위하여 실험을 실시한 결과 다음과 같은 원리를 제시하였다.

① 사고는 가역적인 조작에 바탕을 두고 있을 때 더 유연하다. 이러한 이유로 역조작을 함께 가르쳐야 한다.

② 전조작기의 아동은 한 집합의 부분 집합들 사이의 관계를 불완전하게 알고 있다. 어린 아동은 전체와 부분을 동시에 생각하지 못한다. 즉 부분을 고려할 때 전체를 잊어버리게 되고 전체를 고려할 때 부분을 잊어버리게 된다. 이것은 보존 및 가역성과 관련된 것이다. 포함관계를 완전히 이해하기 위한 전제 조건은 가역성이며, 이것은 구체적 조작기에 획득된다.

③ 실제적인 활동은 학습의 요건 중의 하나이다. 효과적으로 학습하기 위해서 학생은 관객이 아니라 주인공으로 활동을 해야 한다.

④ 정신적인 성장은 불변인 성질을 발견하는 것과 관련되어 있기 때문에, 특정한 변환 그룹 하에서 불변인 상황의 특징들을 체계적으로 탐구해야 한다.

⑤ 기하에서 위상적인 성질은 아동에 의해서는 처음으로 관찰되지만 수학자들에 의해서는 외연적·형식적으로 연구되는 마지막의 기하학적인 관계이다.

6. 비고츠키

스위스의 피아제와 미국의 스키너가 활발히 활동을 할 무렵 비고츠키(Lev Semyonovich Vygotshy, 1896~1934)는 러시아에서 심리학자로 활약하였다. 비고츠키의 이론은 구성주의라는 인식론적 입장과 관계되며 '사회 문화적 접근'으로 규정된다.

1) 근접발달영역

비고츠키는 지식이란 한 사회 집단에 누적된 역사적·문화적 형태로 존재하기 때문에 다른 구성원들과의 사회적 상호작용에 의해 재구성되어야 한다고 소개하였다. 따라서 학습은 사회적 상호작용을 통해서 이루어져야 하며, 좀더 효과적인 학습을 위해서는 근접발달영역(Zone of Proximal Development : ZPD) 내에서의 사회적 상호작용이 중요하다. 또한 모든 학생은 적절한 도움을 받으면 스스로 할 수 있는 것 이상을 할 수 있다. 이 때 ZPD란 실제적 발달 수준과 잠재적 발달 수준 사이를 의미한다. 실제적 발달 수준(actual development level)이란 학생이 다른 사람의 도움 없이 독립적으로 문제를 해결할 수 있는 수준이며, 잠재적 발달 수준(potential development level)이란 좀 더 지식이 풍부한 교사, 성인 또는 유능한 또래의 도움을 얻어 문제를 해결할 수 있는 수준이다.

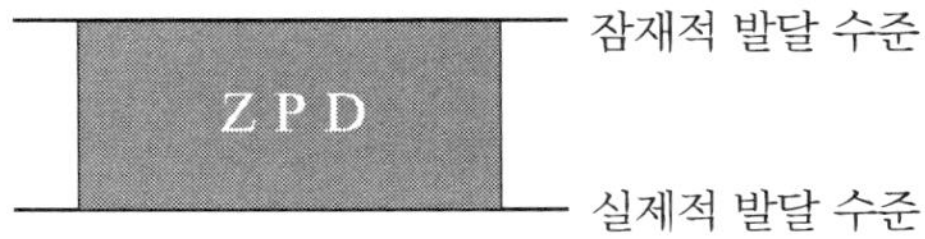

ZPD의 하한선은 학생이 혼자서 과제를 수행할 수 있는 실제적 발달 수준이고, 상한선은 다른 사람의 도움을 받아 수행할 수 있는 잠재적 발달 수준이다. 결국 ZPD는 고정적인 것이 아니라 학생이 더 높은 수준의 사고와 지식을 달성함에 따라 역동적으로 변화한다. 어제의 잠재적 발달 수준이 내일의 실제적 발달 수준이 되고, 그에 따라 ZPD가 새로운 ZPD로 나아가면서 한 단계 더 높은 수준으로 발달하게 되는 것이다. 학생이 더 어려운 과제를 수행하게 될 때, 새로운 수준의 ZPD로 변화하여 교사나 타인의 새로운 도움과 지원을 필요로 하게 된다. 이러한 변화는 학생이 지식, 기술, 전략, 훈육, 행위의 습득을 위해 노력하는 동안 계속해서 반복적으로 나타나게 된다.

갈리모어(Gallimore)와 타프(Tharp)는 ZPD를 통한 인지발달 과정을 다음과 같이 4단계로 구분하였다. 이 모형은 특히 사회적 조절과 자기 조절, 즉 타인의 도움과 자신의 도움간의 관계에 초점을 맞춘 것이며 선형적 과정이 아닌 순환적 과정으로 되어있다.

[1단계] 더 유능한 타인의 도움을 받아 과제를 수행하는 단계

학생이 독립적으로 과제를 수행할 수 없기 때문에 좀 더 능력 있는 교사나 동료의 도움을 받아 모방하는 단계이다. 이 때 필요한 도움의 양과 종류는 학생의 연령, 현재의 수행능력, 과제의 성격에 따라 다르다. 이 단계에서 학생은 부모, 교사 혹은 유능한 동료 등과 대화, 질문, 피드백 등의 상호작용을 통해 해야 할 과제에 대하여 이해하며 과제를 수행한다. 이 단계에서 교사는 학생이 과제를 수행하도록 안내하고 도움을 제공하거나, 전이를 위한 새로운 기회를 제공하며 학생이 과제 수행의 책임을 갖도록 한다.

[2단계] 학생 스스로 과제를 수행하는 단계

1단계에서 학생이 타인의 도움을 받아 과제를 수행했다면 이 단계에서는 다른 중재자의 도움을 받지 않거나 적은 도움으로 과제를 수행할 수 있게 된다. 하지만 아직 학생 스스로 과제를 수행하는 것이 자동화 또는 내면화될 정도로 완전히 발달되지는 않는다. 이 단계에서 학생은 자신의 행동을 모니터하고 지원하는 역할을 하는 자기 지시적 언어를 통해 행동을 통제한다.

[3단계] 과제수행이 완전히 발달되어 내면화, 자동화가 이루어지는 단계

학생은 ZPD를 벗어나 과제를 수행하게 되며, 더 이상 다른 중재자로부터 도움을 받지 않고 거의 무의식적으로 과제를 완전하게 수행해 낸다. 이 때 다른 중재자의 도움은 오히려 부정적 영향을 줄 수 있다. 이 단계는 자기 통제와 사회적 통제를 벗어난 완전한 발달이 이루어지는 단계이다.

[4단계] 수행이 탈자동화됨으로 인해 다음 ZPD로 진입되는 단계

새로운 능력을 발달시키기 위해서는 계속적인 ZPD 계열의 순환 과정을 거쳐야 한다. 학생이 과제해결을 수행하다 어려움이 생기면 더 능력 있는 다른 사람의 도움을 필요로 하게 되어 다시 1단계에 놓이게 된다.

위의 단계 중, ZPD를 거쳐 내면화가 달성되는 과정은 학생의 지식, 의식 구조가 질적으로 한 차원 높은 수준으로 상승하는 과정이다. ZPD의 범위와 순환과정은 학생에 따라 차이가 나지만 중요한 것은 교사의 적절한 도움 여하에 따라 이를 넓히거나 좁힐 수 있으며, 또한 가속화시키거나 지연시킬 수 있다는 점이다. 따라서 교사는 학생의 현재 발달 수준만이 아니라 학생의 잠재적 발달 수준까지를 포함한 ZPD를 고려하여 학생을 교육하여야 하며, 잠재적 발달 수준이 또 다른 실제적 발달 수준이 되고 그에 따라 기존의 발달 영역이 새로운 ZPD로 나아가면서 한 단계 높은 수준으로 발달하는 순환과정의 역동성을 생각할 때, 항상 학생들의 현재 수준과 잠재성을 고려하여 적절한 도움을 주는 것으로부터 점차적으로 학생이 스스로 수행해 나갈 수 있도록 해야 한다.

ZPD에서 잠재적 발달 수준을 달성하는데 교사의 안내와 동료의 협력이 결정적인 역할을 한다. 따라서 수학교실 활동에서 교사는 교수·학습의 직접적인 운영자

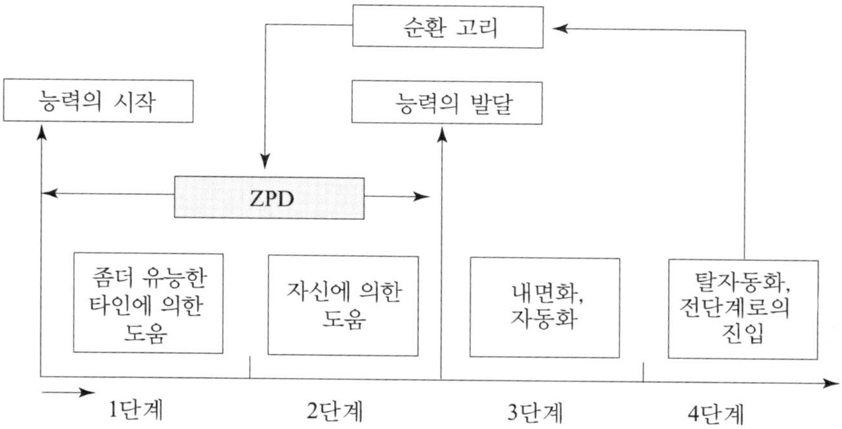

[그림 4-1] ZPD를 통한 인지발달 과정

가 되는 것과 학생들이 동료와 협동하여 활동할 수 있도록 기회를 만들고 이끌어 가는 역할을 해야 한다. 이와 같은 교사의 역할을 정리하면 다음과 같다.

- ZPD를 확인하고 끊임없이 갱신해 가면서 학생으로 하여금 해당 개념을 이해하게 한다. 학생의 활동이 ZPD 안에 포함되도록 학습 주제를 주의 깊게 선택하고, 학생들이 시도할 때 적절한 도움을 제공한다.
- 하위 또는 부분 개념은 상위 또는 그 보다 큰 개념 속에서 구조화되어야 전체를 올바르게 드러낼 수 있기 때문에 적절한 시점에 상위 개념을 다루도록 한다.
- 모방은 교실에서 이루어지는 교수·학습의 기본이다. 학생들에게 올바른 방법을 실제로 시범 보일 수도 있다.
- 수학 수업을 준비하는 과정에서 교사는 개념이나 기능에 대하여 정확한 설명이 필요한지, 모델 형성을 위한 시범이 필요한지, 매개체나 교구를 쓸 것인지 하는 것들을 미리 구상하고 준비해야 한다. 또한 다른 교과, 단원과 맺고 있는 관련성, 역사적 발달 과정을 정확히 알고 적절한 수준과 시점에서 구사할 수 있도록 한다.
- 여러 해석이 있을 수 있음을 인정하고 그것들을 인지 발달에 활용하면서도 본질을 놓치지 않고서 적절한 해석과 해결전략을 제시하는 지식의 대표자로

서 역할을 한다.

- 자신과 학생의 활동을 정확하고 분명하게 말로 나타내도록 한다. '이것' 또는 '저것'과 같은 모호한 말은 피하고 명확한 용어를 사용 한다.
- 학생의 사고 과정에 대한 실마리를 찾아 학생에게 의미를 다시 새기는 기회를 제공한다.
- 새로운 개념은 현실적인 상황 속에서 다루어야 한다. 꼭 직접 경험할 수 있는 것일 필요는 없다. 의식 활동을 통해서 충분히 현실 세계와 연계시킬 수 있기 때문이다.
- 학습 상황과 학생의 능력을 적절하게 결합하여 학생 활동의 내적 동기를 이끌어낼 수 있어야 한다.
- 학생 각자가 자신의 문제 풀이 과정과 결과를 혼자서가 아니라 다른 사람의 풀이와 견주면서 그와 상호 작용하게 한다. 이는 평가의 과정인 동시에 피드백 과정이다.
- 학생들의 실수를 분석하고 그에 따른 도움을 주는 방안을 강구한다. 실수에 대한 관리가 중요하다. 그러나 시행착오의 방법은 적합하지 않다. 학생은 수학자와 다르기 때문이다.

결국, 학습은 '학생 주도적인 탐구와 교사의 안내 사이의 끊임없는 상호작용'으로 볼 수 있다. 또한 지식 습득에 있어 협력학습을 활용하고, 유능한 동료 학생들과 상호작용 할 기회를 제공하고, 학생들의 수준을 넘어서는 문제를 제시하거나 학생들로 하여금 문제를 스스로 제기하게 하여 학생들의 ZPD와 연결하도록 해야 한다. 그러나 학생들끼리의 협력학습이 발달을 촉진하기 위해 충분조건이 될 수는 없다. 모둠활동의 중심은 학생이지만 그것은 교사에 의하여 주도되어야 하며 유능한 교사는 학생의 발달에서 본질적으로 부족한 것을 채워주면서 발달을 촉진할 수 있어야 한다.

2) 비계(scaffolding) 설정 이론

비계 설정은 비고츠키 이론을 적용하여 효과적인 개별화 교수의 주요 요소를 평가하려 했던 우드(Wood), 미들턴(Middleton), 브루너와 로즈(Bruner & Ross) 등에 의해 소개된 용어이다. 비계의 사전적 의미는 건물을 지을 때에 높은 곳에서 딛고 일할 수 있도록 긴 나무나 널빤지를 써서 걸쳐 놓은 시설을 의미한다. 교수·학습에서의 비계란 학생의 ZPD 내에서의 효과적인 교수·학습을 위해 교사가 학생과 상호작용 중 적절한 도움을 주기 위해 은유적으로 사용한 용어이다. 결국 비계 설정은 교사나 부모, 좀더 유능한 동료가 학생에게 적절한 안내나 도움을 제공함으로써 학습에 도움을 주어 인지발달을 돕는 발판역할을 하는 체계를 말한다. 이러한 비계 설정 과정에서 중요한 것은 학생의 ZPD 내에 있는 과제를 제시하여 학생 자신이 학습에 더 많은 책임을 갖도록 자극하면서 점차 도움을 줄여 가는 자기 조절 기능을 증진시키는 것이다.

7. 브루너

브루너(Jerome S. Bruner, 1915～)는 1960년대와 1970년대에 걸쳐 학습지도에 관한 많은 연구와 업적을 남긴 인지적 수업이론을 대표하는 학자이다. 브루너의 연구와 사상은 피아제의 발생적 인식론의 영향을 많이 받았으며, 수학교육 현대화 운동에 큰 영향을 주었다.

1) 브루너의 학습지도 이론

브루너가 우즈홀 회의[8]에서 제시한 학교 교육을 위한 중요한 학습지도 이론은 교과목의 구조 지도, 학습의 준비도, 직관적 사고와 분석적 사고, 학습을 위한 동

8 1959년 9월 우즈홀(Woods Hole)이라는 곳에 약 35명의 과학자, 학자, 교육자들이 모여 열흘 동안 미국의 초등학교와 중학교 과학교육의 개선방안을 논의하였다. 이 회의는 과학의 교육과정과 교수방법에 있어서의 새로운 진보와 관심이 바야흐로 전개되고 있다는 확신과 앞으로의 발전을 방향 짓기 위하여 이 진보와 관심을 전면적으로 평가할 필요가 있다는 확신에서 추진된 것으로 교육과정의 기초가 되는 원리를 찾으려고 했던 노력이다. 『교육의 과정』은 Woods Hole 회의의 종합 보고서이며, 진정한 의미에서의 <교육과정의 원리>라고 볼 수 있다.

기유발에 관한 것이다.

(1) 교과목의 구조 지도

브루너는 모든 교과목에 각각의 고유한 구조가 있다고 하였다. 따라서 교과목을 지도한다는 것은 바로 그 과목의 구조를 지도해야 한다는 것과 같다. 브루너가 의미하는 지식의 구조란 학문의 기저를 이루고 있는 일반적 원리, 일반적 아이디어, 기본개념 및 원리 등을 의미한다. 예를 들면 대수적 구조로서 군(group)이 있다. 군이란 어떤 집합과 연산이 있어서 그 집합이 연산에 대하여 닫혀 있고, 항등원이 있고, 역원이 있으며, 결합법칙이 성립할 때 그 집합과 연산은 군을 이룬다고 한다. 정수의 집합, 유리수의 집합, 실수의 집합은 각각 덧셈연산과 결합하여 군을 이루지만 자연수의 집합과 덧셈연산은 군을 이루지 못한다. 브루너는 이러한 교과의 구조를 파악하면 다음 네 가지의 이점이 있음을 지적하였다.

첫째, 기본적인 사항을 이해하면 내용을 훨씬 쉽게 파악할 수 있다.

둘째, 세세한 사항은 구조화된 패턴 안에 들어 있지 않으면 쉽게 잊어버린다.

셋째, 기본적인 원리나 아이디어를 이해하는 것은 적절한 훈련의 전이를 가능하게 하는 주된 방법이다.

넷째, 초등학교와 중등학교에서 가르치는 학습 자료가 어떤 기본적인 성격을 나타내고 있는가를 끊임없이 재조사함으로써 고등 지식과 초보적인 지식 사이의 간격을 좁힐 수 있다.

어떤 수학적인 구조의 성질을 이해하고 있으면, 그 구조를 만족하는 모든 대상들의 성질을 이해할 수 있기 때문에 수학을 구조화하여 지도하는 것이 바람직하다. 그러나 수학적 구조는 매우 추상적이기 때문에 학습자의 인지 수준을 일차적으로 고려하여 지도해야 한다.

(2) 학습의 준비도

브루너는 피아제와 같은 입장에서 학습자는 학습을 위한 인지수준이 준비되어 있어야 한다고 했다. 이는 새로운 개념의 학습은 이미 알고 있는 개념들을 바탕으로 이루어져야 한다는 것이다. 이 때 학생의 준비도와 표현수단의 능력에 따라 개념을 활동적인 방법, 영상적인 방법, 상징적인 방법을 택하여 표현할 수 있다.

(3) 직관적 사고와 분석적 사고

브루너는 어떤 개념을 학습할 때, 먼저 예측을 하고 그것이 타당한지를 확인하는 방법을 주장하였다. 즉, 직관적 사고에 의한 예측과 분석적 사고에 의한 확인(증명)의 순서로 학습하자는 것이다. 이 방법은 그의 유명한 발견학습 이론으로 연결된다. 그에 따르면 학생들이 교사의 설명을 피동적으로 수용하는 것보다는 스스로의 능동적인 탐구활동을 통하여 새로운 개념이나 원리, 법칙을 발견하는 것이 바람직하다. 이와 같은 학습을 발견학습이라고 한다.

발견학습은 두 가지 측면으로 볼 수 있다. 하나는 고전적인 것으로 플라톤의 『대화편』에 소개된 소크라테스 식의 질문에 의하여 학습자가 알고 있는 것을 재조직하고 회상할 수 있도록 하는 것이다. 다른 하나는 브루너의 발견학습으로 아동은 구체적인 자료를 다루는 가운데, 그가 이해하고 있는 직관적인 규칙성과 대응하는 규칙성을 발견하는 것이다. 이 때, 발견이란 앞서 알게 된 아이디어의 내적인 재조직을 포함한다. 브루너에 의한 발견학습지도의 예로는 딘즈와 공동으로 연구한 '대수 막대 조작을 통한 이차식의 인수분해 이해'를 들 수 있다. 발견학습을 지도할 때에는 구체적 자료의 취급으로 시작되어야 하며, 학생들이 새로운 정보를 찾거나 새로운 결론에 도달하기 위해 정보를 탐구, 조작, 변환하도록 기회를 제공해야 한다. 이러한 발견학습을 통해 학생들은 직관적으로 사고하고 논리적으로 추론하는 등 수학적 지식을 탐구하는 과정과 기술을 습득하게 되며, 지식을 재발견하고 재조직하는 기회를 통해 수학에 대한 자신감을 얻을 수 있다. 또한 지식을 점진적으로 획득하므로 학습 효과가 오래가며 스스로 발견한 과정과 결과를 바탕으로 과거의 지식들을 쉽게 회상할 수 있다. 그러나 발견학습을 통해 모든 지식을 학생 스스로 발견하기는 어려우며, 발견학습을 위해 교사가 준비해야 하는 자료가 많고 학생이 새로운 지식을 발견하는데 시간이 오래 걸린다는 점을 고려해야 한다.

(4) 학습을 위한 동기유발

브루너는 어떤 개념을 지도하기 위해서는 일차적으로 학습자가 그 개념을 학습하고 싶어하는 충분한 동기를 갖게 해야 한다고 한다. 충분한 동기유발 없이는 학습자의 능동적인 탐구활동이 일어나기가 어렵다. 충분한 동기유발과 지속적인 흥미와 관심을 갖게 하는 것은 성공적인 학습지도를 위한 선행조건이다.

위와 같은 브루너의 학습지도 이론들을 분석해 보면, 바람직한 학습이란 단편적인 내용을 암기하고 활용하는 것보다는 학생 스스로 적극적으로 참여하는 탐구 활동을 통하여 수학적 원리나 법칙을 발견하며 그들 사이의 관계를 비교 대조함으로써 수학적 개념이나 원리들 사이의 구조를 형성하여 수학을 학습하는 것이다.

2) EIS 표현 이론

브루너는 지식의 구조와 관련하여 다음과 같은 가설을 주장하였다.

> 어떤 교과든지 지적으로 올바른 형태로 표현하면 어떤 발달단계에 있는 어떤 아동들에게도 효과적으로 가르칠 수 있다.
> 새로운 지식을 만들어 내는 것은 학자들이 하는 것이나 초등학교 3학년 학생이 하는 것을 막론하고 모든 지적 활동은 근본적으로 동일하다.

브루너는 이러한 가설과 관련하여 표현형태는 조금씩 다르지만 발달단계 여하를 막론하고 동일한 교육내용을 어떤 학습자에게도 가르칠 수 있다고 가정하면서 지식의 구조를 활동적(Enactive) 표현, 영상적(Iconic) 표현, 상징적(Symbolic) 표현의 순서로 제시하여 가르칠 수 있다는 EIS 표현 이론을 소개하였다. 여기서 활동적 표현이란 개념을 구체물 또는 물리적 활동을 통해 표현하는 것이며, 영상적 표현이란 개념을 완벽하게 언어로 정의하는 것이 아니라 대략적인 윤곽으로 전달하려는 영상이나 도해로 표현하는 것이며, 상징적 표현은 개념을 논리적 규칙에 맞는 기호 또는 상징체계로 표현하는 것이다. 이 세 단계의 표현 수단에 따라 지도하는 것을 브루너의 나선형 교육이라고 한다. 예를 들어 천칭 사용에 대하여 아주 어린 아동이 시소에서 자기 쪽을 아래로 내려가게 하려면 중심에서 더 멀어져야 한다는 것을 알고 있다. 더 나이가 든 아동은 고리를 매달아 평형을 유지할 수 있는 모델을 이용하거나 그림을 그림으로써 자기 스스로 천칭의 원리를 표현할 수 있다. 마지막으로, 천칭의 원리는 그림의 도움이 없이 일상적인 글로 작성되거나 관성 물리에서 뉴턴의 모멘트의 법칙을 이용하여 수학적으로 보다 훌륭하게 묘사될 수 있다.

3) 지적 성장의 특징

브루너가 학습지도 이론을 제시한 저서 『교육이론에 관하여(Toward a Theory of Instruction)』에는 지적 성장에 관한 다음의 여섯 가지 특징을 소개한다.

(1) 자극과 반응의 분리

브루너에 의하면, 인간의 인지적 성장이란 직접적이고 구체적인 자극으로부터 자기의 반응을 분리하는 능력의 증가이다. 인간은 지적으로 성장함에 따라 자기에게 주어지는 어떤 자극에 대해 반응을 늦추거나 재구성하며 통제할 수 있게 된다. 즉, 브루너의 학습 이론은 자극과 반응의 관계에 의하여 학습을 연구하는 행동주의 심리학자들과는 견해를 달리한다.

(2) 외적 사실의 내면화

학생이 외적인 사실을 자신의 정신적 구조 속에서 내면화함으로써 구체적 사실을 일반화하려는 능력이 향상된다.

(3) 표현 능력(EIS 표현)

동일한 수학적 개념은 아동의 지적 수준에 따라 행동적, 영상적, 상징적 수단으로 표현할 수 있다.

(4) 상호작용의 효과

정신적 발달은 학생과 교사의 체계적이고 구조화된 상호작용에 의존한다. 여기서 교사란 학생을 지도하는 학생, 학부모, 학교 교사를 모두 포함한다. 브루너는 이 이론을 통해 교육의 사회성, 협동성을 주장한다.

(5) 적절한 언어사용

지적 성장은 언어의 사용을 통하여 향상된다. 학생이 이해하고 있는 수학적 아이디어를 표현하고 다른 사람을 설득하기 위해서는 적절한 언어를 구사할 수 있어야 한다.

(6) 다양한 변인의 동시 취급

지적 성장은 여러 가지 변인을 동시에 취급할 수 있게 한다. 지적 성장은 여러 가지 조건을 동시에 고려할 수 있게 하며, 모순성과 대안을 동시에 생각할 수 있게 한다. 즉, 다양한 개념을 비교·대조하여 관계를 생각해 봄으로써 지적 성장을 꾀할 수 있다.

4) 수학과 학습·지도 이론

브루너는 학습에 대한 일반적 이론을 연구하였을 뿐만 아니라 동료들과 함께 수학수업 교실을 여러 차례 관찰하여 수학 학습·지도에 관한 실험을 실시하였다. 그 결과 구성 이론, 기호화 이론, 대조와 다양성 이론 그리고 연결 이론을 제시하였다.

(1) 구성 이론(Construction theorem)

이 이론은 표현의 필요성을 제시한 것으로, 수학적 개념, 원리 또는 법칙을 학습하기 시작하는 학생들에게 가장 좋은 방법은 학생 스스로가 그것의 표현을 구성하여야 한다는 것이다. 전통적인 학습에서 학생들은 교사가 제시한 표현을 분석함으로써 수학적 아이디어를 파악한다. 그러나 브루너는 모든 학생, 특히 어린 학생은 수학적 아이디어를 자기 자신의 표현으로 구성하여야 한다고 믿었다. 그 이유는 학생이 수학적 지식 및 아이디어를 스스로 구성하면 이를 더욱 잘 기억할 수 있으며 적절한 상황에 정확하게 사용할 수 있기 때문이다.

브루너는 완성된 수학적 지식을 학생들에게 전수하는 것이 학생의 학습 동기를 저하시키며 많은 학생들에게 수학 학습의 혼란을 초래한다는 것을 발견하였다. 따라서 교사는 학생들에게 수학적 지식을 제시하여 가르칠 것이 아니라 구체적인 표현 방식을 가지고 학습을 시작하되 학습자 스스로 그 지식의 아이디어를 만들 수 있을 뿐 아니라 다양한 상황에 적응할 수 있도록 수학적 지식에 대한 표현을 형성하는 활동을 허용해야 한다.

(2) 기호화 이론(Notation theorem)

이 이론은 기법 이론 또는 표기 이론이라고도 하며, 여기서 말하는 '기호'는 어떤 사실을 수학적 기호나 모델 등을 사용하여 함축성 있게 표현하는 것을 의미한다. 기호화 이론은 초기의 구성과 표현방식이 학생의 지적 발달 수준에 알맞은 적합한 기호를 포함하고 있다면 그 지식이 학생에게 쉽게 이해된다는 것이다.

수학에서 효과적인 기호체계는 원리를 확장할 수 있게 하며 새로운 원리를 창조할 수 있게 한다. 방정식을 표현하는 적절한 기호 체계를 사용하지 않고는 방정식이나 연립방정식의 풀이에 대한 학습이 매우 느리게 이루어진다. 함수를 $y=f(x)$와 같이 표현하면 초등학생들은 이해하지 못한다. 초등학생들에게는 $\square=2\times\triangle+3$과 같이 함수를 표현하는 것이 $y=2x+3$과 같이 표현하는 것보다 더 잘 이해된다. 따라서 교사는 수학 학습을 통하여 학생들이 사물을 표기하기 위한 다양한 방법, 자료를 정리하기 위한 효과적인 방법 등을 찾도록 격려해 주어야 하며, 기호를 사용한 표기를 효과적으로 활용할 수 있게 하여 수학적 원리를 창조하고 확장시킬 수 있도록 도와야 한다. 나선형식 학습지도는 학생의 지적 성장에 맞는 기호화의 수준을 맞추기 위한 것이다.

(3) 대조와 다양성 이론(Theorem of Contrast and Variation)

이 이론은 수학적 개념의 학습은 그 개념을 독립적으로 학습하는 것보다는 그 개념을 다른 개념과 대조하면서 또는 다양하게 변화하면서 학습할 때 더욱 잘 이루어진다는 것이다. 예를 들어 원호, 현, 할선, 원, 부채꼴, 활꼴 등의 개념은 단독으로 학습하기보다 상호 대조함으로써 더 잘 이해된다. 결국 대조는 수학적 개념을 쉽게 파악하도록 도우며 직관적 파악이 가능하도록 해준다. 또한 수학적 개념 중 대조에 의해 정의할 때 더욱 쉽게 이해되는 경우도 있다. 예를 들면, 유리수를 인식한 학생들에게 무리수를 유리수가 아닌 수라고 정의하기도 한다. 만약 학생들이 수학에서 일반적인 개념을 배우고자 한다면 각각의 새로운 개념은 다양한 예에 의해 설명되어져야 한다. 예를 들면, 집합의 기호를 지도하기 위해 집합의 기호 { }를 사용한 여러 집합의 예를 제시함으로써 학생들은 $\{1, 2, 3, 4\}$는 집합이지만 1, 2, 3, 4는 집합이 아님을 인식할 수 있게 된다.

(4) 연결 이론(Theorem of Connectivity)

이 이론은 개개의 수학적 기능, 개념, 원리는 다른 기능, 개념, 원리에 연결되어 가르쳐지고, 학생들은 여러 가지 수학적 아이디어들 간의 연결성을 알아야 한다는 것이다. 수학의 각 분야에 있는 요소들 사이의 구조화된 연결은 분석적이고 종합적인 수학적 추론을 가능하게 할 뿐만 아니라 수학적 사고에서 직관적 비약도 가능하게 한다. 이러한 수학적 구조 사이의 연결성과 관련성은 수학자들의 가장 중요한 연구 활동이기도 하다. 이와 관련하여 가네는 수학 학습에서 학습과제의 상세화를 주장한 바 있는데, 학습과제의 상세화란 바로 수학적 연결성을 분석하는 것이다.

오늘날 학교 수학은 대수, 기하, 해석 등의 각 영역에서 또는 이들 영역간의 연결성의 지도를 시도하고 있다. 대부분의 수학적 주제들은 다른 수학적 주제들과 연결되어 있으며, 발전적이고 의미 있는 학습이 이루어지기 위해서는 주제들 사이의 연결성을 이해해야 한다.

5) 나선형 교육과정

나선형 교육과정은 달팽이의 집이 위로 갈수록 점점 커지고 넓어지듯이 교육내용을 교과의 기본 구조로 다루면서 시간의 흐름에 따라 점점 폭넓고 깊이 있게 조직해가야 한다는 것이다. 학문의 기본적 개념은 지적 발달단계에 맞추어 처음에는 쉽게 제시하고 단계적으로 계속하여 보다 높은 수준의 나선형의 방식으로 전개한다면 나중에는 어려운 내용을 완전히 이해하게 된다는 것으로 브루너가 말한 지식구조의 활동적·영상적·상징적 표현 방식과 관련하여 해석된다. 이와 같이 나선형 교육과정은 초등지식과 고등지식의 간격을 메우는 뜻에서의 계열에 대한 것이라고 할 수 있다.

8. 오수벨

오수벨(David Paul Ausubel, 1918～2008)은 미국의 심리학자로 뉴욕에서 태어났으며 콜롬비아 대학에서 발달 심리학으로 박사학위를 받았다. 그는 피아제에 영향을 받은 학자이며, 선행조직자라는 중요한 결과물을 남겼다. 1973년 심리학 연구를 마치고 정신의학 분야에 남은 일생을 바쳤다.

1) 유의미(=의미 충실한) 설명식 학습

수학교육 현대화 운동이 활발히 진행되던 1960년대, 대부분의 수학교육자들은 설명식 지도는 학생들이 교사의 설명을 그대로 암기하게 하는 기계적 학습을 하게 하며 발견학습, 탐구학습, 수학 실험실 학습방법이 의미 있는 학습을 하게 하는 교수법이라 생각하였다. 그러나 오수벨은 교사의 설명에 의해 오랜 세대를 거쳐 누적된 지식이 전수되어온 것을 강조하면서 설명식 지도법이야말로 가장 효과적이고 의미 있는 학습을 할 수 있게 하는 방법이라고 주장하였다.

오수벨은 '유의미 설명식 학습 이론'을 소개하면서 교사는 학생들이 이해할 수 있는 방법으로 설명해야 하며 학생은 교사의 설명을 자기의 기존 개념에 관련지어 비판적으로 수용하여야 한다고 언급하였다. 오수벨에 의하면, 발견학습이 반드시 유의미한 학습은 아니며, 수용학습(=설명식 학습)이 반드시 기계적 학습은 아닌 것이다. 오수벨은 『Educational Theory』에 실린 논문에서 유의미 학습과 기계적 학습 사이의 차이점에 대하여 다음과 같이 설명하고 있다.

> 유의미 학습과 기계적 학습의 차이를 수용학습과 발견학습의 차이로 생각하는 경향이 많다. 그 원인은 수용학습은 곧 기계적 학습이며, 발견학습은 유의미 학습이라고 잘못 알려졌기 때문이다. 유의미 학습이란 학습의 과정과 학습의 결과가 모두 의미 있는 학습을 말한다. 과정으로서 유의미 학습은 학습자가 의미 있는 학습자료 세트를 활용하여야 하며 학습하는 자료가 학습자에게 잠정적으로 의미 있는 것이라야 한다. 이 때 학습 자료가 의미 있는 것이라 하더라도 학습자가 그것의 의미를 생각하지 않고 단어의 나열로 암기하려고만 한다면 그 학습의 과정도 학습의 결과도 의미 충실할 수 없다.

이 글에서 오수벨은 학습의 유형을 학습의 과정 및 그 방법에 따라 4가지 유형으로 제시하였는데, 지식이 획득되는 방식에 따라 수용학습(reception learning)과 발견학습(discovery learning)으로 구분하고, 지식이 학습자 자신의 인지구조에 통합되는 방식에 따라 기계적 학습(rote learning)과 유의미 학습(meaningful learning)으로 구분한다. 수용학습은 교사가 학습자들이 학습할 모든 내용을 제시하는 학습형태이며, 발견학습은 학습자 스스로 학습할 내용을 발견하는 학습형태이다. 이 때 수용학습과 발견학습은 각각 유의미 수용학습과 기계적 수용학습 그리고 유의미 발견학습과 기계적 발견학습으로 연결될 수 있다. 유의미 학습은 새로운 지식이 학습자의 기존 지식에 의미 있게 관련 짓는 학습형태이며 기계적 학습은 학습자가 단지 새로운 지식을 기계적으로 반복하여 암기하는 학습형태이다. 보통의 수업은 수용학습과 발견학습 그리고 기계적 학습과 유의미 학습으로 양분된 것이 아니라 다음 [그림 4-2]와 같이 상호 관련된 연속적인 관계를 이루면서 다양한 학습형태로 활용된다.

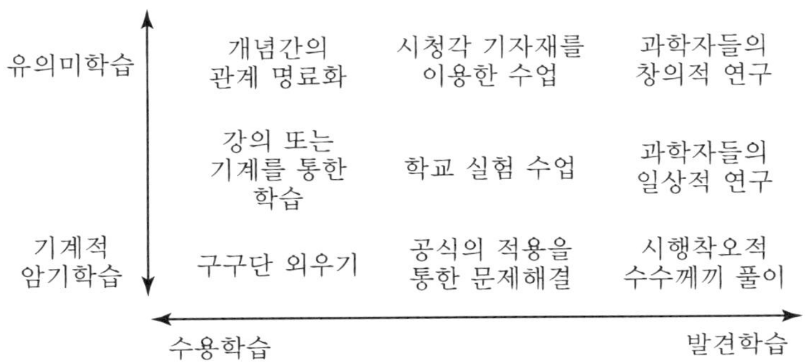

[그림 4-2] 학습형태의 종류와 관계(Novak & Gowin, 1984)

오수벨은 대부분의 학교 수업이 설명식 수용학습의 형태로 이루어지고 있으므로 이와 같은 수용학습이 유의미 학습이 될 수 있도록 하는 것이 중요하다고 주장하였다. 이를 위해 오수벨은 두 가지 조건을 소개하였다. 첫 번째로 학습자 스스로가 의미 있는 학습을 할 수 있도록 지적 조건과 태도를 가지고 있어야 한다. 학습자가 학습 자료를 이해하려고 하는 자세로 학습 과제에 접근하고, 새로 학습한 것을 응용하고, 이전에 학습한 것에 적용하려고 한다면 새로운 과제를 의미 있는 방법으로 학습하게 된다. 만일 학습자가 새로운 정보를 자신의 언어로 나타내려 하지 않는다면 학습한 새로운 과제를 기존의 개념에 관련지을 수 없으며 의미 있는 학습을 할 수 없다. 두 번째로 학습 과제가 학습자가 지니고 있는 인지 구조에 의미 있게 관련되어야 한다. 새로운 수학적 개념과 원리를 이전에 학습한 수학적 구조에 관련지음으로써 학습자는 새로운 자료를 이미 가지고 있는 개념 구조에 동화할 수 있다. 이전의 의미 있는 학습은 새로운 학습이 기계적 학습으로 이어지는 것을 방지하는 역할을 한다.

그러나 유의미 학습을 저해하는 요인도 세 가지가 있다. 첫째 요인은 학생의 지적 발달 수준이 어떤 수학적 개념을 의미 있게 학습하기에 충분하지 못한 것이다. 예를 들면, 만약 학습자가 구체적 조작단계 수준에 있다면 고도로 추상화된 수학적 개념을 의미 있게 학습할 수 없다. 둘째 요인은 학생의 학습 동기 유발이 의미 있는 학습을 하기에 충분하지 못한 것이다. 동기유발이 부족한 학습자는 수학을 의미 있게 학습하려 하기보다는 공식을 암기하고 방법을 익히려하며, 추상적이고 모호한 설명의 수학적 개념이 오히려 의미 있는 설명이라 잘못 인식한다. 셋째 요인은 교사들이 자기가 사용하는 개념의 정의, 문제해결 규칙, 정리의 증명만이 학습자에게 의미가 있다고 오도하는 것이다. 어떤 학습자가 교사가 사용하는 합동의 정의를 내릴 수 있고, 삼각형의 합동에 관한 세 가지의 조건을 알고 있는 것만으로는 삼각형의 합동에 대하여 의미 있게 학습하였다고 할 수는 없지만, 교사는 이를 의미 있게 학습한 것으로 볼 수도 있다.

2) 유의미 설명식 학습의 원리

오수벨은 저서 『Educational Psychology, A Cognitive View(1968)』에서 유의미 학습을 위해서는 학습 자료의 제시가 '점진적 분화의 원리', '통합적 조정의 원리', '선행조직자의 원리'를 만족해야 한다고 언급하였다.

(1) 점진적 분화의 원리

이 원리는 학습할 새로운 개념을 포함하는 더욱 일반화된 구조를 제시한 다음 그것으로부터 점점 구체적이고 세부적인 내용으로 접근하는 것을 의미한다. 예를 들어 직각삼각형의 성질을 학습하기 위해 일반삼각형의 성질을 먼저 학습하여야 하며, 2차방정식의 근에 대한 학습은 고차방정식을 포함한 방정식의 근의 뜻에 대하여 먼저 학습한 다음에 이루어진다. 그리고 이항연산에서 역원의 개념을 지도한 후 복소수의 곱셈에 대한 역원을 지도한다. 이 원리는 하향식으로 구성되는 교과나 인지구조의 유사성에 기초한 것이다.

(2) 통합적 조정의 원리

이 원리는 새로 학습한 개념을 이미 학습한 개념에 관련지음으로써 기존의 개념 구조를 조정하는 것을 의미한다. 이 원리에 의하면 새로 학습한 개념은 이미 학습한 개념들과 관련을 지어 그 구조를 조정할 때 비로소 의미 있는 학습이 가능하다. 예를 들어, 삼각함수는 이전에 학습한 삼각비와 관련지을 때, 또 삼각비는 이전에 학습한 삼각형의 닮음과 관련지을 때 유의미한 학습이 일어나게 된다. 여기서 '통합'이란 한 교과 영역 내의 여러 단원들 사이의 통합을 의미하는 것이지, 여러 교과 사이의 통합을 의미하는 것은 아니다. 이 원리에 의하면 새로이 학습하는 내용은 그 내용이 정착할 수 있을 만한 기존 내용의 정도에 비례하여 학습되고 기억된다.

(3) 선행조직자의 원리

오수벨은 새로운 학습 내용과 학습자의 인지 구조를 관련지어 줄 수 있는 '선행조직자(Advance organizer)'를 소개하였다. 즉, 새로운 학습 내용을 지도하기 위해서는 먼저 그 내용을 포함하는 학습자가 이해할 수 있는 일반화된 구조를 제시하자는 것이다. 여기서 선행조직자란 새로운 학습 내용을 가르치기 전에 제시되는 일종의 도입자로 새로운 학습 내용이 보다 쉽게 기존의 인지 구조 속에 통합될 수 있도록 도와주는 학습 보조 자료 혹은 학습의 연결을 돕는 자료를 말한다. 예를 들면, 어떤 수에 같은 수를 더한 후 뺄 때 그 결과가 처음의 수와 같음을 지도할 때, 즉 임의의 두 실수 a, b에 대하여

$$a+b-b=a$$

를 지도할 때,

'앉다－서다, 잡다－놓다, 펴다－덮다'

는 한 선행조직자가 된다. 이 때 교과서에 전형적으로 나타나는 개관이나 요약 등은 학습과제와 같은 수준의 일반성이나 추상성을 가지므로 선행조직자 개념과 구분된다.

메이어(Mayer)는 선행조직자가 학습을 촉진하는 이유로 첫째, 새로운 학습 과제가 주어졌을 때 그 학습과제에 내포되어 있는 개념과 기존의 인지구조의 개념을 연결시켜주는 유의미한 맥락을 제공해주며 둘째, 이후에 이루어지는 학습과제의 구체적인 정보에 대한 개요를 제공함으로써 학습자의 성취동기를 증가시키기 때문이라고 설명하였다.

9. 딘즈

딘즈(Zoltan Paul Dienes, 1916～)는 헝가리의 부다페스트에서 태어났으며, 영국에서 수학을 공부하여 학위를 얻은 뒤 심리학을 공부했다. 딘즈는 아동이 활동을 통하여 자기 자신 속에서 수학을 건설하게 하는데 교육의 목적을 두었다. 현대화 운동 초기에 딘즈는 조작적 활동을 통해서 아동의 마음속에 현대 수학을 구성하려 한 결과 수학을 흥미 있게 공부할 수 있게 하는 수학적 개념 학습의 원리, 개념 학습의 단계, 수학 학습에 활용할 수 있는 조작자료 개발 등에 많은 공헌을 하였다.

1) 개념형성과 개폐연속체

그는 저서 『Building up Mathematics』에서 수학교육에 대한 견해를 다음과 같이 요약하였다.

> 현재로서는 유치원에서 성인에 이르기까지 어떤 수준의 아동에게도 단지 몇 가지의 방법만으로 수학을 정직하게 지도할 수 있다고 말하기는 어렵다. 매우 많은 어린이들이 수학을 싫어하며, 많은 학생들은 나이가 들수록 매우 단순한 수학마저도 어려움을 느낀다. 솔직히 들여다보면, 대부분의 어린이들은 수학적 개념의 참 의미를 전혀 이해하지 못하고 있다. 잘한다고 해야 복잡한 기호를 조작하는 기교에 맹목적으로 익숙한 정도이며, 최악의 경우는 현재의 학교교육이 필수적으로 요구하는 수학을 전혀 이해하지 못하고 헤매고 있는 것이다. 대다수의 학생들에게는 시험을 보고 나면 더 이상 생각할 필요가 없는 것이 수학이다. 어느 정도의 예외는 있지만 이 상황은 매우 일반적이다. 수학은 일반적으로 어렵고 트릭을 쓰는 것으로 간주된다. 단지, 극소수의 교사가 수학에 심혈을 기울여 수학을 재미있고 덜 어렵게 지도하고 있다.

딘즈는 이러한 현실적인 문제를 해결하기 위해 아동의 내발적 동기, '놀이'로서 조직된 수학 학습 등을 활용하였다. 이러한 딘즈의 활동주의적 수학교육 이론의 이면에는 피아제의 조작적 구성주의가 기본적인 입장으로 놓여 있다. 딘즈는 다음과 같은 자신의 개념형성 3단계론이 피아제의 수학적 개념 발달이론(예를 들어 수의 보존개념의 발달에서의 비보존기, 이행기, 조작적 보존기)에 따른 것이며 그것을 실제의 학습에 적용한 것이라고 명확히 기술하고 있다.

[1단계] 아무런 의식적인 목적도 없는 놀이와 같은 활동에 학습자가 반응을 하는 단계이다. 그러한 놀이 경험은 궁극적으로 이후의 개념 형성에 배경이 된다.
[2단계] 학습자가 놀이 경험에 어떤 구조화가 필요함을 이해하기 시작하여, 개념을 부분적으로 구성하는 단계이다.
[3단계] 학습자는 최종적으로 개념을 형성하며 바른 게슈탈트(Gestalt)를 파악하게 된다.

이와 같은 단계를 거쳐 개념이 형성되면 곧이어 이 개념이 정착된다. 그리고 학습자는 내성적 활동에 의한 분석·검토 및 외적 상황에 응용하게 되며 개념에 보다 정통하게 된다. 그후 형성된 개념은 보다 높은 수준의 새로운 개념 형성을 위한 자료 즉, '놀이'의 대상으로서 이용되며, 결국 보다 높은 수준에서의 보다 객관적인 개념형성을 위한 사이클이 시작되는 것이다. 딘즈는 이처럼 개념형성의 사이클이 연속적으로 일어난다고 생각하였으며 이러한 개념형성의 사이클을 '개폐연속체(open-closed continuum)'라고 불렀다. 즉 개폐연속체란 개념형성 3단계를 거쳐서 일단 형성된 수학적 개념은 '폐(closed)'의 상태가 되지만, 내성적 분석과 외적인 적용의 과정에서 이미 '개(open)'의 상태로 변하여 보다 객관적이고 보다 높은 수준의 재구성이 이루어지는 전체 과정을 의미한다. 딘즈는 이와 같이 구조화되어 가는 한없이 열려진 사고가 수학적 사고의 본질이라 보고 있다.

2) 수학적 개념

딘즈는 수학 학습을 구조의 연구와 구조들의 관계성 규명으로 보았다. 여기서 구조란 개념이며 구조는 초기에는 구체적이고 물리적인 다양한 표현 수단을 통해 제시되며 이 상황에서 학생들이 발견한 것을 추상화, 기호화, 형식화함으로써 지도된다. 딘즈에 의하면 수학적 개념에는 순수 수학적 개념, 기호적 개념, 응용된 개념의 세 유형이 있다. 다음은 수학적 개념 유형을 수의 개념을 예로 하여 설명한 것이다.

① 순수 수학적 개념이란 수의 분류와 수 사이의 관계성을 다루는 것이며 그것을 표현하는 수단과는 전혀 별개의 것이다. 예를 들면, 육, 8, Ⅻ, $1110_{(2)}$, △△△△ 들은 모두 표현의 수단에 관계없이 짝수를 나타내는 것이며, 단지 짝수를 나타내는 표현 수단이 다를 뿐이다.

② 기호적 개념이란 수를 나타내는 방법에 의해 정해지는 수의 성질이다. 십진법에 의한 수 275는 2백 7십 5를 나타내는 것으로 상형문자나 로마 수체계로 나타내면 매우 복잡하여 다루기가 쉽지 않다. 방정식의 경우도 미지수를 문자로 나타내는 방법을 사용함으로써 매우 쉽게 다룰 수 있게 되었으며 오늘날의 수학으로 발전할 수 있게 되었다.

③ 응용된 개념이란 수학의 내·외적 상황에서 문제해결을 위해 순수 수학적 개념과 기호적 개념을 응용한 것이다. 예를 들면, 길이가 일정한 끈으로 넓이가 최대인 직사각형을 만들려면 2차함수의 최댓값이나 산술평균과 기하평균의 개념을 이용해야 한다. 이 때, 2차함수의 최댓값 개념이나 산술평균과 기하평균의 개념은 응용된 개념이다.

수에 관한 수학적 개념의 학습은 위의 세 가지 개념을 차례로 이해할 수 있도록 지도하는 것이다. 그렇지 않으면 맹목적 암기나 기호 조작 또는 기계적 응용에 그칠 수 있기 때문이다.

딘즈는 개념 학습을 자극-반응의 이론으로서는 설명할 수 없는 창조적인 예술로 취급하였다. 그는 모든 추상화는 직관과 구체적인 경험에 의존한다고 믿었다. 그 결과 수학을 지도하는 방법으로 수학실험실, 조작 대상, 수학적 게임 등을 강조하였다. 그에 의하면 수학을 학습하기(즉, 구조를 분류하고 관계성을 규명하기) 위해서 학생들은 다음과 같은 학습 활동을 하여야 한다.

① 수학적 구조와 그들의 논리적 관계성을 분석한다.

② 상이한 몇 개의 구조나 사건으로부터 공통된 속성을 추상하며 그 구조나 사

건을 하나의 소속으로 분류한다.

③ 이미 학습한 수학적 구조를 더 넓은 경우로 확대하여 보다 좁은 범위에서 정의된 유사한 성질들을 포함한다.

④ 이미 학습한 추상화를 사용하여 더욱 복잡하고 더욱 높은 수준의 추상화를 구성한다.

3) 수학적 학습지도 6단계(six stages theory of learning mathematics)

딘즈는 수학 학습을 '놀이'를 통해 구성된 활동이라 보고, 수학 교수·학습 과정을 16년 동안 실험 연구한 결과를 바탕으로 다음과 같이 6단계로 제시하였다.

1단계 : 자유놀이(free play)

이 단계는 구조화되지 않은 활동들로 구성되어 있어, 학생들은 학습해야 할 개념의 물리적이고 구체적인 표현을 경험하고 조작하게 된다. 이 단계의 개념학습은 자유롭고 구조화되지 않아야 하며, 교사는 학생이 조작할 수 있는 풍부하고 다양한 자료를 제공해야 한다. 예를 들어 학생들은 퍼즐, 쌓기 나무, 딘즈 블록 등과 같은 구조적인 자료를 자유롭게 다루면서 이들 자료의 주요 특징을 발견하게 된다. 이 때 대상을 이리 저리 자유롭게 다루면서 소위 '시행착오적' 접근을 하게 된다. 이 단계에서는 자유로운 분위기에서 학생이 주어진 활동에 친밀함을 느끼는 것으로 충분하다. 이 때 학습 소재에 따라 자유놀이 단계가 생략될 수도 있으며 반드시 교구가 활용되어야 하는 것도 아니다.

2단계 : 게임(games)

이 단계에서 학생들은 자유놀이 활동에 내포되어 있는 규칙성과 일반성을 관찰하기 시작한다. 일단 학생들이 규칙과 성질을 발견하면 게임할 준비가 된 것이다. 이 때 학생들은 교사가 만든 게임을 할 수도 있고, 놀이를 어느 정도 경험한 후에는 규칙을 일부 변형하거나 확장하여 새로운 놀이를 만들 수도 있다. 게임을 통해서 학생들은 개념을 경험하게 되며 그 개념의 수학적 구조를 분석하기 시작한다. 따라서 가급적 여러 가지 다양한 모습으로 게임은 제시될 필요가 있으며 이를 위해 딘즈의 '지각적 다양성의 원리'와 '수학적 다양성의 원리'가 활용될 수 있다.

3단계 : 공통성의 탐구(comparison)

학생들은 게임 단계에서 경험했던 몇 가지 게임들을 비교하고, 거기서 드러나는 공통성을 찾게 된다. 예를 들어 여러 번의 게임을 통해 이 게임을 항상 이기기 위한 공통적인 어떤 특성을 발견하게 된다. 이 때 교사는 학생들이 여러 번의 게임에서 이길 수 있는 공통성을 발견할 수 있도록 도와야 한다.

4단계 : 표현(representation)

학생들은 전 단계에서 추출한 공통성을 표나 다이어그램, 도해 등의 시각적인 형태로 표현해 본다. 학생들은 각 예에서 발견한 모든 공통요소들을 다 포함할 수 있는 표현 방법을 개발하거나 교사로부터 배울 필요가 있다. 이 단계의 목적은 전 단계에서 수집된 공통적인 본질을 학습자의 마음속에 정착시키기 위한 것으로 개념의 표현은 예들 보다는 더욱 추상적이며, 개념에 깔려 있는 추상적인 수학적 구조를 더욱 잘 이해하게 도와준다. 단, 이 단계는 학습자의 마음속에 자신이 느낀 어떤 공통성을 나타내고자 하는 욕구가 발생할 때 진행되어야 한다.

5단계 : 기호화(symbolization)

이 단계에서 학생들은 개념을 묘사할 적절한 언어적 수학적 기호를 형성하게 된다. 개념을 표현하기 위해 학생이 자신의 기호적 표현을 창안하는 것이 좋지만 교과서와의 일관성을 유지하기 위해 교사는 학생들이 기호 체계를 선택하는 데 참여하여 지도해야 한다. 예를 들어 학생들이 기호적 표현을 먼저 할 수 있도록 기회를 준 뒤 교과서에 있는 기호와 비교해 보게 할 수 있으며, 문제해결이나 문제의 증명 또는 개념 설명에서 좋은 기호 체계를 학생들에게 소개해줄 수 있다. 단, 규칙성, 공식, 정리 등을 기호로 표현할 때, 그것들에 따르는 조건들을 기호로 분명하게 나타낼 수 없는 경우도 있음을 지적한다.

6단계 : 형식화(formalization)

이 단계에서 학생들은 발견한 공통성을 일반적인 경우로 확장하여 형식화하고 형식화된 개념의 타당성을 증명하며 더불어 문제해결에 응용함으로써 새로운 개념을 완전하게 형성하게 된다.

위의 단계들을 '피타고라스의 정리' 지도에 다음과 같이 활용할 수 있다. 우선 <자유놀이 단계>에서는 학생들에게 다음의 dot paper 위에 여러 모양의 도형을 그리면서 dot paper에 익숙해지도록 한다.

이제 <게임 단계>에서 학생들에게 다음의 질문을 제공한다.

[질문] 여러 크기의 직각삼각형을 그려보세요. 그리고 세 변의 길이를 구해보세요.

학생들은 교사의 질문에 따라 여러 크기의 직각삼각형과 각 직각삼각형의 세 변의 길이를 직접 구해보면서 혹시 직각삼각형의 세 변의 길이 사이에 어떤 공통된 관계식이 성립하는지를 탐구할 수 있도록 교사는 <공통성 탐구단계>를 유도한다. 이제 교사는 학생들이 탐구한 직각삼각형의 세 변의 길이 사이의 관계를 학생이 표현할 수 있는 방법으로 노트에 표현할 수 있도록 <표현 단계>를 안내한다. 그리고 학생들에게 직각삼각형의 세 변의 길이를 각각 a, b, c(이때, 빗변의 길이가 c임)라 소개하면서 스스로 표현한 것을 기호로 나타낼 수 있는 <기호화 단계>로 이끈다. 마지막으로 교사는 지금까지 학생들의 활동을 정리하면서 새로운 성질인 '피타고라스 정리'를 지식적으로 소개하고 그 타당성을 증명해주는 <형식화 단계>를 거친다.

4) 수학 학습 원리

딘즈에게 수학은 테크닉의 정교함이 아니라 관계의 구조이며 수학 학습은 관계의 이해와 개념을 실세계에 적용하는 능력의 획득이다. 딘즈는 이러한 구조 이론에 기초하여 『Building up Mathematics』에서 개념 지도를 위한 4가지 일반 원리를 요약하여 제시하였다. 그가 제시한 개념 학습의 6단계는 이 4가지 원리에서 나온 것이다.

(1) 역동적 원리(dynamic principle)

이 원리는 수학적 개념을 형성하도록 돕기 위해 구조적이며 반영적 사고를 필요로 하는 역동적인 게임을 제공해야 한다는 것이다. 이 원리는 피아제의 개념형성이론을 바탕으로 딘즈가 정리한 개념형성 3단계(예비적 게임, 구조화된 게임, 연습 게임)에 따른 역동적인 정신작용 과정이다. 예비적 게임(preliminary games)은 학습자가 뒤에 일어나게 될 경험과 비교적 관련성이 적은 형태의 활동을 하는 시기이며 구조화된 게임(structured games)은 예비적 게임보다 좀더 짜임새 있으며 어느 정도 형식성을 내포하고 있는 활동을 하는 시기이다. 마지막으로 연습 게임(practice games or analytical games)은 형성된 개념을 고정시키고 작용하는 시기이다. 즉, 역동적 원리는 수학적 개념 형성을 위하여 목표가 불분명하며 그 자체로 즐기는 예비적 게임, 좀 더 방향이 정해지고 목적을 지향하지만 추구하고 있는 것에 대한 명확한 인식이 아직 없는 구조화된 게임 그리고 형성된 개념을 고정시키고 적용하기 위한 연습 게임의 각각을 순차적으로 적절한 시기에 필수적인 경험으로서 제공하여야 한다는 것이다.

(2) 구성의 원리(constructive principle)

이 원리는 게임을 함에 있어서 구성이 분석에 선행하여야 한다는 것이다. 즉, 먼저 게임을 구성하여 게임을 해 본 다음 그 게임의 특성을 분석하는 활동이 뒤따라야 한다는 것이다. 예를 들어, 이차곡선을 지도하기 전에 고깔모양의 종이를 직접 오려보면서 어떤 곡선들이 포함되는지 구성해보도록 하거나 Cabri 3D에서 원추곡선을 확인해보도록 먼저 안내한 다음 원, 타원, 쌍곡선, 포물선을 유도해보면서 분석하도록 할 수 있다. 이 때, 만약 학생이 논리적 판단을 할 준비가 되어 있지 않더라도 대부분의 수학적 개념은 훨씬 쉽게 구성되므로 구성한 것에 대한 논리적 탐구는 자연스럽게 몇 년 후에 나타나게 된다. 따라서 학생들에게 일찍 구성할 수 있는 기회를 다양하게 만들어주어야 한다.

(3) 수학적 다양성의 원리(mathematical variability principle)

수학적 개념은 보통 몇 개의 변인을 포함하는데, 개념을 구성하는 변인들 중 항구적인 관계가 유지되는 것이 수학적 개념이다. 따라서 학습자에게 개념의 성장을 돕기 위해 구조화된 경험을 제공하려면 개념은 변하지 않게 유지하면서 가능한 한 많은 변인을 변화시켜야 한다. 예를 들면, 평행사변형의 개념을 지도하고자 할 때, 대변이 평행하도록 유지하면서 각의 크기나 변의 길이, 위치 등 변화 가능한 요소들을 가능하면 다양하게 변화시켜 제시해야 한다.

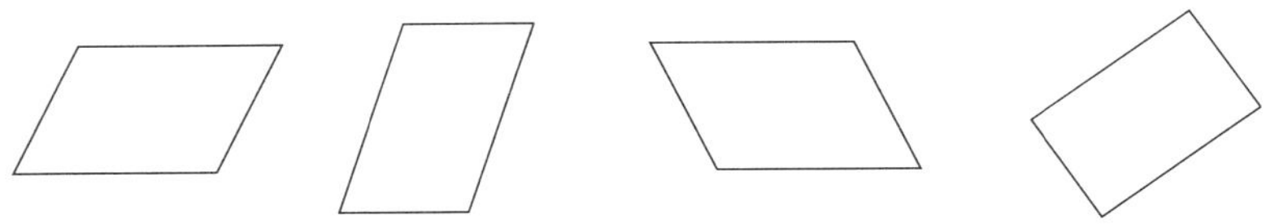

또 정삼각형의 개념을 가르치고자 할 때, 세 변과 세 각의 크기가 같다는 것이 개념의 핵심이므로 방향이나 변의 길이 등을 다양하게 변화시켜 주어야 한다. 이 원리를 활용하면 학생들은 주어진 개념에 대해 연구하는 과정에서 서로 관련된 변인을 체계적으로 분별하면서 수학에서 일반화를 유도할 수 있게 된다.

(4) 지각적 다양성의 원리(perceptual variability principle)

이 원리는 동일한 개념을 형성하는 데 존재하는 개인차를 고려한 원리로서, 수학적 개념을 이해하기 쉽게 지도하기 위해 지각적으로는 다르지만 구조적으로 같은 다양한 형태의 구체물을 활용해서 지도하자는 원리이다. 예를 들어, 평행사변형을 지도할 때, 평행사변형을 종이 위에 그릴 수도 있고, 두 개의 합동인 나무로 된 삼각형으로 만들 수도 있고, 점판 위에 표시할 수도 있고, 벽지의 패턴에서도 찾을 수 있다.

5) 딘즈 블록(Dienes blocks)

딘즈는 수학적 개념을 쉽고 흥미 있게 공부하게 하기 위하여 놀이(게임)를 통한 개념 학습 방법을 제시하면서 구체적인 자료를 개발하였다. 대표적인 자료로 '딘즈 블록'이 있다. 딘즈 블록은 '대수 막대(algebra blocks)' 또는 '다진수 블록

(multibase arithmetic blocks)'이라고도 불린다.

딘즈 블록은 아래 그림과 같은 세트로 구성되어 있으며 중학교 인수분해와 전개를 지도할 때 유용하게 활용된다. 다음은 딘즈 블록을 활용하여 $(a+b)^2 = a^2+2ab+b^2$를 발견하도록 안내하는 과정이다.

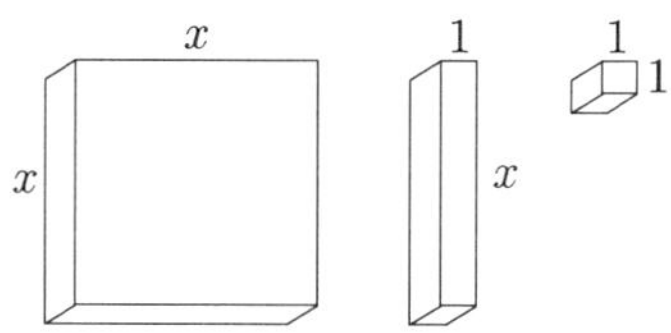

[그림 4-3] 딘즈 블록 세트

학생들에게 가로와 세로의 길이가 각각 x인 정사각형(x^2-사각형), 가로의 길이가 1, 세로의 길이가 x인 직사각형(x-사각형) 그리고 가로와 세로의 길이가 각각 1인 정사각형(1-사각형)을 여러 개 주고 그것을 사용하여 더 큰 사각형을 만들 수 있는지 질문한다. 학생들은 딘즈 블록으로 이 과제를 직접 수행하면서 어떤 공통된 특징을 발견하게 되며 이를 자신의 표기 방법과 기호로 표현한 결과 $(a+b)^2 = a^2+2ab+b^2$임을 발견한다.

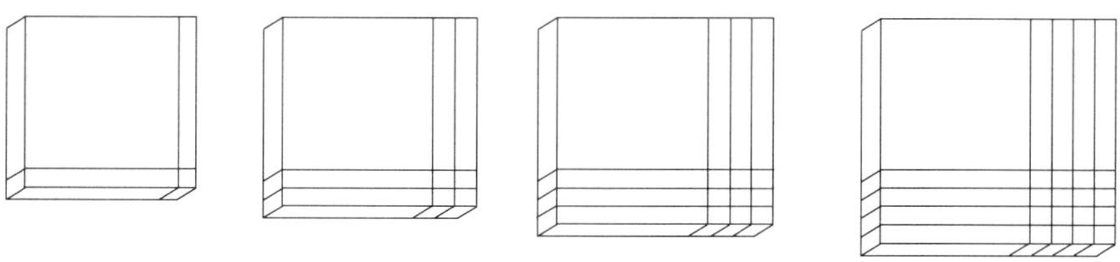

$(a+1)^2 = a^2+2a+1$ $(a+2)^2 = a^2+4a+4$ $(a+3)^2 = a^2+6a+9$ $(a+4)^2 = a^2+8a+16$

딘즈 블록은 서로 다른 진법 체계를 소개할 때에도 효과적으로 활용된다. 10진법 블록을 예로 들어보면, 단위(unit)는 한 개의 정육면체(cube)가 있으며, 10단위인 막대로 된 길이(long), 넓이가 10×10인 정사각형 모양의 평면(flat) 조각, 블록(block)이라고 하는 10×10×10 크기의 큰 정육면체 모양이 있다. 각 조각의 길이에 그 자신을 곱하면, 새로운 물리적 표현을 만들어 낼 수 있는데, 이것은 그 다음의 '거듭제곱'으로 나타내어진다. 길이 10에 10를 곱하면 10×10 또는 10^2 으로 표현되는 평면을 얻을 수 있다. 블록, 평면, 길이는 더 작은 조각들로 조합을 통해서 구성될 수 있다.

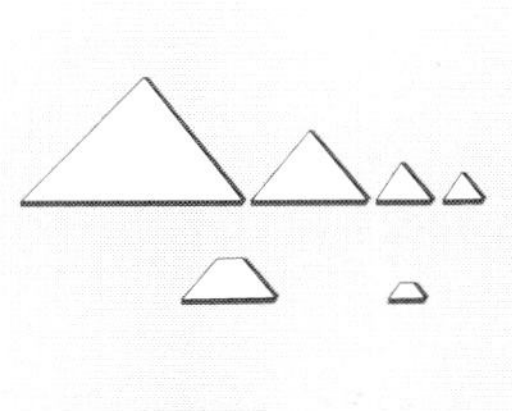

삼각형 사다리꼴의 다진수 블록

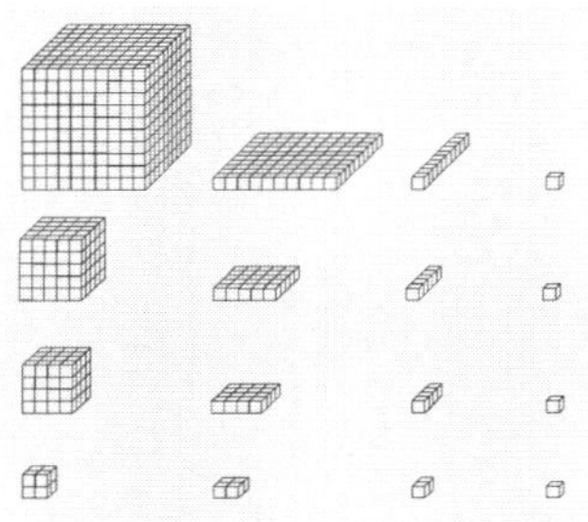

10진법을 나타내는 다진수 블록

10. 스켐프

스켐프(Richard R. Skemp, 1919~1995)는 영국 옥스퍼드 대학에서 수학을 공부하였으며, 이후 중등학교에서 수학을 가르쳤다. 이 때 본인이 교사로서 학생들을 열심히 가르쳤고 학생들도 나름대로 열심히 공부하려고 했으나 수학을 가르치고 학습하는데 있어서 어떤 벽을 느끼게 된다. 그는 이 문제를 해결하기 위해 다시 옥스퍼드 대학원에 진학해서 심리학을 공부했고, 수학학습을 이해하기 위하여 인간의 지능, 동기, 인공두뇌학 등을 공부하였다. 스켐프의 수학 학습지도 이론의 핵심은 스키마 학습(schematic learning)과 반영적 지능(reflective intelligence)이다.

1) 스키마 학습

스켐프는 인간은 다른 동물과는 달리 기존의 지식을 바탕으로 하여 새로운 지식을 습득한다고 본다. 기존 지식의 바탕 없이 새로운 개념의 학습이 매우 어려운 예로 자연수의 덧셈 연산을 할 수 없는 사람은 정수의 덧셈 연산을 할 수 없으며, 함수의 극한 개념을 모르고는 미적분학을 공부할 수 없는 것 등이 있다.

스켐프는 새로운 개념이 어떻게 형성되는가에 관심을 갖고 연구하면서 '서로 관련이 있는 개념들의 구조'를 스키마(schema)라 정의하였다. 앞에서 예로 든 자연수의 연산, 정수의 연산, 함수의 극한 그리고 미적분학 등은 모두 스키마이다. 결국 모든 지식의 구조는 단순한 하나의 개념으로 되어 있든 복잡한 여러 개의 개념으로 되어 있든 모두 스키마이다. 예를 들어 축구와 같은 게임은 감각-운동적 스키마(sensori-motor schema)이며 말하기, 읽기, 쓰기는 지적 교육의 기초가 되는 정신적 스키마(mental schema)이다. 이러한 스키마는 다음 세 가지 기능을 가능하게 한다.

① 기존 지식을 통합(integrate)한다.
② 발전학습을 위한 도구의 역할을 한다.
③ 이해를 가능하게 한다.

스켐프는 이렇게 스키마를 이용하는 학습을 스키마 학습(schematic learning)이라 정의하였다. 스키마 학습이란 기존의 스키마를 새로운 지식의 획득을 위한 수단으로 사용하는 학습이다. 스켐프는 스키마 학습의 효과를 확인하기 위하여 12세의 초등학교 학생들을 대상으로 다음과 같은 실험을 하였다. 그의 실험 방법은 첫날에는 몇 개의 단순한 기호의 의미, 둘째 날에는 두세 개의 기호가 결합된 그림의 의미, 셋째 날에는 네 개의 기호가 결합된 그림의 의미를 지도한 다음 넷째 날에는 일곱 개 이상의 기호로 결합된 복잡한 그림의 의미를 실험집단에는 스키마식 학습 방법으로 지도하고 비교집단에는 암기식 방법으로 학습하게 하였다.

다음은 실험 자료의 몇 가지 예이다.

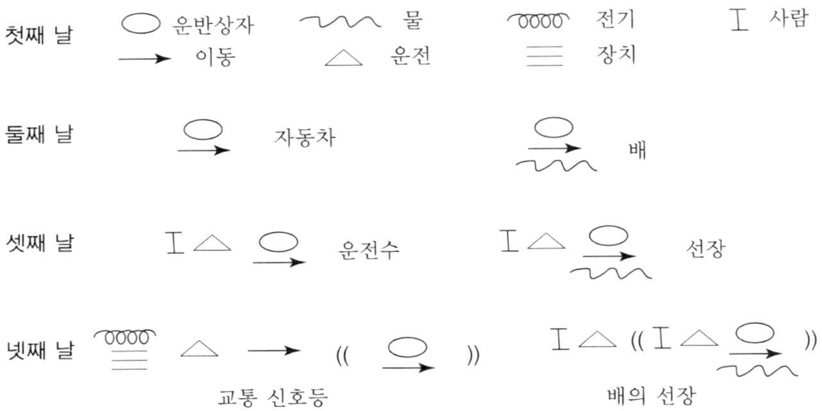

[그림 4-4] 스키마 학습 실험 자료

우선 [그림 4-4]의 기본적인 개념들을 학생들에게 먼저 숙지시킨다. 이 개념은 기존의 스키마가 되어, 학생들은 그 중 몇 개를 가지고 새로운 개념을 형성할 수 있다. 자동차를 설명할 때, 운반상자(⬭)가 이동한다(──▶)라는 개념들의 모음으로 가르쳐주는 것과 같이 기본 개념들 중 2개나 3개를 가지고 그림처럼 자동차, 배, 운전수, 선장, 교통신호등, 배의 선장 등 새로운 개념을 스스로 이해하고 구성할 수 있다. 그 결과는 스키마 학습에 의한 기억 능력이 월등히 높았다. 이 실험 연구는 스키마 학습이 학습의 효과도 높여줄 뿐만 아니라 많은 시간이 지난 후에 이것과 관련된 과제를 학습할 때도 좋은 영향을 미침을 입증해 주었다. 또, 스켐프에 의하면 스키마 학습은 대부분의 학생들에게 더욱 흥미가 있다고 한다. 하지만 스키마 학습의 단점도 무시할 수 없다. 스키마 학습은 기존 스키마가 잘못 형성되어 있는 경우 그 다음 학습에 심대한 영향을 미친다. 또한 잘못된 스키마 학습은 망각률이 높은 기계적 학습보다도 훨씬 더 위험하다. 따라서 학습이 진행되는 동안 잘못된 스키마를 형성하지 않도록 교사는 각별한 주의를 기울여야 한다.

2) 수학적 개념의 이해

(1) 도구적 이해(instrumental understanding)와 관계적 이해(relational understanding)

더욱 높은 수준의 학습은 동화(assimilation)나 조절(accommodation)에 의하여 이루어진다. 동화나 조절이 적절히 이루어지지 못하면 의미 없는 기계적 학습이 되고 만다. 따라서 새로운 개념을 지도하고자 할 때는 동화나 조절이 잘 이루어지도록 기존의 스키마를 잘 활용해야 하며, 필요하면 이를 위한 선수적인 스키마를 먼저 형성하도록 도와야 한다. 이와 같이 동화나 조절에 의하여 새로운 개념을 이해하는 것을 '관계적 이해'라 하고, 그렇지 못한 것을 '도구적 이해' 또는 '기계적 이해'라고 한다.

스켐프의 이론에 의하면 관계적 이해는 '대부분 우리가 생각하는 것처럼 무엇을 해야 하는지 그리고 왜 하는지를 알고 있는 상태 그리고 일반적인 수학적 관계로부터 특별한 공식이나 과정을 끌어내는 능력'이며, 도구적 이해는 진정한 수학에 대한 이해 없이 '수학적 원리나 법칙을 암기하여 이를 특정한 문제 해결에 적용할 수 있는 능력'을 말한다. 예를 들어 '한붓그리기(traverse)[9]'가 가능한 다양한 예를 통해 공식을 안내하고 그 이유를 설명한 집단과 한붓그리기의 공식만을 가르친 집단이 있다고 하자. 두 집단은 한붓그리기 공식만을 이용하여 해결하는 문제에서 결과가 크게 차이나지 않으나 복잡한 한붓그리기 문제에서 그 성취도가 매우 다르게 나타난다.

스켐프는 수학 학습·지도에서 궁극적으로 수학적 개념에 대한 관계적 이해를 목표로 해야 한다고 주장하였다. 그럼에도 불구하고 많은 교사나 학생들이 도구적 이해를 바탕으로 수학을 가르치고 배우는 이유는 첫째, 문맥 자체로 보면 도구적 수학이 사용하기 쉽기 때문이며 둘째, 도구적 이해를 통하여 수학 문제를 풀면 즉각적이며 명백한 성취감을 줄 수 있기 때문이다. 예를 들어 '음수 곱하기 음수는 양수이다'는 쉽게 기억할 수 있으며, 만약 원하는 것이 정답만을 구하는 것이라면 빠르고 쉽게 결과를 얻을 수 있다. 하지만 이러한 도구적 이해를 동반한 학습에는 다음과 같은 약점이 있다.

① 학습할 공식의 양이 많아지면 이 모두를 암기하기가 힘들어진다. 모두가 특정한 과제를 수행하는 방법만 배운다면 암기해야 할 내용이 점점 많아지고, 결국에는 모든 내용을 정확하게 암기하지 못하여 잘못 적용할 수 있다.

② 쉽게 잊어버릴 수 있다. 즉 도구적으로 이해한 내용은 문제의 정확한 답을

---

9 모든 변을 꼭 한 번만 지나도록 연필을 떼지 않고 변을 따라서 그 도형을 그릴 수 있다.

구하는데 효과적일 수 있으나 쉽게 잊어버리게 된다.

③ 수학적 개념 구조를 확장하기 어렵다. 즉 특정 공식을 유도해 낸다든가 하는 질적, 유기적으로 성장하는 부분에 어려움을 갖게 된다.

④ 수학에 대하여 내적 동기유발이 불가능하다. 문제를 풀고 정답을 맞히면서 흥미를 느끼는 것은 가능하나 수학이 좀 더 복잡해지고 어려워진다면 결국 문제를 해결할 수 없게 되어 흥미를 잃고 수학을 싫어하게 된다.

관계적 이해는 다음과 같은 이유로 도구적 이해에 비해 장점을 지닌다.

① 관계적으로 이해한 내용들은 새로운 과제에 적응하는데 도움이 된다. 관계적 이해는 어떤 방법을 사용해야 하는지 알려주며 주어진 문제에 그 방법이 어떻게 관련되는지도 안내한다. 또한 새로운 문제에 관계적으로 이해한 방법을 사용할 수 있는지 사용할 수 없는지 구분할 수 있도록 해준다.

② 기억하기가 더 쉽다. 각각의 공식을 관련된 전체의 부분으로서 기억하면 그들이 어떻게 관련되어 있는지를 알게 되고 학습된 내용이 오래 지속될 수 있다.

③ 관계적으로 이해하는 학습은 그 자체가 학습의 목적이 된다.

④ 관계적으로 이해한 개념 구조는 질적으로 유기적이다. 만약 학생이 관계적 이해를 통해 만족을 얻게 되면 새로운 자료를 관계적으로 이해하려고 노력할 뿐 아니라 마치 나무가 영양분을 찾아서 뿌리를 뻗어나가거나 동물이 먹이를 찾아 새로운 지역을 탐구하듯이 능동적으로 새로운 자료를 찾고 새로운 분야를 탐구하게 된다.

하지만 관계적 이해가 더 바람직하다는 것을 아는 교사조차도 다음과 같은 이유로 도구적 이해로 가르치는 경향이 있다.

① 관계적으로 이해시키는데 많은 시간이 필요하다.

② 학생들이 특정 주제를 배우기 위한 기초적 학습이 전혀 되어 있지 않다.

③ 학생들이 관계적으로 이해했는지 평가하기가 쉽지 않다.

④ 관계적 이해로 지도하기 위해선 고도의 능력을 필요로 한다.

(2) 기호적 이해(symbolic understanding)와 논리적 이해(logical understanding)[10]

기호적 이해란 수학적 기호체계와 표기를 적절한 수학적 아이디어와 관련짓는 능력이다. 스켐프에 의하면 기호적 체계의 이해와 사용은 수학적 의사소통, 지식의 기록, 새로운 개념의 전달, 다기준 분류, 설명, 반영적 활동, 구조의 규명, 알고리즘의 자동화 등에 효과적이다. 예를 들어 학생이 572를 세 개의 숫자가 나란히 쓰여 진 것으로 해석하지 않고, $5 \times 10^2 + 7 \times 10 + 2$로 표시되는 하나의 수로 바르게 해석하였다면 이는 기호적으로 이해한 것이다.

논리적 이해란 주어진 가정과 공리나 정리와 같이 이미 참이라고 확인된 수학적 지식을 적절히 선택하여 논리적 추론 고리에 따라 기술하는 것을 보여줄 수 있는 능력을 의미한다. 예를 들어 어느 학생이 다음과 같이 방정식을 풀었다고 하자.

$$
\begin{aligned}
x + 3 &= 7 \\
&= 7 - 3 \\
&= 4
\end{aligned}
$$

이 학생에게 왜 이렇게 풀었는지 물었을 때, '제일 윗줄에서 x에 3을 더하면 7이 되므로 우리는 7에서 3을 빼어 x가 얼마인지 찾을 수 있어요'라고 대답하였다고 하자. 이 학생은 관계적 이해(방정식을 참인 명제로 만드는 x의 값을 구하는 것에 관련된)의 관점에서 틀린 것이 전혀 없음을 알 수 있다. 그러나 이 학생은 연속되는 명제 사이에서 함의의 관계와 관련되는 논리적 이해가 부족한 것이다. 관계적 이해가 자신을 확신시키는 이해라면 논리적 이해는 다른 사람을 확신시킬 수 있는 이해이다.

3) 반영적 지능(reflective intelligence)과 지적 학습(intelligent learning)

스켐프는 지능을 구분하여 설명하기 위하여 어떤 유명한 수학 교수에 대한 일화를 소개하였다.

10 스켐프는 관계적 이해와 도구적 이해를 발표한 이후 바이어스(V. Byers)와 허스코빅스(N. Herscovics)의 형식적 이해를 보완·발전시켜 논리적 이해와 기호적 이해를 제시함으로써, 이해를 모두 4가지로 구분하였다.

수학적 소양이 있는 청중들에게 강연을 하는 중에 칠판 위에 수학적 명제를 쓰면서 "물론 이 명제는 명백합니다"라고 말했다. 다시 한번 살펴본 후 그는 "적어도 나는 이 명제가 명백하다고 생각합니다"라고 말했다. 그러고 나서 점점 의심스러워하더니 "실례합니다"라고 말하고 종이와 펜을 들고서 약 20분간 그곳을 떠났다. 그는 미소를 머금고 돌아와서는 승리한 듯이 다음과 같이 말했다. "맞았어요, 여러분. 이 명제는 명백합니다"라고 말했다.

여기서 첫 번째 "물론 이 명제는 명백합니다"는 이 명제가 참임을 직관적으로 받아들일 수 있음을 나타내는 말이며, 마지막의 "맞았어요. 여러분, 이 명제는 명백합니다"는 논리적으로 분석해서 직관적 수용이 정당하였음을 확신하는 것을 나타낸다. 결국 어떤 것이 확실하다는 것과 왜 확실한지 아는 것은 별개의 문제라는 의미이다. 여기서 스켐프는 전자와 관련하여 직관적 지능을, 후자와 관련하여 반영적 지능을 구분하고 있다. 직관적이란 어떤 사물에 대하여 즉시적으로 반응하는 것이고 반영적이란 직관적 사고의 결과에 대한 반성을 통해 직관적 사고를 가능하게 한 개념 체계를 재조정하는 것이다. 다음 [그림 4-5]는 반영적 지능 체계를 도식화한 것이다.

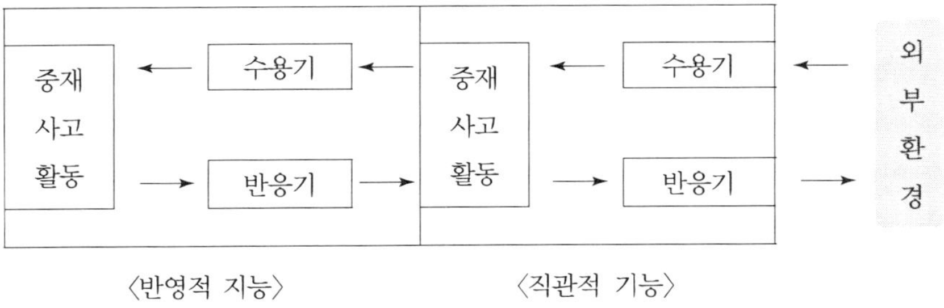

[그림 4-5] 반영적 지능 체계

오른쪽 부분은 직관적 지능 체계를 나타낸 것으로 환경으로부터 눈이나 귀와 같은 수용기(receptor)를 통해 다양한 형태의 감각 자료를 받아들여 중재사고활동(intervening mental activities)에서 직관적으로 사고 활동을 한 다음 그 환경에 대해 반응기(근육; effectors)를 사용하여 개인에 따라 다양한 행동을 하는 것이다. 예를 들면, 축구에서 상대방을 피해 공을 우리 팀 쪽으로 차는 것은 직관적 지능에 의한 것이다. 또는 3×4의 값을 물었을 때 학생이 12라고 즉시 대답했다면

이 계산은 직관적 사고에 의해 이루어진 것이다. 이 때, 많은 경우 직관적 지능에서는 중재사고활동을 거치지 않고도 성공적으로 이루어진다. 왼쪽 부분은 직관적 지능 체계에 의하여 이루어진 사고 활동을 반영적 지능 체계에 받아들여 중재사고활동이라는 개념체계에 의하여 사고를 한 다음 반응기를 통해 이전 단계에 있는 중재사고활동에 영향을 주는 것이다. 반영적 지능에서 인식되고 활동되는 대상은 정신적 대상이며 이들은 사고활동(thinking)으로 조작할 수 있다. 모든 수학적 활동은 정신적 활동이므로 수학을 할 수 있는 능력은 반영적 지능과 관계됨을 알 수 있다. 예를 들어 16×25의 값이 400임을 설명하라고 하였을 때 학생이 $4 \times (4 \times 25) = 4 \times 100 = 400$라 설명하였다면 이 설명은 곱셈의 결합법칙을 이용한 반영적 사고에 의해 이루어진 것이다. 이렇게 학생이 자신의 스키마를 어떻게 사용하는지에 대해 어느 정도의 반영적 사고를 하게 되면, 더욱 중요한 단계로 도약할 수 있게 되며 스키마를 표현할 수 있고 새로운 스키마를 만들고 이것에 기초해서 새로운 계획을 세울 수 있다. 더 나아가서 위의 풀이 이후 24×25, 25×25 등의 다른 문제들도 풀 수 있게 된다. 결국 이 학생은 특정한 문제에 대한 답만 아는 것이 아닌 간단한 스키마를 형성하게 된 것이다.

스켐프는 학습 유형을 습관적 학습(habit learning)과 지적 학습(intelligent learning)으로 구분하였다. 습관적 학습이란 행동주의 심리학자들이 동물을 대상으로 실험한 자극-반응의 원리에 의하여 학습하는 것을 뜻한다. 즉, 학생들의 바람직한 반응에 보상 효과를 줌으로써 그 반응을 습관화하는 것이다. 의미를 생각하지 않고 수학적 개념의 정의나 공식을 암기하는 것은 습관적 학습이다. 습관적 학습은 기능향상에 도움이 되지만 새로운 상황에의 적용력이 떨어지며 방해가 될 수 있다. 지적 학습이란 반영적 지능 체계를 활용하여 학습목표로 접근하는 학습이다. 즉 학습자의 현재 상태를 학습자가 달성하고자 하는 목표 상태로 학습자의 상태를 바꾸는 것이다. 학습자의 상태를 바꾸기 위해서는 수용기관을 통해 정보를 입수하여 내적으로 표상하고 그것을 조정자라는 지시 체계(director system)를 이용하여 목표상태에 도달하게 된다. 즉, 감지기를 통하여 외부 환경에 있는 피동자(operand)를 인지하여 현재 상태로 하고 이것을 목표 상태와 비교한 다음 그 차이를 줄이기 위한 계획을 수립하고 계획을 실천하기 위한 행동이 이어진다. 이렇게 하여 수정된 결과를 다시 목표 상태와 비교하여 차이가 있을 경우 위의 과정을 반복함으로써 현재 상태와 목표 상태가 일치하게 하는 것이 지적 학습의 과정이다.

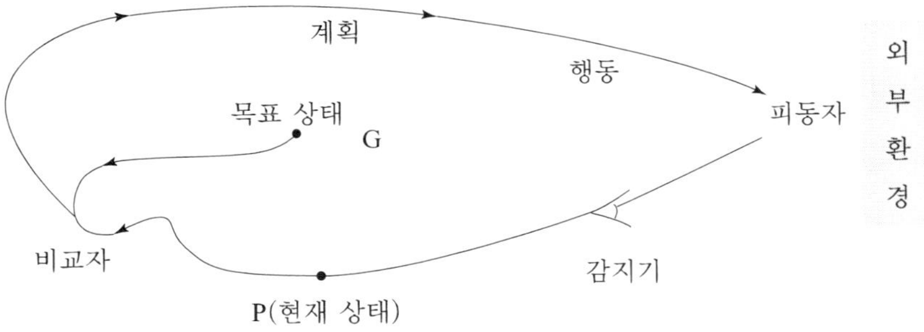

[그림 4-6] 지시체계

지적 학습의 목표는 지식구조(knowledge structure)를 구성하는 것이다. 지식구조에 상반되는 개념으로서 고정된 계획(fixed plan)이 있다. 고정된 계획이란 어떤 과제를 처리하는 과정을 고정해 둔 것이고, 지식구조는 현재 상태와 목표 상태의 관계를 구조화한 것이다. 예를 들면, 아래 그림과 같이 복잡한 도시의 한 복판에 있는 학교에서 A45 고속도로를 찾아 나오려고 할 때, 길을 찾는 방법을

좌회전, 좌회전, 좌회전, 약간 우회전, 직진, 좌회전

이라고 가르쳐준 것은 고정된 계획이고, 현재 상태인 학교와 목표 상태인 고속도로 사이의 모든 관계를 지도로 나타낸 것은 지식구조인 것이다.

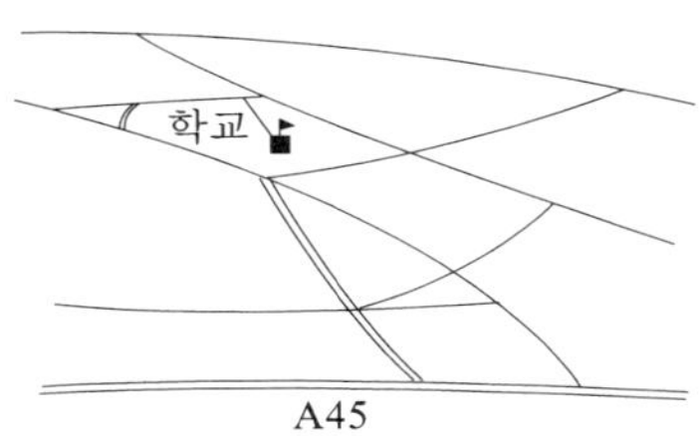

고정된 계획에서는 실수하기가 쉬울 뿐만 아니라 실수를 하면 수정하기도 매우 어렵지만, 지식 구조에서는 중간에서 실수를 하더라도 곧 그 부분을 찾고 수정하기가 용이하다. 결국 수학 학습에서 지적 학습이 습관적 학습보다 더 중요할 수

있다. 하지만 이 둘은 학습 상황에 따라 모두 필요하며 스켐프에 의하면 습관적 학습을 5%, 지적 학습을 95%의 비율로 하는 것이 바람직하다.

11. 프로이덴탈

프로이덴탈(Hans Freudenthal, 1905～1990)은 네덜란드의 수학자이며 문학, 철학, 역사 그리고 수학교육에 관심을 보인 수학교육학자이다. 프로이덴탈은 1970년대부터 초등학교 수학교육에 관심을 갖고 수학 교수·학습에 대한 이론적·실제적 연구를 시행하였으며 그 결과 '인간 활동으로서의 수학'을 강조한 수학 교수·학습인 '현실주의 수학교육(Realistic Mathematics Education : RME)'을 강조하였다. 프로이덴탈은 1971년 Utrecht 대학에 IOWO 연구소를 세웠으며 이는 1990년대 프로이덴탈 연구소로 개칭되었다. 현재 RME는 프로이덴탈의 아이디어를 지지하는 사람들이 수십 년 간 연구해 온 수학교육의 한 사조이다. 이 사조는 한편으로는 미국에서 네덜란드로 밀려올 것 같은 '새 수학(New Math)'에 대한 반작용이었고, 다른 한편으로는 그 당시 네덜란드 수학교육의 지배적인 접근방식인 '기계적 수학교육'에 대한 반작용이기도 하였다.

1) 수학화(Mathematising)

프로이덴탈은 완성된 수학(ready-made mathematics)을 지도하는 것이 아니라, 수학화(mathematising)를 지도해야 한다고 주장하였다. 그는 수학화라는 용어 사용에 대하여 "이 용어는 누가 만들었다고 할 수 없을 정도로 자연스러운 용어이며, 마치 공리를 만들기 위해 공리화(axiomasing)를 하여야 하며, 형식을 만들기 위해 형식화(formalising)를 하여야 하며, 스키마를 만들기 위해 스키마화(schematising)[11]

11 공리화라 수학적 연구의 분야를 재조직하기 위해 공리적 체계를 형성하는 것을 의미한다. 형식화란 수학적 언어와 일상적 언어 또는 기호적 언어를 정돈하고, 조정하며, 변형하는 과정을 의미한다. 특히 현대 수학은 내용보다는 형식을 강조한다. 즉, 경험이나 직관으로 충분히 인식할 수 있는 내용도 반드시 어떤 형식(증명)으로 표현되어야 한다. 본래 인간은 자기의 경험이나 활동을 범례적인(paradigmatical) 것으로 만들며, 그들을 추상하여 법칙이나 규칙으로 일반화하며, 실제에 적응하기

를 하여야 하는 것처럼 수학을 만들기 위해서는 수학화를 하여야 하는 것은 당연하다."고 소개하였다.

프로이덴탈에 의하면, 수학화란 현상(reality)이 수학을 포함한 다양한 것들의 영향을 받아서 변하고, 넓어지고, 깊어짐이 계속되는 과정이다. 즉 현상이 수학을 포함한 어떤 수단에 의하여 조직되는 과정이라고 할 수 있다. 여기서 현상이란 실생활 소재일 수도 있으며, 수학화할 학습자가 이미 알고 있는 수학일 수도 있다. 따라서 현상의 확장은 학습자 개인과 일상생활에 의해 좌우됨을 알아야 한다.

중등학교 수준에서 수학화에 의해 수학을 지도한다는 것은 학습자 스스로가 실제적인 현상으로부터 새로운 스키마와 형식 즉 개념이나 원리, 법칙을 이해하고 만들 수 있으며, 활용할 수 있게 하는 것이다. 나아가서는 공리계를 이해하고 만들 수 있게 하는 것이다. 수학화의 한 예로서 다음과 같은 학습과제를 생각할 수 있다.

[예 1] 수직선상에 있는 두 점 16과 72의 중점을 찾아라.

〈풀이〉 이 문제를 해결하기 위해 학생들은 두 수의 양 끝에서 같은 수만큼 덜어내어도 중점의 위치는 바뀌지 않음을 파악하고, 처음에는 1씩 덜어내다가 나중에는 큰 수인 10씩 덜어내기 시작한다. 이렇게 하여 중점의 좌표가 44임을 찾아낸다. 이 활동을 통하여 두 수 a, b 사이의 중점의 좌표는 a에 $\frac{1}{2}(b-a)$를 더한 것과 같음을 알아내고, a, b의 중점의 좌표가

$$a+\frac{1}{2}(b-a)=\frac{1}{2}(a+b)$$

임을 알아낸다.

기하에 관한 수학화의 예로 다음과 같은 과제를 생각할 수 있다.

[예 2] 그림과 같이 다섯 개의 점이 있다. 하나의 꺾은선을 그어 다섯 점을 모두 지나게 하려고 한다. 몇 가지의 다른 그림을 그릴 수 있는가?

위해 스키마(schema)를 만드는 습관이 있다. 스키마를 만드는 활동을 스키마화라고 한다. 공리화와 형식화가 형식을 강조한다면, 스키마화는 내용을 강조한다고 할 수 있다.

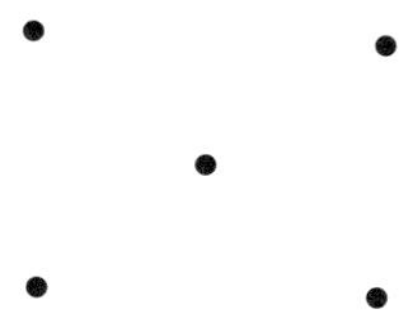

〈풀이〉 이 문제를 해결하기 위하여 처음 할 과제는 '다른 그림'의 뜻이 스키마화되어야 한다. 여기서 다른 그림이란 평행이동이나 회전이동에 의하여 합동이 아닌 그림을 뜻한다. 다음으로는 다른 그림을 세는 방법을 체계화하여야 한다. 예를 들면 가운데 점을 중심으로 하여 그것이 처음으로 지나는 경우, 두 번째로 지나는 경우, 세 번째로 지나는 경우 … 등과 같이 계속할 수 있다.

2) 수평적 수학화와 수직적 수학화

트레퍼스(Treffers)가 1978년 논문에서 처음으로 수평적 수학화(horizontal mathematising)와 수직적 수학화(vertical mathematising)를 구분하였다. 수평적 수학화란 문제를 수학적으로 처리할 수 있게 하는 것이고, 수직적 수학화는 수학적 처리를 더욱 세련되게 하는 것이다. 다시 말해, 수평적 수학화는 실생활의 세계에서 기호의 세계로 나아가는 것이며 수직적 수학화는 기호의 세계에서 기호들이 만들어지고 세련되며 조작되면서 다시 기호의 세계로 나아가는 것이다. 수학자의 실생활[12]은 수학을 다루는 것이며 이를 감안하여 프로이덴탈은 실생활에 대한 정의를 수학적 대상도 포함하도록 확대한 것이다. 즉, 수평적 수학화와 수직적 수학화의 차이점은 객관적으로 구별되는 것이 아니라, 사람에 따라, 환경에 따라 달라질 수 있다는 것이다. 수평적 수학화와 수직적 수학화의 예로서 다음을 생각할 수 있다.

[예 1] 아무렇게 흩어져 있는 구슬의 개수를 세어야 하는 문제가 있다. 이 구슬을 세기 위해 직사각형으로 배열하거나 세기를 하기 위하여 몇 개씩 묶는 것은 수평적 수학화를 하는 것이다. 체계화된 구슬을 보고 개수를 세기 위해 덧셈이나 곱셈을 적용하는 것은 수직적 수학화를 하는 것이다.

---

12 여기서 실생활이란 수학자가 현재 알고 있는 지식을 의미한다.

[예 2] 파스칼의 삼각형에서 한 행의 $r-1$번째 수와 r번째 수의 합이 그 다음 행의 r번째 수와 같다는 규칙성을 알아내는 것은 수평적 수학화이며, 이항계수의 수들을 조합의 기호를 사용하여 나타내는 것은 수직적 수학화이다.

3) 수학과 학습지도 원리

프로이덴탈은 만인을 위한 수학 교육을 지향하며, 수학 교수·학습에서 수학화의 과정을 경험시킴으로써 수학의 유용성을 알도록 하는 것을 중시하였다. 여기서 수학화를 경험시킨다는 것은 학습자로 하여금 주어진 상황으로부터 수학화의 활동을 통해 학습하고자 하는 수학을 구성하고 활용해 가게 하는 것을 뜻한다. 프로이덴탈에 의하면, 수학화의 활동을 통하지 않은 수학 학습은 완성된 수학을 익히며 그것을 활용하는 데 중점을 두는 학습이며 결국 수학을 이해하기보다는 기계적으로 학습하는 것이다. 그 결과 학생들의 창의적인 수학적 사고력과 문제해결력이 저하된다. 프로이덴탈은 '안내된 재발명, 수준 상승 그리고 문맥수학'을 학습지도 원리로 소개하였다.

(1) 안내된 재발명(guided reinvention)과 사고실험(Thought experiment)

안내된 재발명이란 학생들이 수학이 발명되는 과정과 유사한 과정을 경험할 수 있도록 교사가 안내해야 한다는 것으로 학생들에게 수학화의 과정을 경험시킬 수 있는 방법을 의미한다. 이 원리는 학습의 발생주의 입장과 활동주의 입장에 기초를 두면서, 학습은 학생들의 활동을 통하여 이루어져야 하며, 구체적인 경험적 학습으로부터 점진적으로 추상적이고 형식적인 학습으로 진행되어 가야 한다는 것이다. 이 때, 어떤 수학적 개념이 발생 발달한 그대로의 방법과 순서로 학습하게 하는 것이 아니라 그 개념을 더욱 효과적으로 학습할 수 있게 하기 위하여 교사가 발생 발달의 과정을 이상적으로 조정한 다음 학생들이 이 과정을 따라 발생주의 입장에서 학습할 수 있게 하자는 것이다.

프로이덴탈은 교사가 지도할 내용을 조정하기 위하여 사고실험을 하여야 한다고 강조하였다. 여기서 사고실험이란 교사가 실제로 지도하고자 하는 내용을 가상적인 학생들에게 지도하는 과정을 생각하면서 지도할 내용을 조정하고 계열화하는 과정이다. 이 때 가상적인 학생들은 매우 활동적이며 적극적으로 학습에 참여하는 것을 전제로 함으로써 교사는 학습과정에서 일어날 수 있는 모든 경우들을 생각하여야 하며, 각 경우에 대해 어떻게 반응하여야 할지를 결정해 두어야 한다.

(2) 학습과정의 수준 상승

프로이덴탈에 의하면, 어떤 단계에서 학습의 결과로 얻은 것은 다음 단계에서 다시 학습의 대상이 되며 이와 같은 반복 작용에 의해 학습의 수준이 상승된다. 이는 현상과 본질의 교대작용에 의하여 학습 수준이 상승된다는 것인데, 여기서 현상(phenomenon)이란 연구의 대상을 말하며, 본질(noumenon)이란 연구의 결과 당연한 것으로 받아들여진 것을 뜻한다. 예를 들어 '함수 $f(x)$가 폐구간 $[a,\ b]$에서 연속이고, $f(a) \neq f(b)$일 때, $f(a)$와 $f(b)$ 사이의 임의의 값 k에 대하여 $f(c)=k$(단, $a<c<b$) 인 c가 적어도 하나 존재한다.'라는 본질에 대하여 다음 두 상황은 현상이 될 수 있다.

- 오늘 최저 기온은 -5℃이고 최고 기온은 6℃였다. 오늘 기온이 0℃인 순간이 있었을까?
- 오늘 보니 우리 딸의 키가 나보다 크다. 나와 우리 딸의 키가 같은 순간이 있었을까?

프로이덴탈에 의하면 학습 수준의 상승은 연속적인 것이 아니라 비약적인(jump) 것이며, 이러한 생각은 제자인 반힐의 연구에서 확인할 수 있다.

(3) 문맥 수학

수학화의 방법으로 수학을 학습하게 하려면 학생들이 관심과 흥미를 갖고 상상력을 발휘할 수 있는 현실적인 풍부한 문맥에서 수학 학습을 하는 것이 바람직하다. 여기서 문맥(situation)이란 어떤 구체적인 수업 과정에서 학생들에게 열려 있는 수학화되어야 할 현실의 영역을 말한다. 교사는 학생들에게 흥미와 호기심 및 도전감을 촉진하는 적절하고도 풍부한 문맥을 개발하고 학습지도에 활용하여야 한다. 예를 들어 집합에 대하여 지식을 가진 학생들이 '모든'과 '어떤'이라는 개념을 학습하도록 안내하기 위해 교사는 적절한 [탐구활동]을 소개하여 학생들에게 직접적인 학습 이전에 흥미와 호기심을 갖도록 할 수 있다.

12. 반힐

정사각형은 인지하지만 그것의 정의를 모르는 학생, 정사각형이 직사각형이나 평행사변형인 것을 이해하지 못하는 학생, 도형이 그려 있는 방향에 따라 정사각형, 마름모, 평행사변형을 혼동하는 학생 또는 이미 알고 있는 것에 관해 증명하는 것을 불평하는 학생들이 중·고등학교에 많이 있다. 네덜란드의 교육자인 Dina van Hiele-Geldof와 남편인 Pierre Marie van Hiele은 이러한 현상에 대하여 연구하여 기하의 이해에는 다섯 수준이 있음을 제시하였다. 이 다섯 수준을 기하적 사고의 발달 모델(The Model of the Development of Geometric Thought : van Hiele model)이라고 한다. 더불어 반힐 부부는 이 모델의 각 수준을 학습하기 위한 5단계의 학습 단계도 제시하였다.

반힐 모델은 Utrecht 대학에서 반힐 부부가 동시에 받은 박사학위 논문에 잘 나타났으며, 후에 Pierre Marie van Hiele는 이 이론을 더욱 발전시켰다. 소련에서는 1960년대 반힐 모델에 적합하게 기하 교육과정을 개정하였으며, 1970년대 미국의 아이작 월접(Izaak Wirszup)가 반힐 모델에 대해 연구하고 발표하였다. 비슷한 시기에 반힐의 대학 교수인 프로이덴탈은 『Mathematics as an Educational Task (1973)』이라는 그의 저서에 반힐 모델을 소개하였다. 그 후 10년 동안 미국에서 반힐의 공헌에 대한 관심이 점점 증가하였고 1984년 두 편의 주요 연구물이 영어로 번역되면서 관심이 고조되었다. 그 결과 반힐 모델은 NCTM의 기준(Standards)의 기하 부분에 영향을 주었다.

1) 기하적 사고의 발달 모델[13]

반힐이 제시한 기하적 사고의 발달 모델은 시각화(visualization), 분석(analysis), 비형식적 연역(informal deduction), 형식적 연역(formal deduction), 엄밀(rigor)의 다섯 수준으로 구성된다. van Hiele은 기하학습이 이 다섯 수준의 순서대로 이루어져야 한다고 주장하였다. 각 단계의 특성은 다음과 같다(Crowley, 1987).

수준 0(기본단계) : 시각화

시각화 수준에서 학생들은 공간(space)을 자기들의 주위에 존재하는 어떤 것으로 인식하며 기하적 개념을 구성요소나 그 특성을 갖는 대상으로 인식하기보다 전체적인 대상으로 받아들인다. 즉 주변 대상을 외관에 따른 모양과 기하학적 외형에 의해 감지하며 보이는 도형의 모양을 인식하고 보이는 이미지로 도형을 표현한다. 또한 이 수준의 학생들은 기하의 용어를 배울 수 있으며, 구체화된 도형을 식별하고 도형이 주어졌을 때 그것을 똑같이 그려낸다. 예를 들어, 다음 [그림 4-7]을 보고 이들은 이전에 본 정사각형 또는 직사각형과 비슷한 모양이기 때문에 (a)는 정사각형들이고 (b)는 직사각형들이라 인식한다. 또, 이 도형들을 기하판이나 모눈종이에 그대로 옮긴다.

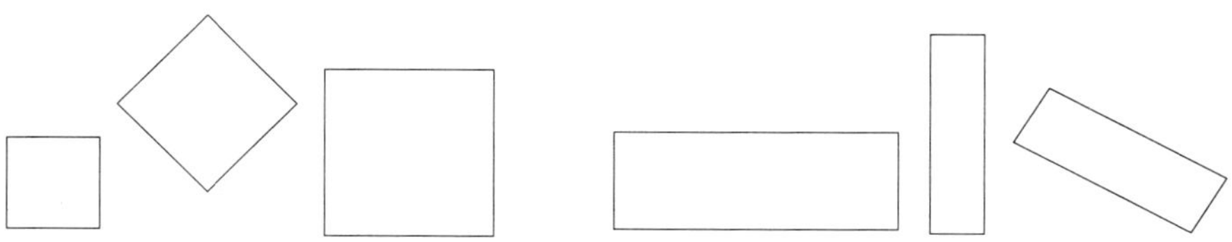

(a) (b)

[그림 4-7]

수준 1 : 분석

이 수준에서는 기하 개념의 분석이 시작된다. 즉, 관찰과 실험을 통해 학생들은

13 처음 반힐은 학생의 사고 수준을 제0수준, 제1수준, 제2수준, 제3수준, 제4수준으로 구분하였다. 그러나 Usiskin의 Chicago project에서 제0수준에도 미치지 못하는 아동이 있음에 주목하고 반힐 모델에서의 제0수준을 제1수준으로 수정하고 기초수준(시각적 수준)에도 미치지 못하는 아동을 제0수준으로 정하였다.

도형의 성질을 식별하기 시작하며, 발견된 도형의 성질은 도형의 유형을 개념화하는데 사용된다. 결국 도형을 구성 요소를 갖는 것으로 인식하며 구성요소에 의해 도형을 인식하게 된다. 예를 들어 다음 [그림 4-8]과 같이 가로와 세로로 평행선이 그어진 종이가 주어지면 학생들은 크기가 같은 각을 색으로 칠하는 활동을 통하여 평행사변형의 대각의 크기는 서로 같다는 사실을 확신한다. 더불어 그와 같은 여러 가지 예를 사용해 본 후 평행사변형의 집합에 대한 일반적인 성질을 만든다.

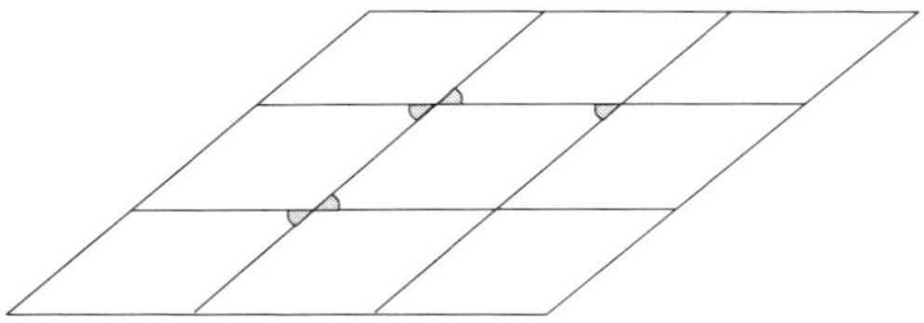

[그림 4-8]

그러나 이 수준에 있는 학생들은 성질 간의 관계를 설명할 수 없으며, 도형 간의 상호 관련성도 보지 못하며, 정의도 이해하지 못한다.

수준 2 : 비형식적 연역

이 수준의 학생들은 한 도형 내에서 또는 도형 사이에서 성질들의 상호 관련성을 확립할 수 있다. 예를 들어 '한 사각형에서 마주 보는 변들이 서로 평행하기 위해서는 마주 보는 각의 크기가 서로 같아야 한다', '정사각형은 직사각형이 갖고 있는 모든 성질을 가지고 있기 때문에 정사각형은 직사각형이다'와 같이 관계를 확립할 수 있다. 따라서 이 수준의 학생들은 도형의 성질들을 연역(deduce)할 수 있고, 도형의 유(類, classes)를 인식하며, 도형의 유의 포함관계를 이해한다. 학생들은 정의를 이해할 수 있으며, 비형식적으로 논의 할 수 있다. 이 수준의 학생들은 엄밀한 연역의 중요성이나 공리의 역할을 이해하지는 못하지만 경험적으로 얻어진 결과들은 연역적 기술과 함께 결합하여 종종 사용된다. 형식적 증명을 따라 할 수 있으나 논리적인 순서가 어떻게 대체될 수 있는지를 알지 못하며, 다른 가정이나 친숙하지 못한 가정으로부터 어떻게 증명해야 할지 알지 못한다.

수준 3 : 형식적 연역

이 수준의 학생들은 공리체계 안에서 기하의 이론을 정립하는 한 방법으로서 연역의 중요성을 이해하며, 무정의 용어, 공리, 공준, 정의, 정리, 증명의 역할과 상호 관련성을 인식한다. 또한 증명을 단지 암기하여 알기보다 스스로 구성한다. 한 증명이 두 가지 방법 이상으로 전개될 수 있음을 인식하며 필요조건과 충분조건의 상호관계를 이해하고 명제와 그 역의 차이점을 이해한다.

수준 4 : 엄밀

이 수준의 학생은 비유클리드 기하학을 학습할 수 있으며, 다른 공리체계들을 비교할 수 있는 등 다양한 공리 체계 안에서 학습하는 것이 가능하다. 또한 기하를 추상적인 것으로 인식하게 된다. 이 마지막 수준은 반힐에게 거의 관심이 없었으며 가장 적게 연구된 부분으로 반힐은 처음 세 수준에 특별히 관심을 갖고 연구한 것으로 알려져 있다. 왜냐하면 대부분의 고등학교 기하가 수준 3에서 지도되기 때문이며, 따라서 반힐의 연구 대부분은 수준 3이하의 수준에 집중되어 있다.

반힐은 기하적 사고 발달 모델의 각 수준에 대하여 구체적인 특성을 제시한데 이어 이 모델의 특징을 5가지로 정리하였다. 이 특징은 교수·학습을 결정하는데 안내 역할을 하기 때문에 기하적 사고 발달 모델을 활용하는 사람들에게 중요한 의미가 부여된다.

(1) 계열성(Sequential)

대부분의 발달 이론처럼, 학습자는 기하적 사고 수준의 정해진 순서대로 수준을 통과해야 한다. 한 수준의 기능을 성공적으로 하기 위해서 학습자는 앞 수준의 전략을 습득해야만 한다. 즉 하위수준(n-1수준)을 충분히 습득해야만 상위수준(n수준)에 도달할 수 있다. 따라서 기하 수준의 비약이란 있을 수 없다.

(2) 전진성(Advancement)

모든 학습자가 같은 속도로 각 수준을 통과하는 것은 아니며, 한 수준에서 다음 수준으로의 발전은 나이에 의존하기보다 교수·학습의 내용이나 방법에 더 많이 의존한다. 어떤 교수·학습 방법은 한 수준에서 다른 수준으로의 진행 속도를 촉진하는가 하면, 다른 방법은 지루하게 할 수도 있으며 심지어는 진행을 불가능하게 하기도 한다.

(3) 본질성과 비본질성(Intrinsic and extrinsic)

한 수준에서의 수단은 다음 수준에서 연구의 대상이 된다. 예를 들어 수준 0에서는 사각형을 형태로만 인식하지만 수준 1이 되면 사각형의 형태를 연구의 대상으로 하여 사각형에는 네 개의 각과 네 개의 변으로 되어 있음을 안다.

고찰 \ 수준	수준 0	수준 1	수준 2	수준 3	수준 4
대상(비본질)	주변의 사물	도형	성질	명제	논리
수단(본질)	도형	성질	명제	논리	

(4) 언어성(Linguistics)

각 수준은 그 수준만의 언어적 기호와 그 기호들을 연결하는 고유한 관계 체계가 있다. 따라서 한 수준에서 '옳은' 관계가 다음 수준에서 수정될 수 있다. 예를 들어 정사각형을 직사각형이나 평행사변형이라 볼 수 있는 것처럼 하나의 도형이 여러 개의 이름을 동시에 가질 수 있는데, 수준 1의 학생은 이런 경우를 이해하지 못하지만 수준 2의 학생은 쉽게 이해한다.

(5) 불일치성 (Mismatch)

학습자의 수준과 수업의 수준이 다르면 기대하는 학습의 성과가 일어나지 않을 수 있다. 특히 교사, 교수·학습 자료, 내용, 어휘 등이 학습자의 수준보다 높으면 학습자는 진행과정을 따라갈 수 없다.

2) 교수·학습 단계(Phases of learning) 이론

반힐 부부는 사고 수준의 진행은 학습자의 연령이나 신체적 성숙보다는 교육에 더 많이 의존한다고 주장했다. 따라서 교육 내용이나 재제만큼 지도의 방법이나 조직이 교수학적 측면에서 중요한 영역이 된다. 이 부분을 강조하기 위해 반힐

부부는 질의 안내(Inquiry/Information), 안내된 탐구(Directed Orientation), 명료화(Explication), 자유로운 탐구(Free Orientation), 통합(Integration)이라는 연속적인 5가지 학습 단계를 제안했다. 그들은 교육이 이러한 단계를 거치면서 새로운 수준을 습득함에 따라 발전한다고 주장했다. 마름모를 가지고 각 단계의 특징을 살펴보면 다음과 같다.

단계 1 : 질의 안내

이 단계에서 교사와 학생은 학생의 수준에 맞게 공부할 대상에 관해 대화하고 활동한다. 관찰이 이루어지고, 질문이 제시되며, 학생의 수준에 맞는 어휘가 도입된다. 예를 들면, 교사는 2수준에 있는 학생들에게 "마름모가 무엇이니? 정사각형은? 평행사변형은 무엇이니? 그 도형들은 어떤 점이 닮았니? 다른 점은? 정사각형이 마름모가 될 수 있다고 생각되니? 마름모가 정사각형이 될 수 있을까? 왜 그렇게 말할 수 있니?" 등의 질문을 한다. 이 활동의 목적은 첫째, 교사는 학생들이 주제에 대하여 갖고 있는 사전 지식이 무엇인지를 파악하고 둘째, 학생은 앞으로 학습할 과제의 방향이 무엇인지 배우기 위해서이다.

단계 2 : 안내된 탐구

학생들은 교사가 주의를 기울여 계열화한 자료들을 통하여 학습 주제를 탐구한다. 이 때, 학생들에게 구조적 특성을 점진적으로 보여주어야 하며 따라서 자료들은 구체적인 반응을 하도록 고안된 짧은 과제여야 한다. 예를 들어, 교사는 학생들이 기하판을 사용하여 대각선의 길이가 같은 마름모꼴, 더 큰 마름모꼴, 더 작은 마름모꼴 등을 만들도록 요구할 수 있다. 또는 직각이 4개인 마름모꼴, 3개인 마름모꼴, 2개인 마름모꼴, 1개인 마름모꼴 등을 만들어 보도록 할 수도 있다.

이 활동의 목적은 이 수준의 구조를 점진적으로 나타내게 하기 위해서이다.

단계 3 : 명료화

학생들은 자신들의 사전 경험을 기초로 하여 관찰해온 구조에 관해 견해를 표현하고 서로 교환한다. 교사는 학생들에게 정확하고 적절한 언어를 사용할 것을 촉구하는 것 외에 교사의 역할을 최소로 해야 한다. 이 단계 동안 관계체계가 분명해지기 시작한다. 마름모꼴을 지도하는 상황에서 학생들은 앞의 활동에서 나타난 모양과 성질이 무엇인지에 대해 서로서로 또는 교사와 토의한다.

이 활동의 목적은 이 수준의 관계체계를 분명하게 하기 위해서이다.

단계 4 : 자유로운 탐구

학생들은 많은 단계를 거치는 과제, 여러 가지 방법으로 완성할 수 있는 과제, open-ended 과제 등 좀 더 복잡한 과제를 접한다. 학생들은 이러한 과제 안에서 자신의 방법을 발견하거나 과제를 해결하면서 좀 더 다양한 경험들을 쌓게 된다. 또한 학생들 스스로가 조사 영역을 설정함으로써 연구 대상 사이의 많은 관계가 학생들에게 명확해지기도 한다. 예를 들어 "종이를 반으로 접고, 다시 반으로 접어라. 접은 모양에서 귀퉁이를 잘라낸다면 어떤 모양이 될지 상상해 보아라. 종이를 자르기 전에 자신의 답을 설명하여 보아라. 30도의 각으로 귀퉁이를 자른다면 어떤 모양이 될까? 45도의 각으로 자른다면 어떻게 될까? 대각선들이 교차하는 점의 각을 설명해 보아라. 교점은 대각선 위의 어떤 점인가? 마름모의 넓이는 두 대각선의 곱의 1/2에 의해 나타나는 이유가 무엇일까?"

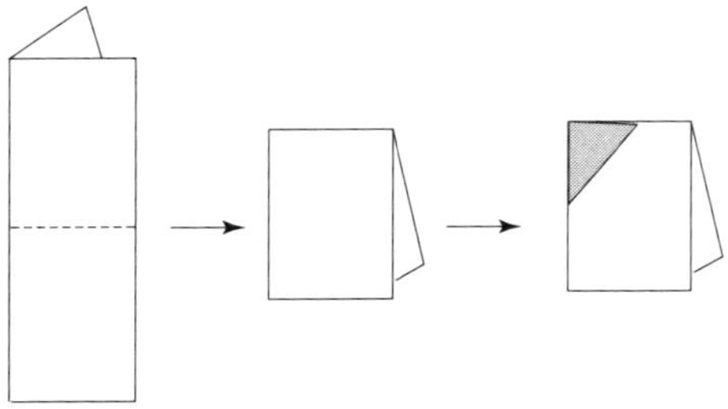

[그림 4-9]

단계 5 : 통합

학생들은 대상과 관계의 새로운 망을 형성하기 위해 그들이 학습한 것을 복습하고 요약한다. 이 때 교사는 학생들이 배운 것에 대하여 '전체적인 측면을 제시함으로써' 학생들이 새로운 지식을 통합하도록 도움을 줄 수 있다. 그러나 이 요약에는 어떤 새로운 것이 포함되어 있으면 안 된다. 다섯 번째 단계의 마지막에서 학생들은 새로운 사고 수준을 얻게 된다. 즉, 학생들에게 새로운 사고 수준이 시작되며 학생들은 이 수준에서 교수·학습 단계를 반복할 준비를 한다. 예를 들어 이 단계에서 학생들은 '마름모는 … 성질이 있다'로 요약한다. 더불어 마름모의 성질에 대한 위의 단계를 모두 거친 학생들은 2수준에서 3수준으로 이행하게 된다.

반힐의 교수·학습 다섯 단계를 직접 교수에 적용하는 데 있어서, 교사는 학생들의 필요에 따라 특별한 단계를 몇 시간 동안 계속해서 진행할 수도 있고 또한 여러 단계를 몇 번이고 되풀이할 수도 있다.

13. 브루소

프랑스의 수학교육학자인 브루소(Guy Brousseau, 1933 ~)는 1970년부터 1990년까지 20여년에 걸쳐 '훌륭한 수학 교수·학습 상황'에 대하여 연구한 결과를 『Theory of Didactical Situations in Mathematics』에 소개하였다.

1) 브루소의 교수학적 상황론

브루소는 '수학 교수학적 상황'을 학습자가 어떤 수학적 지식을 학습하도록 하는 것을 목표로 하는 교사, 학습자, 환경 사이의 관계 상황 그리고 교사가 교수학적 의도가 담긴 문제 상황 속에서 학습자와 상호 작용하는 상황으로 소개하였다. 이 때, 브루소는 교수학적 의도와 관련하여 교수 상황을 '교수학적 상황'과 '비교수학적 상황'으로 구분하여 설명하였다. 교수학적 상황이란 교사가 학생들에게 제시할 문제를 사려 깊게 선택하여 학생들에게 인지적 불균형을 야기시키고 기대했던 적응을 이끌어 내려고 시도하는 상황이며, 비교수학적 상황이란 교사의 중재 없이도 학생이 수학적 지식을 구성해 낼 수 있는 상황이다. 학습의 최종 목적은 학생들이 학교수학의 목표를 달성하면서 궁극적으로 자기 스스로의 학습이 가능한 단계에 이르게 할 수 있는 상황으로 교수학적 상황에서 비교수학적 상황으로의 이행과 적응이라 할 수 있다.

브루소와 오트(Otte)는 교수학적 상황에서 교사와 학생의 관계를 명백한 것은 아니지만, 일종의 계약, 곧 '교수학적 계약(didactical contract)'으로 설명한다. 즉, 교사는 학생에게 수학적 지식을 가르쳐야 하고 학생은 그것을 배워야 한다는 것

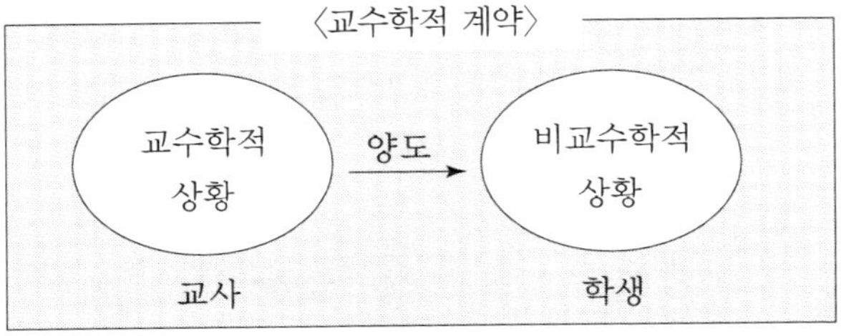

[그림 4-10] 교수학적 계약 과정

이다. 이러한 계약은 암묵적으로 존재하면서 교사와 학생을 압박하고 그들의 행동을 통제하지만 결국 교수학적 계약을 통해 학생들은 교수학적 상황에서 비교수학적 상황으로 이동하게 되고 학습이 교사에서 학생으로 양도되는 것이다.

결국 교수학적 상황은 궁극적으로 학생들에게 잘 양도될 수 있는 수업이 되도록 계획되어야 한다.

교수학적 상황은 가르칠 지식의 교수학적 이해를 위한 분석과 가르칠 대상인 학생들을 고려하여 지식을 재구성하는 것으로 구분된다. 이 때, 교과서 저자나 수학교사는 형식적인 수학적 지식을 보다 의미있게 가르치기 위해서 그 지식의 근원, 의미, 동기, 쓰임새를 분석하게 된다. 쉐발라드(Yves Chevallard)는 학문적 지식을 교수학적 지식으로 변환하는 것, 교육적 의도에 의해 지식을 변형하는 것을 지식의 '교수학적 변환(didactical transposition)'이라고 불렀다. 즉, 쉐발라드는 교육을 통하여 다루어지는 지식을 학문적 지식, 가르칠 지식 그리고 학습된(가르쳐진) 지식으로 구분하고 이들이 어떻게 관련되는가를 확인하고자 하였다.

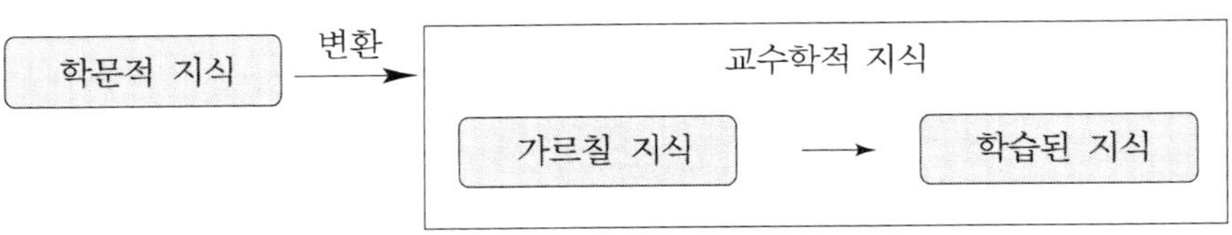

[그림 4-11] 교수학적 변환 과정

학문적 지식은 교육 내용으로 재구성되기 이전의 지식, 가르칠 지식은 교육내용으로 선정되어 재조직된 지식 그리고 학습된 지식은 교육이 이루어진 후에 구성되는 지식을 의미한다. 교실에서는 지식을 효율적으로 학습하도록 교수학적 변환을 하는 것과 더불어 학생의 인식론적 두 과정, 즉 개인화/배경화와 탈개인화/탈배경화의 과정을 균형있게 조화시켜 지식의 파손성을 조절해 나가야 한다. 개인화/배경화와 탈개인화/탈배경화는 브루소가 지식을 이해하고 표현하는 과정으로 설명한 것으로[14] 개인화/배경화는 지식을 깨닫는 과정에 대한 개념이며 탈개인화/탈배경화는 깨달은 지식을 일반적으로 표현하는 과정에 대한 개념이다. 만약 교사가 수학적 지식의 이면에 들어 있는 아이디어를 살려내어 다룬다면 학생의 개인화/배경화를 위해 노력하고 있는 것이며, 교사에 의해 살려낸 지식을 학생이 구조적으로 정돈하여 형식적으로 표현하게 되면 탈개인화/탈배경화 과정을 거치는 것이다. 교사는 학생들로 하여금 수학적 지식이 배경화되고 개인화되는 상황과, 그 상황으로부터 탈배경화, 탈개인화되는 상황 모두를 경험하도록 해야 한다. 다음 그림은 교수학적 변환과 관련한 전체 흐름도이다.

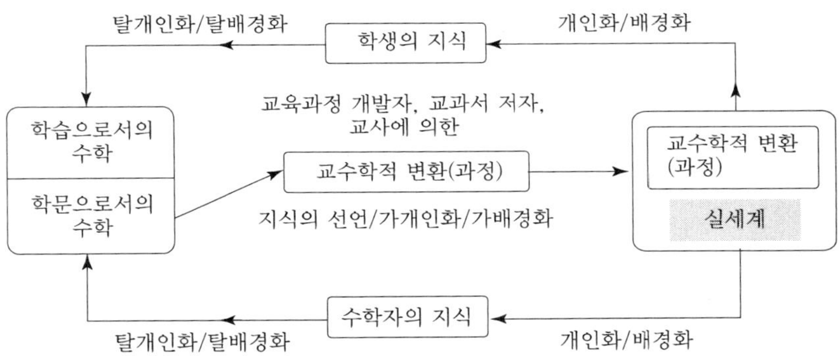

[그림 4-12] 교수학적 변환의 흐름

이 때, 교사에게 중요한 것은 탈개인화, 탈배경화된 지식이 효과적인 모습으로 학생에 의해서도 탈개인화되고 탈배경화되도록 하는 것이다. 이러한 목적을 달성하기 위해 교사가 지식을 변형하는 과정에서 교사는 극단적인 현상을 낳을 수도 있다. 즉 개인화/배경화 또는 탈개인화/탈배경화 과정을 과도하게 강조하거나 경시하는 데에서 극단적인 현상 4가지(메타인지 이동, 형식적 고착, 쥬르뎅 효과, 토파즈 효과)가 발생할 수 있다. 메타-인지 이동은 학생의 개인화/배경화 과정을

14 1985년 쉐발라드의 논의에서도 이들 개념은 다루어졌으나, 브루소가 보다 명확하게 이들 개념을 이론화하여 교수 현상을 설명하는 근거로 삼았다.

지나치게 강조한 결과이고, 형식적 고착은 학생의 개인화/배경화 과정을 과소평가한 결과이다. 쥬르뎅 효과는 학생의 탈개인화/탈배경화 과정을 지나치게 과대평가한 결과이며, 토파즈 효과는 학생의 탈개인화/탈배경화 과정을 간과한 결과이다.

(1) 메타-인지적 이동(meta-cognitive shift)

메타-인지적 이동이란 학생의 개인화/배경화의 과정을 용이하게 하기 위해 교사의 교수학적 노력의 초점이 수학적 지식이 아닌 그가 만든 교수학적 고안물로 이동한 것을 말한다. 이러한 메타-인지적 이동은 주로 추상적인 개념이나 학생들이 일상생활에서 경험해 보지 못한 개념을 설명하기 위해 교사가 고민하는 과정에서 일어날 수 있다. 예를 들어 확률개념의 교육에 컴퓨터를 이용할 때, 교사도 학생도 컴퓨터라는 도구를 이용해야 하기 때문에 컴퓨터의 구조와 특성이 확률개념보다 관심의 대상이 될 수 있다. 또 다른 예로는 확률과 통계 단원의 조합 개념을 도입하기 위해 5명씩 이루어진 각 모둠에서 2명을 대표로 뽑는 방법이 몇 가지인지 모둠별로 알아보도록 할 때, 어느 모둠에서는 가위바위보를 하자, 제비뽑기를 하자는 등의 의견이 분분하고, 다른 모둠에서는 각 경우를 수형도로 나타낼 것인지, 표로 나타낼 것인지 결정하느라 많은 시간을 소비한다면 이는 메타-인지적 이동이 된 상황이다.

(2) 형식적 고착(formal abidance)

형식적 고착이란 공식화된 지식의 논리적 표현을 곧바로 제시하고 메타-인지적 전략을 무시하고 지식의 은유적 사용을 억제하는 상황이다. 다른 이름으로는 '메타-수학적 이동'이라고 불리기도 한다. 전형적인 예로는 유클리드 『원론』이나 수학적 지식의 연역적 표현을 들 수 있다. 또는 일반적인 법칙을 먼저 소개하고 난 후 예제를 소개하는 수업으로 예를 들어 $(a+b)^m$에 대한 이항공식이 주어지고 난 후 $(x+y)^5$이나 $(x+y)^{-4}$과 같은 특수한 경우의 전개 방법을 설명하는 것이다. 만약 교사 자신에게 확실하지 않은 수학적 지식을 지도해야 한다거나 학생들에게 설명을 하기가 부적절한 내용을 지도해야 할 때 형식적인 알고리즘에 의해 가르치려는 교사는 형식적 고착을 범한 것으로 볼 수 있다.

(3) 쥬르뎅 효과(Jordan effect)

쥬르뎅 효과란 교사가 특정한 지식에 대해 학생과 토론하기도 어렵고 그렇다고 가르칠 수 없음을 인정하기 어려울 때 그러한 곤란을 피하기 위하여 마치 학생들의 행동이나 반응에서 (특정한) 지식이 형성되었다고 인정하는 것이다. 예를 들어 여러 개의 작은 요구르트 병이나 색칠한 그림 등으로 약간 기이한 조작을 해낸 아동에게 '너는 방금 클라인 군을 발견했어'라고 말해주는 것이다. 이 때 학생은 단순하게 인식한 후 옳은 답을 내었을 뿐인데 교사는 이러한 행동을 학문적이면서 수학적, 인식론적으로 가치있게 본다. 또 다른 예로는 중등교사신규임용후보자 선정경쟁시험으로 출제된 다음의 수업 상황에서 김 교사는 진영이의 행동에 대해 쥬르뎅 효과를 범하고 있다고 볼 수 있다.

[예] 김 교사는 공학 도구를 가지고 피타고라스 정리의 기하학적인 의미를 [그림 4-13]를 이용하여 설명한 후, 학생들에게 직접 작도하여 확인해 보도록 하였다.

BCIH = 1,86cm²
ABGF = 5.80cm²
CDEA = 7.66cm²

CDEA − (BCIH + ABGH) = 0.00cm²

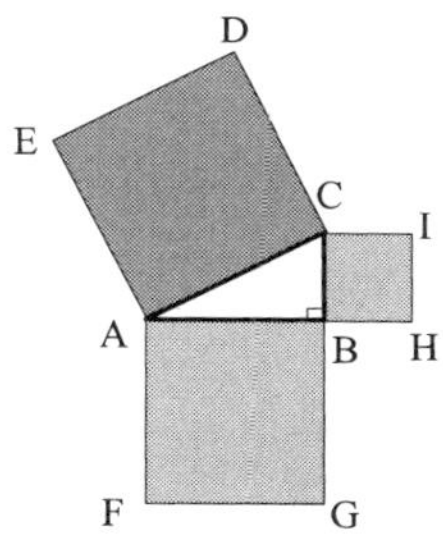

[그림 4-13]

(진영이는 실수로 [그림 4-14]와 같이 직각삼각형이 아닌 삼각형을 작도하여 관찰하고 있다.)

진영 : (혼잣말로) 이렇게 그린 다음… 이것을 움직이면… 음 …….

DEAC = 4.92cm²
FGBA = 7.87cm²
HICB = 0.91cm²

FGBA − (DEAC + HICB) = 2.04cm²

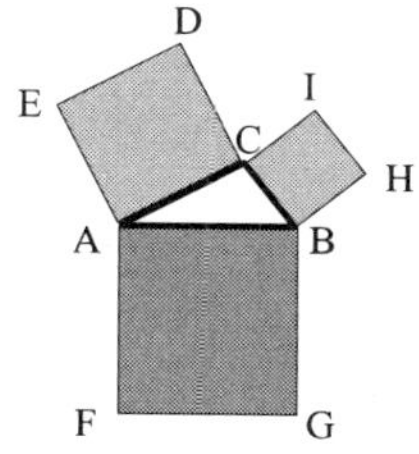

[그림 4-14]

김 교사 : 아! 진영이는 제이코사인법칙을 발견했구나. 정말 대단하네!

(4) 토파즈 효과(Topaze effect)

토파즈 효과는 교수학적 계약에 의한 압박에서 일어나는 전형적인 현상으로 교사가 학생이 문제해결을 위해 사고 하는 것을 돕기 위하여 학생에게 지나치게 많은 방법을 제시함으로써 학생의 사고활동을 제한시키는 것을 말한다. 중등교사신규임용후보자선정경쟁시험에 출제된 다음의 상황은 교사가 토파즈 효과를 범하고 있는 한 예이다.

다은이는 다음 문제를 해결하려고 애쓰고 있다.

「학교에 집까지의 거리는 200m이고, 집에서 경찰서까지의 거리는 250m이다. 집에서 학교와 경찰서를 바라본 각의 크기가 60°일 때, 학교에서 경찰서까지의 거리를 구하여라.」

잠시 후 교사가 다가와 다음과 같이 말하였다.

<u>"다은아, 제2코사인 법칙을 적용하면 되지 않을까?"</u>

다은이는 교사의 이러한 발문에 힘입어 문제를 쉽게 해결하였다.

2) 인식론적 장애

브루소는 수학적 개념이 '원시 수학적 개념[15]', '범 수학적 개념[16]', '수학적 개념[17]'의 순으로 발달해 가며, 이 과정에서 인식론적 장애가 있을 수 있다고 보았

15 개념을 문제의 해결에 암묵적으로 사용하고는 있지만 의식하고 있지는 못하는 수준의 상태이다. 따라서 연구의 주제나 도구로서는 인식될 수 없는 다소 불완전하고 폭넓은 수준의 것이다. 이 원시 수학적 개념은, 현재는 확립된 개념으로써 명료한 것이지만 그 당시에는 몇몇 수학자들의 명확하지 않았던 관점이나 선입견 또는 문제의 선택에 있어 나타난 일관성 있는 문제들이다. 이것은 어떤 수학적 필요에 의해 수학자 자신들이 선택한 결과로 이를 증명해 줄 확연한 용어가 존재하지 않더라도 뒷받침해줄 만한 징후나 흔적이 있다면 원시 수학적 개념 단계로서의 가치가 있다고 할 수 있다.

16 개념의 특성이나 성질이 연구되고는 있지만 완전히 조직화되거나 이론화되지는 않은 상태이다. 이 때의 수학은 아직 조직화되지는 않았어도 친숙한 이름을 가진 대상이 된다. 아직 이 과정에서는 다소 불완전한 개념이나 지식들을 좀더 명확하게 하기 위해 또는 의사소통을 최대한 적절히 하기 위해 사용되는 수단으로서 일종의 용어나 언어가 사용되기도 한다.

17 어떤 개념이 수학적 이론의 통제하에 놓이게 됨으로써 하나의 완전한 구조를 가지게 되는 수학적

다. 인식론적 장애의 개념적 기원은 바슐라르(Bachelard, 1991)가 먼저 소개하였으며 브루소는 인식론적 장애 개념을 수학 교수학적 상황론에 적용하면서, 인식론적 장애를 어떤 활동 영역에서는 제대로 작동되지만 어떤 상황에서는 잘 작동되지 않고 모순이 생기며 결국은 실패하게 되는 지식이라고 정의하였다. 예를 들어 순환소수 0.999…는 1이 아니라 1에 한없이 가까워지는 수라고 인식한다거나, 곡선의 접선은 그 곡선을 스치고 지나가야 하므로 다음 그림의 직선들이 모두 접선이라고 인식하는 것을 들 수 있다.

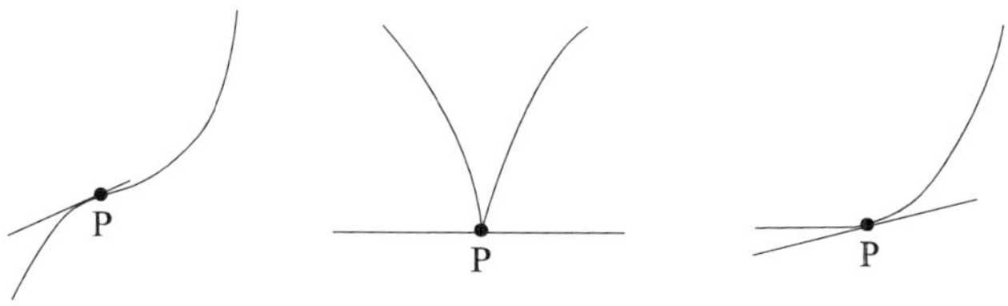

[그림 4-15] 접선에 대한 인식론적 장애의 예

학습자가 어떤 수학적 개념을 이해하기 위해서는 극복해야만 하는 인식론적 장애가 존재한다. 이 때, 교사는 학습자가 인식론적 장애를 극복하게 하기 위해서 변증법에 따른 상황을 제시하는 것이 효과적이다. 그러나 이는 프로그램화될 수 없으며 학생 스스로 동기유발되어야 하며 스스로를 반성할 수 있어야 한다.

14. 가다키리

일본의 수학교육학자 가다키리(片桐重男) 교수는 수학 학습의 목표는 수학적인 사고의 육성에 있다고 하였으며, 수학적인 사고의 내용을 '방법에 관련된 수학적인 사고'와 '내용에 관련된 수학적인 사고'로 구분하여 명확히 하고 그 지도 방법을 확립하였다. 그는 또, 학생이 수학적

개념 상태이다. 이 단계는 그 개념이 삽입되는 구조와 그 구조를 만족하는 성질들에 의해 정확하게 정의될 수 있기 때문에 모호함이나 오류로부터 보호된 상태로 유지되며 그 개념을 연구의 대상으로 한다.

인 사고를 하는 과정에서 보이는 수학적인 태도에 관해서도 연구하였다. 그의 연구 내용을 요약하면 다음과 같다.

1) 방법에 관련된 수학적인 사고

수학을 학습하는 방법에 관련된 수학적인 사고에는 귀납적 사고, 유추적 사고, 연역적 사고, 통합적 사고, 발전적 사고, 추상화의 사고, 단순화의 사고, 일반화의 사고, 특수화의 사고, 기호화의 사고가 있다.

(1) 귀납적 사고

귀납적 사고란, 문제를 해결할 때, 그 해결 방법이 생각나지 않으며 연역적인 해결이 안 되는 상황에서, 먼저 몇 개의 대상으로부터 공통적인 규칙이나 성질을 발견하여 이를 근거로 당면 문제를 해결하려 할 때 이용되는 사고방법이다. 그리고 어떤 문제를 해결했을 때 그것으로 그치지 않고 그것을 계기로 일반화된 법칙이나 원리를 찾아내려고 할 때 사용되는 사고 방법으로서 다음과 같은 절차를 거친다.

① 몇 개의 데이터를 모은다.
② 데이터 사이의 공통적인 규칙이나 성질을 찾아낸다.
③ 규칙이나 성질이 그 데이터를 포함하는 더욱 넓은 집합에서도 성립될 것이라고 추측한다.
④ 추측한 일반성(규칙성 또는 법칙)이 참임을 더욱 확실히 하기 위해 새로운 데이터로 확인한다.

위의 ①에서 데이터를 모으는 방법은 두 가지가 있다. 첫째 방법은 데이터를 모은 다음 그들을 살펴보고 규칙성을 찾는 방법이고, 둘째 방법은 데이터를 모아 가면서 일반성을 예상하고 그 예상을 확인하면서 데이터를 모아 가는 방법이다. 이 두 방법의 유용성은 문제의 난이도와 개인의 역량에 따라 차이가 있는데, 일반적으로는 후자가 더 바람직하다고 생각된다.

귀납적 사고에 의해 발견한 일반성이 참임을 보이기 위해서는 연역적 추론이 이어져야 한다. 그러나 인지 발달 수준이 낮은 학생들에게는 위의 ④의 방법으로 만족해야 할 경우도 있다.

(2) 유추적 사고

유추적 사고란, 어떤 대상이나 집합의 원소 사이에서 성립하는 사실이 이와 유사한 대상 또는 집합에 대해서도 성립할 것이라고 추론하는 것이다. 이 추론은 논리적으로 불완전하지만 가능성을 탐색하는데 중요한 역학을 한다.

예를 들면

$$\frac{3}{5}\times\frac{2}{7}=\frac{3\times 2}{5\times 7}=\frac{6}{35}$$ 과 같은 방법으로

$$\frac{8}{9}\div\frac{2}{3}=\frac{8\div 2}{9\div 3}=\frac{4}{3}$$ 를 생각하는 것은 유추적 사고이다.

(3) 연역적 사고

연역(deduction)은 넓은 의미로는 전제로 주어진 몇 개의 명제로부터 논리적인 규칙을 써서 필연적인 결론을 엄밀하게 도출하는 방법이다. 좁은 의미로는 일반적인 주장으로부터 특수한 주장으로 나아가는 추론으로 보는 경우도 있다.

가다키리는 연역적 사고의 뜻을 학교 교육에 맞도록 좀더 넓은 범위로 확대한다. 그는 연역적 사고 범주에 공리적 사고, 구조적 사고, 해석적인 사고, 종합적인 사고를 포함한다.

공리적 사고란 유클리드의 원론처럼 공리계를 설정하고 그것을 근거로 하여 논리적인 법칙을 적용하여 사고하는 것을 의미한다. 공리적 사고에서는 공리계를 근거로 하지 않은 단순한 경험이나 실험의 결과는 참으로 인정하지 않는다.

구조적 사고에서의 구조란 한 집합을 생각하고, 그 집합에 연산이나 순서, 위상 등을 도입하여 이에 관한 어떤 성질을 정함으로써 얻은 것이다. 예를 들면, 덧셈에 대한 군이란 구조는 한 집합에 덧셈이 정의되어 있고, 이 집합은 덧셈에 대하여 닫혀 있으며, 결합법칙이 성립하고, 항등원과, 모든 원소에 대한 역원이 존재하는 것을 말한다.

가다키리에 의하면 17, 8세기경부터 주로 대수적 계산을 이용하는 분야를 해석이라 일컫고, 기하학에서 유클리드의 원본과 같이 직접 도형을 다루는 방법을 종합적이라고 하였다. 17세기 후반에 접어들어 미적분학 및 이에 이어지는 분야를 해

석이라고 부르기 시작하였다. 최근 수학교육학에서 사용하는 분석적 사고의 뜻은 구하려고 하는 것을 얻었다면 어떤 사실이 성립해야 되는가의 방향으로 생각을 전개하는 사고방법이다. 거꾸로풀기 전략, 귀류법, 간접증명법, 문장제 문제를 미지수를 정하고 식을 세워 해결하는 것 등은 해석적 사고법에 속한다. 종합적 사고란 유클리드의 원론에서처럼 주어진 조건으로부터 어떤 사실이 성립하는가의 방향으로 사고를 전개하는 사고 방법이다. 복잡한 연산 문제에서 차례로 연산을 진행해하는 문제를 단순화하는 것, 가정에서 출발하여 결론으로 나아가는 직접증명법, 또는 해석적 사고를 한 뒤 역순으로 사고를 전개해 가는 것은 종합적 사고 방법이다.

(4) 통합적 사고

통합적 사고란 많은 사상을 흐트러진 채 두지 않고 보다 넓은 관점에서 그들의 본질적인 공통성을 추상하여 모두 같은 것으로 볼 수 있게 종합 정리하는 사고이다. 가다키리는 통합적 사고의 종류로서 고차적 통합, 포괄적 통합, 확장적 통합으로 구분하고 있다.

고차적 통합이란 우선 보기에는 전혀 새로운 것으로 보이는 문제들의 해결 방안을 형식화해 봄으로써 같은 유형의 문제로 통합하는 것이다. 예를 들면, 두 지점 사이의 거리를 구하는 다양한 문장제 문제를 형식화해 보면 피타고라스 정리를 이용하는 문제로 귀착됨을 알 수 있다.

포괄적 통합이란, 처음 제시된 몇 개의 사상에서 구성 요소를 확대 정의함으로써 그중 한 사상이 다른 사상을 포함하게 하는 것을 말한다. 예를 들면, 곱셈식

① $(a+b)^2 = a^2 + 2ab + b^2$ ② $(a-b)^2 = a^2 - 2ab + b^2$

은 서로 다른 것으로 인식되었다가 ②의 $-b$를 ①의 b로 확대 해석하면 ①은 ②를 포함하게 된다.

확장적 통합이란 어떤 성질을 만족하는 집합이 있을 때, 그 성질의 조건의 일부를 수정하여 더욱 넓은 집합에서 성립하도록 하는 것이다. 예를 들면, 자연수의 집합에서는 큰 수에서 작은 수만 뺄셈을 할 수 있었지만, 음수에 대해서도 뺄셈을 정의함으로써 뺄셈을 정수의 집합으로 확대하는 것이다.

(5) 발전적 사고

발전적 사고란 통합한 것을 보다 넓은 범위에 적용하려 하거나, 하나의 결과가 얻어졌다 하더라도 더욱 나은 방법을 알아본다거나 또는 이를 바탕으로 더욱 일반적인 보다 새로운 것을 발견하려는 사고를 뜻한다.

발전적 사고의 유형에는 조건 변경에 의한 발전과 관점 변경에 의한 발전이 있다. 조건 변경은 조건의 일부를 다른 것으로 바꾸거나 일부를 삭제 또는 첨가함으로써 새로운 문제나 친숙한 문제 또는 단순한 문제로 변형하는 것을 의미한다. 예를 들면, 피타고라스의 정리에서 직각을 둔각이나 예각으로 바꾸어봄으로써 세 변 사이의 새로운 관계를 생각하는 것은 조건 변경에 의한 발전적 사고라 할 수 있다. 관점 변경이란 한 문제를 여러 가지 방법이나 각도에서 생각해 봄으로써 다양한 해결 방법을 생각해 보는 것을 말한다. 그렇게 함으로써 더욱 세련된 사고능력을 기를 수 있다. 예를 들면, 아래 그림의 도형의 둘레를 구하는 문제에서 미지인 선분의 길이를 모두 구한 뒤 이들을 더하여 둘레를 구할 수도 있지만 가로의 길이와 세로의 길이의 합을 두 배 하여 구할 수도 있다. 이 때 후자의 것이 더욱 세련된 사고로서 이는 관점 변경에 의한 발전적 사고이다.

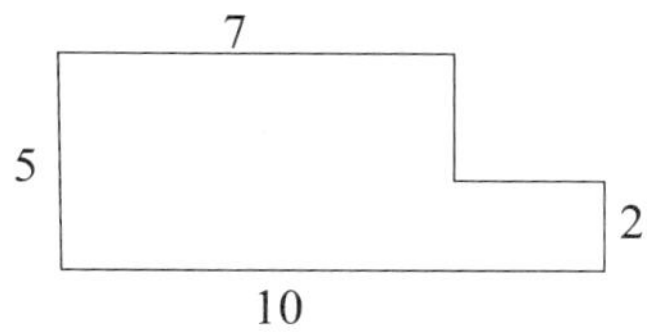

[그림 4-16]

(6) 추상화의 사고

추상의 일반적인 의미는 다음과 같다. 전체로서의 사물의 표상에 포함되는 여러 징후 가운데 하나 또는 몇 개를 분리하여 사유의 대상으로 삼는 정신작용이다. 추상화란, 수학적 개념인 유를 만든다는 관점에서 보면, 몇 개의 사물·현상이나 장면을 모아 각각에 적용되는 기준을 바탕으로 하나의 유를 만드는 것이라 할 수 있다. 추상화를 통하여 새로운 개념이 만들어진다. 추상화된 개념을 분명히 이해하기 위해서는 그 개념을 만족하는 것이 있는 대상과 없는 대상을 판별해 보거나 그 개념을 포함하는 새로운 것을 알아보는 방법이 있는데 이것을 구체화라고 한다. 추상화와 구체화의 사고를 통하여 개념은 더욱 명확해지며 범위가 넓어진다.

(7) 단순화의 사고

몇 개의 조건이 있고 이 조건을 모두 고려하여야 하는 문제에서, 처음부터 조건 모두를 고려한 해결은 할 수 없는 경우가 있다. 이러한 경우 조건 가운데 몇 개를 잠시 무시하고 간단한 기본적인 경우로 변형하여 생각하는 것을 단순화의 사고라고 한다.

단순화의 사고를 적용하는 방법으로 두 경우가 있다. 첫째 경우는, 예를 들어 세 개의 조건이 있는 문제가 있을 때, 그 가운데 한 조건만을 생각하여 결론을 얻은 다음에 그 결과에 남은 한 조건을 생각하여 새로운 결론을 얻으며 그 결과에 마지막 조건을 생각하여 전체문제를 해결하는 것이다. 둘째 경우는, 하나하나의 조건을 각각 단독으로 생각하여 얻은 결론들을 통합하여 모든 조건을 생각한 해결을 얻는 경우이다. 문장제 문제를 해결할 경우, 각 조건을 만족하는 식을 각각 만든 다음 그 식들을 합성하여 새로운 식을 만든 것은 단순화 사고이다.

(8) 일반화의 사고

추상화의 작용은 외연을 일단 고정시키고 내포를 명확히 하는 것인 데 비해, 일반화의 작용은 내포를 일단 고정시키고 이에 해당하는 외연을 한층 더 명확히 하는 것이라고 할 수 있다. 즉, 일반화는 어떤 성질을 만족하는 모든 대상의 집합을 분명하게 하는 것이다. 폴리아는 일반화를 하나의 대상이나 좁은 범위의 집합에 대한 고찰에서 대상이나 집합을 포함하는 확대된 집합의 고찰로 이행하는 것이라고 하였다. 이 일반화의 사고는 새로운 개념을 형성하거나 문제해결 방법을 생각하는 데 중요한 역할을 한다.

(9) 특수화의 사고

특수화란 일반화의 역에 해당되는 것으로서, 어떤 사상에 관한 고찰에서 그 집합에 포함되는 더욱 작은 집합이나 한 사상에 관해 생각하는 것이다. 문제해결의 경우 극단적인 경우를 생각해 보는 것도 특수화이며, 특수화는 문제해결의 가능성을 예측하게 하거나 해결된 결과의 타당성을 확신하게 하는 데 중요한 역할을 한다. 예를 들면, 원뿔대의 부피를 구하는 공식의 타당성을 확신하기 위하여 윗면의 반지름을 0이라고 가정하여 원뿔의 부피 공식과 일치하는지를 비교해 보는 것은 특수화의 사고이다. 또, 흐르는 강물에서 배가 이동하는 문제에서 강물의 속도를 0이라고 하여 해결 방안을 생각해 본 후 강물의 속도가 0이 되도록 배의 속도를 조정하여 문제를 해결하는 것도 특수화의 사고의 한 예이다.

(10) 기호화의 사고

기호화란, 문제의 상황을 그림으로 나타내거나 문자 또는 기호를 사용하여 모델링하는 것을 말한다. 기호화는 수학적 개념을 명확하며, 간결하고, 전체적으로 표현하거나 사고할 수 있게 함으로써 수학의 발전에 막대한 공헌을 하였음을 수학사를 통하여 알 수 있다. 문제 상황에 맞는 적절한 기호체계를 사용하는 것은 사고활동을 촉진시킨다.

2) 내용에 관련된 수학적인 사고

가다키리는 초등학교와 중학교 수준의 수학 내용 영역을 수, 계산, 양과 측정, 도형, 식, 함수, 통계로 나누고, 각 영역의 수학 내용을 학습하기 위해 필요로 하는 사고를 분석하여 제시하고 그것을 내용에 관련된 수학적인 사고라고 하였다. 가다키리가 제시한 내용에 관련된 수학적인 사고는 다음과 같다.

① 단위의 사고 : 구성 요소의 크기나 관계에 주목한다.
② 표현의 사고 : 표현의 기본원리를 바탕으로 생각한다.
③ 조작의 사고 : 대상이나 조작의 의미를 명확히 하거나 확장한다. 또는 이를 바탕으로 생각한다.
④ 알고리즘의 사고 : 조작 방법을 형식화한다.
⑤ 개괄적 파악의 사고 : 대상이나 조작 방법을 개괄적으로 파악하거나 그 결과를 이용한다.
⑥ 기본 성질의 사고 : 기본적인 법칙이나 성질에 주목한다.
⑦ 함수적인 사고 : 무엇을 정하면 무엇이 정해진다는 점에 주목하거나 변수 사이의 대응 규칙을 발견 또는 이용한다.
⑧ 식에 대한 사고 : 사상이나 관계를 식으로 나타내거나 식을 읽어낸다.

3) 수학적인 태도

가다키리는 수학적 사고를 지탱하고 이것을 발동시키는 태도로서 수학적인 태도를 생각하고, 수학적인 태도와 그 구조를 문제해결 과정에 맞추어 연구하였다. 그가 연구한 수학적인 태도를 요약하면 다음과 같다.

① 스스로 자기의 문제나 목적·내용을 명확히 파악하려 한다. 이 태도에 해당하는 구체적인 태도로서 다음과 같은 것들이 있다.

- 의문을 가지려 한다.
- 문제의식을 가지려 한다.
- 문제상황 중에서 수학적인 것을 찾으려 한다.

② 조리 있는 행동을 하려 한다. 이 태도에 해당하는 구체적인 태도로서 다음과 같은 것들이 있다.

- 목적에 맞는 행동을 하려 한다.
- 개괄적 구상을 하려 한다.
- 쓰이는 자료나 기습사항, 가정을 바탕으로 생각하려 한다.

③ 내용을 간결·명확하게 표현하려 한다. 이 태도에 해당하는 구체적인 태도로서 다음과 같은 것들이 있다.

- 문제나 결과를 간결 명확히 기록하고, 전달하려 한다.
- 분류 정리하여 나타내려 한다.

④ 보다 나은 것을 구하려 한다. 이 태도에 해당하는 구체적인 태도로서 다음과 같은 것들이 있다.

- 사고를 대상적(구체적) 사고에서 조작적(추상적) 사고로 높이려 한다.
- 자기의 사고나 다른 사람의 사고를 평가하고 더 세련되게 하려 한다.

연구과제

1. 20세기 초반에 수학 교수·학습의 방향을 달리한 두 학자 손다이크와 베르트하이머의 이론에 맞추어 다음 내용을 지도하는 과정을 소개하시오.

함수 $f(x)$, $g(x)$ 미분가능할 때 $\{f(x)g(x)\}' = f'(x)g(x) + f(x)g'$이다.

2. 중학교 내용 중에서 주제를 선택하여 다음 학자들의 주요 아이디어를 적용해보시오.
   ① 피아제의 동화와 조절
   ② 브루너의 EIS 표현
   ③ 딘즈의 수학적 다양성의 원리
   ④ 오수벨의 선행조직자의 원리
   ⑤ 라카토스의 '추측-증명-반박-개선된 추측' 과정

3. 교사의 발문은 고대부터 현제까지 학생들을 지도하는데 중요한 도구가 되고 있다. 소크라테스의 발문, 브루너의 발문 그리고 라카토스의 발문을 비교 서술하시오.

4. 교수학적 변환을 정의하고 다음의 '학문적 수학'을 교수학적으로 변환하시오.

실수 전체의 집합을 R라 하고, $E \subset R$일 때, 함수 $f : E \to R$, $a \in E$라 하자. 임의의 $\epsilon > 0$에 대해서 적당한 $\delta(\epsilon) > 0$가 존재하여 $\|x - a\| < \delta$인 모든 $x \in E$에 대해서 $\|f(x) - f(a)\| < \epsilon$이면, f는 $x = a$에서 연속이라고 한다.

5. 중·고등학교에서 지도되는 수학내용을 반힐의 수준이론에 맞추어 수준을 구분하고 반힐이 소개한 각 수준의 특징이 우리의 교육과정에 잘 반영되었는지 평가하시오.

참고문헌

강옥기(2000). 『수학과 학습지도와 평가론』. 경문사.

강흥규(2004). 「Dewey에게 있어서 수학적 지식의 구성의 의미」. 대한수학교육학회 수학교육학 연구. 제14권 제1호.

김응태, 박한식, 우정호(1984). 『수학교육학개론』. 서울 : 서울대학교출판부.

박영배(1996). 「수학 교수-학습의 구성주의적 전개에 관한 연구」. 서울대학교대학원 박사학위논문.

우정호(2000). 『수학 학습-지도 원리와 방법』. 서울 : 서울대학교 출판사.

이경화(1996). 「확률 개념의 교수학적 변환에 관한 연구」. 서울대학교 박사학위논문.

임재훈(1998). 「플라톤의 수학교육 철학 연구」. 서울대학교 박사학위논문.

정영옥(1997). 「Freudenthal의 수학화 학습-지도론 연구」. 서울대학교 대학원 박사학위 논문.

황윤화(1998). 「Thorndike의 수학 학습 심리학의 재음미」, 서울대학교 대학원 수학교육과 석사논문.

片桐重男(1992). 『數學的인 생각의 具體化』. (이용률 외 3인 번역). 경문사.

______(1992). 『問題解決過程과 發問分析』. 경문사.

Skemp, R. R(1972). *Schematic Learning, in The Process of Learning Mathematics*, edited by L. R. Champman, Pergamon Press, Oxford.

______(1972). *Reflective Intelligence, and the Use of Symbols, in The Process of Learning Mathematics*, edited by L. R. Champman, Pergamon Press, Oxford.

Vygotsky, L. S(1985). 『사고와 언어』. (신현정 역). 서울 : 성원사.

Herbert . Ginsburt & Sylvia OpperP(1988). Piaget's Theory of Intellectual Development - 3rd edition, Pearson Education.

NCTM(1987). Learning and Teaching Geometry, K-12, Yearbook. National Council of Teachers of Mathematics.

Freudenthal, H(1973). Mathematics as an Educational Task, D. Reidel Publishing Company, Holland.

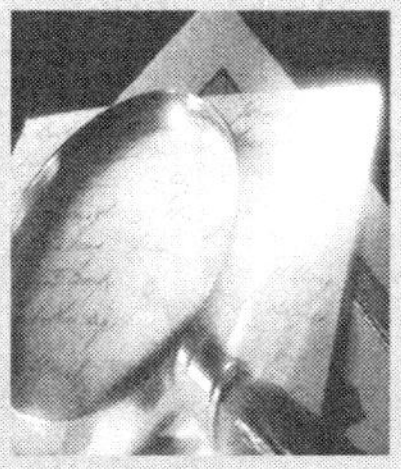

제5장
수학과 학습지도와 수업모형

제5장은 수학과 학습지도와 수업모형을 주제로 2개의 절로 구성되어 있다. 제1절에서는 수학적 지식을 개념적 지식과 절차적 지식으로 분류하고, 두 지식의 뜻과 학습지도에 대하여 알아본 다음, 개념적 지식과 절차적 지식을 좀 더 세분화한 개념, 수학적 일반성, 기능, 증명, 문제해결의 학습지도 방법에 대하여 알아본다. 제2절에서는 중등학교 수준에서 수학을 지도하기에 적합한 수학과 수업 모형들을 알아본 후 학습지도안의 형식에 대하여 살펴본다.

제1절 ❙ 수학과 학습지도

1. 개념적 지식과 절차적 지식

수학적 지식은 여러 가지 유형으로 나눌 수 있지만 최근에는 많은 수학교육학자들이 수학적 지식을 개념적 지식과 절차적 지식으로 구분한다(Gerald Kulm, 1994). 개념적 구조는 스키마(schema)라고 부르기도 하는 개념들 간의 관계 네트워크를 구성하는데 이 구조들은 절차를 선택하고 실행하게 하여, 새로운 상황에서 절차를 응용하여 문제를 해결할 수 있게 한다.

1) 개념적 지식

카펜터(Thomas P. Carpenter, 1986)는 단편적인 정보들 사이의 관계들을 풍부한 네트워크로 구성하고 정보를 받아들이고 사용하는 것에 유연성을 주는 지식을 개념적 지식(conceptual knowledge)이라고 정의하였다. 또한 힐베르트(James Hilbert)는 수학적 개념을 이해하고 그 개념들 사이의 관련성을 이해하는 능력을 개념적 지식이라고 정의하였다. 힐베르트(1986)에 의하면, 수학적 개념을 이해하고 개념들 사이의 관련성을 이해하는 것은 보다 높은 수준의 수학적 개념이나 성질을 학습할 수 있게 하며, 문제해결을 위해 수학을 응용할 수 있게 한다.

이러한 논의를 종합하면, 개념적 지식이란 개념 사이의 관계(relationship)로 이루어진 지식이다. 개념적 지식의 발달은 정보 사이의 관계를 형성함으로써 이루어진다. 관계의 형성이 일어나는 경우에는 두 가지가 있다. 한 경우는 이미 기억하고 있는 두 정보 사이에서 일어나는 것이고, 다른 하나는 이미 갖고 있는 지식의 일부와 새로 학습한 것 사이에서 일어나는 것이다.

어떤 개념을 다른 개념들과 관계를 형성하여 학습하는 것을 의미 있는 학습(meaningful learning)이라고 한다. 즉, 의미는 개념 사이에 관계를 형성함으로써 생성되는 것이다. 이 정의에 의하면 개념적 지식의 학습은 의미 있는 학습이다. 개념적 지식은 정보 사이의 관계 형성으로 성취되므로 개념적 지식의 지도는 의미 있는 학습이 되게 지도하여야 한다. 즉, 새로운 개념을 단편적으로 이해하고 활용하는 것이 아니라 기존의 여러 개념과 비교, 대조하여 체계적인 관계망이 형성되게 지도하여 의미 있는 학습이 되게 하여야 한다.

개념적 지식을 형성하는 관계는 두 수준으로 구분된다. 한 수준은 기본적 수준(primary level)이고 다른 한 수준은 반영적 수준(reflective level)이다. 기본적 수준의 관계란 두 정보를 연결한 관계의 추상성이 그 정보들의 추상성과 같은 수준인 것을 뜻한다. 반영적 수준의 관계란 두 정보를 연결한 관계가 두 정보의 추상성보다 더 높게 추상된 것을 뜻한다. 여기에서 의미하는 추상성은 지식의 단위가 구체적인 상황에 연결되어 있는 정도를 뜻한다. 추상성은 지식이 구체적인 상황으로부터 자유로워질수록 증가한다.

기본적 수준의 관계에 해당하는 예를 들면, 어떤 학생이 소수를 배운다고 하자. 이 학생은 소수의 학습을 통하여 소수점 이하의 수에 대한 자릿값을 배울 것이며, 소수의 덧셈과 뺄셈도 배울 것이다. 소수의 덧셈을 배울 때, 두 수의 소수점을 한 줄에 오게 하여 자릿값을 맞추어 덧셈을 하는 것은 자릿값과 덧셈의 관계를 형성한 것이다. 이때의 관계의 추상성은 소수의 자릿값 수준을 넘지 않는다. 즉, 오로지 소수의 자릿값에 대해서만 관계를 형성한 것이다. 따라서 이 수준의 관계는 기본적 수준이다.

반영적 수준에 있는 관계의 예를 들면, 소수의 자릿값과 소수의 덧셈을 배우는 학생이 소수의 덧셈은 소수점을 기준으로 하여 자릿값을 갖게 하여 계산함을 학습한 후, 이를 자연수의 덧셈이나 분수의 덧셈과 비교하여 자연수와 소수의 덧셈은 자릿값을 같게 하여 계산한다는 관계를 형성하였다고 하자. 이때의 관계의 추상성은 구체적인 소수의 자릿값을 넘어서 더욱 추상화된 것이다. 따라서 이 관계는 반영적 수준이다.

2) 절차적 지식

절차적 지식(procedural knowledge)은 흔히 수학적 기능(mathematical skills)으로 분류하기도 한다. NCTM(1995)에 의하면 기능(skill)은 고정된 수학적 절차를 계산 방법이나 조작 방법 등을 사용하여 실행하는 능력이다. 기능의 중요한 특징은 활동이나 변형을 포함한다. 카펜터(1986)는 기능을 절차적 지식과 같은 뜻으로 보며, 구체적인 계열을 따라 절차를 실행하는 능력을 절차적 지식이라고 정의

한다.

절차적 지식은 상이한 두 부분으로 형성되어 있다. 한 부분은 수학의 형식적 언어 또는 기호체계로 구성되어 있고, 다른 한 부분은 수학적 과제를 완성하기 위한 알고리즘(algorithm)이나 법칙(rule) 또는 수학적 과제를 해결하기 위한 절차들로 구성되어 있다. 첫 부분을 수학의 형식(form)이라고도 한다. 예를 들면, 이 수준의 절차적 지식이 있는 학생은 비록 답은 모르더라도 $3.5 \div \square = 2.71$은 식의 구성상 받아들일 수 있지만, $6 + = \square 2$는 받아들일 수 없다. 첫 번째 절차적 지식은 수학의 형식을 이해하는 것이다. 두 번째 절차적 지식은 과제를 완성하기 위해 순서적으로 절차를 수행할 수 있는 능력이다. 문제해결의 전략도 여기에 속한다.

개념들 사이의 관계를 생각하지 않고 구체적인 상황에 국한하여 학습하는 것을 기계적 학습(rote learning)이라고 한다. 절차적 지식의 학습은 방법에 따라서 의미 있는 학습일 수도 있고 기계적인 학습일 수도 있다. 절차적 지식은 수학적 과제를 순서적으로 처리할 수 있는 능력이다. 이때 각 순서 사이에 관계를 형성하면서(이해하면서) 절차를 수행하면 의미 있는 학습이 되는 것이고, 절차의 순서를 암기에 의하여 수행하면 기계적 학습이 되는 것이다. 따라서 절차적 지식을 지도할 경우 의미 있는 학습이 되도록 주의를 기울여야 한다.

전통적인 평가는 절차적 지식의 평가와 개념의 용어에 강조점을 두었다. 그 결과 개념적 지식을 약하게 하였으며 개념적 지식과 절차적 지식을 연결 짓지 못하였다. 개념적 지식과 절차적 지식은 상호 보완적인 관계이다. 개념적 지식을 풍부하게 하기 위해서는 절차적 지식이 필요하며 절차적 지식도 개념적 지식 없이는 단순한 암기에만 의존하여야 하므로 높은 수준으로 발전할 수 없다. 따라서 개념적 지식과 절차적 지식은 적절한 균형을 이루어 지도해야 하며 평가도 이 두 지식을 균형 있게 통합적으로 평가하여야 한다.

2. 수학과 내용 교수 지식

1) 내용 교수 지식의 뜻

내실 있는 교실 수업의 열쇠는 교사의 수업 전문성이다. 이러한 수업 전문성은 크게 교과 내용 지식, 방법 지식, 상황 지식, 내용 교수 지식 등으로 구성되어 있다고 볼 수 있다. 이 중에서도 교사의 수업 전문성의 핵심은 교과 내용을 지도하는 데 필요한 방법적 지식인 내용 교수 지식(PCK, Pedagogical Content Knowledge[1, 2])이라고 할 수 있다(2007, 한국교육과정평가원).

Shulman(1986)은 내용 교수 지식을 '특정 내용을 특정 학생들의 이해를 촉진할 수 있도록 가르치는 방법에 대한 교사의 지식'으로 정의하였다. Shulman을 비롯하여 여러 학자들은 교사 지식을 구성하는 영역들과 PCK와의 관계를 다음 그림과 같이 파악하였다(Grossman, 1990; Magnusson et al., 1999). 이 그림에서 알 수 있듯이, PCK는 교과 내용, 일반 교수법 및 상황에 대한 지식과 신념 등 교사 지식을 구성하는 다른 영역들로부터 지식이 변형되었으며 상호 영향을 주고받는다. 즉, 교사 지식을 구성하는 다른 영역들의 영향을 받아서 산출된 PCK는 역으로 이들 기초 지식 영역의 발달을 자극하게 된다.

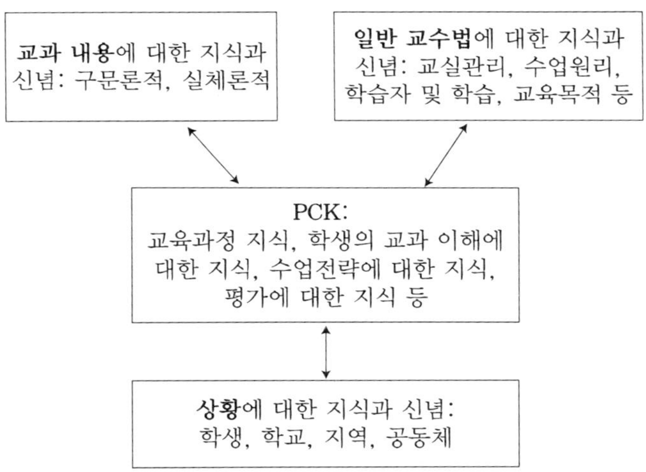

결국 PCK는 교사지식을 구성하는 교과내용 지식, 일반 교수법적 지식 및 상황 지식 영역의 영향을 받아 재구성된 영역이다.

1 내용 교수 지식은 1986년부터 미국에서 관심을 갖게 된 교직의 전문직화(teacher professionalism) 연구로부터 시작되었으며, 스텐포드 대학의 Lee Shulman(1986)은 교사의 고유한 전문 지식, 즉 교수(teaching) 지식기반으로서 PCK를 제안하였다.

2 PCK는 교육학적 내용 지식, 내용 교수 지식, 교수법적 내용 지식, 교수 내용적 지식, 교수 내용 지식, 교수적 내용 지식 등 여러 가지로 번역되었으나, 본 책에서는 '내용 교수 지식'으로 명명한다.

수학과 내용 교수 지식은 교사가 자신의 교과 지식과 교수 경험을 통하여 발전시켜나가는 것으로, 특정한 수학 내용을 학생들이 이해할 수 있는 방식으로 가르치는 방법에 대한 지식이다. 다시 말하면, 좋은 수업을 하는 수학 교사는 수학과 교육과정과 함께 이를 구현할 수 있는 관련 자원과 기법까지도 파악하여, 이를 활용하여 수업을 이끌어가며, 수업에 활용할 수 있는 다양한 수업 자원을 학생들이 학습을 유의미하게 참여할 수 있도록 제공한다. 학생들의 학습을 지원할 수 있는 이러한 자원에 대한 지식과 교과내용에 관련된 다양한 수업 전략은 교사가 갖추어야 할 수학 PCK 중의 하나이다. 다른 교과도 마찬가지지만, 수학 PCK가 제대로 구현되고 발현되려면 무엇보다 가르치는 수학 내용에 대하여 정확한 개념적 이해를 갖추고 있어야 한다. 이러한 가르치는 영역에 대한 전문지식은 가르치는 절차, 전략 및 방법에 대한 전문성과 결합하여 수학 PCK라는 혼합물의 수준을 넘어 화합물을 생성하게 된다. 즉, 수학 PCK는 수학과 수업의 배경 지식이 되는 수학과 자체의 수업 목표, 내용, 교수 방법 및 평가, 수학과 학습에 대한 학생 이해, 수학과 수업 상황 등의 구성 요소로 이루어지며, 동시에 이러한 요소들이 서로 결합된 지식이다. 따라서 PCK는 풍부한 교수법적 지식과 내용 지식의 결합물로써, 주어진 맥락에서 학생들이 특정한 수학 내용을 더 잘 이해할 수 있도록 무엇을, 어떻게 가르칠 것인지를 교사가 의도적으로 개발해낸 것이다.

수학 PCK 개념에는 교사가 학생이 교과 내용을 이해할 수 있도록 교과를 표현하고 구성하는 방법으로, 가르치는 주제를 표현하는 가장 유용한 형식, 가장 강력한 유추, 실례, 설명, 논증 등이 포함된다. 이런 의미에서 볼 때 수학 PCK는 내용 전문가인 수학자와 수학 교사를 차별화시키는 교사 전문성의 요체에 해당하는 것으로 사회의 일반 구성원들이 수학 교사가 반드시 가지고 있기를 기대하는 전문적 지식이기도 하다.

3. 개념의 학습지도

일반적으로 수학의 내용을 지도할 때 먼저 수학적 개념을 지도한다. 이를테면 선분이란 무엇인가, 주기함수란 무엇인가, 어떤 도형이 평행사변형인지 아닌지를 어떻게 아는가, 일대일 대응의 정의는 무엇인가 등을 지도한다. 이처럼, 수학에서 어떤 대상에 대하여 지도할 때, 그 대상의 개념을 지도한다고 한다.

여기에서는 개념의 본질과 그것을 지도하는 방법에 대하여 알아본다.

1) 개념의 본질

먼저 개념의 뜻을 살펴보면, NCTM(1995)은 개념을 일반적이고 기본적인 아이디어, 예를 들면 추론하기, 문제 형성, 비형식적 상황에서의 문제해결에 필요한 아이디어들이라고 해설하고 있다.

벨(Bell) 등에 의하면 개념은 두 종류이다. 하나는 '마름모'나 '분수'와 같이 정의를 필요로 하는 것이고, 다른 하나는 '실수 집합에서의 곱셈은 교환성이 성립한다'와 같이 문장으로 표현된 관계이다.

개념이 형성되는 과정을 분석해 보면, 경험에 의하여 형성되는 경우와 구체적인 설명에 의하여 형성되는 경우가 있다. 어린이가 컴퍼스로 원을 그려보는 경험을 함으로써 컴퍼스의 용도를 알게 되며 다른 학습도구와의 차이점을 인식한다. 즉, 컴퍼스가 무엇인가에 대한 명확한 설명 없이 컴퍼스의 개념을 형성한다. 이와 같이 설명에 의해서가 아니라 이들에 대한 경험을 추상화하여 개념을 갖게 되는 것을 오수벨(David Paul Ausubel)은 개념형성(concept formation)이라 한다. 개념을 인식하는 다른 방법은 서로 다른 개념들을 이용하여 새로운 개념을 인식하는 것이다. 즉, 다른 개념을 사용한 설명에 의하여 새로운 개념을 나타내는 용어의 뜻을 알게 되는 것이다. 이것을 오수벨은 개념 동화(concept assimilation)라고 한다. 헨더슨(Kenneth B. Henderson, 1970)은 개념형성에 의하여 얻은 개념을 비언어적 개념이라고 하고, 개념 동화로 형성된 개념을 언어적 개념이라고 하였다.

수학적 개념들은 대부분 언어적 개념에 속한다. 헌트(Hunt) 등에 의하면, 개념이란 어떤 대상을 서술하고자 할 때 어떤 이름이 적용될 수 있는지 없는지를 구체적으로 나타내주는 결정 규칙이다. 기취(Geach)에 의하면, 개념 p를 획득하였다는 것은 용어 p를 어떻게 사용하는지를 안다는 것이다. 예를 들면, 원의 개념을 안다는 것은 원의 정의를 알고 있으며, 여러 도형 중에서 원을 식별할 수 있으며, 원의 성질을 알 수 있는 것을 뜻한다.

학교 교육은 언어적 개념의 지도에 중점을 두고 있으므로, 앞으로 사용하는 개념의 의미는 언어적 개념을 뜻하는 것으로 약속한다.

2) 개념의 지도 방법

개념을 지도하기 위한 전략에는 정의하기, 예를 들기, 비교·대조하기, 반례 들기, 필요조건과 필요충분조건 제시, 거짓예 들기 등이 있다(Cooney et al., 1975). 이들이 필요한 경우와 그 활용 방법은 다음과 같다.

(1) 정의하기

정의는 어떤 개념을 나타내는 용어를 최대한 명확하면서도 간결하게 진술한 문장이다. 예를 들면, 일차식의 개념을 다음과 같이 정의할 수 있다.

일차식은 다항식의 차수가 1인 다항식이다.

정의는 매우 간결하게 표현되어 있기 때문에 학생에 따라서는 그 정의를 이루는 필요조건의 합성을 이해하지 못하여 정의의 논리를 이해하지 못할 수 있다. 예를 들면, 위의 일차식의 정의에서 다항식의 차수의 개념을 알지 못한다면 일차식의 개념을 알지 못하며, 정의의 논리를 알지 못하면 위의 정의로부터 다음과 같은 네 개의 결론이 나옴을 알지 못한다.

① 어떤 것이 일차식이면, 그것은 차수가 1인 다항식이다(정의의 다른 표현).
② 어떤 것이 차수가 1인 다항식이면, 그것은 일차식이다(정의의 역).
③ 어떤 것이 일차식이 아니면 그것은 다항식이 아니거나, 그것이 다항식이면 차수가 1이 아니다(정의의 이).
④ 어떤 것이 차수가 1이 아닌 다항식이면, 그것은 일차식이 아니다(정의의 대우).

정의의 형식을 분석해보면, 다음과 같다.

(용어)________란 조건 ______를 만족하는 ________이다.
조건 ________를 만족하는 ________를 (용어) ________라고 한다.

어떤 개념에 대한 정의가 있으면, 그 정의의 다른 표현, 역, 이, 대우가 모두 성립하는 특성이 있다.

(2) 예를 들기

개념을 정의한 후 또는 그 개념에 대한 충분조건을 제시하고 설명한 후 그 개념을 더욱 분명하게 이해하도록 돕기 위해서 교사는 몇 개의 예를 제시한다. 이때의 예는 가능한 한 단순하고 간결하여 쉽게 이해할 수 있는 것이 좋다. 교사가 지도하고자 하는 새로운 개념을 잘 이해하고 있는지를 파악하기 위하여 교사는 학생들에게 그 개념에 대한 예를 제시하도록 요구할 수 있다. 학생들이 제시한 예에 대한 이유를 말해 보게 함으로써 이해의 정도를 파악할 수도 있다.

모든 개념들이 예를 가지고 있는 것은 아니다. 예를 들면, 가장 큰 실수, 2보다 큰 짝수인 소수 등은 예가 있을 수 없다. 따라서 예를 사용하려 할 때는 적절한 예가 있는지를 미리 파악해야 한다.

(3) 비교 · 대조하기

어떤 개념의 이해를 돕기 위하여 예를 제시하였으면 그 예들의 공통점을 비교하고 차이점을 대조해 봄으로써 그 개념을 구성하는 조건과 논리를 더욱 분명하게 이해하게 하는 데 도움을 줄 수 있다. 예를 들면, 이차함수의 개념을 지도할 때 모든 이차함수들의 공통점은 최고차항이 이차항이며, 서로 다른 점은 일차항 또는 상수항이 있는 것도 있고 없는 것도 있다는 점이다.

(4) 반례 들기

어떤 개념에 대한 학생의 진술이나 대답에 모순이 있음을 발견하고 그것을 교정해 주려고 할 경우, 학생의 진술에 모순이 있음을 보여주는 예를 보여줌으로써 학생의 진술에서 잘못된 부분을 구체적으로 지적해 줄 수 있다. 이와 같이 어떤 명제가 성립하지 않음(거짓임)을 보여주는 예를 반례(counter-example)라고 한다.

예를 들면, '두 무리수의 합은 무리수이다'라고 주장한 학생에게, 두 무리수 $\sqrt{2}$와 $-\sqrt{2}$의 예는 그 합이 0이므로 학생의 주장에 대한 반례이다.

(5) 필요조건 제시

학생의 진술이 어떤 개념을 만족하지 못할 경우, 그 진술은 개념을 만족하기 위한 조건들의 일부만 만족한 것일 수 있다. 이때 교사는 학생들에게 그 개념을 성립하게 하는 남은 조건, 즉 그 개념의 모든 필요조건을 찾아보게 함으로써 개념을 완전하게 이해하도록 도울 수 있다. 예를 들어, 평행사변형이 무엇인가라는 질문에 대하여 두 변이 평행한 사각형이라고 대답하였다면, 교사는 반례를 들어 학생의 대답이 충분하지 못함을 지적해 줄 수 있다. 여기서 교사는 학생들에게 남은 필요조건(두 쌍의 대변이 평행함)을 더 찾게 하여 평행사변형의 개념을 지도할 수 있다.

(6) 필요충분조건 제시

많은 개념들의 정의는 필요충분조건을 사용하여 진술된다. 또, 대부분의 개념들은 필요충분조건을 사용하여 여러 가지로 진술할 수 있다. 따라서 필요충분조건은 개념을 학습하는 데 중요한 요소이다. 어떤 개념을 지도한 뒤 그 개념을 나타내는 다른 필요충분조건들을 제시하게 하고 정의와의 관련을 생각해 보게 하는 것은 새로운 수학을 학습하게 하는 계기가 될 수도 있다. 예를 들면, 이등변삼각형의 정의는 두 변의 길이가 같은 삼각형이다. 이때, 두 각의 크기가 같은 삼각형은 이등변삼각형이 되기 위한 필요충분조건이다.

(7) 거짓예 들기

개념을 지도하기 위해 정의를 하고 예를 제시할 때, 예가 될 수 없는 것, 즉 그 개념을 만족하지 못하는 거짓예[3](non-example)를 함께 제시하는 것은 그 개념의 이해에 도움이 된다. 특히, 거짓예를 제시할 때는 정의를 구성하는 조건 중 일부만 만족하는 예를 만들어 거짓예로 사용하는 것이 개념의 구성을 이해하는 데 더욱 도움이 된다. 예를 들면, 문자 x에 대한 이차식을 설명할 때 x^2+x-x^2+2는 정리한 결과가 $x+2$로서 이차식이 아니므로 이차식에 대한 거짓예가 된다. 이 거짓예에서 어떤 식이 이차식이 되려면 정리한 결과가 이차식이 되어야 함을 이해할 수 있게 한다.

---

3 거짓예(non-example)는 '비정례', '예가 아닌 예' 또는 '비예'라고도 한다.

3) 지도상의 유의점

개념 지도를 계획할 때 다음과 같은 사항을 고려하는 것은 도움이 된다.

(1) 학생들의 지적 능력과 개념적 배경은 무엇인가?

만일 학생들의 지적 능력이 충분하다면 정의만으로도 개념을 지도할 수 있을 것이다. 그러나 지적 능력이 부족하다면 바른 예와 거짓예를 충분히 활용하는 것이 좋다.

(2) 이 개념을 교사 자신이 배울 때 또는 다른 반에서 지도할 때의 경험은 어떠하였는가?

자기가 학습한 경험이나 다른 반에서 지도한 경험을 반성하여 개념 지도를 위한 절차를 수정하고 더욱 적절하고 충분한 예나 거짓예를 고안하여 사용하는 것이 바람직하다.

(3) 이 개념은 얼마나 중요한가?

지도하고자 하는 개념의 중요성에 따라 그 개념을 이해하게 하는 데 필요한 활동과 부수적인 활동 및 자료의 활용에 비중을 달리하는 것이 바람직하다.

4. 수학적 일반성의 학습지도

1) 수학적 일반성

수학적 개념 사이에 성립하는 특수한 관계가 일반화되고 증명된 것으로서 수학의 학습과 활용에 중요한 역할을 하는 것을 수학적 원리(mathematical principle)라고 하고, 수학적 원리의 알고리즘적 성격을 강조한 것으로서 활용에 중점을 둔 것을 수학적 법칙(mathematical law or rule)이라고 한다. 수학적 원리와 수학적 법칙을 통틀어 수학적 일반성(generalization)이라고 한다. 수학적 원리의 예를 들면, 집합의 연산에 관한 성질로서 $\cup$과 $\cap$, 공집합 $\varnothing$와 전체집합 U를 포함한 집합의 항등식이 있을 때, 그 항등식에서 $\cup$과 $\cap$, $\varnothing$와 U를 교환하여 만들어진 식도 항등식이 되는 성질이 있다. 이 일반화된 성질을 쌍대의 원리(principle of duality)라고 부른다. 수학적 법칙의 한 예를 들면, 집합의 연산에 유용하게 사용되는 드 모르간의 법칙(De Morgan's Law)이 있다. 드 모르간의 법칙의 수식 중 한 식이 성립함을 알면 다른 한 식은 쌍대의 원리에 의하여 성립함을 알 수 있다.

수학적 일반성을 지도하는 방법은 크게 두 가지로 나누어 생각할 수 있다. 하나는 교사의 설명(exposition)을 위주로 하는 '설명에 의한 수학적 일반성의 지도'이고, 다른 하나는 발견술(heuristics)을 위주로 하는 '안내된 발견에 의한 수학적 일반성의 지도'이다.

2) 설명에 의한 수학적 일반성의 지도 방법

교사의 설명으로 수학적 일반성을 지도하고자 할 때에는 일반적으로 원리·법칙 제시, 예 들기, 적용하기, 설명하기, 거짓예 들기, 타당성 확인 등과 같은 활동을 통하여 지도할 수 있다. 각 활동의 중요한 내용은 다음과 같다.

(1) 원리 · 법칙 제시

학습 동기 유발을 위한 도입 활동이 끝나면, 지도하고자 하는 수학적 일반성, 즉 수학적 원리나 법칙을 제시한다. 이 원리나 법칙은 칠판, OHP, 멀티미디어 시스템 등을 사용하여 제시하되 학생들이 잘 볼 수 있도록 글씨의 크기나 색상 등에 유의한다.

(2) 예 들기

제시된 원리나 법칙의 이해를 돕기 위하여 이 원리나 법칙을 만족하는 구체적인 예를 제시한다. 학생들은 교사가 제시한 예를 통하여 원리나 법칙의 타당함과 유익함을 분명하게 인식할 수 있어야 하며, 가능한 한 간단명료한 것이 좋다.

(3) 적용하기

제시된 원리나 법칙을 적용할 수 있는 간단한 문제를 제시하고 그것을 실제로 적용해 보게 함으로써 그 법칙의 유용성과 활용법을 이해하게 한다. 이 활동은 원리나 법칙을 정당화하기 전에도 사용할 수 있지만 정당화한 뒤에 문제해결에 적용하는 예로 사용하는 것이 일반적이다.

(4) 설명하기

학생들이 지도하고자 하는 원리나 법칙의 의미를 충분히 이해하지 못한다고 판단될 경우, 그 원리나 법칙을 분석적으로 설명하거나 달리 진술함으로써 그 의미를 분명히 인식하게 한다. 이때 오수벨의 유의미 설명식 학습 이론을 적용할 수 있다.

(5) 거짓예 들기

지도하고자 하는 원리나 법칙을 분명히 이해하도록 돕기 위한 방법으로 그 법칙이 성립하지 않는 예, 즉 거짓예를 생각해 보게 할 수 있다. 적절한 예와 거짓예를 생각해보게 하고 그들을 비교, 대조해 보게 하는 것은 그 원리나 법칙의 특성을 인식하게 하는 데 도움이 된다.

(6) 정당화하기

제시된 원리나 법칙이 옳음을 추론하는 활동이다. 이 정당화 활동은 학생의 수준에 따라서, 구체물 조작이나 충분한 예시를 통한 귀납적 추론으로 할 수도 있고, 수학적 논리에 의한 연역적 추론으로 할 수도 있다.

3) 안내된 발견에 의한 수학적 일반성의 지도 방법

발견에 의한 지도는 형식화된 교육만큼이나 오래되었다. 발견술에 의한 수학 지도로서 최초의 방법은 플라톤(Platon)이 예시한 소크라테스(Socrates)와 노예 소년(Menon의 종)과의 대화이다. 소크라테스는 노예 소년에게 적절한 발문을 계속하여 소년 스스로 넓이가 두 배인 정사각형을 만들 수 있게 하였다. 이 방법을 소크라테스의 방법(산파법이라 부르기도 함)이라고 한다. 소크라테스의 방법과 같이 교사의 잘 계획된 일련의 질문에 따라 학생들이 학습 활동을 진행함으로써, 학생 스스로 수학적 원리나 법칙을 발견하는 학습 방법을 안내된 발견학습이라고 한다.

발견학습의 관점은 두 가지가 있다. 하나는 발견의 과정을 학습하게 하는 데 중점을 두는 것이고, 다른 하나는 발견의 결과를 학습하게 하는 데 중점을 두는 것이다.

발견의 과정에 중점을 둔 학습은 발견의 방법, 즉 발견을 위한 전략의 학습에 중점을 둔다. 그림 그리기, 예상과 확인, 거꾸로 풀기, 단순화, 특수화 등과 같은 문제해결을 위한 전략의 학습은 이에 속한다. 브루너(Jerome S. Bruner)는 수학적 내용이나 원리를 더욱 잘 이해하고 활용할 수 있게 하기 위하여 발견학습을 강조한 것이 아니라, 일반적인 발견능력과 발견 방법을 지도하는 데 그 강조점을 둔다. 브루너는 발견학습의 예로서, 한 변의 길이가 x인 정사각형, 두 변의 길이가 각각 x, 1인 직사각형, 한 변의 길이가 1인 정사각형을 각각 여러 개 가지고 더 큰 직사각형을 만드는 활동을 통하여 다항식의 곱셈공식을 발견하게 하였다. 브루너의 이 지도 방법은 구체물이나 시각적 자료의 조작을 통하여 형식화된 성질을 이해하고 발견하는 데 도움이 된다. 데이비스(Robert Davis)도 발견의 진정한 본질은 발견의 결과가 아니라 발견하는 과정이라고 믿고, 학습자에게 문제나 '위기 딜레마'를 제시하고 그것의 해결을 통해 새로운 수학을 발견하게 하였다. 데이비스가 제시한 위기 딜레마의 한 예로서 이차 행렬의 연산에서 수의 곱셈에서의 1의 역할에 해당하는 행렬을 찾게 하는 것이 있다. 학생들은 직관으로 모든 원소가 1인 이차행렬을 예측한 뒤 그것이 단위행렬이 될 수 없음을 확인하고는 단위행렬의 정의를 사용하여 그 단위행렬을 구한다. 데이비스는 이 예를 통하여 단위행렬을 발견하게 함과 동시에 예상과 확인 전략을 지도하고 있다.

발견학습의 다른 한 관점은, 지도하고자 하는 수학적 원리나 법칙을 학생이 어떻게 활동함으로써 발견할 수 있게 하는가, 즉 발견의 결과에 중점을 두는 것이다. 수학적 원리나 법칙을 발견하게 하는 안내된 발견학습은 여기에 속한다. 다음의 예를 보자.

교사 : 0이 아닌 수를 같은 수로 나누면 그 결과는 무엇일까요?

학생 : 1입니다.

교사 : 그러면 a가 0이 아닐 때 $a^n \div a^n$은 어떻게 되나요?

학생 : 그것도 1입니다.

교사 : 우리가 알고 있는 지수법칙($a^n \div a^m = a^{n-m}$, 단, n, m은 양수, $n > m$)을 $a^n \div a^n$에 적용하면 그 결과는 어떻게 될까요?

학생 : a^{n-n} 또는 a^0이 됩니다.

교사 : 좋아, 그렇다면, a^0은 무엇이라고 정의하면 좋을까요?

학생 : a^0은 1이라고 정의하여야 되겠습니다.

위의 대화에서 교사의 의도적인 질문에 따라 학생은 최종적으로 $a^0=1$이라는 수학적 원리를 발견하였다. 이 학습은 발견술의 일반적인 전략보다는 구체적인 수학적 개념, 원리, 법칙의 지도에 목적을 둔 것이며, 발견하고자 하는 개념이나 원리, 법칙이 학습의 목표로 제시된 것이 아니라 발견학습의 결과 발견된다. 이와 같이 교사의 의도된 질문에 따라 학생이 학습한 결과 최종적으로 수학적 개념이나 원리, 법칙을 발견하고 진술하게 하는 방법을 쿠니는 안내된 발견 전략(guided-discovery strategy)이라고 하였다. 여기서 안내된 발견 전략을 사용하여 수학적 개념이나 일반성을 지도하는 방법에 대하여 알아본다.

수학자들이 새로운 수학적 원리나 법칙을 발견하는 과정을 분석해 보면 기본적으로 귀납적 발견전략과 연역적 발견전략을 사용함을 알 수 있다.

(1) 귀납적 발견 전략

귀납적 주장은 두 부분으로 구성된다. 첫째는 예측한 결론의 타당성을 지원하는 예시자료이다. 둘째는 귀납적 주장의 결론이다. 이는 예시자료로부터 필연적으로 따라 나오는 것은 아니다. 예시자료는 그 결론에 대해 더욱 믿음이 가게 할 수는 있지만 예측한 명제를 증명할 수는 없다. 예를 들어, 3, 5, 7, 13은 모두 소수라는 사실이 모든 소수는 홀수라는 주장을 할 법도 하지만 이 주장은 증명될 수 없다. 귀납적 주장의 결론은 다른 예에 의하여 부정될 위험성이 항상 있다. 따라서 귀납적 방법으로 얻은 결론은 반드시 '타당한 것 같다', '그런 것 같다' 또는 '아마도 그럴 것이다'와 같이 진술되어야 한다. 귀납에 의한 추론의 특성은 검색한 것으로부터 검색하지 않는 것으로의 추론이라고 말할 수 있다. 다음의 예는 유명한 골드바흐(Christian Goldbach)의 예측에 관한 것이다.

교 사 : 다음의 식들을 생각해 봅시다.

$$20 = 17 + 3$$

$$22 = 19 + 3$$
$$24 = 17 + 7$$
$$26 = 13 + 13$$
$$28 = 17 + 11$$

이 식들에서 어떤 규칙성을 찾은 학생 있나요?

학생 1 : 좌변의 모든 수는 20단위의 짝수들입니다.
교　사 : 맞았어요. 우변에 더해진 수들은?
학생 2 : 모두 홀수입니다.
교　사 : 맞았어요. 홀수라는 성질 외에 다른 성질을 발견한 사람은?
학생 2 : 모두 소수입니다.
교　사 : 매우 잘 했어요. 학생 1과 학생 2의 대답을 종합해 볼 사람은?
학생 3 : 20단위의 모든 짝수는 홀수인 두 소수의 합과 같습니다.
교　사 : 여러분은 이 사실이 다른 짝수에 대하여도 성립할 것이라고 생각하나요? 학생 4?
학생 4 : 잘 모르겠는데요.
교　사 : 몇 가지 예를 생각해 봅시다. 30, 10, 52는 어떤가요?
학　생 : 30은 17과 13의 합이므로 성립합니다.
(학생들은 10과 52에 대하여도 이 성질이 성립하는 예를 제시한다)
교　사 : 여러분 각자 짝수를 세 개 택하여 이 성질이 성립하는지 확인하여 보세요.
교　사 : 이 성질이 성립하지 않는 예를 발견한 학생이 있나요?
교　사 : 4는 어떤가요? 6은?
(학생들이 4는 짝수인 두 소수의 합으로 나타낼 수 있고, 6은 홀수인 두 소수의 합으로 나타낼 수 있음을 말한다.)
교　사 : 이 사실들로부터, 짝수와 홀수인 소수 사이의 관계를 예측해 볼 사람?
학생 10 : 4보다 큰 모든 짝수는 홀수인 두 소수의 합으로 나타낼 수 있습니다.
교　사 : 잘했어요. 이것이 유명한 골드바흐의 예측이라고 하는 것인데, 아직도 참인지 거짓인지가 증명되지 않았어요. 그래도 우리는 이것이 참인 것으로 믿고 있어요.

귀납적 발견 활동에는 두 가지 과정이 있다. 하나는 추상화이고, 다른 하나는 일반화이다. 귀납적 발견학습에서는 먼저 주어진 집합의 원소 사이에서 공통성을 찾아 이를 추상화한다. 다음에는 처음 탐색된 집합을 포함하는 더 넓은 집합에서도 학생이 발견한 추상화가 성립하도록 일반화한다.

귀납에 의하여 발견된 원리나 법칙이 성립하는가를 확신하기 위하여 그것을 적용하는 적절한 예를 생각해 볼 수 있다. 윌(Wills)은 이 예를 판정과제(criterion task)라고 부른다. 판정과제는 학생이 발견한 규칙성을 확실히 이해하지 못하였다면 매우 어려워서 빨리, 바르게 처리하기가 곤란하다. 예를 들면,

$$|x|+|y|=a,\ \ a>0$$

의 그래프에 대한 규칙성을 이해하지 못하였다면,

$$|x|+|y|=\frac{11}{9}$$

의 그래프를 그리는 데는 많은 어려움을 느끼게 된다. 이와 같은 판정과제는 교사가 학생들이 발견한 규칙성을 얼마나 잘 이해하였는가를 파악하는 데 사용할 수 있다.

(2) 연역적 발견 전략

연역적 발견의 본질은 학생들에게 여러 가지 수학적 개념과 원리를 제시하고 이미 알고 있는 지식으로부터 논리적 연역을 하여 이전에는 알려지지 않았던 새로운 수학적 지식을 유도하게 하는 것이다. 연역적 발견학습법으로 수학적 원리나 법칙을 발견하게 하려면, 귀납적인 방법에서와 마찬가지로 교사의 적절한 질문과 권고에 의한 안내가 뒷받침되어야 한다.

연역적 발견전략을 사용하여 수학적 일반성을 발견하게 하려고 할 때에 교사는 학생이 일반성으로 접근할 수 있도록 적절한 질문과 권고를 제시하여야 한다. 학생의 진전 상황을 관찰하고, 잘못된 것을 유도하거나 진전이 없을 때에는 적절한 질문, 권고 또는 힌트를 제시하여 바른 방향으로 나아가게 하여야 한다. 앞에서

안내된 발견전략의 예로 제시한 $a^0=1$을 이끌어내게 지도하는 과정은 연역적 발견전략을 사용한 예이다. 발견전략으로 수학적 일반성을 발견하게 하는 명쾌한 일련의 질문을 할 수 있는 능력은 연습을 통하여 얻을 수 있다. 다음의 예는 연역적으로 발견하게 하는 학습지도에서 교사가 할 수 있는 발문이다.

[예] 문제 상황 : 좌표평면에서 원점을 지나는 한 반직선이 단위원과 만나 중심각 θ을 이루고 있는 그림을 제시한다. 이 그림에 단위원과 반직선이 만나는 점의 좌표($\cos\theta$, $\sin\theta$)가 표시되어 있다.

교사가 할 수 있는 발문 :

- 이 그림에서 $\cos\theta$와 $\sin\theta$의 관계를 찾을 수 있는가?
- 찾을 수 없다면, θ를 한 각으로 하는 직각삼각형을 볼 수 있는가?
- 이 직각삼각형에서 $\cos\theta$와 $\sin\theta$의 관계를 알 수 있는가?
- 이 관계는 임의의 각 θ에 대하여도 성립하는가?

(3) 귀납적 발견 전략과 연역적 발견 전략의 혼용

발견학습 지도에 대하여 논할 때 발견의 형식을 귀납적 발견과 연역적 발견으로 구분하지만, 실제 수업 현장에서는 이 두 발견 활동을 적절히 포함하는 전략을 사용하는 경우가 많다.

발견학습법으로 수학적 원리나 법칙을 지도할 것을 계획할 경우 교사는 두 가지 요인을 생각하여야 한다. 첫째, 학생의 인지 능력 수준이 귀납적 발견 활동과 연역적 발견 활동을 어느 정도 수행할 수 있는지를 확인하고 그 수준에 맞는 방법을 택하여야 한다. 연역적 발견은 논리적 추론 능력을 요구하고, 귀납적 발견은 규칙성을 유도하고 일반화하는 능력을 필요로 한다. 둘째, 지도하려는 과제는 귀납적 방법과 연역적 방법 중 어느 것이 적절한가를 판단하여야 한다. 과제에 따라서는 둘 중의 하나만 사용하여야 하는 경우도 있으며 두 가지 모두 사용하여야 하는 경우도 있을 수 있다. 또, 교사에 따라서 어느 하나를 더 잘 활용하는 경우도 있다. 이와 같은 요인을 사전에 충분히 검토한 뒤 적절한 전략을 사용하여야 한다.

4) 지도상의 유의점

발견 전략을 사용하여 수학적 일반성을 지도할 때에 교사는 다음과 같은 점을 유의하여야 한다.

① 학생들이 발견하여야 할 일반성을 명확히 의식하고 있어야 한다. 지도할 일반성을 명확히 의식하지 못할 경우 학생의 활동이 피상적인 것으로 될 가능성이 있다.

② 귀납적 전략이나 연역적 전략 또는 이들을 조합하여 사용할 것을 결정하기 전에 적절한 요소들을 충분히 고려하여야 한다. 학생들의 인지 능력, 과제의 성격, 교사의 취향 등에 따라서 적절한 전략을 선택하여야 한다.

③ 귀납적 발견전략을 사용할 경우, 일반성을 적용할 수 있는 대표적인 예들을 먼저 충분히 다루어야 한다. 이 예에 대한 반응을 통하여 학생들이 그 일반성을 분명하게 인식하고 있는지를 판단할 수 있다.

④ 여러 가지 예들을 순서 있게 배열하는 것이 효과적이라면, 그 배열 순서를 계획하여야 한다. 같은 개수의 예를 들더라도 그 배열 순서에 따라 효과가 다를 수 있다.

⑤ 학생들의 발견을 증명하게 한다. 증명은 연역적이어야 한다. 증명의 엄밀성은 학생의 인지수준에 따라 결정될 수 있다. 귀납적인 발견은 적절한 판정과제를 사용하여 확인할 수 있다.

⑥ 발견한 일반성을 응용하게 함으로써 발견을 강화한다. 발견술을 지도함으로써 얻는 이점은 두 가지가 있다. 하나는 발견하는 능력의 전이이고, 다른 하나는 발견한 지식의 보유이다. 발견한 일반성의 활용은 이들 두 가지 이점을 모두 높여준다.

5. 기능의 학습지도

1) 수학적 기능

수학적 능력을 크게 보아 개념적 지식과 절차적 지식으로 나눌 수 있다. 개념적 지식의 중요한 내용은 수학적 개념과 수학적 일반성이며, 절차적 지식의 중요한 내용은 수학적 기능과 문제해결력임을 앞에서 밝힌 바 있다. 학교 교육에서 수학적 개념뿐만 아니라 수학적 과제를 처리하는 능력도 지도한다. 예를 들면, 2차방정식의 근을 구하는 공식을 가르치며 선분의 수직이등분선을 빠르고 정확하게 작도하는 순서를 가르친다. 이와 같이 수학적 과제를 정확하고 빠르게 처리하는 능력을 수학적 기능이라고 한다.

수학적 기능의 지도는 수학과 학습지도에서 중요한 영역을 차지한다. 만일 학생들이 수학적 과제를 처리하는 능력을 발달시키지 못하였다면 수학을 더 이상 공부하는 데 장애가 된다. 높은 수준의 수학을 공부하기 위해서는 이해뿐만 아니라 기능도 있어야 한다. 수학과 학습지도가 수학적 기능을 중시한 나머지 기능 숙달에만 치중해서도 안 된다. 오늘날은 계산기나 컴퓨터를 사용하여 복잡한 식의 계산을 손쉽게 처리할 수 있기 때문에, 개념적 지식을 이해하고 이를 문제해결에 적용하는 데 필요한 정도의 기초적인 수학적 기능을 지도하면 충분하다.

수학적 기능의 지도는 교사가 적절한 시범을 보여주어서 학생들이 모방할 수 있게 하여야 하며 그 기능에 관한 수학적 원리나 법칙에 대한 지식과 그것을 사용하는 적절한 연습을 제공하여야 한다. 수학적 기능이 부족하면 수학 학습에 대한 자신감과 흥미도 상실하게 된다.

2) 수학적 기능의 지도 방법

수학적 기능을 지도하는 데 필요한 활동에는 기능 제시(assertion), 설명(interpretation), 타당성 확인(justification), 연습(practice) 등이 있다. 이들에 대하여 간단히 알아보기로 한다.

(1) 기능 제시

지도하고자 하는 수학적 기능의 실행 순서를 제시한다. 예를 들어 자와 컴퍼스를 사용하여 선분의 이등분점을 찾는 기능을 지도하려면 다음과 같은 작도의 순서를 제시한다. 이때 학생들이 따라할 수 있도록 교사가 시범을 보이는 것이 중요하다.

① 컴퍼스를 벌려서 반지름이 선분의 길이의 반보다 더 크게 하여라.

② 컴퍼스의 끝점을 선분의 한 끝점에 놓고 그 선분의 아래, 위로 원호를 그려라.
③ 컴퍼스의 끝점을 선분의 다른 끝점에 놓고 앞에서와 같은 반지름으로 선분의 아래, 위로 원호를 그려서 먼저 그린 원호와 만나도록 하여라.
④ 두 원호가 만나서 이룬 두 교점을 자로 연결하여 주어진 선분과 만나는 점을 찾는다. 이 점이 주어진 선분을 이등분한다.

(2) 설명

지도하고자 하는 기능의 알고리즘을 잘 이해할 수 있도록 설명한다. 설명을 할 경우 알고리즘에 사용되는 용어들에 대하여 정확하게 이해할 수 있도록 쉽고 적절한 방법으로 예를 들어 설명하여야 한다. 예를 들어, 원뿔의 부피를 구하는 공식 $V=\frac{1}{3}\pi r^2 h$를 설명할 경우 각 기호의 의미를 설명하되, h가 나타내는 높이의 정의를 설명할 때에 모선의 길이와 혼동하지 않도록 그림을 그려 설명하는 것이 중요하다.

(3) 타당성 확인

지도하고자 하는 수학적 기능의 알고리즘이 타당함을 확인할 수 있게 한다. 타당성을 확인하게 하는 데는 두 가지 방법이 있다. 첫째 방법은, 교사가 제시한 기능의 순서를 따라한 결과가 타당함을 학생들이 다른 방법으로 확인하여 보는 것이다. 교사가 제시한 방법이 더욱 간편하면서도 결과가 옳음을 실제로 확인할 수 있다면 그 방법을 신뢰하고 모방하게 될 것이다. 예를 들면 교사가 선분을 n등분하는 알고리즘을 설명하였다면 학생들은 이 방법에 의하여 선분을 3등분하여 보고, 선분이 3등분되었음을 자나 종이 접기를 이용하여 확인하는 방법이 있다. 두 번째 방법은, 교사가 제시한 기능의 방법이 논리적으로 정당함을 입증해 보이는 것이다. 첫째 방법을 실제적 타당성 확인(pragmatic justification)이라고 하고 두 번째 방법을 연역적 타당성 확인(deductive justification)이라고 부른다.

(4) 연습

계산 방법이나 법칙 등을 적용해 보는 충분한 연습을 한다. 이 연습을 통하여 수학적 처리 능력의 정확성과 신속성이 높아진다. 연습을 할 경우, 맹목적이며 기계적인 연습이 되지 않도록 학생 활동에 대한 즉각적인 강화와 피드백을 제공하는 것이 바람직하다. 연습을 하게 할 때는 지루함을 느끼지 않도록 다양한 방법이나 소재를 가지고 할 수 있게 하는 것이 좋다.

3) 지도상의 유의점

수학적 기능 지도를 위한 계획 수립은 한 가지 방법으로 결정되는 것이 아니라 상황에 따라서 다양하게 계획될 수 있다. 기능을 지도하기 위한 계획을 수립할 때, 다음 사항을 충분히 고려하여 상황에 맞게 수립하도록 한다.

- 가르치고자 하는 기능은 무엇인가를 명확하게 파악한다.
- 지도하고자 하는 기능의 절차를 명확히 한다.
- 학습목표와 동기유발을 제시하는 적절한 방법을 준비한다.
- 기능의 절차를 설명하려고 할 때, 어려워하거나 모르는 용어는 없는지, 적절한 예는 무엇인지를 조사한다.
- 학생들에게 기능의 절차를 잘 확신하게 할 수 있는 방법을 모색한다.
- 연습 과제를 제시하기 전에 학생들이 그 기능의 절차를 실행할 수 있음을 확신할 수 있어야 한다.
- 적정량의 연습 과제를 제시하여야 한다. 연습을 많이만 한다고 해서 바람직한 것은 아니다. 필요 이상의 연습은 학습의 효과에 별 도움이 되지 않을 뿐만 아니라 학습에 대한 흥미를 상실하게 할 수 있다.

6. 증명의 학습지도

증명은 중등학교 수학의 중요한 학습 내용 중의 하나로서 수학적 활동을 통해 얻은 결과가 참임을 확신시켜 주는 수단이다. 이 절에서는 증명의 참뜻과 증명 지도의 필요성, 증명의 기본이 되는 논리적 추론, 완전한 증명의 방법과 실생활에서 흔히 볼 수 있는 불완전한 증명에 대하여 알아본다.

1) 증명

증명은 중학교에서 처음으로 지도하기 시작한다. 이때의 증명의 뜻은 실생활에서 사용하는 증명의 뜻과 차이가 있다. 실생활에서 사용하는 증명의 뜻은 자기의 주장을 남에게 확신시키는 것이다. 사회에서 남에게 자기의 주장을 확신시키는 방법으로서 적절한 예를 들어 보일 수도 있고, 경험을 제시할 수도 있고, 상대방이 반례를 들 수 없음을 지적하여 확신시키는 경우도 있다. 그러나 수학에서 사용하는 증명의 뜻은 특수한 형식을 갖추어 어떤 주장이 타당함을 전개하는 것이다. 이와 같은 증명을 완전한 증명이라고 한다. 완전한 증명을 보여준 대표적인 책은 유클리드(Euclid)의 『원론(Elements)』이다. 원론의 구성은 23개의 정의, 5개의 공준, 5개의 공통 개념을 전제로 하여 논증의 법칙에 의하여 명제들을 증명한다.

과학이나 사회과학의 연구에도 증명을 통하여 새로운 사실이나 자기의 주장이 타당함을 보인다. 이 경우는 실험에 의하거나 통계적 방법 또는 귀납적 추론을 주로 사용하는 것으로서 논리적으로 완전함을 보장하지 못하는 경우가 많다. 이와 같이 논리적으로 완전하지 못한 증명을 불완전한 증명이라고 한다.

중등학교 학생들에게 '왜 증명의 지도가 필요 한가', '어느 정도의 엄밀한 증명을 지도하는 것이 타당 한가'하는 문제는 교사에게는 매우 중대한 문제이다. 수학에서의 증명은 명제와 정의 및 공리 또는 명제와 명제 사이의 관계를 밝혀준다. 그 결과 수학을 구조화하는 데 도움을 준다. 따라서 수학을 학습하는 학생들은 수학의 본질을 이해하기 위해서 증명을 이해할 수 있어야 한다. 증명을 처음 학습하는 학생들에게 모든 수학 학습에서 완전한 증명을 요구하는 것은 무리이다. 증명의 필요성과 형식을 이해하게 하고 간단한 증명을 할 수 있게 하며, 학생들의 수학 학습이 높은 수준으로 진행되면서 증명의 엄밀성도 점차적으로 그 수준을 높여 가는 것이 바람직하다.

2) 논리적 추론 규칙

완전한 증명의 과정은 논리적 추론의 규칙을 지켜야 한다. 증명에 이용되는 논리적 추론의 규칙에는 다음과 같은 것들이 있다.

(1) 삼단긍정논법(modus ponens)

삼단긍정논법은 가정과 결론으로 이루어진 어떤 명제가 참임을 알고 있을 때에, 그 명제의 가정이 참임을 알면 결론도 참이라고 규정하는 논증의 방법이다.

예를 들어, 피타고라스의 정리를 알고 있다면, 어떤 직각삼각형에서 세 변의 길이를 알고 있을 때에 빗변의 제곱을 다른 두 변의 제곱의 합과 같다는 것을 참인 것으로 받아들이는 것이다. 이 추론의 규칙을 다음과 같은 형태로 나타낼 수 있다.

$$\begin{array}{l} P \Rightarrow Q \\ P \\ \hline \therefore\ Q \end{array}$$

(2) 삼단부정논법(modus tollens)

가정과 결론으로 이루어진 어떤 명제가 참임을 알고 있을 때에 그 명제의 결론의 부정을 알고 있으면 가정은 참이 아니라고 규정하는 논증의 방법이다. 예를 들면, 피타고라스의 정리를 알고 있을 때에, 어떤 삼각형의 세 변의 길이 사이에 빗변의 제곱이 다른 두 변의 제곱의 합보다 클 때 그 삼각형은 직각삼각형일 수 없다는 것이다. 이 추론의 규칙을 다음과 같은 형식으로 나타낼 수 있다.

$$\begin{array}{l} P \Rightarrow Q \\ \sim Q \\ \hline \therefore\ \sim P \end{array}$$

(3) 조건삼단논법(hypothetical syllogism)

두 명제 'P이면 Q이다'와 'Q이면 R이다'가 참임을 알고 있을 때에 P가 참임을 알면 R이 참이라고 규정하는 논증의 규칙이다. 예를 들면, 방정식 $x^2-4=0$ 이면 $(x+2)(x-2)=0$이 성립하고, $(x+2)(x-2)=0$이 성립하면 $x=2$ 또는 $x=-2$가 성립한다. 따라서, $x^2-4=0$의 해는 $x=2$ 또는 $x=-2$라고 보는 것이다. 이 논법을 다음과 같이 형식화할 수 있다.

$$\begin{array}{r} P \Rightarrow Q \\ Q \Rightarrow R \\ \hline \therefore\ P \Rightarrow R \end{array}$$

(4) 선언삼단논법(disjunctive syllogism)

두 명제 P, Q가 있고, P 또는 Q가 참임을 알고 있을 때에 P가 참이 아니라고

하면 Q가 참이라고 규정하는 논법이다. 예를 들어, 방정식을 푸는 과정에서 $x=2$ 또는 $x=-2$를 알았지만, x는 음수가 될 수 없다는 조건이 있으면 $x=2$가 그 방정식의 해가 되는 것이다. 이 논법을 다음과 같이 형식화할 수 있다.

$$\begin{array}{l} \text{P or Q} \\ \sim \text{P} \\ \hline \therefore\ \text{Q} \end{array}$$

위의 논법 외에도 다음과 같은 논법을 생각할 수 있다. 그러나 이 논법들은 중등학교 수준에서는 많이 사용되지는 않는다.

(5) 구성적 양도논법 (constructive dilemma)

$$\begin{array}{c} (\text{P} \Rightarrow \text{Q}) \wedge (\text{R} \Rightarrow \text{S}) \\ \text{P} \vee \text{R} \\ \hline \therefore\ \text{Q} \vee \text{S} \end{array}$$

(6) 파괴적 양도논법 (destructive dilemma)

$$\begin{array}{c} (\text{P} \Rightarrow \text{Q}) \wedge (\text{R} \Rightarrow \text{S}) \\ \sim \text{Q} \vee \sim \text{S} \\ \hline \therefore\ \sim \text{P} \vee \sim \text{R} \end{array}$$

(7) 흡수논법(absorption)

$$\begin{array}{c} \text{P} \Rightarrow \text{Q} \\ \hline \therefore\ \text{P} \Rightarrow \text{P} \wedge \text{Q} \end{array}$$

(8) 분리논법(simplification)

$$\begin{array}{c} \text{P} \wedge \text{Q} \\ \hline \therefore\ \text{P} \end{array}$$

(9) 연접논법(conjunction)

$$\begin{array}{c} \text{P} \\ \text{Q} \\ \hline \therefore\ \text{P} \wedge \text{Q} \end{array}$$

(10) 선접논법(addition)

$$\begin{array}{c} \text{P} \\ \hline \therefore\ \text{P} \vee \text{Q} \end{array}$$

3) 증명의 방법

앞에서 제시한 추론의 규칙을 사용하여 어떤 명제가 참임을 증명하는 것을 완전한 증명 또는 간단히 증명이라고 한다. 증명의 방법을 크게 나누어 직접증명법,

간접증명법, 반례법, 수학적 귀납법으로 나눌 수 있다. 각 증명 방법에 대하여 알아보자.

(1) 직접증명법

어떤 명제가 참임을 증명하고자 할 때에 추론의 규칙을 사용하여 그 명제의 가정으로부터 결론을 이끌어내는 방법을 직접증명법이라고 한다. 예를 들어, 피타고라스의 정리를 증명할 경우, 직각삼각형의 각 변을 한 변으로 하는 세 개의 정사각형을 만들고 가장 큰 정사각형의 넓이가 다른 두 정사각형의 넓이의 합과 같음을 증명하는 방법은 직접증명법이다. 중등학교 수학에서는 이 방법을 많이 사용한다.

(2) 간접증명법

경우에 따라서는 직접증명법으로는 증명의 과정이 매우 복잡하거나 어려운 경우가 있다. 이런 경우는 증명하고자 하는 명제를 부정함으로써 모순을 도출하여 그 명제를 부정할 수 없음을, 즉 그 명제가 참이라고 규정하는 증명법을 간접증명법이라고 한다. 명제를 부정하는 방법으로는 그 명제의 가정을 부정하거나 결론을 부정하거나 가정과 결론을 모두 부정할 수 있다. 그런데 어떤 명제의 가정을 부정하면, 즉 그 명제의 가정이 거짓이면 그 명제는 결론의 참, 거짓에 관계없이 항상 참이다. 그러므로 가정이 거짓인 명제는 증명의 대상이 될 필요가 없다. 따라서 간접증명을 위해 명제를 부정할 때는 그 명제의 결론을 부정한다. 명제의 결론을 부정한 결과 그 명제의 가정에 모순됨을 보임으로써 그 명제가 참임을 보이는 증명법을 대우법이라고 하고, 결론의 부정이 참이라고 밝혀진 다른 사실(공리, 정의, 정리 등)에 모순됨을 보임으로써 그 명제가 참임을 보이는 증명법을 귀류법이라고 한다. 예를 들면, 명제 '공집합은 모든 집합의 부분집합이다'를 증명하기 위하여 공집합이 어떤 집합의 부분집합이 아니라고 가정하면, 공집합에는 어떤 집합에 속하지 않는 적어도 한 원소가 속해 있어야 한다. 이는 공집합의 정의에 모순이다. 따라서 공집합은 모든 집합의 부분집합이라고 증명하는 방법은 간접증명법으로서 대우법에 해당한다. 또 $\sqrt{2}$는 무리수임을 증명하기 위하여 $\sqrt{2}=\frac{b}{a}$(기약분수)로 가정하고 모순을 찾아내는 간접증명 방법은 귀류법이다.

(3) 반례법

어떤 주장이 성립하지 않음을 보이려면 그 주장이 성립하지 않는 한 예를 제시할 수 있으면 충분하다. 이러한 증명법을 반례법이라고 한다. 예를 들어 $x \le 2$이면 $x^2 < 4$라고 대답한 학생에게 $x = -3$을 예로 들어 그의 진술이 잘못되었음을 깨닫게 해주는 방법은 반례법이다.

(4) 수학적 귀납법

수학적 귀납법은 자연수 $n \ge k$에 관한 어떤 성질 $p(n)$이 타당함을 증명하는 데 사용되는 한 증명 방법으로서 다음과 같은 수학적 귀납법의 원리를 이용한다. 수학적 귀납법의 원리는 도미노의 원리로 설명될 수 있다.

[수학적 귀납법의 원리]

1. $p(k)$는 참이다.
2. 임의의 자연수 $n(\ge k)$에 대하여 $p(n)$이 참이라고 가정하면, $p(n+1)$도 참이다.
3. 그러면, 모든 자연수 $n(\ge k)$에 대하여 $p(n)$은 참이다.

수학적 귀납법은 용어의 느낌으로는 귀납적 증명법에 속하는 것처럼 보이지만 연역적 증명법이다. 수열에서 일반항 또는 제n항까지의 합을 구하는 공식이 타당한지를 증명하는 데는 수학적 귀납법이 유용하게 사용될 수 있다.

4) 불완전한 증명과 사회적 추론

가정이 참임에도 불구하고 결론이 항상 참이라고 할 수 없는 추론이 있다. (아래의 (1)에서 새로 증명하고자 하는 명제는 Q→P이며, 가정은 Q, 결론은 P이다.) 이러한 추론들은 수학에서 증명을 위해 사용될 수는 없다. 그러나 이러한 추론은 어떤 사실이 성립할 것이라고 예측을 하는 데는 도움이 되는 경우가 많다. 이와 같은 추론을 불완전한 추론이라고 한다. 실생활에서 흔히 사용되는 추론들은 불완전한 추론인 경우가 많으며, 불완전한 추론은 다음과 같은 불완전한 증명의 형식을 사용하는 경우가 많다.

(1) 타당하지 않은 추론 첫 번째(역의 성질 이용)

$$\begin{array}{l} P \Rightarrow Q \\ Q \\ \hline \therefore\ P \end{array}$$

일반적으로 어떤 명제가 참이라도 그 역을 항상 참이라고는 할 수 없다.

(2) 타당하지 않은 추론 두 번째(이의 성질을 이용)

$$\begin{array}{l} P \Rightarrow Q \\ \sim P \\ \hline \therefore\ \sim Q \end{array}$$

어떤 명제가 참이라고 해도 그 이도 항상 참이라고는 할 수 없다.

(3) 타당하지 않은 사회적 추론의 첫 번째 예

두 사람의 후보가 출마하여 선거 유세를 하는 경우 자기의 훌륭한 점이나 정책을 제시하기보다는 상대방의 약점이나 실책을 들추어내어 공격함으로써 자기를 간접적으로 내세우는 경우가 많이 있다. 이 유세의 논리는 타당한 듯하지만 수학적으로 보면 그렇지 못하다. 이 유세의 추론은 다음의 추론 형식을 이용한다.

$$\begin{array}{l} P \vee Q \\ \sim Q \\ \hline \therefore\ P \end{array}$$

이 추론 형식은 옳다. 그러나 잘못된 부분은 현실 세계에서 $P \vee Q$가 참이라고 보장되어 있지 못하기 때문이다. 즉, 두 사람 모두 후보자로서 훌륭하지 못한 경우도 현실적으로 있을 수 있기 때문이다. 따라서 이 유세의 추론은 타당하지 못하다고 할 수 있다.

(4) 타당하지 않은 사회적 추론의 두 번째 예

다음 광고를 보자.

"이 세상에서 가장 맛있는 냉면을 먹고 싶으면 우리 식당으로 오시오."

이 광고의 주인은 우리들이 자신의 식당의 냉면이 이 세상에서 가장 맛있다고 판단하고 자기 식당으로 올 것을 기대하고 있을 것이다. 이 광고를 보고 그 식당의 냉면이 이 세상에서 가장 맛있다고 추론하는 것은 옳은 것인가? 이 주장에서 사용한 문장은 명령문으로서 참이나 거짓을 가릴 수 없으므로 논리적 추론 형식을 갖추고 있지 못하다. 이 광고에는 자기 식당의 냉면이 가장 맛있다고 표현한 부분이 없으며, 논리적으로 그렇게 추론할 수도 없다. 따라서 설령 그 식당의 냉면 맛이 이 세상에서 가장 나쁘더라도 논리적 추론에 의하면 그 주인을 거짓말하였다고 비난할 이유가 없다.

7. 문제해결 학습지도

문제해결 학습지도는 학생 스스로가 생소한 문제를 적절한 방법을 사용하여 해결하는 능력을 갖도록 지도하는 것이다. 그러므로 학생들은 문제해결 학습을 통해 그들 주변의 세계에서 수학의 유용성과 힘을 경험하게 된다.

문제해결 능력을 기르기 위해서는 문제를 잘 이해한 다음 적절한 전략을 사용할 수 있어야 하며, 해결한 결과를 반성하고 이와 유사하거나 관련된 문제에 응용할 수 있어야 한다. 또한, 창의적이고 유연한 사고능력을 발휘할 수 있으며 도전감과 인내력을 가지고 문제를 해결하는 태도를 가져야 한다. 그러므로 학생들에게 문제해결을 지도할 때 교사는 다음과 같은 지도 원리를 고려하여야 한다.

첫째, 문제해결을 위한 사고방법과 기본적인 전략을 이해하고 사용할 수 있게 하여야 한다. 문제해결 학습은 문제를 스스로 해결하는 사고능력을 기르기 위한 것으로서 문제를 정확하게 이해하고 적절한 해결 계획을 수립하며, 수립한 계획을 실행함으로서 답을 구하며, 구해진 답의 타당성을 반성하고 일반화함으로서 다른 문제의 해결에 응용할 수 있게 하여야 한다. 문제해결을 위한 계획을 세울 때에는 식 세우기, 그림 그리기, 표 만들기, 패턴 찾기, 예상과 확인, 귀납적 추론, 연역적 추론, 반례 들기, 단순화하기, 거꾸로 풀기 등의 전략들을 이해하고 적용하는 능력을 지도하여야 한다. 이러한 전략들은 문제를 해결하는 상황 속에서 탐구되어야 한다. 학생들은 다양한 방법을 탐구하고 주어진 상황에 대한 전략을 평가하는 것을 배워야 한다.

둘째, 적절한 방법과 도구를 사용할 수 있게 한다. 문제해결을 위해 적절한 수학 지식을 사용할 수 있어야 하며, 자료를 모으고, 정리하며, 규칙성을 찾고, 해를 예측하며, 그것의 타당성을 검증하기 위해 계산기나 컴퓨터를 활용할 수 있어야 한다. 전통적인 수학 학습 지도는 종이와 연필을 중요한 도구로 사용하였지만 앞으로의 학습지도는 종이와 연필 이상으로 테크놀로지(technology)를 활용할 수 있어야 한다.

셋째, 협동하여 문제를 해결하는 능력을 기르게 한다. 혼자서 문제를 해결하는 것보다 몇 사람이 협동하여 문제를 해결하는 것이 더욱 효과적임은 많은 연구들이 입증하고 있다. 소집단을 형성하여 문제를 해결하는 학습 활동을 통해 의사소통 능력과 보다 높은 수준의 문제해결력을 기를 수 있다.

넷째, 실제적인 문제를 해결하는 능력을 기르게 한다. 문제해결의 문제는 수학의 내적, 외적 문제를 모두 포함한다. 때로는 몇 시간 또는 며칠이 걸리는 프로젝트도 수행해 보게 하여야 한다. 이러한 문제해결을 통하여 수학의 유용성을 경험할 수 있게 한다. 실생활 문제를 해결할 때는 수학적 모델링의 과정을 이용한다.

1) 문제해결의 지도와 방법

문제해결 학습지도에 관해서는 연구와 이론이 많이 있다. 문제해결을 지도하고자 하는 대상 학생의 인지적 수준과 지도할 내용에 따라서 방법이나 절차가 달라져야 하기 때문이다. 여기에서는 문제해결 학습지도 연구의 초석을 이룬 폴리아(George Polya)의 이론을 중심으로 문제해결 학습지도의 절차와 방법을 알아본다.

첫째, 학습자가 문제를 해결하고자 하는 의욕이 생기도록 학습 분위기를 안정되게 한다. 교사는 문제해결 지도를 시작하기 전에 자유롭고 안정된 학습 분위기를 조성하고 문제해결 활동에 필요한 여러 자료들이 갖추어져 있는지를 확인한다.

둘째, 일제학습을 하게 한다. 교사가 전체 학생들을 대상으로 하여 지도하고자 하는 특수한 전략이나 문제유형에 대하여 특성을 설명한다. 이 과정에서 학생들은 학습할 내용에 대해 이해하게 되며 학습하고자 하는 동기와 목표를 인식하게 된다.

셋째, 소집단 활동을 하게 한다. 소집단을 형성하여 교사가 지시하는 순서에 따라 문제해결 활동을 한다. 교사가 지시하는 문제해결의 단계는 여러 가지가 있을 수 있으나, 폴리아가 제시한 문제해결을 위한 사고의 네 단계를 따를 수도 있다. 이 과정에서 교사의 역할은 학생들 스스로 충분히 사고하고 토론하고 바른 결과를 얻을 수 있도록 적절한 발문과 권고를 하며 학습 분위기를 만들어 주는 것이다. 교사가 문제해결의 각 단계에서 할 수 있는 발문과 권고는 제3장 제2절의 폴리아의 문제해결에 제시되어 있다.

넷째, 각 소집단의 대표들은 얻은 결과를 전체 학급에 발표하고 그 방법이나 결과에 대하여 토론을 하게 한다.

다섯째, 개별학습 활동을 하게 한다. 소집단에서 해결한 것과 유사한 문제를 모든 학생들이 개별적으로 해결해 보게 한다. 이 때 교사는 개별 학생들을 순회지도하며, 학생들은 상호간에 의논을 할 수도 있다.

2) 지도상의 유의점

문제해결 지도는 학생들이 문제해결의 사고 단계에 따라 스스로 사고하고 창의적으로 사고할 수 있도록 도와주어야 한다. 문제해결 지도 과정에서 교사는 다음 사항에 유의하여 문제해결 활동을 도와야 한다.

(1) 학생들이 문제를 이해하고 있음을 확인한다.

문제를 정확하게 이해하지 못하고는 그 문제를 풀 수 없는 것은 당연할 뿐만 아니라, 수학 학습에 대한 흥미마저 상실하게 한다. 학생들이 쉬운 문제도 잘못 이해하여 바른 답을 구하지 못하는 경우가 흔히 있으며, 이 경우 쉬운 문제에 대한 자신의 실수에 좌절하며 수학에 대한 흥미를 상실할 수 있다.

문제해결 지도에서 교사는 학생들이 문제를 명확히 이해하고 있는지 파악하여야 한다. 학생들이 문제를 정확하게 이해하도록 돕기 위하여 다음 사항들을 확인해야 한다.

① 학생들은 문제 안에 있는 용어와 기호의 의미를 바르게 이해하고 있는가?

② 학생들은 문제에 주어진 자료, 조건, 찾고자 하는 것, 가정과 결론을 하나하나 확인하고 있는가?

③ 학생들은 문제가 요구하는 것을 지적할 수 있는가?
④ 학생들은 문제를 자신의 말로 진술할 수 있는가?

문제를 대할 때마다 이러한 사항들에 유의하여 문제를 정확하게 이해하도록 돕는 것은 매우 중요하다.

(2) 학생들이 문제해결을 위한 계획 수립에 도움이 되는 적절한 자료를 모으는 것을 돕는다.

문제를 정확하게 이해하였다고 해서 저절로 문제의 해결 방안이 떠오르는 것은 아니다. 학생들이 문제해결을 위한 효과적인 계획을 수립할 수 있도록 돕기 위해서 교사는 다음과 같은 사항들을 생각해 볼 수 있다.

① 학생들이 주어진 조건을 분석함으로써 필요한 자료를 모으는 것을 도와라.
② 학생들이 유사한 문제를 분석함으로써 필요한 자료를 얻도록 도와라.
③ 학생들이 비효과적인 접근 때문에 지치기 시작하면, 다른 시각에서 문제를 볼 수 있도록 도와라.

(3) 문제해결에 집중하는 분위기를 제공한다.

학생들이 창조적 능력을 발휘해 낼 수 있게 하는 분위기를 조성해 주어야 한다. 예를 들어 학생들이 사용하는 전략이 가능성이 있다고 암시를 준다거나, 문제를 탐색하는 데 필요한 시간을 충분히 준다거나, 학생들이 어려움에 직면하였을 경우, '이 문제는 원래 어려운 거야', '너는 조금만 더 생각하면 해결할 수 있을 것 같구나', '다른 학생들도 어려워 할 거야' 등과 같이 용기를 주는 말은 학생들에게 끈기 있게 문제를 해결하도록 용기를 불어 넣어줄 수 있다.

문제는 본질적으로 쉽게 해결되지 않는다. 문제해결에는 긴 시간이 필요할 수도 있다. 따라서 학생들이 충분히 생각할 수 있는 시간과 용기를 주어야 한다. 학생들이 문제해결에 집중하도록 하기 위해 다음과 같은 사항을 생각할 수 있다.

① 어려움에 봉착하여 실망할 가능성이 있는 학생에게 적절한 힌트를 주고 격려하여라.

② 학생들이 예측을 하고 검증해보게 하며, 떠오르는 예상을 따르도록 격려하여라. 그 결과 학생들에게 문제에 대한 다양한 해결 방법을 찾을 수 있게 하라.
③ 학생들에게 문제를 이해하게 하고, 분위기를 제공하고, 힌트를 준 다음에는 그들이 문제를 해결할 때까지 충분히 기다려라.

(4) 학생이 일단 한 가지 해를 구하였으면, 그 문제와 그 해의 의미를 반성해 보도록 격려한다.

문제를 해결한 학생들에게 그 문제와 해결방법을 반성해보게 한다. 문제를 해결한 뒤 그 결과가 문제의 상황에 타당한 지 생각해 보는 것은 문제해결 과정의 중대한 오류를 발견할 수 있게 하거나 수학적 풀이를 실제 상황에 맞도록 해석할 수 있게 한다. 문제와 해결방법에 대한 반성을 돕기 위해 다음 사항들을 생각해 볼 수 있다.

① 해결한 문제의 구조와 해결 방법을 되돌아보게 하라.
② 한 문제의 풀이에 대한 더 좋은 방법은 없는지 생각해 보게 하라.
③ 주어진 문제를 다양하게 변형하여 탐구하게 하라.

3) 문제해결 자료 개발

문제해결을 지도하기 위해서는 적절한 자료를 활용하여야 한다. 문제해결을 위한 자료는 전문 출판사에서 개발된 자료를 활용하는 것이 일반적이지만, 교사가 스스로 학습 내용과 학생 수준에 맞는 문제를 개발하여 사용할 수 있다면 더욱 효과적으로 문제해결을 지도할 수 있다. 문제해결을 위한 자료개발 방법으로서 다음과 같은 방법들을 생각할 수 있다.

① 수학의 기본적인 개념이나 성질을 학생들이 스스로 발견해 보도록 발문을 통하여 유도한다. 예를 들면, 이차방정식의 해를 구하는 방법을 방정식의 유형에 따라 구체적인 예를 통하여 이해하게 한 후 방정식의 계수가 문자인 일반적인 이차방정식의 해를 구하는 공식을 유도해 보게 할 수 있다. 또,

행렬의 덧셈이나 곱셈을 이해하게 한 뒤 연산에 대한 항등원을 찾아보게 하는 것 등은 문제해결을 위한 좋은 자료이다.

② 어떤 문제를 해결하게 한 뒤 문제를 변형하거나 관련된 문제를 생각해 보게 한다. 문제의 변형이나 관련된 문제를 생각하는 것은 이미 해결한 방법을 어떻게 변형하여 적용할 수 있는가를 생각하게 함으로써, 문제의 구조에 따른 해결 방법을 이해하게 하는 데 도움을 준다.

③ 실생활에 관련된 상황을 문제로 다룰 수 있다. 신문이나 방송을 통한 여러 가지 사회적 문제를 수학적으로 접근하여 해결해보게 하는 것은 수학의 유용성을 인식하게 하고 적용 능력을 높이게 한다.

④ 수학적 호기심을 자극하는 퍼즐 문제를 활용할 수 있다. 역사적으로 유명한 퍼즐 문제들은 수학적 호기심을 자극하며 창의적인 사고를 촉진한다. 예를 들면, '디오판토스 묘비' 문제나 다음과 같은 문제에서 문자의 값 구하기 등이 있다.

$$\begin{array}{r} \text{SEND} \\ +\,\text{MORE} \\ \hline \text{MONEY} \end{array}$$

⑤ 학생들의 답변을 활용할 수 있다. 학생들의 답변에 대하여 그 이유를 설명해 보게 하는 것은 수학적 개념이나 성질을 정확하게 이해하게 하며, 문제해결을 위한 새로운 사실을 발견할 수 있게 한다. 대답이 틀렸을 경우도 왜 그렇게 생각했는지를 생각해 보게 함으로써 자기의 잘못을 발견하게 하고 바른 답을 찾도록 유도할 수 있다.

8. 특수아의 수학 학습지도

1) 수학 학습 부진아 지도

학습을 성공적으로 할 수 없는 경우로서 학습 지진(learning disable)과 학습 부진(slow learning)으로 구분하여 생각할 수 있다. 학습 지진은 정상적인 학습이 어렵거나 불가능한 경우이며, 학습 부진은 어떤 요인에 의하여 학습 결손이 심하고 그 결과 일반 학생들에 비하여 특수한 부분의 학습이 어렵거나 학습의 속도가 느린 경우이다.

학습 지진의 원인은 정신박약, 시력장애, 청력장애로 구분한다. 정신박약이란 IQ가 50～70 정도이며, 본 것이나 들은 것들을 식별할 능력이 부족하여 혼동을 일으키는 것을 뜻한다. 정신박약, 시력장애, 청력장애로 인한 학습 지진아들은 이들을 위한 특수 교육과정과 특수학교가 있으며, 이들을 지도하는 전문 교사가 있으므로 여기서는 학습부진아의 지도에 대하여 알아본다. 학습 부진아란 학습 지진아는 아니면서 학습에 성공적이지 못한 학생을 뜻한다. 즉, 학습 부진의 원인은 선천적이거나 신체적인 결함에 있는 것이 아니라 개인적, 사회적, 또는 학습 과정에서 발생한 어떤 요인에 있다고 할 수 있다. 학습 부진아들의 일반적 특성은 다음과 같다.

- 자신은 수학을 전혀 이해할 수 없다고 생각한다.
- 자신은 수학적으로 실패한 사람이라고 생각한다.
- 학습 활동을 거부하며 교사에게 반항한다.
- 엉뚱하고, 돌발적인 행동을 하여 학습 분위기를 해친다.
- 수학 학습에 방어적이며, 모든 활동을 회피하고, 공상(day dreaming)을 한다.

학습 부진아를 지도하는 방법으로는 이들만으로 구성한 특수학급을 만들어 특수한 자료와 방법을 사용하여 지도하는 방법과 일반 학생들과 같은 교실에서 지도하는 방법이 있다. 학습 부진아를 지도하기 위해서는 다음과 같은 점들을 고려할 수 있다.

- 힘이 있고, 자신감이 있고, 열의가 있는 교사의 모습을 보여라. 학생의 이름과 개인적인 또는 사회적인 배경을 알고 있으며, 학생들의 좌석 배치, 소집단 구성 지시 등을 의도적으로 하며, 학생의 활동에 관심을 가지고, 반항적인 행동을 했을 때 가능한 한 관용으로 대하되 필요한 경우는 단호하게 훈계하고 처벌하여야 한다.
- 학생이 성공적으로 할 수 있는 과제와 활동을 제공하여라. 학습활동에 대한 성취감은 매우 좋은 보상이며, 학습에 긍정적인 자세를 갖게 한다.
- 부진아를 위해 만들어진 보충학습 자료를 제공하고 많은 관심을 가지고 지도

하여라.

2) 수학 영재 지도

학습활동에서 일반학생보다는 탁월한 능력을 발휘하는 학생을 천재 또는 영재(gifted)라고 한다. 수학 영재란 수학 학습에서 다음과 같은 능력에서 탁월함을 보이는 학생이다(Joseph S. Renzulli & S. M. Ridge, 1991).

- 수학적인 것에 적극적으로 흥미를 보인다.
- 어린 나이에 수학적인 기능에 우수함을 보인다.
- 분석적으로 추론하는 능력을 보인다.
- 수학의 다른 부분들 사이의 관계성을 찾는다.
- 수학적 규칙성과 일반성을 인식하는 능력을 보인다.
- 잘 조직된 논리적 형태로 표현할 수 있다.

수학 영재를 지도하는 방법으로서는 일반학생들과 한 학급에서 지도하는 방법과 이들만을 모아 특별학급을 구성하여 지도하는 방법이 있다. 수학 영재를 지도하기 위해서는 다음과 같은 점을 고려하여야 한다.

(1) 교사의 조건

- 교사는 교과 내용에 대하여 충분한 지식을 갖추고 있어야 한다. 수학에 대한 폭넓고 깊이 있는 지식을 갖추고 있어야 한다.
- 교사는 자신감이 있어야 한다. 경우에 따라서는 학생이 교사보다 우월한 능력을 보일 때가 있다. 이러한 경우에도 의연하게 대하여야 하며, 학생의 재주에 위축되어서는 안 된다.
- 교사는 학생을 지도하는 우수한 기능을 가지고 있어야 한다. 영재에게 구체적인 것을 가르치는 것보다는 그들 스스로가 탐구할 수 있는 방법과 적절한 과제를 제시하고 학습 활동의 과정을 점검하는 것이 더 중요하다.

(2) 일반학급에서 지도하는 경우

- 영재를 교사의 조력자로 활용할 수 있다.
- 이들을 위한 특별자료를 제공하고 개별적으로 학습하게 하고 과정을 점검한다.
- 특별활동 시간이나 방학을 이용하여 영재를 위한 특별프로그램을 실시할 수 있다.

(3) 특별학급에서 지도하는 경우

- 일반 학생들이 학습하는 교재를 속진으로 학습하게 한다.
- 심화학습 프로그램(예 : 수학 올림피아드 문제, 경시대회 문제 등)을 지도한다.
- 탐구과제를 제시하고 탐구하게 한다. 탐구과제는 실생활 과제, 컴퓨터 활용 과제 등 다양한 것이 있다.
- 교과 시간 외에도 인근 지역의 대학이나 전문기관에 가서 수학을 학습하게 한다.

제2절 ▌수학과 수업모형

학습지도를 실제로 실행하기 위해서는 지도 목표, 지도 내용, 전개 방법 등을 분명하게 결정하고 이것을 사용하기 쉽게 기록한 지도안을 준비해야 한다. 학습지도의 전개과정을 일반화한 것을 수업모형이라고 하고, 지도할 내용, 교사와 학생의 중요한 활동, 사용할 자료, 필요한 시간 등을 구체적으로 기록한 자료를 학습 지도안이라고 한다.

전문가가 개발한 수업모형은 교사가 수업을 진행하는 데 기준이 되며, 수업의 질을 향상시키는 수단의 역할을 한다. 수업모형은 학습지도의 경험이 없거나 미약한 교사에게 수업 방법을 안내해 주며, 경험이 많은 교사에게는 자기의 수업을 반성해 보게 하고 개선할 수 있는 아이디어를 제공한다. 즉, 수업모형은 연구에 의하여 개발된 학습지도의 이론을 실제로 적용할 수 있게 하며 수업의 질을 개선하게 하는 촉매 역할을 한다. 학교 교육이 전문화되기 이전의 전통적인 교육에서는 수업모형이 개발되지 않았기 때문에 교사는 경험으로 체득한 방법이나 자신이 선호하는 방법으로 교과서에 있는 내용을 지도하였다. 그 결과 교사에 따라서 지도하는 방식이 매우 달랐으며 학생들에게 미치는 영향도 다양하였다.

1. 교사중심 수업모형

1) 교사중심 수업

전통적인 수업의 형태는 교사가 그 반의 모든 학생들을 대상으로 지도할 내용을 설명하고 학생들이 교사의 설명을 기록하고 시범을 따라 익히게 하며, 이를 적용하여 문제를 해결하게 하는 것이다. 이러한 유형의 수업을 설명식 수업, 수용학습 수업 또는 일제학습 수업이라고도 하는데, 여기서는 교사가 수업을 이끌어 가는 점을 강조하여 교사중심 수업이라고 한다.

교사중심 수업모형은 교사가 전체 학생들을 대상으로 학습 내용을 설명하고 연습하게 하며 수업 진행의 모든 과정을 획일적으로 이끌어 가는 특징이 있다. 따라서 능력 수준이 비슷한 다수의 학생들에게 어떤 내용을 짧은 시간에 지도하여 적용할 수 있게 하는데 효과적이다. 교사중심 수업은 주로 교사의 설명으로 진행하므로 학생들의 인지수준이 교사의 설명을 충분히 이해할 수 있는 학생들에게 적절하다. 학생 집단의 인지수준이 낮은 경우는 상세한 설명보다는 학습자 스스로가 충분한 구체물 조작이나 관찰 활동을 하게 하여 수학적 개념을 인식하게 하는 것이 효과적인 경우가 많다. 교사중심 수업은 처음부터 끝까지 교사의 설명에만 의존하는 것은 아니다. 수업 과정에서 학생의 준비 정도를 파악하기 위하여 적절한 질문을 할 수 있으며, 새로운 개념을 설명하는 과정에서도 학생들의 사고활동을 촉진하고, 교사의 지도를 바르게 이해하고 있는지를 파악하기 위하여 적절한 질문을 하거나 실제로 활동해 보게 할 수 있다. 학생들도 교사의 설명이 이해되지 않거나 의문이 가는 내용은 항상 질문하고 토론함으로써 학습의 효과를 높일 수 있다.

교사중심 수업을 의미 있게 진행하게 하는 방법으로서 오수벨의 유의미 설명식 학습을 제시할 수 있다. 이 이론은 교사중심 수업을 의미 있게 하기 위하여 선행 조직자의 활용, 점진적 분화의 원리, 통합적 조정의 원리를 사용한다.

교사중심 수업은 많은 학생을 대상으로 학습지도를 할 수는 있지만, 학생들의 성취 결과가 교사의 강의 내용 수준을 넘기 어렵다는 단점이 있다.

2) 수업모형

교사중심 수업은 교사의 설명이 수업의 중심을 이루며, 일반적으로 다음과 같은 순서로 진행된다. 수업의 시작과 함께 전날에 제시한 과제가 있으면 과제를 회수하고 과제에 대한 학생들의 질문을 받거나 질문을 하여 과제를 검토한다. 이후 본 학습을 위한 동기유발을 한다. 동기유발 내용은 학생들에게 흥미가 있어야 하며, 학습 목표를 포함해야 한다. 다음으로는 본시 학습 주제에 대해 교사가 설명을 하면서 필요한 경우는 시범을 보여준다. 이 때 학생들은 교사의 설명을 경청하고 기록하며 의문이 있을 경우 질문을 한다. 교사는 학생들의 이해를 돕기 위하여 필요하면 구체물이나 반구체물(그림 자료 등) 또는 컴퓨터 자료 등 보조학습자료를 활용한다. 교사의 설명이나 지시에 의하여 학생들은 연습문제를 해결한다. 이 때 교사는 순회 지도를 통하여 학생들의 학습 성취 정도를 파악하고 필요한 경우 학생들을 돕는다. 수업 내용을 요약정리하고 질문을 통하여 학습 결과를 확인한다. 본시 학습 내용에 대한 과제 학습과 차시 예고를 하고 수업을 종료한다. 이상의 수업 절차를 모형화하면 다음과 같다.

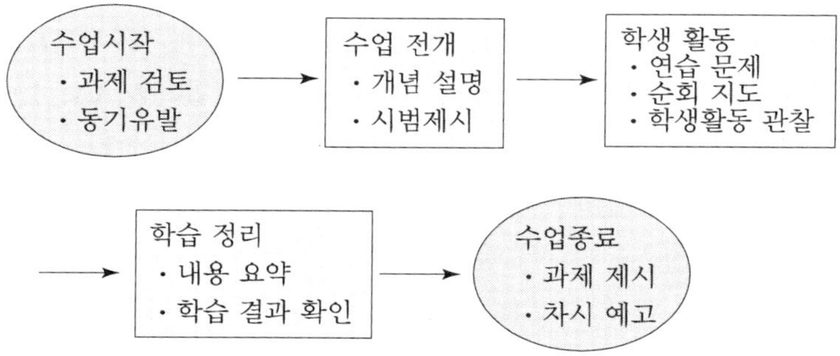

[그림 5-1] 교사중심 수업모형

3) 적용상의 유의점

이 수업모형을 사용할 경우 교사가 특히 유의해야 할 사항은, 첫째, 수업에 참가한 모든 학생들이 교사의 설명을 이해하고 지시에 따라할 수 있는 수준에 있는지를 확인하여야 한다. 교사의 지도 수준과 학생의 인지 수준에 차이가 있으면 학습의 효과가 없음을 반힐(van Hiele)의 이론을 통해서 알아본 바 있다. 둘째, 교사의 설명이나 시범을 학생들이 바르게 이해하고 있는지를 지속적으로 확인해야 한다. 즉, 일제학습을 진행하면서 교사는 진단평가를 계속적으로 하여야 하며 필요한 경우 즉각적으로 피드백을 주어야 한다. 셋째, 적절한 보조자료를 사용하거나 보조활동을 하여야 한다. 일제학습이 교사의 설명을 중심으로 진행되기는 하지만 학생들이 추상적인 설명을 바르게 이해하도록 하기 위해서는 구체물이나 반구체물, 영상자료, 컴퓨터자료 등을 효과적으로 활용할 수 있어야 한다. 넷째, 교사의 설명이나 시범에 이어서 개별적으로 이를 익히고 적용하는 연습을 충분히 할 수 있게 하여야 한다. 학생들이 연습활동을 하는 동안에 교사는 학생들 사이를 순회하면서 모든 학생들이 의미 있는 학습활동을 하고 있는지를 확인하고 필요하면 개별적으로 또는 학급 전체를 대상으로 보충지도를 하여야 한다. 다섯째, 적절한 과제를 제시하고, 과제 검사를 통하여 학생들의 성취 정도를 파악하고 필요한 경우 적절한 보충, 심화 학습을 하게 하여야 한다.

2. 협력학습 수업모형

1) 협력학습

협력학습은 1990년대부터 미국의 대학 수학교육 개혁을 통해 많은 주목을 받았으며, 초등 및 중등학교에서는 1940년대부터 사용되었다(MAA, 1997). 협력학습은 듀이(John Dewey), 피아제(Jean Piaget), 비고츠키(Lev Semyonovich Vygotsky) 등의 인지발달과 학습 방법에 관한 연구의 결과, 교육은 학습자 중심으로 이루어져야 하며, 특히 학습은 본질적으로 사회적인 것이라고 밝힌 것을 이론적 배경으로 하고 있다. 레빈(Kurt Lewin), 도이치(Martin Deutsch)는 1940년대에 처음으로 소집단으로 구성된 팀을 직장이나 사회단체에 적용하였다. 이것을 시발점으로 하여 미네소타 대학, 존스 홉킨스 대학에서 협력학습에 관한 연구를 하기 시작하였으며, 이때부터 협력학습이 학교교육에 적용되기 시작하였다(MAA, 1997).

협력학습 수업모형을 소집단 학습 수업모형이라고도 한다. 협력학습 수업은 한 교실의 학생들이 소집단을 만들어 각 집단의 학생들이 서로 논의하고 도와가면서 학습하는 수업이다. 소집단의 규모는 2～8명까지 다양할 수 있지만 보편적으로 3～4명이다.

소집단학습 수업을 하는 근본적인 이유는, 첫째, 오늘날의 교육 철학은 사회적 구성주의에 근거를 두고 있다. 지식은 학습자에 의하여 주관적으로 형성되기 시작하지만 이것에 대하여 다른 사람들에게 발표하고 토론하여 인정받음으로써 객관적 지식으로 형성되는 것이다. 따라서 학습 활동은 자연스럽게 자기의 아이디어를 다른 사람과 교류하고 의논하는 과정에서 이루어지는 것이 바람직하다. 둘째, 혼자서 문제를 해결하는 것보다는 여러 사람이 함께 협력하면 문제를 더욱 잘 해결할 수 있으며, 협력학습을 통하여 다른 사람의 장점을 활용할 수 있으며, 집단 구성원 간에 서로의 장점을 배울 수 있기 때문이다. 실제로 우리가 사회에서 어려운 문제에 직면하면 다른 사람들과 의논하고 그들의 도움을 받아 문제를 해결한다. 과학이나 산업의 첨단 분야에서 새로운 것을 연구하고 창조하는 사람들도 팀을 구성하여 업무를 수행하며 수시로 회의나 세미나를 통하여 지식과 정보를 교환하면서 협력하여 과제를 수행한다. 셋째, 협력학습 활동은 학생들이 다른 사람들과 협력하는 능력과 태도를 길러준다. 협력학습을 통하여 학생들은 다른 사람과 아이디어를 교환하는 능력과 태도를 배우며, 상대방의 아이디어를 이해하고, 존중하며, 비판하는 능력을 기를 수 있으며, 자기의 아이디어를 분명하며 효과적으로 전달하는 능력을 기를 수 있다. 사회는 다양한 사람들이 어떤 규정에 의해 단체를 결성하여 서로 협력하면서 각자의 일을 처리하고 있다. 학교 교육의 목적이 학생들에게 사회생활에 잘 적응할 수 있게 하기 위해 필요한 지식과 태도를 길러 주어야 한다고 볼 때에 가능하며 협력학습 수업으로 학생들을 지도하는 것이 매우 바람직하다.

협력학습 활동은 집단 구성원들 간에 충분한 의사소통을 필요로 함으로써 의사소통능력을 길러준다. 정보화 사회에서는 의사소통 능력을 더욱 필요로 하고 있으므로 수학교육은 의사소통 능력을 중요한 교육목표 중의 하나로 정하고 있다.

협력학습은 소집단의 활동이 수업의 흐름을 주도한다. 따라서 각 소집단의 학습활동은 매우 중요하다. 교사는 소집단의 구성을 계획적으로 하여야 하며, 모든 구성원들이 학습활동에 적극적으로 참여할 수 있도록 세심한 주의를 기울여야 한다.

2) 소집단 구성

소집단의 구성은 일반적으로 두 가지 유형으로 조직할 수 있다. 하나는 각 구성원의 능력을 비슷하게 한 동질집단(homogeneous group)의 구성이고, 다른 하나는 구성원의 능력을 다양하게 한 이질집단(heterogeneous group)의 구성이다. 동질집단의 구성이 바람직한 경우는 학급 구성원들 사이의 능력 차이가 매우 심해서 모든 학생들이 동일한 수학적 내용을 학습할 수 없을 경우이다. 학습자의 능력 차이가 심한 학급에서 동질집단으로 소집단을 구성하였을 경우 한 소집단 내에서는 능력 차이는 비슷하지만 집단 간에는 능력 차이가 심하므로, 일반적으로 집단간의 능력 차이를 3, 4단계의 수준으로 나누고 집단 간에 학습내용이나 방법을 달리함으로써 개별 학생들이 자기 수준에 맞는 학습을 하게 할 수 있다. 동질 집단으로 나누었을 경우, 수준이 우수한 집단에는 사고활동을 중시하는 문제해결 학습을 하게 하는 것이 바람직하며, 수준이 낮은 학생들에게는 알고리즘 문제나 기능에 관한 문제를 학습하게 하는 것이 바람직하다.

한 학급에서 개인의 학습능력 차이가 다양하긴 하지만 동일한 주제를 학습할 수 없을 만큼 심각하지 않다면, 개인의 능력 차이가 다양한 학생들로 소집단을 구성하는 것이 바람직하다. 이 경우 집단 간의 능력은 비슷하므로 모든 집단은 동일한 수준의 수학적 주제를 학습할 수 있다. 모든 학생들이 다 알아야 할 기본적인 개념을 학습하게 할 때에 효과적인 소집단 구성이라고 할 수 있다.

소집단의 구성은 교사의 치밀한 계획에 의하여 구성되어야 하며 적절한 시기에 재구성(학습 주제별로 또는 단원별로 재구성할 수 있음)하는 것이 바람직하다.

협력학습 지도를 실시할 경우의 학생과 교사의 역할은 교사중심의 학습지도 활동에 비하여 많은 차이가 있다. 교사중심의 학습지도에서는 교사가 학습 내용을 잘 구성하여 설명하면 학생들은 이를 경청하며 노트에 기록하고 교사의 지시에 의하여 연습문제를 익히며, 이해가 어려운 것이 있으면 질문하고 교사는 이에 대하여 다시 설명하는 것이 일반적인 역할이다. 그러나 협력학습 수업에서는 학생들이 수업활동의 주체이며 학생의 역할은 다음과 같이 달라진다(J. MacGregor, 1997).

① 경청하는 사람, 주목하는 사람, 기록하는 사람으로부터 문제를 해결하는 사람, 문제해결에 공헌하는 사람, 토론하는 사람으로 된다.
② 수업 준비에 대한 낮은 기대에서 높은 기대로 바뀌어 수업 전에 학습할 자료를 읽고 문제나 과제를 준비한다.
③ 교실에 개인적 입장에서 출석하는 것으로부터 공적인 입장에서 출석(public presence)한다.
④ 동료와 경쟁하는 입장에서 그들과 협력하는 입장이 된다.
⑤ 학습을 독자적으로 하고 혼자서 책임지는 것에서부터 협동으로 학습하고 그 결과에 대하여 구성원이 함께 책임을 진다.
⑥ 교사와 교과서를 권위와 지식에 대한 유일한 출처로 생각하던 것을 동료, 자기 자신, 단체에 의한 사고를 권위와 지식의 중요한 소재로 확대한다.

협력학습 지도에서는 교사의 역할도 많이 달라진다. 교사의 중요한 역할은 다음과 같다.

① 협력학습을 위해서 교과서를 그대로 사용하기에는 적합하지 않다. 교사는 집단별로 사고하고 탐구할 활동과제의 리스트를 개발하여 각 집단에 제공하여야 한다.

② 모든 학생들이 적극적으로 과제 해결에 참여하도록 유도하여야 하며, 학생들이 어려움에 부딪힐 경우 적절한 해결 방법을 안내한다. 한 두 학생이 집단활동을 독점하여서는 안 되며, 한 사람이라도 소외되어서는 안 된다.

③ 각 집단의 활동 과정과 결과를 평가하여 등급을 제시한다. 소집단 활동에 대하여 평가를 할 경우는 활동 결과뿐만 아니라 구성원들의 적극적인 참여 정도도 반영한다. 이러한 평가를 하기 위해서는 세심하게 계획된 평가기준을 마련하고 이를 학생들에게 공개하여 타당성을 인정받도록 한다. 평가기준을 학생들과 함께 토론하면서 개발하는 것도 좋은 방법이다.

④ 적절한 연습문제와 가정학습 과제를 제시하고 그 결과를 평가한다.

3) 수업모형

협력학습의 수업은 일반적으로 다음과 같은 순서로 전개된다.

첫째, 도입 단계에서 교사는 전체 학생들을 상대로 학습 목표를 제시하며 학습 동기를 유발하게 한다.

둘째, 학생들은 소집단을 구성하고 교사가 제공하는 문제를 협력하여 해결한다. 각 집단이 해결하는 과제는 학습목표에 따라 같을 수도 있고 다를 수도 있다. 소집단을 구성하는 모든 학생들이 과제 해결에 적극적으로 참여하여야 한다. 각 집단은 과제를 해결하는 동안 어려움에 부딪히면 교사의 도움을 요청할 수 있다. 교사는 직접적인 방법을 가르치기보다는 해결의 실마리를 생각할 수 있도록 안내하는 것이 바람직하다.

셋째, 각 소집단은 해결한 결과를 전체 학급에 발표하고 토론한다. 각 집단이 해결한 결과를 정확하게 발표하고 집단 간의 차이점과 그 이유에 대하여 토론한다.

넷째, 교사는 각 집단의 활동 결과에 대하여 평가하고 정리한다.

다섯째, 연습문제를 개별로 또는 서로 협력하여 해결한다.

이상의 학습활동 과정을 형식화하면 다음과 같은 모형을 얻는다.

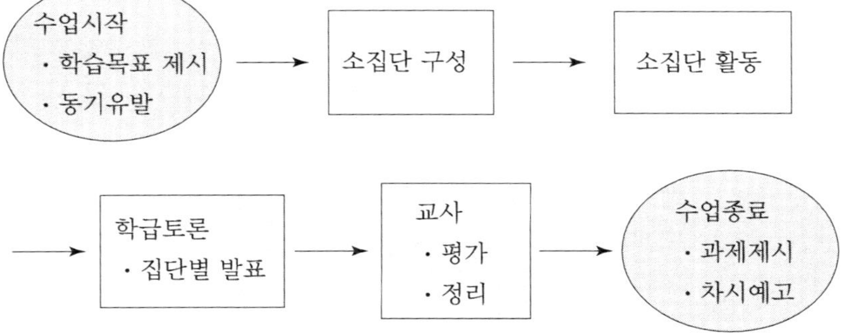

[그림 5-2] 협력학습 수업모형

4) 적용상의 유의점

소집단학습 수업에서 교사가 특히 유의하여야 할 사항은 소집단의 구성원들 모두가 함께 학습활동에 참여하게 하여야 하는 것이다. 한 소집단이 과제를 해결하였을 경우 구성원 모두가 다 같이 이해하고 있어야 한다. 소집단 학습 수업에서 구성원 중 한 두 사람이 학습활동을 독점하며 일부 학생들이 수업활동을 외면하는 일이 없도록 해야 한다. 교사는 각 집단을 순회하면서 각 집단의 활동을 파악하며 모든 학생들의 참여를 독려하고 적절한 힌트를 제공하여야 한다.

소집단학습 수업을 실시하였을 경우, 평가도 소집단 활동의 결과와 개인별 능력을 각각 반영하여야 한다. 즉, 집단별로 해결한 결과에 대하여 모든 구성원에게 동일한 점수를 부여함으로써 모든 구성원이 협력하여 학습 활동을 하게 하며, 구성원이 소집단 활동을 통하여 획득한 능력을 과제 학습을 통해 익힌 능력을 개별적으로 평가함으로써 각 구성원의 적극적인 학습 활동을 유도할 수 있다. 그러므로 청력 학습 수업을 실시하였을 경우 평가는 집단별 평가와 개별평가를 각각 실시하여 그 결과를 함께 반영하는 것이 바람직하다.

3. 개별학습 수업모형

1) 개별 학습

개별학습 수업은 학습자 개개인에게 최적의 학습 환경을 제공하기 위한 수업방법으로서 학습자 개개인이 자기 수준에 맞는 학습과제를 선택하고 자기의 속도에 맞게 학습할 수 있게 하기 위한 것이다. 그러나 현실적으로 교사가 모든 학생을 개별적으로 직접 지도하기는 매우 어렵다. 따라서 개별학습의 수업은 교사의 도움이나 안내를 비교적 적게 필요로 하는 수학적 기능의 연습이나 학습한 내용을 복습하게 하는 데 적절한 수업방법이라고 할 수 있다. 개별학습을 위한 자료로서 1960년대에 프로그램 학습자료와 티칭머신이 만들어졌으며, 오늘날은 컴퓨터를 이용하여 CAI(computer assisted instruction) 자료들이 개발되어 사용된다.

2) 학습자료

(1) 프로그램 학습자료

프로그램 학습자료란 학습목표를 상세화하여 개발한 계열화된 학습자료로서, 학생들은 개별적으로 프로그램에 표시된 순서를 따라 자기의 속도에 맞게 학습한다. 프로그램의 순서를 따라 한 문제에 답한 후 그 문제의 정답이 무엇인가를 즉시 확인할 수 있다. 이때, 학생의 답이 옳으면 칭찬의 보상을 받고, 틀렸으면 교정을 위한 지시를 받는다. 즉, 학습활동에 대한 즉각적인 보상과 피드백을 받을 수 있는 장점을 지니고 있다. 프로그램 학습 원리는 자극에 대한 바른 반응을 유도하고 강화하는 것이 학습이라는 스키너의 학습원리에 의하여 개발된 것이다.

학습과제를 계열화하는 방법에는 직선형과 분지형이 있다. 직선형이란 학습과제를 일렬로 배열하고 모든 학생들이 이 순서를 따라 각자의 속도에 맞게 학습해 가게 하는 형식이다. 직선형의 학습 자료는 학습자의 능력 차이를 인정하지 않고 모든 학생이 동일한 학습과제를 각자의 속도에 맞게 개발한 것이다. 직선형을 사용하면서 이해되지 않는 과제가 발견되면 그 전 과제를 다시 공부함으로써 그 다음 과제를 공부하게 하는 것이 일반적이며, 특수한 경우는 각 단계에 대한 피드백을 부록으로 제시하고 과제를 해결하지 못한 경우는 피드백을 학습함으로써 그 단계를 이해하게 하는 방법이다. 그러나 학습자에 따라서 또는 학습내용에 따라서는 상세화된 모든 단계를 다 학습할 필요가 없이 몇 단계를 건너 뛰어 학습할 수도 있으며, 학습자에 따라서는 학습 자료의 각 단계의 수준이 너무 비약되어 있어서 그 단계를 따라 학습할 수 없을 수도 있다. 직선형의 이와 같은 문제점을 보완한 것이 분지형 프로그램 학습자료이다.

분지형 프로그램 학습자료는 프로그램이 진행되는 과정에서 어떤 특수한 단계의 과제를 해결할 수 있으며 몇 단계를 뛰어넘어서 학습할 수 있게 하며, 과제를 해결한 뒤 다음 단계로 나아가는 방법이다. 이 방법은 학습자의 학습속도와 학습능력을 고려한 특성이 있다. 프로그램 학습 자료는 1960년대부터 1970년대 사이에 많이 사용되었지만 지금은 컴퓨터의 발달로 거의 사용되지 않는다.

(2) CAI 학습자료

컴퓨터가 급속히 발달하기 시작한 1960년대부터 컴퓨터를 학습의 보조자료로 활용하는 연구가 미국에서 활발히 진행되었으며, 오늘날은 대학 수학으로부터 초등학교 수학에 이르기까지 컴퓨터와 계산기가 다양하게 활용된다. 우리나라도 1990년대부터 일선 학교에 컴퓨터 실습실이 만들어지고 수업에 컴퓨터를 이용하는 교사가 늘어났으며, 학생들은 가정이나 학교에서 컴퓨터를 활용한 개별학습을 많이 하기 시작하였다.

컴퓨터를 개별학습으로 활용하기에 적합하도록 개발한 자료로서 CAI 자료가 있다. CAI 자료는 교과서의 내용을 학습하거나 수학적 기능을 익히기에 적합하도록 개발한 소프트웨어로서 개인교수용(tutoring), 기능연습용(drill and exercise), 게임(game), 시뮬레이션(simulation) 등이 있다. CAI를 활용하면, 학생들은 자기가 필요로 하는 학습과제와 수준을 선택하여 학습할 수 있고, 학생의 반응에 대한 즉각적인 피드백을 받을 수 있어서 프로그램 학습 자료나 티칭머신보다 훨씬 효과적으로 학습할 수 있다.

3) 수업모형

개별학습을 운영하는 일반적인 절차는 다음과 같다.

첫째, 도입활동을 통하여 개별학습의 중요성을 설명하고 학습활동에 필요한 전반적인 지침을 전달한다.

둘째, 각 학생이 학습할 과제를 제시한다. 이때, 학생들이 자기 수준보다 높거나 낮은 과제를 택하지 않도록 주의한다.

셋째, 학생들이 개별학습 활동을 할 동안 교사는 순회지도를 통하여 학습활동을 관리하며 학생들을 돕는다.

넷째, 학생들이 공부한 내용을 정리하게 하고, 전체적인 질문을 받는다. 가정학습 과제를 제시하고 차시예고를 한다.

이상을 모형으로 나타내면 다음 그림과 같다.

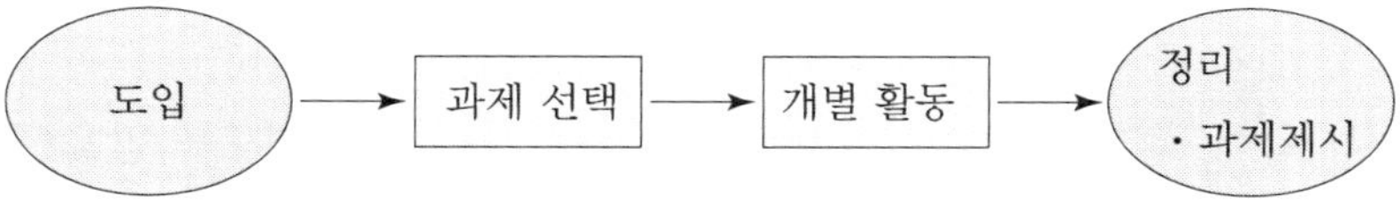

[그림 5-3] 개별학습 수업 모형

4) 적용상의 유의점

첫째, 개별학습이 필요하고 효과적인 경우에만 이 수업 방법을 적용하도록 한다. 예를 들면, 계산 기능을 익히거나 이미 학습한 개념을 복습하게 하는 데 적절하다.

둘째, 학생 각자가 자기 수준에 맞는 내용을 선정하여 학습활동에 몰두할 수 있도록 하여야 한다. 지나치게 쉬운 과제나 어려운 과제를 택하지 않도록 각 학생의 학습 내용에 관심을 기울여야 한다.

셋째, 모든 학생들에게 고르게 관심을 갖고 순회지도 함으로써 일부 학생에게 방임형 학습이 되지 않도록 유의하여야 한다.

넷째, 학생들이 학습자료를 올바르게 사용하고 있는지를 확인하고 필요한 경우 도움을 주어야 한다. 컴퓨터 소프트웨어를 사용할 경우 그 자료의 특성을 학생들이 충분히 이해하고 활용할 수 있도록 활용방법을 충분히 지도하여야 한다.

4. 수준별 학습 수업모형

1) 수준별 학습지도

수준별 학습지도란 한 학급에서 함께 공부하는 학생들의 인지적 능력 차이가 매우 심하여 같은 주제를 같은 방법으로 학습할 수 없는 경우에, 인지적 능력을 중심으로 학생들을 몇 단계의 수준으로 구분한 다음, 각 수준에 따라서 학습 내용과 방법을 달리하는 학습 지도 방법을 뜻한다. 우리나라의 경우 중학교와 고등학교로 진학할 때 학교별 입학시험을 실시하지 않기 때문에 한 학급을 구성하는 학생들의 인지적 능력 차이가 많다. 제7차 수학과 교육과정은 이러한 문제점을 해결하기 위해 각 학생이 자신의 능력과 수준에 맞는 학습지도를 받을 수 있도록 단계형 수준별 교육과정을 편성, 운영하도록 하였다. 이후 2007년 개정 수학과 교육과정에서는 제7차 단계형 수준별 교육과정의 취지는 살리고, 운영상의 어려움은 해소하기 위해 일률적인 단계형 수준별 교육과정 적용 대신 학교별로 운영 가능한 수준별 수업을 운영할 수 있도록 지원하는 방식으로 전환하였다. 즉, 각 학교가 학생의 능력과 수준, 적성, 희망 등을 고려하여 학교 상황에 맞는 수준별 집단을 편성·운영할 수 있도록 하였다.

수준별 학습지도의 중요한 특성은 다음과 같다.

첫째, 학생들을 몇 단계의 수준으로 나누어 학습지도를 한다. 학생들을 능력 집단으로 나누는 데에는 두 가지 방법이 있다. 하나는 전 학년의 학생을 몇 단계 수준으로 나누어 능력별 반 편성을 하는 것이고, 다른 하나는 한 학급에서 교과목별로 학생들의 수준을 구분하는 방법이다. 능력별 반 편성을 하면 한 학급에 속한 학생들의 능력은 동일한 수준이므로 교사는 그 학급의 학생들에게 동일한 내용을 동일한 방법으로 지도할 수 있다. 따라서 교사의 수업 준비와 지도가 비교적 용이하다. 그러나 전 학년의 학생들을 교과목마다 능력별 반 편성을 하는 것은 사실상 어려우므로 대다수의 학교에서는 학생들의 전체 성적으로 수준을 구분하거나 국어, 수학, 영어 과목의 성적을 중심으로 하여 수준을 구분한다. 이 경우 어떤 학생은 전체 성적은 우수하지만 수학 성적은 저조할 수 있다. 이 학생은 우수반에서 수학을 학습하여야 하므로 수준별 학습지도를 실시하는 의미가 없어진다. 또, 열등반에 속하는 학생들은 학교 내에서 열등의식을 가질 수 있기 때문에 교육적으로 바람직하지 않은 문제점을 야기할 수 있다. 한 학급에서 교과별로 학생들의 능력을 몇 단계로 구분하는 경우는 그 교과의 성적만을 기준으로 하므로, 같은 수준에 속하는 학생들의 능력은 같은 수준에 있다고 가정할 수 있다. 그러나 이 경우 학습지도를 운영하기 위해서 교사는 각 수준에 맞는 내용과 지도 방법을 마련하여야 하므로 많은 준비와 지도상의 노력이 필요하다.

둘째, 수준별 학습지도를 하려면 각 수준에 적합한 내용과 방법을 준비하여야 한다. 현재 우리나라에는 수학과의 내용을 몇 단계의 수준에 따라 지도할 수 있는 교과서가 개발되어 있지 않다. 2007년 개정 수학과 교육과정에서는 익힘책을 통해 수준별 학습지도에 사용할 수 있는 자료를 제공하고 있지만, 각 학교의 요구를 모두 충족시키지는 못하므로 학교 단위로 수준별 자료를 개발하여 사용하는 경우가 많다. 이러한 문제점을 해소하기 위해 교육과정평가원과 각 시도교육청에서 수준별 학습지도 자료를 개발하여 각 학교에 보급하고 있다.

셋째, 수준별 교육을 실시할 경우, 각 수준에 대한 지도 내용과 방법이 다르므로 평가도 달리하여야 한다. 평가의 목표는 지도 목표와 일관성이 있어야 하기 때문에 형성평가는 수준별 집단에 따라 다르게 실시하여 학생들에게 피드백을 주는 것이 바람직하며, 총괄평가는 교육과정이 요구하는 기본 과정을 중심으로 하여 절대평가를 실시하는 것이 바람직하다.

2) 수준별 교육과정

국가 교육과정으로서 수준별 교육과정을 처음으로 실시한 나라는 영국이다. 영국은 1989년부터 국정교육과정을 실시하면서 수준별 교육과정을 적용하고 있다. 영국의 국정교육과정은 수학의 각 영역을 9개의 수준으로 나누어 한 수준을 학습한 다음에 다른 수준을 학습하게 하고 있다. 각 수준의 통과 여부는 교사가 판정하지만 교사는 국가 차원에서 실시하는 GCSE시험을 참고로 한다. 영국에 이어 호주에서도 영국과 유사한 수준별 교육과정을 실시하고 있다.

미국은 NCTM이 수학교육을 개혁하기 위해 Curriculum and Evaluation Standards for School Mathematics(1989), Professional Standards for Teaching Mathematics(1991), Assessment Standards for School Mathematics Standards (1995) 등을 공표하였으며, 여러 대학에서 국가의 지원(NSF)을 받아 이 Standards

를 실행하기 위한 구체적인 교육과정과 교재용 자료를 개발하는 중이다. 또, Standards의 내용을 새롭게 개선하기 위한 Principles and Standards for School Mathematics(NCTM, 2000)을 개발하여 2000년 4월에 발표하였다. Standards를 중심으로 하는 미국의 수학교육 개혁운동은 모든 학생들에게 수학을 학습하게 하며, 실생활과 관련한 수학을 이해하게 하며, 협력하여 학습하는 능력을 기르며, 창의적인 방법으로 사고하게 하며, 9학년 이상부터는 개인의 능력 수준에 맞는 방법으로 수학을 학습할 수 있게 하는 핵심교육과정(core curriculum)을 적용하게 하고 있다. 핵심교육과정의 특성은 고등학교 2학년까지 모든 학생들이 동일한 주제의 수학을 학습하되, 개인의 수준에 따라서 학습 방법을 달리하게 한다. 예를 들면, 부피가 일정한 원통 모양의 캔을 만들 때, 캔의 재료가 최소가 되는 경우를 찾는 문제에는 표 만들기, 프로그램 작성, 계산기나 컴퓨터의 그래프 기능 활용, 컴퓨터나 계산기를 활용한 관계성 찾기, 대수적 성질을 이용한 형식적 추론 등의 방법을 수준에 맞게 선택하여 학습하게 하고 있다(NCTM, 1989, pp.134～136).

우리나라의 제7차 교육과정(1997년 고시, 2000년부터 적용)은 처음으로 실시한는 수준별 교육과정이다. 이 교육과정은 교과목과 학년수준에 따라서 심화보충형 수준별 교육과정, 단계형 수준별 교육과정, 과목선택형 수준별 교육과정으로 나누어진다. 수학과와 영어과(7학년부터 10학년)에 적용된 단계형 수준별 교육과정은 교육과정 내용을 학습 위계에 따라 여러 개의 단계로 나눈 다음 학생들을 평가하여 적절한 단계의 내용을 학습하는 교육과정이다. 수학과는 1학년부터 10학년(고등학교 1학년)까지를 10단계로 나눈 다음 각 단계를 다시 하위 2단계로 구분하여 총 20개의 단계로 설정하였다. 각 단계의 진급유무는 수학교사가 절대평가에 의하여 판단하지만, 학습이 부진한 학생들을 보충학습을 실시하여 가능한 한 모든 학생이 유급하지 않고 진급할 수 있도록 지도할 것을 권장한다. 같은 단계에 속하는 학생들 사이에도 능력 차이가 있음을 인정하여 보충학습과 심화학습을 하며, 심화학습의 내용은 교육과정에 명시하였으며, 보충학습은 기본과정의 내용 중에서 필요한 부분을 보충하도록 하고 있다. 과목선택형 수준별 교육과정은 학생들이 자기의 수준과 진로에 맞는 과목을 선택하여 학습할 수 있게 하는 것으로 고등학교 2학년과 3학년의 모든 학생들은 이 교육과정에 의하여 과목을 선택하여 학습할 수 있다. 선택과목은 일반선택과목과 심화선택과목으로 구분된다. 수학과의 경우, 일반선택과목으로는 실용수학이 있으며 심화선택과목으로는 ‘수학 I ’,

‘수학Ⅱ’, ‘미분과 적분’, ‘확률과 통계’, ‘이산수학’이 있다.

2007년 개정 교육과정(2007년 고시, 2008년부터 적용)에서는 제7차 수준별 교육과정의 취지는 살리되 학교별로 상황에 맞는 수준별 수업을 시행하도록 하였다. 즉, 개정 교육과정에서는 심화 또는 보충 학습 내용을 제시하지 않고 필수적으로 알아야 할 학습 내용만 제시하였다. 대신 각 학교 교사들이 학생의 성취수준과 진로, 학교의 여건 등을 고려하여 수준별 집단에 맞는 수업을 실시할 수 있도록 자율권을 부여하였다. 이 때 수준별 수업 내용은 집단별로 다른 학습주제를 가르치는 것이 아니라 동일한 학습 주제를 접근하는 방식을 달리 하거나 내용의 깊이를 달리하여 가르치도록 하였다. 예를 들어 수학적 기초가 부족한 학생들은 교사의 안내를 받거나 구체적 조작 활동을 통해 개념이나 원리, 방법을 이해할 수 있도록 하고, 수학적 능력이 우수한 학생들은 학생 스스로 문제 상황을 탐구하여 개념을 발견하거나 조직해 보게 할 수도 있고, 학습한 개념, 원리, 법칙 등을 활용하여 고차적인 사고력을 필요로 하는 문제를 풀어 보게 할 수도 있을 것이다(교육과학기술부, 2009).

3) 수업모형

수준별 수업은 같은 수준의 학생들이 함께 모여 학습하는 것을 원칙으로 한다. 따라서 학급 편성이 수준별로 편성되어 있지 않은 경우에는 이동식 수업 또는 동질 소집단 학습 활동이 필요하다. 이때 수업모형은 교사중심 수업모형 또는 협력학습 수업모형이 적절하다. 기본 학습지도가 끝난 뒤 형성평가를 실시하여 또는 다른 기준에 의하여 학생들을 보충학습 수준, 기본학습 수준, 심화학습 수준으로 나눈다. 그리고는 학생들이 소집단으로 또는 개별로 자기 수준의 과제를 학습하게 한다. 수업이 종료될 무렵, 그 시간에 학습한 내용에 대하여 교사가 요약하여 정리하고 학생들의 능력에 따라 과제학습을 제시한다. 이와 같은 수업의 전개과정을 모형화하면 다음과 같다.

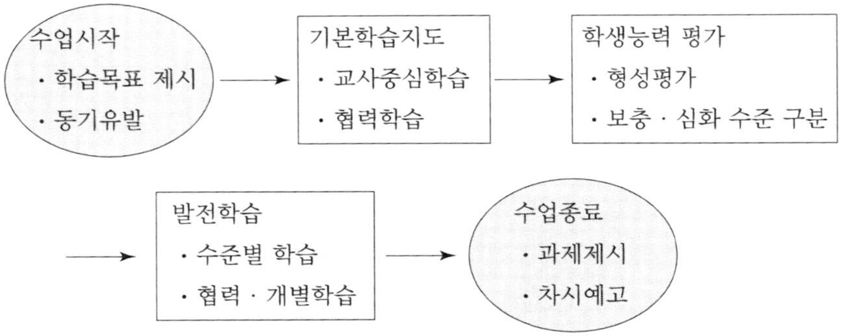

[그림 5-4] 수준별 수업 모형

4) 적용상의 유의점

수준별 학습지도를 할 경우 교사는 다음 사항에 유의하여야 한다.

첫째, 기본학습 내용, 보충학습 내용, 심화학습 내용을 미리 파악하여 준비하여야 한다.

둘째, 기본학습 내용을 모든 학생들에게 지도할 때는 교사중심 학습지도나 협력학습지도를 하며, 협력학습을 하게 할 때는 이질집단과 동질집단 중 어느 것이 교육상 효과적인지를 고려하여 소집단을 구성하여야 한다. 일반적으로 이질집단으로 구성하는 것이 효과적일 때가 많다.

셋째, 학생들의 능력수준을 구분할 때 객관적인 근거에 의하되 학생의 요구를 고려한다. 학생들의 능력을 수시로 평가하여 자기 수준에 맞는 학습을 할 수 있도록 하되, 수준별 반편성시 학생들의 의견과 요구를 반영하도록 한다.

넷째, 과제를 제시할 때 획일적인 방법을 지양하고, 수준을 고려하여 개발한 자료를 활용하여야 한다. 교과서의 연습문제도 수준의 차이가 있으므로 이를 활용할 수 있다.

다섯째, 수준별 학습을 할 경우에는 수준별 동질 집단을 형성하여 학습하게 하는 것이 바람직하다. 이 때, 보충집단 학생들이 열등의식을 갖지 않도록 하기 위한 교사의 세심한 주의가 필요하다.

여섯째, 수업의 전 과정을 통하여 학생들이 흥미와 주체 의식을 갖고 학습활동을 하게 한다. 이를 위해서는 충분한 동기유발, 적절한 학습자료 제공, 적절한 학습수준 구분 등이 중요하다.

5. 맞춤형 수업모형

1) 맞춤형 학습

맞춤형 학습(personalized learning)이란 학생들이 자신의 잠재능력을 최대한 발휘할 수 있도록 학생 개개인의 요구와 흥미, 능력, 학습양식 등에 맞추어 설계된 학습이다. 이를 위해 교사와 학교는 개별 학생의 특성에 따라 학습자원을 재구성하여 제공하기 위해 다양한 차원에서 조직적, 체계적인 노력을 하게 된다.[4]

모든 학습자에게 동일한 내용을, 동일한 방법과 자료를 이용하여 제공하는 집단 수업은 개별 학습자에게 돌아가는 교육적 혜택이 적은 문제를 야기하였다. 이러한 비효율성을 해소하고, 학습자 개개인의 성장 잠재력과 교육의 효율성을 극대화할 수 있는 방법을 연구하게 되었는데 이에 대한 대안으로 제기된 것이 맞춤형 학습이다. 이러한 맞춤형 학습이 구체화된 것은 1912년 미국에서 만들어진 버크 개별화 프로그램(Berk's Individual System)을 통해서이다. 우리나라에는 1986년 열린 교육을 통해 맞춤형 학습이 알려졌으며, 1997년 제7차 교육과정에서 수준별 교육과정과 선택중심 교육과정을 표방함으로써 확대되었다.

맞춤형 학습이 대두된 배경으로 다음 세 가지를 든다.

첫째, 자율적, 능동적, 창의적 인간양성이라는 시대적 요구 때문이다. 미래사회가 요구하는 인간상을 육성하기 위해서는 학습자가 학습의 과정을 주도할 수 있도록 개인별 특성과 필요에 맞춰 학습할 수 있도록 교육자가 맞춤형 학습 체제를 마련하여 개인의 학습을 체계적으로 지원하는 학습자 맞춤형 학습이 필요하다.

둘째, 교수-학습 연구 패러다임이 교수자중심에서 학습자중심으로 변화되었기 때문이다. 1990년대 이후로 등장한 구성주의는 교수학습의 주도권이 지식을 스스로 구성하는 학습자에게 있음을 알게 하였고, 개별 학습자의 특성을 고려한 맞춤형학습에 대한 관심을 불러 일으켰다.

셋째, 학습자와 관련한 여러 연구의 성과 때문이다. 학습자에 대한 다양한 연구에 따르면 학습자는 성별, 문화, 경험, 태도, 흥미, 특정 교수 방식에 따른 선호에 따라 다르게 학습하므로 학습자의 다양한 개인차를 고려하여 수업을 설계하고 실

---

4 권점례, 오상철, 이경언 (2008). 교실 내 맞춤형 학습지원 방안연구 I. 연구보고 RRI 2008-3-1.한국교육과정평가원

행하는 맞춤형 수업이 중요하게 된 것이다.

또한 두뇌 발달에 대한 연구, 가드너의 다중 지능 이론 등의 연구는 학습자의 다양한 인간적 능력에 대한 고려 없이 획일적인 방법으로 똑같은 내용을 가르치고 평가하는 학교 교육에 대한 반성을 촉구하게 되었다.

이러한 맞춤형 학습의 대표적인 예로 미국 캘리포니아의 차터스쿨이 있다. 차터스쿨은 학생들의 개별적 요구에 부응하는 맞춤형학습 프로그램을 운영한다. 학교는 다양한 교육과정과 학습방법을 구비하고 소인수 학급단위의 학습이나 일대일학습 그리고 원격학습 혹은 가정단위의 학습 등 학생들에게 교실 및 교실 밖 다양한 학습 환경에서의 학습기회를 제공하며 교육에서의 부모역할의 우선권을 인정하고 지원하고 있다.

영국에서도 1990년대 말부터 '개인 맞춤형 학습' 개념을 학교 교육에 도입하여 영국교육의 문제점을 해결하려는 개혁을 시도하였다. 그 결과 영국의 우수 학교에서는 1) 학습자의 학습과 연계된 보충 수업, 2) 학습자가 흥미를 갖는 과목에 대한 보충 활동, 수업 기회, 방과 후 활동, 온라인 학습 활동 제공, 3) 흥미 있고 재미있는 교실 수업, 4) 동일 능력과 수준에 맞는 집단 구성, 5) 풍부하고 융통성 있으며 접근성이 좋은 교육과정, 6) ICT 활용 등의 형태로 학습자 맞춤형 학습을 진행하고 있다.

우리나라에서는 수준별 수업이나 블록타임 수업, 팀티칭, 차등과제부여, 보조교사 활용, 교과부진학생에 대한 개별지도 등의 방식으로 맞춤형 학습을 실시하고 있다.

2) 맞춤형 학습의 체제와 성격

(1) 맞춤형 학습의 체제

맞춤형 학습은 교실, 학교 조직, 학교 밖 공동체 세 차원에서의 체제를 갖는다.

먼저 교실 차원에서의 맞춤형 학습은 교육과정, 교수학습, 평가를 포함한다. 교육과정면에서 학교는 맞춤형 학습을 위해 충분한 융통성을 발휘하여 속진 혹은 부진 학생의 요구에 부응하고 나아가 학생이 선택할 수 있는 다양한 교육과정을 제공해야 한다. 맞춤형 학습에 맞는 교육과정의 운영이란 학생들에게 적합한 도전과제를 찾고 이들의 요구를 수용하여 모든 학생들이 최선의 성과를 거둘 수 있는 평등한 기회를 개별 학생들에게 제공하는 것을 의미한다.

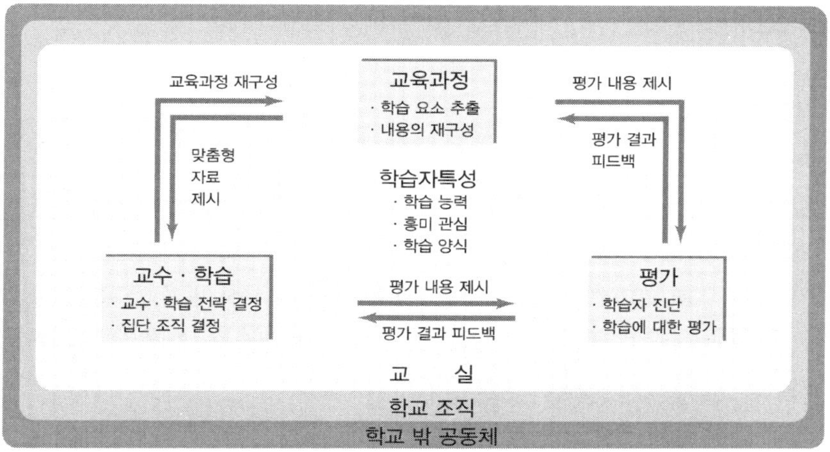

[그림 5-5] 맞춤형 학습 체계

교수학습면에서 교사는 학생 전체를 대상으로 수업을 진행함과 아울러 특정 요구를 가진 학생을 개별적으로 도와야 한다. 학습자 개인에 대한 통찰, 학습자의 행동의 이면 파악, 공평한 발언 기회의 제공, 학습자의 능력수준과 특성을 고려한 차별화된 과제 제시 등의 기술을 수업에서 활용하여 개별 학습자의 요구에 부응하는 것이다.

평가면에서는 '학생의 학습에 대한 평가'와 '학생의 학습을 위한 평가' 두 가지를 고려해야 한다. 학생의 학습에 대한 평가는 학생이 이전 학습의 결과로서 얻게 되는 혹은 새로운 학습에 앞서 학생 스스로가 이미 가지고 있는 기술과 능력에 관한 정보를 주는 반면 학생의 학습을 위한 평가는 학생이 실제로 학습을 통해 만들어가고 있는 발전에 관한 정보를 준다. 이러한 정보는 각각 교사가 모든 학생들을 위한 수업을 설계하고 교육과정을 계획하는데 활용되거나, 수업 중 개별학생의 학습과 관련하여 교사가 어떤 결정을 내려야 할 때 중요한 정보원으로 활용된다.

두 번째 학교 차원에서의 맞춤형 학습을 살펴보면 학교는 학습자에게 질 높은 교수를 지원하고 교사의 교수학습 전문성 향상을 원하기 위한 조직과 운영 체제를 갖추어야 한다.

세 번째 학교 밖 공동체 차원에서 맞춤형 학습은 개별학생의 학습을 위한 학부모와의 긴밀한 유대 관계, 지역사회 맥락에서의 학습, 전체 학습자를 지원하기 위한 학교 안팎의 공동 서비스 시스템 등이 포함된다.

(2) 맞춤형 학습의 성격

① 학습자 중심 교육

맞춤형 학습은 학습자의 지능, 학습양식[5], 흥미 등 개인적 특성을 반영하여 교육 내용이나 방법을 선택함으로써 학습의 효과를 극대화한다. 또한 학습자의 특성을 파악하기 위해 수업 전 평가를 실시하며 수업 중, 수업 후 평가를 통해 학습자에게 더 적절한 학습방법과 내용을 결정하도록 한다.

② 학습자, 교수자간 상호작용을 중시하는 교육

맞춤형 학습이 무조건 개별학습을 의미하는 것이 아니며 수업에서 학습자와 학습자간, 학습자와 교수자간의 상호작용을 통해 학습자의 특성을 고려한 수업이 더 잘 이루어질 수 있다.

③ 유연한 시간 운영과 속도 조절

맞춤형 학습에서는 학습 능력, 흥미, 학습 양식 등 개별 학생들의 특성에 맞게 학습 내용과 방법, 속도 등을 조절하여 학습을 진행할 수 있는 유연성이 필요하다. 이를 위해 블록타임제[6]나 열린교육, 무학년제, 다양한 외부인사를 활용한 수업모델, 사이버 학습 모델 등을 통해 학습자의 학습속도 관리가 가능하다.

④ 지도자와 조언자로서의 교사의 이중 역할

맞춤형 학습에서 교사는 지도자와 조언자의 이중 역할을 수행해야 한다. 학습 지도자로서 학생들이 적절한 자료를 찾거나 수업 활동에 참여하도록 도와야 하고, 조언자로서 학문적인 문제나 학교 적응 문제에 대해 학생들을 조언하고 안내하는 상담자의 역할을 수행해야 한다.

---

5 학습양식이란 학습자가 학습내용에 접근하고 수용하며 이를 처리하는 양식을 말하며 학습상황이 바뀌어도 개인에게 나타나는 고유한 특성을 말한다.

6 두 세 개의 주제에 따라 몇 개의 블록으로 시간을 나누어 운영하는 수업 방식으로 보통 2~3시간 연속해서 수업을 진행하므로 연속식 수업이라고도 한다.

3) 수업 모형

맞춤형 수업은 일반적으로 다음과 같은 순서로 진행된다.

첫째, 학습자 특성을 진단하고 분석한다. 진단할 학습자 특성과 검사방법은 다음과 같다.

- 학습 능력(학습능력검사, 사전학습능력진단)
- 학습 흥미(학습흥미검사, 학습 내용 관련 흥미확인, 활동기반 평가목록)
- 학습 양식(학습양식검사, 다중지능 학습양식 체크리스트, 자기 성찰 일지)

둘째, 교육과정을 재구성한다. 먼저 학습 목표를 선정하고, 앞에서 진단한 학습자 특성에 맞는 교육내용을 정선하고 평가전략을 수립한다.

셋째, 맞춤형 학습을 위한 교수·학습 전략을 수립한다.

먼저, 학습자의 특성에 따른 맞춤형 수업 전략은 다음과 같은 것이 있다.

- 학습 능력에 따른 수업 전략 : 교육 내용 및 교수 학습 방법의 차별화
- 흥미에 따른 수업 전략 : 스스로 찾기, 소집단 탐구, 직소(Jigsaw), 사이버 학습, 학습모임
- 학습 양식에 따른 수업 전략 : 다양한 도입방법, 프로젝트 수업, 배운 개념원리를 다양하게 조직해 보기(마인드 맵, 핵심 말하기 등)

넷째, 평가를 통해 맞춤형 교수·학습을 내실화할 방안을 찾는다. 학생의 자기평가, 포트폴리오 평가, 프로젝트 평가 등을 통해 어떻게 학습자의 학습상황을 판단할 것인지 전략을 수립한다.

4) 적용상의 유의점

맞춤형 수업을 적용할 경우 교사는 다음에 유의해야 한다.

첫째, 맞춤형 수업을 위해 필요한 개별 학생의 학습능력·흥미·학습양식 파악은 한 번에 끝나는 것이 아니라 지속적으로 이루어져야 한다. 보통 개별학생의 특성 파악은 수업 전에 한 번 하는 것으로 생각하지만 수업 중, 수업 후에 지속

적으로 학생의 상황에 대해 파악해야만 학생을 지속적으로 성장시킬 수 있다. 이때 개별 학생의 특성에 대한 이력을 기록하고 지속적으로 관리하면 맞춤형 수업을 보다 효율적으로 운영할 수 있다. 학생에 대한 이력관리를 통해 교사, 학생, 학부모가 함께 개별학생의 진척사항을 확인하고, 이를 통해 학생은 자기가 무엇을 향상시켜야 하는지 알게 되어 스스로 지속적인 발전을 도모할 수 있고, 학부모는 자녀의 학습상황을 인지하여 가정에서도 지속적으로 학습지도를 할 수 있기 때문이다.

둘째, 맞춤형 수업의 적용에는 여러 가지 현실적인 어려움이 따른다. 교사의 업무과중, 시설 미비, 교사수급에 따른 선택중심 교육과정편성의 어려움 뿐만 아니라 전체 학생을 대상으로 수업을 진행하면서도 개별 학생의 필요를 채우는 것 역시 쉽지 않다. 따라서 맞춤형 수업을 전 영역에서 한꺼번에 도입하기 힘든 경우에는 한 영역에서 먼저 시작하고 점차 확대하는 것이 바람직하다.

셋째, 맞춤형 수업모형은 교사의 역량에 따라 성패가 결정되므로, 교사 스스로 자신의 역량을 강화하기 위해 많은 노력을 기울여야 한다.

6. 학습지도안

1) 학습지도안의 필요성

우리는 중요한 일을 할 때, 그 일을 착수하기 전에 충분한 계획을 세우고 계획이 충분히 실행될 수 있다고 확신이 설 때 계획에 따라 일을 시작한다. 교사가 학생을 지도하는 것은 매우 중요한 일이다. 교사는 학생의 지도를 가장 효과적으로 하기 위해서 충분한 지식을 갖추어야 하며 충분한 계획을 세워서 계획에 따라 수업을 진행하여야 한다. 즉, 수업 계획안은 교사가 의도한 학습지도가 잘 이루어질 수 있게 하는 학습지도의 지침 역할을 한다. 특히, 학생 지도 경험이 부족한 교사 또는 지도하려는 과목에 대하여 익숙하지 않은 보다 새로운 학습지도 방법을 적용하려고 의도하는 교사는 반드시 철저한 지도안을 작성하고 이를 중심으로 수업을 전개하는 것이 바람직하다.

2) 학습지도안의 구성 내용

학습지도안은 교사가 의도하는 수업의 모든 요소들이 잘 나타나고 이를 활용하기에 편리하도로 구성되어야 한다. 일반적으로 학습지도안에는 학습목표, 동기유발 내용, 학습할 과제, 학습활동(교사활동과 학생활동), 보조자료, 시간계획, 진단과 형성평가, 과제 제시, 차시 예고, 중요발문 등이 포함되는 것이 적절하다.

학습목표는 학습이 끝난 후 그 도달 정도를 확인할 수 있도록 구체적으로 진술되어야 한다. 예를 들면, '…를 안다' '…를 이해한다' 등의 표현보다는 '…를 증명할 수 있다' '…를 구할 수 있다'와 같이 구체적인 행동이 나타나게 진술하는 것이 바람직하다.

동기유발 내용은 수학사적 내용, 실생활이나 다른 교과에서 수학을 사용하는 실례, 본시학습 내용에 관련된 문제 상황, 테크놀로지를 이용한 수학의 특성이나 아름다움 등 다양한 것들을 생각할 수 있다. 동기유발을 통하여 학생들이 수업에 흥미와 관심을 갖게 되었다면 매우 성공적으로 출발한 것이다.

학습할 과제는 단편적이고 기능적인 것보다는 개념의 이해, 수학적 사고력, 문제해결에 관한 내용을 강조하는 것이 바람직하다. 교과서에 있는 예제와 문제를 그대로 학습하게 하는 것은 예습을 해온 학생들이 관심을 갖지 않을 가능성이 많다. 따라서 교과서에 있는 문제와 같은 수준이지만 다른 문제를 가지고 수업을 하면 학생들의 관심을 모을 수 있다. 교과서 문제의 일부는 가정학습 과제로 활용하며, 학생의 수준에 따라서 선택하여 학습하게 하는 것이 바람직하다.

학습활동 난에는 교사는 수업의 안내자로서의 역할을 하고 학생들은 학습의 주체가 되어 활동하는, 실현 가능한, 가상적인 활동들이 기술되도록 한다. 이를 위해서는 교사는 적절한 수업모형을 생각하여 그에 맞는 학습 활동에 대한 충분한 사고실험을 통하여 학습활동 방법을 제시하고, 사고력을 향상시킬 수 있는 발문을 제시하는 것이 바람직하다.

적절한 보조 자료의 활용은 생동감 있는 학생 중심의 수업을 가능하게 한다. 구체물 조작자료, 입체도형의 모형, 자, 컴퍼스, 색분필, 신문이나 잡지에 게재된 정보, 계산기, 컴퓨터, 보충·심화 과제 등은 중요한 보조 자료로 사용될 수 있다.

시간 계획은 동기유발, 중요한 학습 내용, 정리에 필요한 시간을 계획해 두는 것이 바람직하다. 동기유발과 정리는 일반적으로 5분 정도로 한다. 동기유발과 정리에 많은 시간을 할애하면 본시 학습 내용을 다룰 시간이 그만큼 줄기 때문에 바람직하지 않다. 본시 학습활동 중 시간계획에 너무 제한을 받으면 수업이 경직되거나 단절될 가능성이 많으며, 시간계획을 전혀 고려하지 않는다면 학습활동이 지나치게 구체적이거나 간결하여 의도한 수업을 할 수 없는 경우가 발생한다. 동기유발, 중요한 학습주제, 정리에 필요한 시간을 기록하고 확인하는 것이 바람직하다.

수업을 진행하는 동안 학생들의 준비도와 성취도를 확인하는 것은 학생들에게 의미 있는 학습을 할 수 있게 하고 학생들의 이해도를 확인하여 적절한 피드백을 줄 수 있는 기회를 갖게 한다. 진단평가나 형성평가의 내용은 간단한 질문으로 할 수도 있으며, 학생활동을 관찰함으로써 할 수도 있고, 필요에 따라서는 필답식 시험으로도 할 수 있다.

적절한 수준의 문제를 적당한 시간에 해결할 수 있는 가정학습 과제를 부과하는 것은 학생들이 능동적으로 학습하게 하기 위한 좋은 방법이다. 문제가 지나치게 많거나, 지나치게 어렵거나 또는 쉽거나, 지나치게 유사한 문제들만을 가정학습 과제로 부과하는 것은 바람직하지 않다. 교사는 학생들의 능력을 고려하여 과제를 주어야 하며, 과제의 결과는 반드시 빠른 시간 안에 평가하고, 틀린 부분은 수정하여 학생들에게 돌려주어 반성할 수 있게 하여야 한다.

3) 학습지도안의 형식

학습지도안의 형식은 교사에 따라 다양할 수 있다. 다음은 학습지도안으로 사용되는 몇 가지 형식과 예이다.

[형식 1]

Ⅰ. 단원명 : 본시학습이 소속된 단원명을 제시한다.

Ⅱ. 단원 목표 : 단원의 목표를 제시한다.

Ⅲ. 단원 개관 : 단원의 설정 배경 및 단원의 중요한 내용을 정리한다.

Ⅳ. 지도 계통 : 선수 학습 단원→ 본 단원 → 후속 학습 단원의 내용 개요

Ⅴ. 단원 지도상의 유의점 : 본 단원을 지도할 때 특별히 고려하고 강조해야 할 내용, 지도 방법, 보조 학습 자료의 사용, 평가 상의 유의점 등을 제시한다.

Ⅵ. 단원 지도 계획(소단원별 시간 계획)

Ⅶ. 단원 평가 과제 : 단원 목표의 도달을 평가할 수 있는 평가 과제를 제시한다.

Ⅷ. 차시별 학습 지도 계획

1. 학습 주제

2. 학습 목표

3. 학습 계통 : 선수학습 내용 → 본시 학습 → 차시 계획

4. 지도상의 유의점 : 본시학습 지도에서 유의할 점을 기록

5. 수업 전개

<table>
<tr><th colspan="6">수학과 학습지도안</th></tr>
<tr><td colspan="4">주제명 :</td><td colspan="2">(　/　차시)　일시:</td></tr>
<tr><td rowspan="2">단계</td><td rowspan="2">학습내용
(과제)</td><td colspan="2">학습 지도 활동</td><td rowspan="2">비고,
보조 자료</td><td rowspan="2">시간</td></tr>
<tr><td>교사 활동</td><td>학생 활동</td></tr>
<tr><td>도입</td><td>목표 제시
동기 유발</td><td></td><td></td><td></td><td></td></tr>
<tr><td>전개</td><td>개념
예제
문제</td><td></td><td></td><td></td><td></td></tr>
<tr><td>정리</td><td>학습 정리
확인 평가
과제 제시
차시 예고</td><td></td><td></td><td></td><td></td></tr>
</table>

[형식 2]

1. 학습 주제
2. 중요 학습 목표
3. 학습 계통 : 선수 학습 → 본시 학습 → 후속 학습
4. 지도상의 유의점
5. 수업의 전개

단계	학습활동	예상되는 학생 반응	시간	안내/조언
문제의 이해				
탐구				
일반화				

[형식 3]

교사명 :	일시:

학습주제 :

학습 목표 :

도입 문제 :

본시 지도 내용 :

안내된 연습, 확인 평가 :

개별 연습(수준별 학습) :

보조 학습 자료 :

[예] 본시 교수·학습 과정안

대단원	Ⅳ. 도형	중단원	1. 평면도형	소단원	(1) 다각형의 내각과 외각
차시	2/16	교과서	102~ 105	수업모형	모듬학습, 개별학습
학습 목표	1. 삼각형의 세 내각의 크기의합은 180°임을 알 수 있다. 2. 삼각형의 내각과 외각 사이의 관계를 알 수 있다.				

학습 단계	학습과정 및 내용	교수학습활동		자료 및 유의점, (시간)
		교사	학생	
도입 (5분)	▶선수 학습 확인 -평행선의 동위각과 엇각의 성질, -다각형의 내각과 외각의 뜻	▶선수학습 내용을 질문하면서 학생의 준비 정도를 확인한다.	▶교사의 질문에 답하며 선수학습 내용을 확인한다.	(2분)
	▶동기유발 -GSP를 활용하여 삼각형의 내각의 합을 조사	▶GSP 자료를 활용하여 삼각형의 내각의 합을 구한 다음, 삼각형의 모양을 임의로 변형하여 본다.	▶GSP 자료를 관찰하면서 임의의 삼각형의 내각의 합은 180°임을 확인한다.	(3분) 자료: GSP 학생이 GSP를 조작해보게 함

	▶ 탐구활동: 삼각형의 세 내각의 크기의 합은 180°임을 탐구	▶ 모듬별로 크기와 모양이 다른 삼각형을 나누어주고 세 각을 잘라내어 이어보게 한다.	▶ 모듬별로 활동한 결과 삼각형의 세 내각의 크기의 합은 180°임을 발견하고 발표한다.	(10분) 종이로 만든 크기모양이 다른 5개의 삼각형
	▶ 삼각형의 내각의 합은 180°임을 증명	▶ 삼각형의 한 꼭짓점에서 밑변에 평행인 직선을 긋고, 엇각의 성질을 이용하여 내각의 합은 180°임을 증명한다.	▶ 교사의 설명을 들으며 노트에 정리한다.	(10분)
전개 (40분)	▶ 삼각형의 한 외각의 크기는 그 대내각의 크기의 합과 같음을 증명	▶ 삼각형의 세 내각의 크기의 합은 180°임을 이용하여 한 외각의 크기는 그 대내각의 크기의 합과 같음을 질의 응답을 하면서 이해하게 한다.	▶ 교사의 설명과 질문에 답하면서 삼각형의 내각과 외각 사이의 관계를 이해한다. ▶ 증명 과정을 노트 정리한다.	(10분)
	문제 1 (p. 107) 풀이	▶ 모듬별로 문제를 풀게하고 결과를 설명하게 한다.	▶ 모듬별로 문제풀이를 하고 결과를 발표한다.	(5분)
	문제 2 (p. 107) 풀이	▶ 개인별로 문제를 해결하게 한다.	▶ 개인별로 문제를 해결하고 모르는 것은 교사에게 도움을 받는다.	(5분)
	▶ 학습내용 정리	▶ 학습 요소를 요약하여 설명한다.	▶ 노트한 것과 비교하며 정리한다.	(1분) PPT 자료
정리 (5분)	▶ 형성평가	▶ 형성평가 문제를 제시하고 풀게한 다음 답을 제시한다.	▶ 문제를 해결하고 답을 확인한다.	(3분) PPT 자료 형성평가지
	▶ 과제제시 및 차시예고	▶ 형성평가 결과에 따라 수준에 맞는 개별학습 과제를 제시한다. ▶ 차시학습 내용을 예고한다.	▶ 과제를 확인한다. ▶ 차시학습 내용을 인지, 기록한다.	(1분) 과제 자료

연구과제

1. 개념적 지식의 뜻과 개념적 지식을 형성하는 두 가지 방법을 설명하시오.

2. 절차적 지식의 뜻과 필요성을 설명하고, 절차적 지식을 의미 있게 학습하도록 지도하는 방법을 설명하시오.

3. 한 개념을 지도하기 위해 여러 가지 전략을 사용할 수 있다. 이때 적절한 전략을 선택하고 순서를 정할 때 고려하여야 할 기준을 설명하시오.

4. $\cos(-x)=\cos x$를 안내된 발견학습 방법으로 지도하려고 한다. 적절한 활동을 순서를 정하여 제시하고 설명하시오.

5. $\sqrt[n]{xy}=\sqrt[n]{x}\sqrt[n]{y}$ $(x \geq 0,\ y \geq 0,\ n$ 은 양의 정수)를 설명식 방법으로 지도하는 과정을 기술하시오.

6. 수학적 기능을 지도할 때, 교사가 유의하여야 할 사항에 대하여 토론하시오.

7. 각을 이등분하는 기능을 지도하기 위한 활동 순서를 제시하시오.

8. 증명에 이용되는 논리적 추론의 규칙을 제시하고 그들을 사용한 증명의 예를 각각 하나씩 제시하시오.

9. 불완전한 증명이 사회에서 실제로 사용되는 상황에 대하여 토론하시오.

10. 과학고등학교에서 수학을 지도하는 방법을 알아보고 그 특성을 토론하시오.

11. 교사중심 학습지도의 경우 교사가 유의하여야 할 사항을 설명하시오.

12. 협력학습 수업에서 학생과 교사의 역할을 설명하시오.

13. 학습지도안의 중요성에 관하여 토론하시오.

참고문헌

강옥기(2007). 『수학과 학습지도와 평가론』, 경문사.

강옥기(1999). 제7차 교육과정과 열린교육 및 수행평가, 「수학교육 논총」. 대한수학회.

교육부(1997). 수학과 교육과정, 교육부 고시 제1997-15호 [별책 8]. 교육부.

권점례, 오상철, 이경언(2008). 교실 내 맞춤형 학습지원 방안 연구 I 연구보고 RRI 2008-3-1. 한국교육과정평가원.

김태은, 황은영, 홍선주(2009). 초등학교 맞춤형 학습지원 방안 연구 연구보고 RRI 2009-6. 한국교육과정평가원.

이성은(1997). 열린교육의 성찰과 과제, 중등 열린교육 연수 자료집-수학편-. 덕성여대 열린교육연구소.

이용숙(1997). 열린교육의 이해, 중등 열린교육 연수 자료집-수학편-. 덕성여대열린교육연구소.

이화진 외(2006). 수업컨설팅 지원 프로그램 및 교과별 내용 교수법(PCK) 개발 연구. 한국교육과정평가원 연구 보고. RRI 2006-1.

최승현(2007). 교육과정 개발에 따른 수학과 내용 교수 지식(PCK) 연구. 한국교육과정평가원 연구 보고. RRI 2007-3-2.

최승현, 황혜정(2008). 수학과 내용 교수 지식(PCK)의 의미 및 분석틀 개발에 관한 연구. 한국학교수학회논문집 11(4), 569-593.

Ausubel, David P.(1968). *Educational Psychology : A Cognitive View*. New York : Holt, Rinehartand Winston.

Carpenter, T. P.(1986). *Conceptual Knowledge as a Foundation for Procedural Knowledge, in J. Hilbert(Ed.), Conceptual and Procedural knowledge : the case of mathematics*, Hillsdale. NJ : Erlbaum.

Cooney, M. L., Davis, E. J., Henderson, K. B.(1975). *Dynamics of Teaching Secondary School Mathematics*. Waveland Press, Inc., Illinois

Grossman, P.L.(1998). *The making of a teacher: Teacher Knowledge and teacher education*. New York : Teachers College Press.

Henderson, Kenneth.(1970). Concepts. The Teaching Secondary School Mathematics, *Thirty-third yearbook of the National Council of Teachers of Mathematics*. NCTM.

Hilbert, J.(1986). *Conceptual and Procedural Knowledge : The Case of Mathematics*. LEA Pub.

J. W. Keefe. & J. M. Jenkins.(2000). *Personalized Instruction Changing Classroom Practice*. Eye on Education.

Kulm, G.(1994). *Mathematics Assessment : What works in the classroom*, Jossey-Bass.

MAA(1997). *Readings in Cooperative Learning for Undergraduate Mathematics*. The Mathematical Association of America.

MacGregor, J.(1997). Collaborative Learning : Shared Inquiry as a Process of Reform, *Readings in Collaborative Learning for Undergraduate Mathematics, MAA* Notes Number 44, The Mathematical Association of America.

Magnusson, S., Krajcik, J., & Borko, H. (1999). Nature, sources and development of PCK. In J. Gess-Newsome & N. G. Lederman(Eds.), Examining pedagogical content knowledge(pp. 95-132). Dordrecht : Kluwer.

NCTM(1992). 『수학교육과정과 평가의 새로운 방향』(구광조, 오병승, 류희찬 역). 경문사.

NCTM(1989). *Curriculum and Evaluation Standards for School Mathematics*. Reston. NCTM

NCTM(1995). *Assessment Standards for School Mathematics*. NCTM.

NCTM(2000). *Principles and Standards for School Mathematics*. NCTM.

Polya, G.(1991). 『어떻게 문제를 풀 것인가』. 우정호 역, 천재교육.

Renzulli, J. S. & Ridge, S. M.(2001). *The Schoolwide Enrichment Model : A Compre- hensive Plan for the Development of Creative Productivity*, In N. coangelo & G. A. Davis(Eds), Handbook of Gifted Education, Needham Heights, MA : Allyn & Bacon.

Shulman, L. S. (1987). *Knowledge and teaching: Foundations of the new reform*. Harvard Educational Review, 57, 1-22.

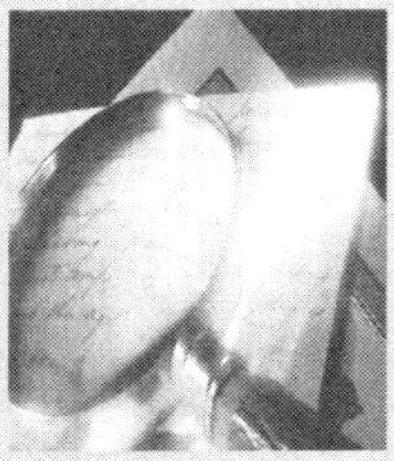

제6장 수학과 평가론

평가는 학생의 수학에 대한 지식과 이해, 수학을 이용하는 능력, 수학적 성향에 대한 정보를 모으고 이를 여러 목적에 따라 추론하는 과정이다. 평가의 본질적 기능은 학생의 학습과 성취를 평가하여 평가정보를 학생, 교사, 학부모 등 관련대상자들에게 제공함으로써 그들의 교육적 노력 및 의사결정을 도와주는 데 있다.

제6장에서는 수학과의 평가에 대하여 목적, 원리, 방법을 전반적으로 살펴본다. 제1절은 평가의 기초로 평가의 동향, 목적과 원리, 과정 및 절차를 다룬다. 제2절은 평가의 영역으로 개념적·절차적 지식 평가, 문제해결평가, 의사소통 평가, 추론 평가, 수행평가, 수학적 성향 평가를 다룬다. 제3절은 평가방법으로 다지 선다형, 단답형, 서술형, 관찰, 면담, 자기평가, 프로젝트, 학습일지(journal), 포트폴리오를 살펴본다.

제1절 평가의 기초

1. 평가의 동향

평가는 학생의 수학에 대한 지식과 이해, 수학을 이용하는 능력, 수학적 성향에 대한 정보를 모으고 이를 여러 목적에 따라 추론하는 과정이다. 평가의 본질적 기능은 학생의 학습과 성취를 평가하여 평가정보를 학생, 교사, 학부모 등 관련대상자들에게 제공함으로써 그들의 교육적 노력 및 의사결정을 도와주는 데 있다.

그러나 현행 수학과의 평가는 학생들의 학습 정도를 측정하여 교수학습을 개선하는 본질적 역할보다 수준의 판별이나 선발의 기능에 편중되어 있다. 그 결과 평가를 통해 학생의 탐구정신, 창의력 등의 고등정신능력과 수학에 대한 흥미, 성향 등의 정의적 능력을 측정하기 어려우며, 교사들은 평가를 통해 수업을 반성하고 개선하는 데 필요한 정보를 얻지 못하고 수학교육의 개선 또한 실패하고 있다. 이러한 상황에서 평가를 학습자의 다양한 능력과 적성을 측정하고 교수학습을 돕는 본래의 모습으로 회복시키려는 노력이 전 세계적으로 다양하게 일어나고 있다.

종래의 평가현실과 새롭게 대두되는 평가의 방향을 비교하면 다음 표와 같다.

〈표 6-1〉 평가의 방향 비교

종래의 평가현실	새로운 평가방향
등급의 판정, 선발을 위한 평가	학생의 전인적 발달을 위한 평가
결과 중심의 평가	결과뿐만 아니라 과정도 중시하는 평가
단편적 지식, 문제 풀이 기능 위주	문제해결, 추론, 의사소통, 창의력 등 다양한 능력을 측정하는 평가
인지적 영역 중심의 평가	인지적 영역과 정의적 영역을 모두 중시하는 평가
다지 선다형, 단답형 검사 위주의 평가	서술형, 관찰, 면담, 프로젝트, 자기평가, 포트폴리오 등 다양한 방법을 활용하는 평가
하기 쉬운 평가	가치 있는 평가
평가 결과의 활용 미흡	평가결과를 통해 학생은 부족한 영역 보완, 교사는 교수학습 개선에 활용하는 평가

2. 평가의 목적

평가는 어떤 목적하에서 시행되느냐에 따라 평가방법이 결정될 뿐만 아니라, 학생에게 미치는 영향도 달라진다. 만일 평가가 선발을 위한 목적으로 사용되면, 학생들을 변별하기에 적합한 평가방법을 선택하게 되고, 학생들은 이 방법하에서 좋은 점수를 얻을 수 있는 공부에만 매진하게 된다. 이러한 평가는 학생들에게 심리적 압박감을 지속적으로 증가시키고, 학습을 촉진하기보다는 억제하는 결과를 낳는다. 이렇듯 평가가 무엇을 목적으로 하느냐는 중요한 의미를 지닌다.

NCTM(1995)은 다음의 네 가지를 평가의 목적으로 제시한다.

첫째, 학습목표에 대한 학생의 진전을 모니터링하여 발달을 촉진하는 것이다. 교사는 학생들의 목표 도달 정도를 파악하고 학업에 적절한 피드백을 제공하기 위해 그들의 진전을 모니터링한다. 학생의 진전을 잘 모니터링하기 위해 교사는 지필검사뿐만 아니라 수행과제, 프로젝트, 포트폴리오 등 다양한 평가도구를 사용할 수 있다. 또한 평가 과정 및 결과에 대해 학생과 충분히 대화함으로써 자기와 다른 학생의 학업의 질을 판단하는 것을 배우며 독립적인 학습자가 될 수 있도록 도와야 한다.

둘째, 학습지도와 관련된 문제를 타당하게 판단하기 위한 것이다. 교사는 평가를 통해 학생들의 수학적 이해에 대한 정보를 얻음으로써 수업을 어떤 방향으로 바꾸어야 할지 타당한 판단을 할 수 있게 되고 학생의 학습을 더욱 향상시킬 수 있다.

셋째, 특별한 시점에서 학생의 수학성취를 평가하기 위한 것이다. 일정한 간격으로, 다양한 출처를 통해 모은 학생의 성취정보를 바탕으로 학생이 정해진 목표를 얼마나 성취하였는지 판단한다.

넷째, 프로그램에 대한 가치판단을 하기 위한 것이다. 교사가 수업에 사용한 교수프로그램 또는 학교의 교육체계가 교수목표를 달성하기에 충분한지, 모든 학생들에게 수학에서 높은 기대를 충족하도록 자극하는지 판단한다.

위에서 설명한 평가의 목적을 그림으로 나타내면 다음과 같다.

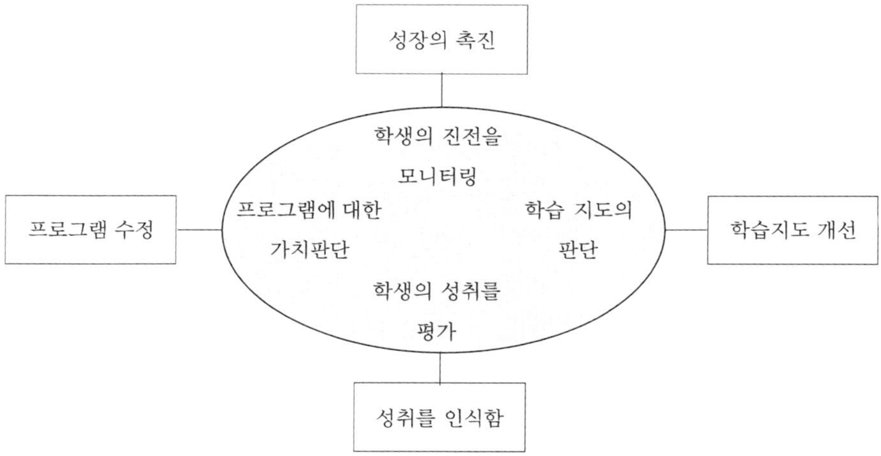

[그림 6-1] NCTM의 평가의 목적

3. 평가의 원리

수업 내용이나 수준에 따라 평가방법은 달라져야 한다. 예를 들어 수학을 심층적으로 이해하도록 요구하는 수업에서는 단 하나의 옳은 답보다는 다양한 접근을 요구하는 평가도구가 적합하다. 수학과 평가에서 사용할 수 있는 여러 가지 평가방법 즉, 다지 선다형, 단답형, 서술형, 관찰, 면담, 자기평가, 프로젝트, 학습일지(journal), 포트폴리오 중에서 어떤 것을 선택할지 평가방법의 선택과 적용에는 원리가 필요하다. NCTM(1989)이 제시한 평가의 원리는 다음과 같다.

원리 1. 일관성(coherence)

학생의 학습을 평가하기 위한 방법과 과제는 교육과정의 다음 사항과 일관성이 있어야 한다.

- 목적, 목표 및 수학내용
- 다양한 내용과 과정 및 그들 사이의 관계에 대한 상대적인 강조
- 계산기, 컴퓨터, 조작 자료의 사용을 포함한 수업 방법 및 활동

평가방법과 과제는 교육과정에서 제시한 교육목적, 교육목표, 교육내용과 일치해야 한다. 만일 물건의 길이를 측정하는 능력을 평가할 때 아래와 같은 과제를 준다면 이는 평가내용을 잘 반영하지 못하는 것이 된다. 왜냐하면 학생들은 길이나 측정에 대한 개념 없이도 자의 눈금만 읽어 답을 할 것이기 때문이다. 이 기능을 제대로 평가하려면 연필 그림만 주고 학생 스스로 적당한 측정도구를 선택하여 길이를 구하게 하는 과제를 제시해야 한다.

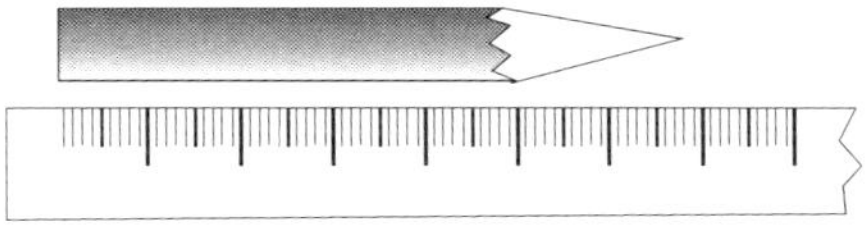

이 연필의 길이는?

평가는 다양한 내용과 과정 중 어떤 것을 얼마나 강조하느냐가 중요하다. 계산 문항은 많지만 문제해결 문항이 적은 평가도구는 문제해결과 추론을 강조하는 교육과정과 일관성이 없다. 수학적 지식의 통합을 강조하는 교육과정과 일관성 있는 평가를 하려면 여러 가지 개념의 통합을 요구하는 과제를 포함해야 한다.

수업에서 계산기와 컴퓨터, 조작자료를 사용한 경우 평가에서도 이 도구를 사용할 수 있게 해야 한다. 예를 들면 실생활과 관련된 문제를 풀어 $\frac{2+\sqrt{3}}{4}$의 답을 얻었다면, 계산기를 이용하여 소수 셋째자리에서 반올림하여 얻은 답인 0.93도 정답으로 인정해 주어야 한다.

원리 2. 다양한 출처

학생의 학습에 대한 평가는 다양한 출처로부터 얻은 정보에 근거해야 한다. 다양한 출처라 함은 다양한 평가방법을 사용하는 것을 말할 뿐 아니라 다양한 수학적 사고를 포괄하는 평가가 되어야 함을 말한다. 다양한 출처는 다음과 같은 과제를 포함해야 한다.

- 여러 종류의 수학적 사고를 요구하는 과제
- 같은 수학적 개념이나 과정을 여러 종류의 문맥과 형식, 문제 상황에서 나타내는 과제

어떤 학생이 다양한 수학적 사고를 요구하거나 수학적 사고의 여러 측면을 나타내는 과제에서 일관적인 성취를 보이면 교사는 그 학생에 대한 평가를 신뢰할 수 있다. 그러나 여러 측면에서 성취도가 불일치하는 학생에게는 부족한 측면을 보완할 수 있도록 도움을 줄 수 있다. 예를 들어 지필평가에서 우수한 학생이 발표나 소그룹토의에서는 자신의 문제해결방법을 말하지 못하는 경우가 있다. 이 학생은 자신의 생각을 다른 사람에게 말하거나 표현하는 훈련을 통해 부족한 면을 보완할 수 있다.

다양한 평가방법을 사용하면 학생의 이해과정을 다각도로 지속적으로 모니터할 수 있는 장점이 있다. 학생들의 지각과 사고방식은 각기 다르므로, 한 종류의 과제나 반응만을 강조하는 평가는 학생의 이해에 대한 정확한 지표가 될 수 없다. 다양한 과제와 반응을 요구하는 과제는 학생의 이해과정이 잘 드러나게 하므로 이를 계속해서 모니터할 수 있다. 교사는 학생들의 발달에 대해 지속적으로 기록하고, 학생에게도 자기 기록을 하고 학습일지를 쓰도록 격려해야 한다.

원리 3. 적절한 평가방법의 선택과 사용

평가방법 및 도구는 다음 기준에 의해 선택되어야 한다.

- 얻고자 하는 정보의 유형
- 평가정보의 용도
- 학생의 발달수준과 성숙도

평가방법은 얻고자 하는 정보가 무엇인가를 고려하여 선택해야 한다. 예를 들어, 교사가 학생들의 문제해결력이 어느 정도인지 알고 싶다면 다양한 문제상황을 학생들이 어떻게 해결하는지 서술형 평가를 시행한 후 면담을 할 수 있다.

평가방법은 평가정보를 어디에 사용할 것인가를 고려하여 선택해야 한다. 학생의 수학 성취도를 등급으로 매기고자 할 때는 여러가지 평가방법을 사용해야 한다. 다지 선다형, 단답형 평가뿐만 아니라 학생들의 능력을 최대로 발휘할 수 있는 도전적이고 복합적인 과제를 이용하여 서술형 평가, 면담, 관찰 등을 사용해야 한다.

평가방법은 학생의 발달수준과 성숙도를 고려하여 선택해야 한다. 예를 들어 중학교 1학년 학생들에게 지나치게 복잡한 경제현상을 수학적으로 설명하도록 요구하는 과제를 부여하거나, 중학교 통계를 잘 아는 고등학교 2학년 학생들에게 자료를 단순히 정리하거나 평균, 표준편차를 구하는 과제를 부여하는 것은 그들의 발달수준에 맞지 않다.

NCTM(1995)은 위에서 제시한 평가의 일반 원리 3가지를 좀 더 구체화하여 여섯 가지 수학과 평가기준을 제시하고 있는 데 이를 요약하면 다음과 같다.

기준 1. 중요한 수학 : 평가는 모든 학생들이 알아야 하고 할 수 있는 수학을 다루어야 한다.

현대 사회는 구성원들에게 문제를 제기하고, 수학적으로 사고하며, 수학개념을 연결시킬 수 있고 수학적으로 의사소통할 수 있는 능력을 요구한다. 모든 학생은 이러한 중요한 수학을 수업을 통해 배워야 하고 이를 평가받아야 한다.

기준 2. 학습을 촉진 : 평가는 수학학습을 촉진해야 한다.

학생들은 평가를 받는 동안 수학을 배우게 되므로, 평가는 학생들이 아는 것과 할 수 있는 것을 보여주는 기회인 동시에 학습의 기회이다. 또한 평가는 이후의 학습을 이끌어주고 심화된 학습으로 나아가게 한다. 학생들은 자신을 평가하는 법을 배워 독립적인 학습자가 되도록 해야 한다.

기준 3. 공평성 : 평가는 공평하게 이루어져야 한다.

평가는 모든 학생들로 하여금 학습에 주목할 수 있도록 해야 한다. 평가는 특출한 재능이 있는 학생뿐만 아니라 모든 학생들이 높은 수준의 성취를 이루도록 기대받고 있음을 느끼게 해야 한다. 평가가 모든 학생들로 하여금 그 수준에 이르도록 도와주고 기회를 제공하는 것이 되려면 각 학생이 자신의 수학적 힘을 여러가지 방법으로 드러내도록 배려해야 한다. 글솜씨가 없는 학생에게는 구두로 평가를 할 수도 있고, 소그룹 평가가 심리적으로 힘든 학생에게는 개별 평가를 시행해야 한다.

기준 4. 공개성 : 평가는 공개된 과정이어야 한다.

학생들은 무엇이 평가되는지를 알아야 하며 그들이 학습한 것을 어떻게 표현하여야 하는지 알아야 한다. 평가의 과정이 공개적이기 위해서는 평가의 기준이 학습 과정에서 강조된 것이어야 하며, 평가 기준의 선정에 학생들과 동료교사를 포함하는 것이 좋으며, 학부모에게도 평가의 기준을 사전에 알리는 것이 바람직하다. 특히 의사소통능력, 추론능력, 문제해결력 평가의 기준은 주관적일 수 있으므로 사전에 평가기준을 구체적으로 정하고 학생들에게 알려 학습과정에서 어떻게 평가받는지 알 수 있게 해야 한다.

기준 5. 유용한 추론 : 평가는 수학 학습에 대한 유용한 추론을 촉진하여야 한다.

평가는 평가결과로부터 학생들의 학습에 대해 추론하는 과정을 거치게 된다. 이 때 전통적인 선다형 시험이나 짧은 쪽지시험뿐만 아니라 관찰, 면담, 개방형 과제, 포트폴리오 등 다양한 방법에서 얻은 자료에 근거해야만 학생들의 학습에 대해 유용한 추론을 할 수 있다. 교사는 학생들을 평가하여 이후의 수업에 반영하므로 학생들의 수준과 동떨어진 수학이 아닌 학생들이 알고 있고 할 수 있는 수학을 찾기 위해 노력해야 한다.

기준 6. 일관성 : 평가는 교육과정과 수업의 목표와 일치해야 한다.

평가는 수업에서 강조한 것을 다루어야 하고, 수업 활동에서 사용한 방법과 도구를 사용하도록 해야 한다. 평가방법 또한 지필검사에만 의지하지 말고 다양한 평가방법을 사용해야 수업에서 목표로 한 학생들의 수학적 사고력 향상을 충실하게 평가할 수 있다.

4. 평가의 과정 및 절차

평가의 과정은 상호 연관된 4단계 – 평가 계획, 정보 수집, 정보 해석, 결과 활용 – 으로 이루어진다(NCTM, 1995). 4단계는 순서대로 이루어질 필요는 없으며, 상황에 따라 순서가 바뀔 수 있다. 평가의 각 단계에서 판단하고 실행할 활동은 다음 사항을 고려해야 한다.

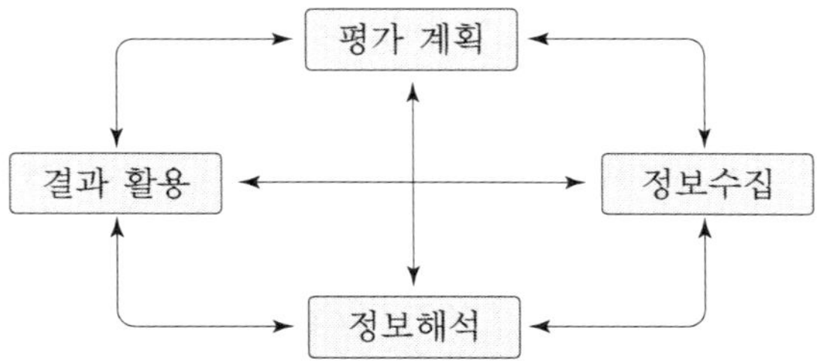

[그림 6-2] 평가의 과정(NCTM, 1995)

1단계 : 평가를 계획하기

- 평가의 목적은 무엇인가?
- 평가에서 강조할 점과 균형을 이루어야 할 점은 무엇인가?
- 정보를 수집하고 해석하기 위해 어떤 방법을 사용할 것인가?
- 수행활동을 판단하기 위해 어떤 기준을 사용할 것인가?

2단계 : 평가 정보를 수집하기

- 활동과 과제를 어떻게 만들고 선택할 것인가? (평가도구[1] 선정 및 제작)
- 학생들을 활동에 참여시키기 위하여 어떤 절차를 사용할 것인가?
- 학생의 수행에 대한 평가 정보를 어떤 방법으로 만들고 기록할 것인가?

3단계 : 평가 정보를 해석하기

- 정보의 질은 어느 정도인가?
- 정보로부터 학생의 수행에 대한 이해를 어떻게 추론해 낼 것인가?
- 학생의 수행을 판단하기 위하여 구체적으로 어떤 기준을 적용할 것인가?

4단계 : 평가 결과를 활용하기

- 결과를 어떻게 보고할 것인가? (평가결과 보고의 형식, 항목별 수량화, 특성 서술 등)
- 결과로부터 무엇을 추론할 수 있는가? (학습자의 학습 수준 파악 등)
- 추론을 바탕으로 무슨 조치를 취해야 하는가? (학생들에게 필요한 학습 보충 등)
- 평가의 결과를 이후 수업과 평가에 어떻게 활용할 수 있는가? (평가결과를 반영하여 이후 수업 진행 등)

강옥기 외(1991)는 평가의 기본절차를 다음과 같이 밝히고 있다.

평가 목적 설정

↓

평가 목표 설정

↓

평가 도구 선정 및 제작

↓

평가 실시

↓

평가 결과 처리 및 해석

↓

결과 활용

평가를 하기 위해 해야 할 첫 번째는 평가의 목적을 정하는 것이다. 평가의 목적이 학생들의 준비도 수준을 파악하는 것인지(진단평가), 수업에 대한 피드백을 하는 것인지(형성평가), 학생들의 성취도를 파악하는 것인지(총괄평가), 수학적 성향을 파악하는 것인지 분명히 한다. 둘째, 평가 목적이 정해지면 평가 목표를 정한다. 평가하려는 내용의 교수·학습 목표를 반영하여 내용영역·행동영역[2]별 평가 목표를 설정한다. 세 번째, 평가 목적과 목표에 맞는 평가도구를 선정하고 제작한다. 평가 도구는 지필 평가뿐만 아니라, 관찰, 면담, 자기 평가 등 다양한 평가 방법을 통해 수학 교수·학습을 향상시킬 수 있도록 한다. 네 번째, 평가를 실시한다. 진단

1 평가도구(assessment tool)란 특정한 평가방법을 사용하여 학생의 능력이나 성향을 평가하게 해 주는 자료(material)를 말한다. 평가도구는 정해진 평가방법에 의한 구체적인 과제(평가 문항)나 질문, 평가를 진행하는 방법(예상답안과 채점 기준, 기록 방법 등)에 대한 정보를 포함한다.

2 내용영역이란 내용이 속한 영역을 말하며 범위에 따라 대영역, 중영역, 소영역으로 나눌 수 있다. 내용영역의 한 예로 수와 연산(대영역)에서 집합(중영역)중 집합의 연산(소영역)이 있다. 행동영역이란 학생이 성취하기를 원하는 인지적·정의적 행동을 말한다. 지식, 이해, 적용, 분석, 종합, 복합적인 절차 수행, 표현, 문제해결, 문제제기, 의사소통, 추론 등은 인지적 행동영역이며, 동기유발, 자신감, 의지, 과제집착 등은 정의적 행동영역이다.

평가는 학기 초, 단원 학습 직전 또는 매 수업의 시작 직후에 실시하고, 형성평가는 교수학습이 진행되는 과정에 실시하여 적절한 교육적 조치를 취하는 것이 좋다. 다섯 째, 평가 결과를 처리하고 해석한다. 문항 분석을 통해 학생들의 목표 달성도, 진전 정도를 분석하고 해석한다. 여섯 째, 평가의 결과를 학생과 학부모에게 신속히 알려 결손 부분을 보충하게 하고, 교사는 수업계획과 진행에 활용한다.

한편, 2007년 개정 수학과 교육과정에서는 평가에 대하여 다음과 같이 기술하고 있다.

가. 수학 학습의 평가는 학생의 인지적 영역과 정의적 영역에 대한 유용한 정보를 제공하여 학생 개개인의 수학 학습과 전인적인 성장을 돕고 교사의 교수 활동과 수업 방법을 개선하는 데 활용한다.

나. 수학 학습의 평가에서는 학생의 인지 발달 수준을 고려하고, 교육과정에 제시된 내용의 수준과 범위를 준수한다.

다. 수학 학습의 평가는 수업의 전개 과정에 따라 진단 평가, 형성 평가, 총괄 평가 등의 적절한 평가 방식을 택하여 실시하되, 지속적인 평가를 통하여 다양한 정보를 수집하고 수업에 활용한다.

라. 수학 학습의 평가에서는 획일적인 방법을 지양하고 지필 평가, 관찰, 면담, 자기 평가 등의 다양한 평가 방법을 통해 수학 교수학습을 향상시킬 수 있게 한다.

마. 인지적 영역에 대한 평가에서는 학생의 수학적 사고력 신장을 위하여 결과뿐만 아니라 과정도 중시하여 평가하되, 수학의 교수·학습에서 전반적으로 요구되는 다음 사항을 강조한다.

(1) 수학의 기본적인 개념, 원리, 법칙을 이해하고 적용하는 능력
(2) 수학적 표현의 의미를 이해하고 정확하게 사용하는 능력
(3) 수학적 지식과 기능을 활용하여 타당하게 추론하는 능력
(4) 다양한 상황에서 발생하는 여러 가지 문제를 수학적으로 사고하여 해결하는 능력
(5) 생활 주변 현상, 사회 현상, 자연 현상 등의 여러 가지 현상을 수학적으로 관찰, 분석, 조직하는 능력
(6) 수학적 사고 과정과 결과를 합리적으로 의사소통하는 능력

바. 정의적 영역에 대한 평가에서는 학생의 수학에 대한 긍정적 태도를 신장시키기 위하여 학생의 수학에 대한 바람직한 가치관이나 수학 학습에 대한 관심, 흥미, 자신감 등의 정도를 파악한다.

사. 수학 학습의 평가에서는 평가하는 학습 내용에 따라 학생에게 계산기, 컴퓨터와 같은 공학적 도구와 다양한 교구를 이용할 수 있는 기회를 제공할 수 있다.

제2절 평가 영역

학생들의 수학 학습을 평가한다는 것은 그의 개념적·절차적 지식, 문제해결력, 의사소통능력, 추론력, 수학적 성향 등을 종합적으로 파악하는 것을 말한다. 각 영역에서 무엇을 어떻게 평가하는 것인지 세부적으로 살펴보자.

1. 개념적 지식과 절차적 지식 평가[3]

수학적 지식은 크게 개념적 지식(conceptual knowledge)과 절차적 지식(procedural knowledge)으로 구분할 수 있다. 개념적 지식이란 수학의 바탕이 되는 기본적인 아이디어인 개념과 개념들 사이의 관계이해를 말하고, 절차적 지식이란 고정된 수학적 절차를 계산 방법이나 조작 방법 등을 사용하여 실행하는 것을 말한다. 여기서는 개념적 지식과 절차적 지식의 평가에 대하여 알아본다.

1) 개념적 지식의 평가

개념적 지식에 대한 평가는 개념을 나타내는 용어·기호·정의·예를 아는지, 개념을 다양하게 표현할 수 있는지, 개념의 다양한 의미를 인식하는지, 개념들 사이의 관계를 파악할 수 있는지, 그리고 새로운 상황에 개념을 적용할 수 있는지 측정한다.

NCTM(1989)에 의하면 개념적 지식을 평가한다는 것은 다음을 할 수 있는지 알아보는 것을 말한다.

- 개념을 정의하고, 말로 표현하고, 분류할 수 있다.
- 개념에 해당되는 예(example)와 거짓예(non-example)를 제시할 수 있고 만들 수 있다.
- 기호와 도식과 모델을 이용하여 개념을 표현할 수 있다.
- 개념을 나타내는 한 표현방식을 다른 것으로 바꿀 수 있다(문장으로 진술된

3 개념적 지식과 절차적 지식에 대한 자세한 내용은 제5장 제1절에서 다루었음.

개념을 기호나 그래픽으로 바꾸고, 그 반대로도 할 수 있다).

- 개념의 다양한 의미와 해석을 이해한다.
- 주어진 개념의 성질을 알고 특정 개념을 결정짓는 조건을 이해한다.
- 개념들 사이의 관계와 차이점을 알 수 있다.

쿰(Gerald Kulm, 1994)은 개념적 지식의 평가를 위한 채점 기준을 다음과 같이 제시했다.

〈표 6-2〉 개념적 지식의 채점 기준

점수	개념적 지식의 채점 기준
1점	개념적 이해와 거리가 멀거나 개념을 크게 잘못 이해함 개념을 표현하기 위한 용어, 그림, 기호를 거의 사용하지 않음 관련된 수학적 절차에 대한 개념적 이해가 부족함
2점	개념적 이해와 다소 거리가 있거나 잘못 이해함 개념을 표현하는 한 방법을 다른 방법으로 전환하려고 시도함 수학적 절차는 적정하게 사용하였으나 실수를 하였으며 개념적 이해가 약함
3점	개념적 이해에 결점이나 오개념이 거의 없음 개념을 표현하는 한 방법에서 다른 방법으로 전환할 때 정확한 표현방법을 사용함 개념과 관련된 절차의 의미와 해석을 이해함
4점	개념을 이해하고 사용한 증거가 있음 개념을 나타내는 한 방법에서 다른 방법으로 전환하는 것을 광범위하게 사용함 개념의 의미와 해석을 인식한 강한 증거가 있음

개념적 지식의 평가에서는 학생들의 개념획득의 발달을 고려해야 한다. 예를 들어 저학년 아동에게 개념적 지식을 물을 때는 기호의 조작보다는 구체물을 사용하는 것이 좋다.

개념적 지식에 대한 평가의 예는 다음과 같다.

① 개념의 예(example)와 거짓예(non-example)를 찾기

[예] 다음 중 유리수를 찾으시오.

$$\frac{2}{3} \quad \sqrt{\frac{4}{5}} \quad 0 \quad \sqrt{9} \quad 3.14 \quad -5.6 \quad (\sqrt{2}+1)^2$$

$$1.234211231142\cdots \quad \sqrt{-16} \quad \frac{7}{9-\sqrt{4}} \quad \frac{-6}{-2}$$

이 문제는 유리수 개념을 정확히 이해하는지 묻고 있다. 또, $\sqrt{\frac{4}{5}}$와 같이 분수꼴이라고 해서 유리수인 것은 아니며 $\sqrt{9}$와 같이 $\sqrt{\ }$가 포함되어 있다고 해서 무리수인 것은 아니다.

② 특정한 개념을 결정짓는 조건 확인하기

[예] 평행사변형 ABCD에 다음 중 어떤 조건이 추가되면 직사각형이 되는가?

㉠ $\overline{AB}=\overline{CD}$ ㉡ $\overline{AB}=\overline{BC}$ ㉢ $\angle A=\angle B$

㉣ $\angle A=\angle C$ ㉤ $\overline{AC}\perp\overline{BD}$

이 문제는 사각형이 어떤 조건을 만족하면 더 특수한 사각형이 되는지 개념의 정의를 묻고 있다. 이 문제에서 이웃하는 두 내각의 크기가 같은 평행사변형은 직사각형이 된다. 또, 평행사변형의 이웃하는 두 변의 길이가 같으면 마름모가 된다.

③ 한 가지 표현 방식을 다른 표현방식으로 바꾸기

[예] 다음 직선을 방정식으로 나타내어라. 그 방정식의 해를 5개 써라.

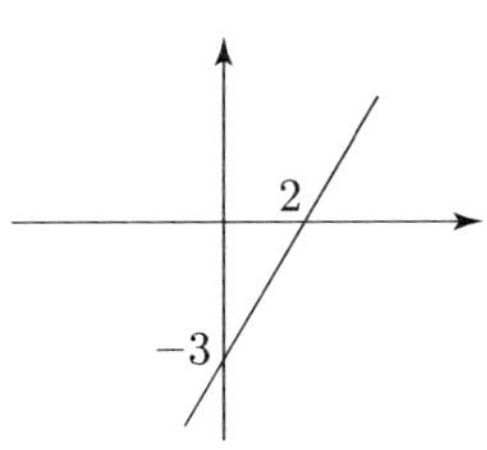

이 문제는 기하학적으로 표현된 직선을 대수적인 방정식으로 나타내는 문제이

다. 이렇게 표현방식을 바꾸는 문제는 한 개념이 다양한 방식으로 표현됨을 알게 해 준다.

④ 개념을 통합하기

[예] 등변 사다리꼴의 네 변의 중점을 이으면 무슨 도형이 되는가?
각자의 답을 정당화하시오.

이 문제를 풀기 위해 학생들은 등변 사다리꼴의 개념을 알아야 하고 그것을 그릴 수 있어야 한다. 또한 각 변의 중점을 찾아 이은 도형이 무엇일지 추측해야 하고 이것이 특정한 도형임을 정당화할 수 있어야 한다.

2) 절차적 지식의 평가

절차적 지식의 평가는 일반적으로 절차를 실행하는 것뿐만 아니라, 언제 절차를 적용하며, 절차가 타당한 이유와 그 절차적 지식의 배경을 이루는 개념적 지식을 아는 것까지 포함한다. 또한 어떤 상황에 적용할 수 있는 절차와 적용할 수 없는 절차를 구별하고, 절차를 수정하고 새로운 절차를 만드는 능력도 포함한다.

쿰(1994)은 절차적 지식을 평가하기 위한 채점기준을 다음과 같이 제시했다.

〈표 6-3〉 절차적 지식의 채점 기준표

점수	절차적 지식의 채점 기준
1점	연산과 절차를 잘못 사용하였거나 중요한 실수가 있음 절차의 단계에 대한 이유를 알고 있다는 증거가 거의 없음
2점	경미한 실수가 있으나 연산과 절차를 적절히 사용함 절차를 설명하고 표현하는 능력이 어느 정도 있음
3점	실수 없이 연산과 절차를 바르게 사용함 절차를 표현하고 그것이 어떻게 작동하는지 설명할 수 있음
4점	연산과 절차를 광범위하게 사용함 절차의 각 단계에 대한 바른 설명과 이유를 보여 줌 새로운 절차로 확장하거나, 새로운 절차를 수용하거나 만들 수 있음

절차적 지식은 개념적 지식과 상호관련되므로 평가에서도 지식의 두 측면을 동시에 고려해야 한다. 예를 들어, 두 수의 최소공배수를 구하는 절차를 수행하려면 공배수라는 개념을 이해하지 않으면 안 된다.

절차적 지식의 평가 예는 다음과 같다.

① 절차의 각 단계에 대한 이유를 제시하기

[예] $(x+4)$ 와 $(x+2)$ 의 곱셈에 대한 다음 절차의 각 단계를 정당화하시오.

$$\begin{aligned}(x+4)(x+2) &= x(x+2)+4(x+2)\\ &= x^2+2x+4x+8\\ &= x^2+(2+4)x+8\\ &= x^2+6x+8\end{aligned}$$

이 문제는 각 단계에 대해 수학적인 개념(분배법칙, 거듭제곱의 정의 등)을 얼마나 정확하게 제시하느냐에 초점을 맞춘다.

② 절차의 결과를 확인하기

[예] (1) $A=\begin{pmatrix}3 & -1\\ 1 & 4\end{pmatrix}$ 의 역행렬을 구하시오.

(2) (1)에서 구한 행렬이 A 의 역행렬임을 어떻게 확인할 수 있는가?

(1)은 절차적 지식의 실행에 대한 것이고, (2)는 그 실행이 옳은 것임을 어떻게 확인할 수 있는 가에 대한 것이다.

③ 절차가 바르거나 틀림을 인식하기

[예] 철수는 $\frac{2}{5} < \square < \frac{4}{7}$ 을 만족하는 $\square$ 를 구하라는 문제를 다음과 같이 풀었다.

「분자 2와 4 사이에 있는 3을 택하고, 분모 5와 7 사이에 있는 6을 택하여 $\frac{3}{6}\left(=\frac{1}{2}\right)$이 답이다. 또한 $\frac{1}{3}<\frac{2}{4}<\frac{3}{5}$, $\frac{2}{5}<\frac{4}{9}<\frac{6}{11}$에서도 알 수 있듯이 이 풀이는 항상 옳다.」

철수의 풀이는 옳은가? 절차는 항상 옳은가? 여러분의 추론을 설명하시오.

위 문제는 많은 분수 중에서 철수의 풀이에 해당되는 예와 그렇지 않은 예를 찾아내고, 어떤 절차의 의미를 반성하게 하는 데 초점을 맞춘다.

④ 새로운 절차를 만들거나 친숙한 절차를 수정하기

[예] 자와 컴퍼스를 이용하여 '한 정점을 지나고 주어진 직선에 평행한 직선을 작도'하는 것을 배운 학생들에게 다음 과제를 제시한다.

직선 l과 이것을 지나지 않는 점 P가 있다. $\overleftrightarrow{PX}$가 직선 l과 평행하게 되는 한 점 X를 컴퍼스만을 이용하여 찾아라. 절차를 쓰고 정당화하시오.

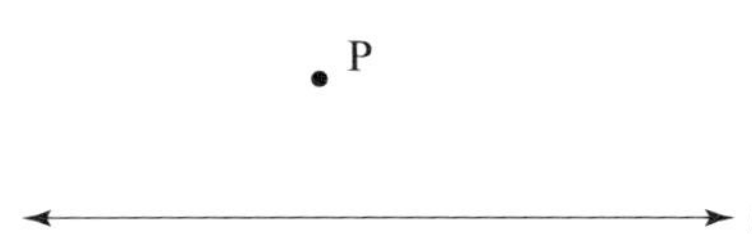

이 문제를 풀 때 자를 사용하면 안 되며, 평가에서는 작도가 완전하고 정확한지, 절차가 합당한지에 초점을 맞추어야 한다.

2. 문제해결력 평가

문제해결력이란 문제를 이해하고, 적절한 계획을 수립하여 바르게 풀며, 결과의 타당성을 확인하고, 그 결과를 확장하여 일반화하는 능력뿐만 아니라 주어진 상황에서 적절한 문제를 구성(formulating)하는 능력과 주어진 문제에서 새로운 문제를 제기(posing)하는 능력까지 포함한다.

NCTM(1989)에 의하면 문제해결력을 평가한다는 것은 다음을 할 수 있는지 알아보는 것을 말한다.

- 문제를 구성할 수 있다.
- 문제해결에 있어서 다양한 전략을 적용할 수 있다.
- 결과를 증명하고 해석할 수 있다.
- 해를 일반화할 수 있다.

문제해결력을 평가하는 방법으로는 (1) 지필검사 (2) 개인별, 소집단별 또는 전체 교실 토론에서 문제를 해결하는 과정을 관찰 (3) 문제해결 활동 및 결과에 대한 면담 (4) 문제해결에 필요한 세부적인 요소의 관찰 등이 있다. 문제해결과정이나 세부적인 요소에 대한 평가는 면담이 좋지만, 시간이 많이 걸리고 면담 기술이 요구되므로 학교현장에서는 주로 서술형검사를 실시하고 있다. 이러한 지필검사를 채점하는 방법에는 분석적 채점방법과 총체적 채점방법이 있다.

분석적 채점방법(Analytic Method)이란 문제해결의 과정을 몇 개의 단계로 나눈 다음 각 단계를 3,4개의 세부 수준으로 나누어 점수를 부여하는 방법이다. 이 방법의 장점으로는 (1) 채점자가 일관성과 객관성을 유지할 수 있고 (2) 채점자간 점수차를 줄일 수 있으며 (3) 과제의 여러 가지 요소를 개별적으로 고려하므로 학생들의 강점과 약점을 파악하는 데 도움이 된다는 것이다. 반면에 단점으로는 (1) 학생 개개인의 답안지를 세밀하게 분석해야 하므로 채점에 많은 시간이 필요하고 (2) 같은 점수를 받은 학생의 답안의 질이 다를 수 있다는 것이다.

찰스, 레스터 그리고 오다퍼(Randall Charles, Frank Lester, and Phares O'Daffer(1987))는 다음과 같은 분석적 채점 기준을 제시하였다.

〈표 6-4〉 분석적 채점 기준표

문제 이해	0 - 문제를 완전히 잘못 이해하였음 3 - 문제의 일부를 잘못 이해하였거나 잘못 해석하였음 6 - 문제를 완전히 이해하였음
풀이 계획	0 - 계획을 시도하지 않거나 완전히 틀렸음 3 - 문제의 일부를 바르게 해석하여 부분적으로 옳은 계획을 세웠음 6 - 바른 시행을 하면 옳은 답을 얻을 수 있는 계획을 세웠음
답 구하기	0 - 부적절한 계획에 의하여 틀린 답을 제시 1 - 기록 실수, 계산 실수 또는 다수의 답 중 일부만 제시 2 - 잘못된 계획으로부터 바른 논리를 따라 틀린 답을 제시 3 - 답이 옳으며, 적절한 기호를 사용함

총체적 채점방법(Holistic Method)이란 풀이 전체를 몇 개의 수준으로 나누고, 각 수준에 도달하기 위한 구체적인 기준을 마련한 다음, 학생의 풀이가 어느 수준에 속하는가를 채점하는 방법이다.

쿰(1994)은 문제해결을 위한 총체적 채점기준을 다음과 같이 제시하였다.

〈표 6-5〉 쿰의 총체적 채점 기준표

점수	총체적 채점 기준
1점	잘못된 접근, 부정확한 수학적 표현 사용, 이해의 부족, 문제해결을 시도하였음
2점	바른 접근, 어림, 전략의 실시, 그럴듯한 추론, 관찰을 수반한 풀이
3점	바른 접근, 어림과 수학적 표현을 효과적으로 사용, 합리적으로 추론, 타당한 풀이
4점	효과적이고 세련된 접근, 수학적 표현의 광범위한 사용, 명확한 추론 사용, 연결성과 종합성과 추상성을 갖춘 풀이

말론(John A. Malone)은 문제 특히 비정형 문제의 해결 능력을 평가하기 위한 방법으로 다음과 같은 총체적 채점기준을 제시하였다.

〈표 6-6〉 말론의 총체적 채점 기준표

점수	총체적 채점 기준
0점	<시작도 하지 못한 경우> 학생이 문제를 전혀 이해하지 못하여 문제 풀이를 시작하지 못했거나 무의미한 것을 제시
1점	<접근> 의미있게 문제에 접근하여 어느 정도 문제를 이해하고 있음을 나타내고 있으나 일찍 곤란에 부딪혔음
2점	<본질> 합리적인 풀이에 도달하였다는 충분한 세부적 증거가 있으나 중요한 실수나 잘못된 해석이 옳은 풀이를 방해하였음
3점	<결과> 문제가 거의 해결되었으나 경미한 실수로 완전한 답을 못 구하였음
4점	<완성> 적절한 방법을 사용하여 문제를 바르게 해결하였음

문제해결력을 평가하는 과제들의 예는 다음과 같다.

① 문제구성 능력 평가

[예] 어떤 사람이 다음의 두 차 중 하나를 사려고 한다. 두 차 모두 4년 동안 사용한 중고차이다. 하나는 가격이 300만 원이고 1L로 10km를 달릴 수 있다. 다른 하나는 가격이 450만 원인데 1L로 17km를 달릴 수 있다. 2년간 사용한다면 어떤 차를 사는 것이 좋은가? 이 질문에 답하기 위해 더 필요한 정보는 무엇인가?

② 풀이를 일반화하는 능력

[예] 다음 각 명제를 증명하시오. 그리고 이 두 명제를 일반화한 명제를 쓰고 증명하거나 반례를 들어라.

a. 연속하는 두 자연수의 합은 2로 나누어 떨어지지 않는다.

b. 연속하는 세 자연수의 합은 3으로 나누어 떨어진다.

③ 열린 문제

[예] 아래 표는 버스 회사의 버스 운임표다.

1회 승차권	1000원
1주일 승차권	9000원

영희는 1주일 승차권을 살지 말지 고민 중이다. 그는 월요일, 수요일, 금요일은 버스로 통근하고, 화요일과 목요일은 버스로 출근하였다가 친구의 차로 퇴근한다. 영희는 1주일 승차권을 사야 하는가? 답변에 대한 이유를 설명하시오.

3. 의사소통 능력평가

수학적 의사소통이란 수학에 대하여 읽고, 쓰고, 말하고, 듣는 활동을 통하여 수학적 정보를 이해하고 전달하는 것을 말한다. 수학적 의사소통은 수학을 학습하고 이해하는 데 중요한 요소이다. 수학적 의사소통이 강조되는 이유는 미래사회에서 접할 정보가 수학적 내용이나 표현을 포함한 복잡한 것이 될 것이므로 이를 정확히 이해하고 전달하는 것이 중요하기 때문이다. 또한 어떤 과제를 공동으로 수행하는 경우 수학을 이용한 원활한 의사소통이 중요하기 때문이다.

NCTM(1989)에 의하면 수학적 의사소통 능력을 평가한다는 것은 다음을 할 수 있는지 알아보는 것을 말한다.

- 수학적 아이디어를 말하고, 쓰고, 설명하고, 시각적으로 표현할 수 있다.
- 지필로, 구두로 또는 시각적 표현으로 제시된 수학적 아이디어를 이해하고 해석할 수 있다.
- 수학적 용어와 기호 체계, 구조를 사용하여 아이디어를 표현하고, 관계성을 기술하고 상황을 리모델링할 수 있다.

의사소통 능력을 평가하는 방법으로는 학습과제의 결과 분석, 학생활동의 관찰, 학생들과의 면담, 학생들이 작성한 학습일지 분석 등이 있다. 테크놀로지를 활용한 의사소통 능력의 평가도 그 중요성이 증가하고 있다.

수학적 의사소통 능력을 평가하는 과제들의 예는 다음과 같다.

① 수학적 아이디어를 말로 표현하는 능력의 평가

[예] 학급의 친구에게 전화를 걸어 다음 그림을 말로 설명하여 친구가 그리도록 하여라.

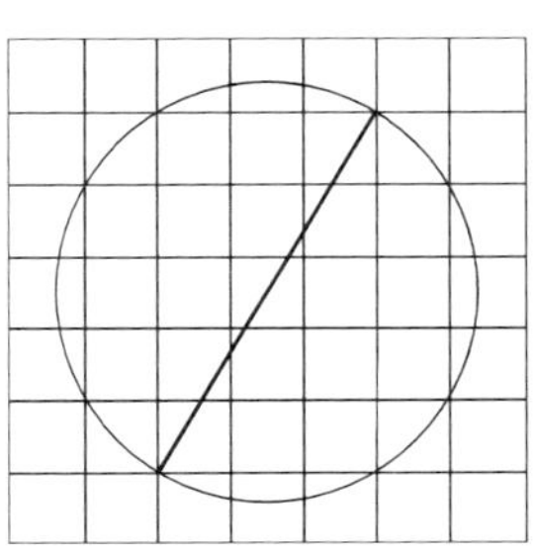

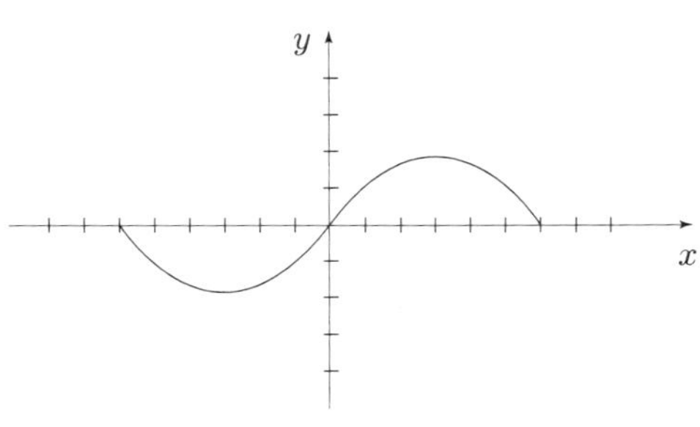

② 시각적 표현으로 제시된 수학적 아이디어를 이해하고 해석할 수 있는 능력의 평가

[예] 두 학급의 수학성적을 50점 미만인 집단과 50점 이상인 집단으로 나누어 비교한 것이다. 이로부터 추론할 수 있는 것을 말해 보아라.

반	집단별 평균		학급평균
1반	50점 미만	20점	45점
	50점 이상	80점	
2반	50점 미만	10점	60점
	50점 이상	70점	

(1) 두 집단의 평균이 모두 높은 1반의 학급평균이 2반의 그것보다 낮을 수 있는가?
(2) 각 집단별 인원을 비교하면 어떤 결과가 나오는가?

4. 추론 능력평가

추론(reasoning)이란 이미 알고 있는 판단으로부터 새로운 판단을 이끌어내는 사고 작용이다. 추론에는 구체적인 사실들을 관찰하고 실험함으로써 일반적인 법칙을 이끌어내는 귀납추론과 일반적인 원리로부터 논리를 이용하여 특수한 주장을 이끌어내는 연역추론이 있다.

NCTM(1989)에 의하면 수학적으로 추론하는 능력을 평가한다는 것은 다음을 할 수 있는지 알아보는 것을 말한다.

- 규칙성을 인식하고 가설을 설정하는 데 귀납적 추론을 사용할 수 있다.
- 수학적 명제에서 개연적 논증(plausible argument)[4]을 이끌어내는 추론을 할 수 있다.
- 결론을 내리고, 논증의 타당성을 판단하며, 타당한 논증을 구성하는 데 연역

4 개연적 논증이란 어떤 명제나 주장이 성립할 것 같다는 그럴 듯한 설명을 말한다. 이에 반해 형식적 증명은 엄밀한 논리적 증명을 말한다.

추론을 사용할 수 있다.
• 상황을 분석하여 공통성질과 구조를 알 수 있다.

추론 능력을 평가하는 과제들의 예는 다음과 같다.

① 귀납추론

[예] 다섯 명의 학생의 점수가 62, 75, 80, 86, 92점일 때, 이들의 점수가 모두 다음 점수만큼 증가한다면 평균은 어떻게 변하는가?
㉠ 1점 ㉡ 5점 ㉢ 8점 ㉣ x점

[예] 그림과 같이 이웃하는 두 점 사이의 거리가 1인 5×5 점판(dot board)에서 점을 연결하여 만들 수 있는 선분의 길이는 몇 가지가 있는지 구하여라. 단, 2×2 점판부터 시작하여 4×4 점판까지 선분의 길이의 개수가 어떻게 변화되는지 규칙을 찾아서 구하여라. N × N 점판에서 선분의 길이의 개수는 어떻게 될지 추측하여라.

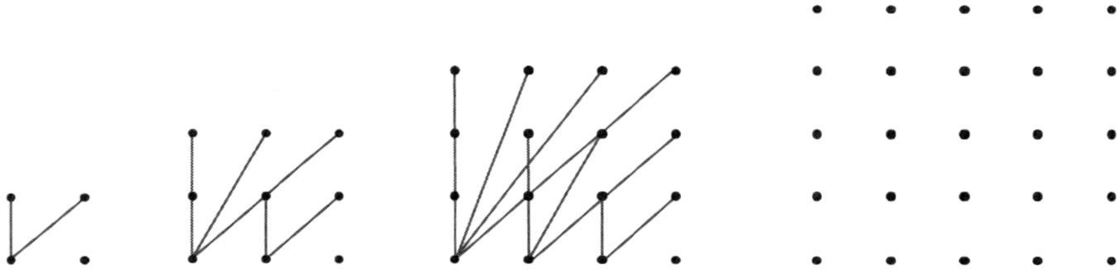

② 개연적 논증

[예] 다음 그림을 보고 반지름의 길이가 r 인 원의 넓이를 구하는 공식이 $S = \pi r^2$ 이 됨을 설명하여라.

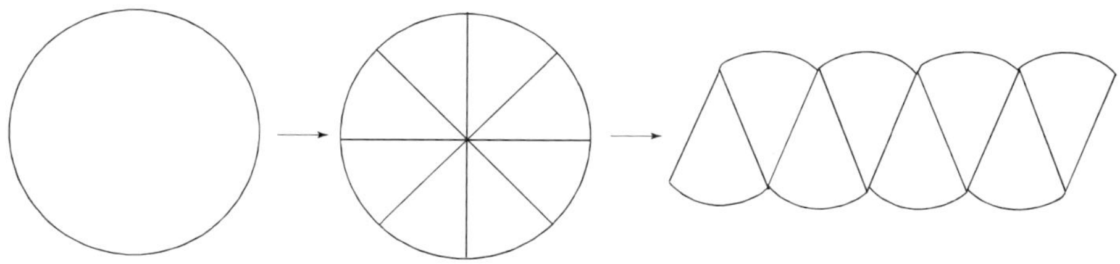

③ 논증의 타당성 판단

[예] 다음은 가로가 70cm, 세로가 20cm인 널빤지를 폭이 같은 세 부분으로 자르는 방법이다.
30cm 자를 그림과 같이 좌우로 기울여 위, 아래 끝이 나무에 위, 아래 선에 맞도록 한다. 왼쪽 오른쪽에 10cm와 20cm 되는 지점에 표시를 하고, 각 지점을 연결하여 자르면 폭이 같은 세 널빤지가 된다.

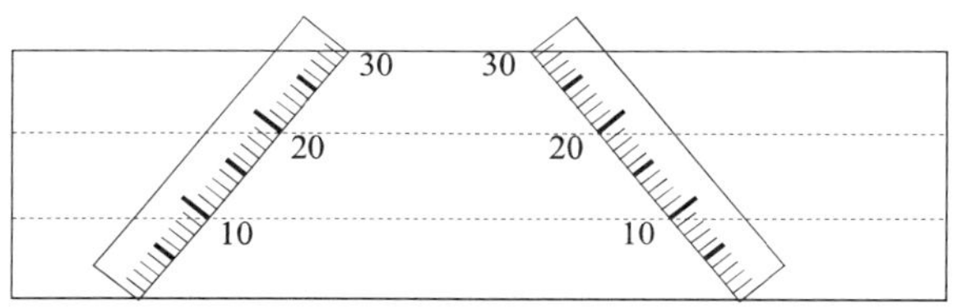

이 방법이 타당한 이유를 설명하여라. 널빤지를 폭이 같은 4개, 5개 부분으로 쪼개는 유사한 방법을 찾고 그 이유를 설명하여라.

④ 공통적인 성질과 구조 알아내기

[예] 직사각형과 정사각형이 공통적으로 가지는 성질은 무엇인가? 공통적으로 가지지 않는 성질은 무엇인가?

5. 수행평가

다지 선다형, 단답형 평가는 단편적·사실적인 지식을 중점적으로 평가하므로 학생들의 종합적·창의적 고등정신 능력을 평가하지 못할 뿐 아니라, 학생들이 문제 해결의 어느 과정에서 어떤 어려움을 겪는지에 대한 정보를 얻을 수 없다. 수행평가는 이들 평가의 대안으로 1996년 소개되어 우리나라의 교육환경에 큰 영향을 주었고, 지금도 학교현장에서 많이 사용되고 있다.

다지 선다형, 단답형 평가와 수행평가를 비교하면 다음과 같다.

〈표 6-7〉 다지 선다형, 단답형 평가와 수행평가 비교표

	다지 선다형, 단답형 평가	수행평가
평가의 목적	학습자가 무엇을 알고 있는가?	학습자가 무엇을 알고 있는가? 습득한 지식을 얼마나 잘 수행하는가?
평가의 시기	학습지도 후	학습지도 중, 학습지도 후
평가의 범위	문제풀이 과정은 모르지만 결과를 알 수 있음	학습의 결과뿐만 아니라 과정도 알 수 있음
평가 방법	표준화된 대규모 평가방법	서술형, 관찰, 면담, 프로젝트, 포트폴리오 등
평가 방법의 성격	간접적 (검사 위주)	직접적 (관찰 위주)
적합한 상황	등급을 정하거나 객관성, 신뢰도 높여야 하는 상황에 적합	학생들의 종합적 사고력을 측정해야 하는 상황

수행평가에 대한 이해는 매우 다양하여 수행평가의 정의에 대한 통일된 견해는 아직 없는 상황이다. NCTM(1995)은 수행평가를 “과제를 해결하기 위해 자신의 지식과 판단능력을 사용하여 물리적 활동을 완성하거나 의미있는 산출을 이끌어내는 능력을 평가하는 것”이라고 했다. 스텐마크(J. K. Stenmark, 1991)는 “학생들에게 수학적 과제, 프로젝트나 탐구 등의 수행과제를 부과하여 그 산출물을 근거로 학생들이 실제로 아는 것, 할 수 있는 것이 무엇인지 평가하는 것”을 수행평가라고 했다.

교육부(1998)는 수행평가를 “평가자가 학습자들의 과제 수행 과정 및 결과를 직접 관찰하고, 그 관찰결과를 전문적으로 판단하는 평가방식”이라고 했다. 여기서 수행이란, 학생이 단순히 답을 선택하는 것이 아니라, 학생 스스로 답을 구성하는 것, 산출물이나 작품을 만들어내는 것, 태도나 가치관을 행동으로 드러내는 것 등을 모두 포함한다.

성태제 외(1999)는 수행평가를 "습득한 지식이나 기능을 실제 생활이나 인위적 평가 상황에서 얼마나 잘 수행하는지(doing, performing) 혹은 어떻게 수행할 것인지(how to do, how to perform)를 관찰, 면담 등의 다양한 방법을 통하여 종합적으로 판단하는 것"이라고 했다.

위 논의를 종합할 때 수행평가란, 학생 스스로 자신의 지식이나 기능을 나타낼 수 있도록 답을 작성(서술 혹은 구성)하거나, 발표하거나, 산출물을 만들거나, 행동으로 나타내도록 요구하는 평가 방식이다. 수행평가의 방법에는 서술형, 논술형, 관찰, 면담, 프로젝트, 포트폴리오, 실험실습 등이 있지만, 수학과에서 주로 사용하는 것은 서술형, 관찰, 면담, 프로젝트, 포트폴리오 등이다.

수행평가를 실시하기 위해서는 수행과제와 그에 따른 평가기준을 마련해야 한다. 반 드 월르(Van de Walle)는 수행과제를 문제(때로는 open-ended), 프로젝트 또는 조사하는 과제로서 항상 탐구하는 과제로 제시된다고 보았다. 또한 다음과 같은 특성이 있다고 말하였다.

- 개별과제 또는 소집단 과제이다.
- 손으로 조작하는 자료, 그림 또는 계산기를 포함한다.
- 답과 결과에 대한 증명과 설명을 교사가 아닌 학생이 한다.
- 구술이나 기록의 보고형식이나 물리적인 결과를 포함하여야 한다.

결국 좋은 수행평가 과제는 수학적 능력이 낮든 높든 상관없이 학생이 지닌 지식과 기능, 이해를 보여 줄 수 있게 하는 것이다. 수행과제의 예는 다음과 같다.

[예] 함수 $y=x^2$ 의 그래프는 $y=x^2+2$ 의 그래프와 만날 수 있는가?
여러분의 생각을 쓰고 그 방법을 설명하여라.

[예] 대수 막대를 이용하여 $2x+5x-3x=4x$ 임을 설명하여라.

[예] 일주일치 TV프로그램을 구하여 오후 5시부터 12시까지 모든 프로그램을 적절히 분류하여라(예를 들어 코미디, 드라마, 스포츠, 뉴스, 퀴즈). 이것들을 그래프나 표로 적절히 나타내고 여기서 발견한 것을 써라.

[예] 다음은 유치원과 초등학교에서 많이 부르는 동요이다. 노래 가사를 읽고 함수 관계가 성립하는 대응과 함수 관계가 성립하지 않는 대응을 찾아 그림으로 나타내시오.

> 내 동생 곱슬머리 개구쟁이 내 동생
> 이름은 하나인데 별명은 서너 개
> 아빠가 부를 때는 꿀돼지
> 엄마가 부를 때는 두꺼비
> 누나가 부를 때는 왕자님
> 랄라 랄라 랄라 랄라
> 어떤 게 진짜인지 몰라 몰라 몰라

[예] 다음 정보와 그래프를 이용하여 철수가 어떻게 걸어갔으며, 가는 동안 무엇을 했을지 이야기를 만들어라.

정오에 철수는 자기 집에서 목적지를 향해 걷기 시작했다. 그는 목적지에 오후 3시에 도착했다. 아래 그래프는 그가 걸은 속력을 나타낸 것이다.

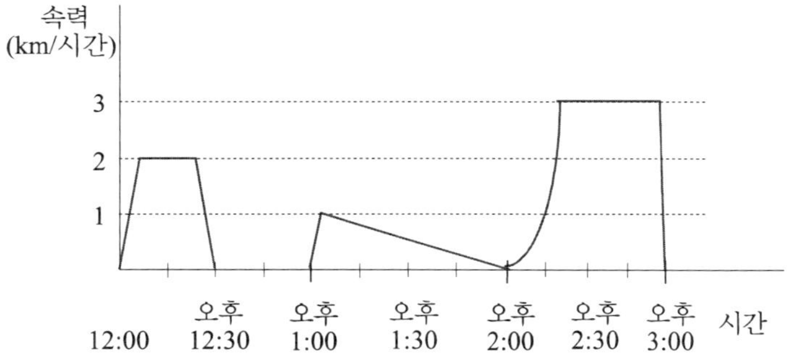

[예] 평면 위에 단위 길이와 두 양수 a, b를 나타내는 길이가 주어졌을 때, ab, $\frac{a}{b}$, $\sqrt{a}$를 작도할 수 있는지 알아보아라. (준비물 : 자, 컴퍼스)

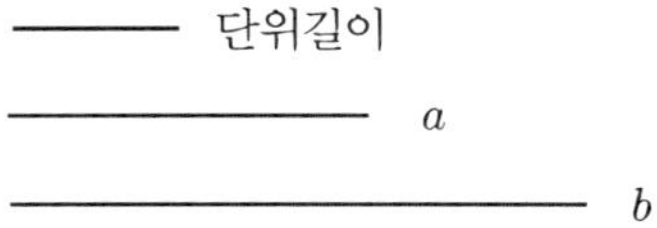

학생들에게 위와 같은 수행과제를 부여한 후 그것을 평가하려면 평가 기준을 마련해야 한다. 평가 기준은 교사가 수행과제를 스스로 수행하여 모범답안을 작성하고, 이를 근거로 채점요소와 배점을 정한다. 이렇게 개발된 평가 기준은 학생들의 수행과제를 분석하면서 수정해야 하는 경우도 있다. 수행과제에 배점을 정할 때에는 문제해결에서 했던 것처럼 분석적 채점 방법과 총체적 채점 방법을 사용할 수 있다. 다음 표는 위의 작도수행과제에 대한 평가기준의 예이다.

〈표 6-8〉 자와 컴퍼스를 사용한 작도 수행과제의 평가 기준

채점 기준	배점
작도 과정이 잘못된 곳이 있고, 과정에 대한 설명이 부실함	3점
작도 과정에는 잘못이 없으나, 과정에 대한 설명이 약간 부족함	6점
작도 과정이 올바르고, 과정설명이 충실하며 표현이 명확함	10점

6. 수학적 성향 평가

수학을 학습한다는 것은 수학적 개념이나 절차를 학습하고 그것을 응용하는 수준을 넘어 수학에 대한 바른 성향을 갖게 하며 어떤 상황을 판단하는 데 수학이 강력한 도구라고 생각할 수 있게 하는 것이다. 수학적 성향이란 수학을 대하는 태도뿐만 아니라 과제에 접근하는 방식이나 자신감, 대안을 찾으려는 자발성, 인내심, 흥미, 자신의 생각을 반성하려는 경향을 뜻한다. 예를 들어, 어떤 학생은 문제를 해결할 때 대안적 방법을 찾으려고는 하지만 자신의 풀이에 대해서는 반성하지 않으려 한다. 어떤 학생은 정형적인 문제에는 관심이 없는 반면 비정형문제를 풀 때는 의욕에 찬 모습을 보이기도 한다. 이렇듯 학생들이 수학을 대하는 태도와 생각은 매우 다양하다.

NCTM(1989)에 의하면 학생들의 수학적 성향에 대한 평가는 다음을 포함한다.

- 문제를 해결하기 위해, 수학적 아이디어를 교환하기 위해, 추론하기 위해 수학을 사용하는 것에 대한 자신감
- 수학적 아이디어를 탐구하고 문제를 해결하는 다른 방법을 찾는 데 있어서의 유연한 사고

• 수학적 과제해결을 지속하려는 의지
• 수학을 하는 데 대한 흥미, 호기심, 창의성
• 자신의 사고와 수행에 대해 통찰하고 반성하는 경향
• 수학을 다른 교과와 일상생활에 응용할 수 있다는 가치 인식
• 우리 문화에 있어서의 수학의 역할, 도구와 언어로서의 수학의 가치를 이해하는 것

학생들의 수학적 성향에 대한 증거는 수학적 활동의 모든 측면에서 드러나므로, 관찰이 평가의 기본적인 방법이다. 문제를 접했을 때, 특히 그 문제가 새롭고 익숙하지 않을 때, 학생들은 해를 찾을 때까지 전략을 수정하고, 숙고하고, 분석하며 계속 문제를 해결하려는 자발성을 발휘하는가? 학급 토론에서 자신의 관점을 설명하고, 방어하기 위해 무엇을 하는가? 특이한 해결과정이나 해에 대해 어떻게 반응하는가? 호기심이 있는가? 어떤 종류의 질문을 하는가? 이렇게 학급 토의나 익숙하지 않은 유형의 문제의 해결 시도, 개인 또는 학급 단위로 부여된 다양한 과제에 학생들이 참여하는 것을 관찰하면 학생들의 수학적 성향을 파악할 수 있다.

수학적 성향을 파악하는 관찰 기록법에는 두 가지가 있다. 하나는 각 학생에 대한 관찰 기록지를 만들어 수학적 성향을 보일 때마다 날짜와 구체적인 관찰 사실을 기록하는 관찰기록법이고, 다른 하나는 행으로는 학생의 이름을, 열로는 수학적 성향의 요소를 기술한 관찰 표를 만들고 관찰된 결과를 해당 칸에 체크하는 체크리스트 방법이다. 즉, 체크리스트법은 관찰하려는 행동을 미리 정하고 그 행동이 나타날 때마다 체크하는 방법이다.

수학적 성향의 관찰 기록지와 체크리스트의 예는 다음과 같다.

〈표 6-9〉 수학적 성향 관찰 기록지 (이름 :)

수학적 성향	날짜 및 활동 내용
1. 수학을 사용하는 자신감	10/29 모든 숙제를 완벽하게 함 11/3 소집단 활동에서 문제해결을 적극적으로 이끎
2. 수학을 행하는 유연성	
3. 수학적 과제에 대한 인내성	
4. 수학을 행하는 데 대한 호기심	
5. 자신의 사고에 대한 반성	
6. 수학 응용의 가치 인식	
7. 수학의 역할 인식	

〈표 6-10〉 수학적 성향 체크리스트 (날짜 :)

관찰한 행동	학생 1	학생 2	학생 3	학생 4	…
자신감		✓	✓		
유연성	✓			✓	
인내성					
호기심		✓			
사고의 반성					
수학 응용 가치인식					
수학 역할 인식				✓	
기타		새로운 문제를 제기함		다른 학생의 풀이에 도전을 줌	

제3절 ┃평가의 방법

지금까지 살펴본 평가의 원리를 토대로 구체적인 수학과 평가 방법에 대하여 알아보자. 평가방법에는 지필검사, 관찰, 면담, 프로젝트, 자기평가, 학습일지, 포트폴리오 등이 있다. 평가방법은 평가의 목적과 영역을 결정한 후 그에 맞게 선택한다. 어떤 평가방법을 선택하느냐에 따라 학생들의 학습 내용과 방향이 달라지므로 선택은 신중하고 적절해야 한다.

1. 지필검사

지필검사(혹은 필답검사)는 종이와 연필을 사용하여 평가하는 방법으로 일반적으로 가장 많이 사용하는 평가방법이다. 지필검사에는 선택형 검사와 서답형 검사가 있는데, 선택형 검사에는 다지 선다형, 진위형, 연결형 검사가 있고, 서답형에는 단답형, 서술형, 논술형 검사가 있다.

여기서는 수학과에서 주로 사용하는 지필검사인 다지 선다형, 단답형, 서술형에 대해 알아보자.

1) 다지 선다형(multiple choice form)[5]

다지 선다형 검사는 한 물음에 대해 정답과 오답을 몇 개(보통 4～5개) 제시하고 그 중에서 정답을 고르게 하는 방법이다. 일반적으로 정답은 한 개 있지만 더욱 정확한 평가를 위해서는 정답이 두 개 이상일 수 있다. 오답지를 만들 때 학생들이 범하기 쉬운 오류 유형을 조사하여 그에 맞는 오답을 제시하면 성취도를 알 수 있을 뿐만 아니라 학생들의 오류를 파악하고 교정해 줄 수 있다. 평가문항 출제의 편의를 위해 정답 이외에는 학생들의 오류 유형과 관계없는 오답을 만들어 제시하는 것은 바람직하지 않다.

다지 선다형은 많은 학생들을 대상으로 한꺼번에 평가할 수 있으며, 간단한 지식이나 수학적 기능, 문제해결의 결과를 알아보기 쉽고, 평가 작업을 간단히 처리

5 다지 선다형 문항을 객관식 문항이라고도 한다.

할 수 있으며 결과가 객관적이라는 장점이 있다. 전국 학생을 대상으로 수학 성취도를 조사하는 표준화 검사는 주로 다지 선다형을 사용한다. 반면에 문제를 전혀 모르고도 정답을 택할 확률이 높고, 문제를 직접 해결하지 않고 답지에 주어진 것을 문제 상황에 끼워 맞추어 답을 찾을 수 있는 단점이 있다.

2) 단답형(short answer form)

단답형 검사는 문제에 대한 정답을 직접 기록하게 하는 서답형의 일종으로 수학적 용어나 기호의 이해능력 및 문제해결의 결과를 알아보는 데 적합한 평가이다. 다지 선다형보다는 임의로 정답을 맞출 가능성이 적지만 학생의 문제해결 과정을 파악할 수 없고, 모든 과정이 맞아도 단 하나의 계산실수로 0점이 되므로 학생의 문제해결 능력을 정확하게 평가할 수 없다.

3) 서술형(extended response form)

선다형이나 단답형 평가는 학생들의 지식과 문제해결의 결과만을 평가하므로 학생들의 종합적인 사고력이나 문제해결 과정을 알기 어렵고, 그 형식으로 평가할 수 있는 내용만 학습하게 하는 역효과를 낳을 수 있다. 이러한 역효과를 해소하는 한 방편으로 문제해결 과정을 상세히 서술하게 하는 서술형 평가를 실시할 수 있다. 서술형 평가는 학생들이 문제를 해결하는 과정이 드러나므로 그들이 올바로 이해하고 있는 것과 오류를 범하는 것이 무엇인지 파악하기 쉽고, 그에 따른 피드백에 적절한 평가방법이다.

서술형 평가는 문항의 개발에서부터 채점에 이르기까지 그 과정이 복잡하다. 다음은 양질의 서술형 문항을 개발하기 위해 유의해야 할 사항이다.

① 중요한 수학적 개념, 원리를 평가하여야 한다.
② 단순한 지식에 대한 회상, 암기력을 평가하는 것이 아니라 종합적인 사고력을 평가하여야 한다.
③ 계산, 이해, 문제해결, 추론, 의사소통 등 다양한 수학적 능력을 평가하여야 한다.

서술형 문항의 채점은 앞서 문제해결 평가에서처럼 분석적 채점방식과 총체적 채점방식을 이용할 수 있다. 분석적 채점방식을 이용하려면 문제를 해결하는 과정을 몇 단계로 나누고 각 단계별로 수준을 나누어 배점을 부여하면 된다. 이 방식은 채점의 일관성과 객관성을 꾀할 수 있고, 채점자간의 편차를 줄일 수 있으나 교사가 개별 학생의 답안지를 자세히 살펴 채점해야 하므로 많은 시간이 소요되며 학생들의 다양한 풀이 방법에 대한 교사의 폭넓은 지식과 경험을 필요로 한다. 총체적 채점방식을 이용하려면 풀이 전체를 몇 개의 수준으로 나누고 학생의 풀이가 어느 수준에 속하는지 평가하면 된다.

서술형 평가의 예는 다음과 같다.

[예] P, Q 두 회사의 1개월 인터넷 이용요금은 다음과 같다.

(1) P 회사에 가입하는 것이 Q 회사에 가입하는 것보다 유리하려면 몇 통화 이상을 써야 하는지 부등식을 이용하여 설명하여라. [3점]

(2) 한 달에 100통화를 쓴다면 어느 회사에 가입하는 것이 유리한가? 또 얼마나 이익인가를 구하고, 그 이유를 설명하여라. [2점]

P 회사		Q 회사	
기본요금	추가요금	기본요금	추가요금
15000원	없음	8000원 (20통화 무료)	한 통화에 80원 (20통화 초과 시)

〈풀이〉 (1) 통화수를 x라 놓으면 P 회사가 유리하기 위해서는 Q 회사보다 가격이 저렴해야 하므로

$$15000 < 8000 + 80(x - 20)$$
$$15000 < 8000 + 80x - 1600$$
$$15000 - 8000 + 1600 < 80x$$
$$8600 < 80x$$
$$\therefore\ x > 107.5$$

따라서 108통화 이상이면 P 회사에 가입하는 것이 더 유리하다.

(2) 100통화는 107.5통화보다 작으므로 Q 회사에 가입하는 것이 더 유리하다. Q 회사에 가입했을 때의 요금은

$$8000+80(100-20)=8000+80\times 80=14400$$

이므로 두 회사의 사용요금의 차는

$$15000\text{원}-14400\text{원}=600\text{원}$$

따라서 Q회사에 가입하는 것이 P회사에 가입하는 것보다 600원 이익이다.

〈채점 기준 (분석적 채점 기준)〉

문항번호	채점 기준	배점
(1)	통화수를 미지수로 놓고 식 세우기	1점
	부등식의 성질을 이용하여 계산하기	1점
	(1)번 답 구하기	1점
(2)	Q 회사의 사용요금 구하기	1점
	(2)번 답 구하기	1점

〈채점 시 유의사항〉 0.5통화는 존재하지 않으므로 자연수로 답을 쓴 것에 한하여 점수를 부여한다.

2. 관찰(Observation)

1) 관찰의 의미

교사는 학생들을 지도하면서 그들이 문제해결 과정에서 무엇을 배우는지, 수학에 대하여 어떤 태도를 보이는지 등 인지적, 정의적 정보를 얻게 된다. 이러한 정보들을 체계적으로 얻어 관리하고 평가하는 것이 관찰 평가이다. 관찰평가를 잘 활용하면 학생들에게 적절한 피드백을 줄 수 있으며, 학생의 학습 활동에 대한 학부모와의 면담을 위해 중요한 자료를 얻을 수 있다.

관찰 평가는 다음과 같은 장점이 있다.

첫째, 학생의 수학적 기능이나 사고력 등의 인지적 영역뿐만 아니라 수학적 성향이나 태도 등의 정의적 영역까지 평가할 수 있다.

둘째, 다른 평가방법을 통해 얻은 결과보다 심화된 자료를 얻거나 처음 결과를 점검, 보완할 수도 있다.

셋째, 관찰은 미리 계획하지 않았던 측면의 자료를 얻을 수도 있다. 지필검사에서 문제해결력이 낮다고 평가된 학생을 평소 수업시간에 관찰한 결과 문제를 잘 해결하는 것을 볼 수 있다. 이 학생은 심리적 압박감으로 인해 지필검사에서 좋지 못한 결과를 얻었을 수 있다.

관찰 평가의 단점으로는 다음과 같은 것이 있다.

첫째, 관찰을 통해 학생을 평가하려면 관찰자인 교사가 많은 시간과 노력을 들여야 한다.

둘째, 치밀하고 신중한 계획을 세워야 하고 그럼에도 불구하고 목적한 것을 관찰하지 못할 수 있다.

셋째, 학생을 관찰할 때 관찰자의 주관이 개입되어 결과가 왜곡될 수 있다.

넷째, 관찰만으로 학생의 사고과정이나 행동을 평가하기는 어렵다.

관찰 활동은 그 목적에 따라 단기간에 끝날 수도 있고 장기간 지속될 수도 있다. 단기간의 관찰은 특별한 개념이나 기능을 파악하는 데 적절하며, 장기간의 관찰은 문제해결 능력이나 의사소통 능력과 같은 수학적 힘의 다양한 측면들이 어떻게 발전하고 있는지 파악하는 데 적절하다.

2) 관찰법

관찰을 통해 자료를 수집하는 방법에는 다음과 같은 것들이 있다.

① 관찰 기록지법(일화기록법)

관찰을 기록하는 간단한 방법은 수업 중이나 수업이 끝난 후 관찰 기록지에 메모를 하는 것이다. 관찰 기록지의 형식은 여러 가지가 있을 수 있다. 관찰한 날짜를 쓰고 학생의 이름과 관찰 내용을 간단하게 메모하는 것이나 학생당 하나의 카드를 만들어 그 카드에 관찰결과를 다음과 같이 기록할 수 있다.

5/2
김○ ○ 문제를 창의적으로 해결한다.
최○ ○ 문제를 접근하는 방법을 다양하게 시도한다.

〈일자별 관찰 기록지〉

김○ ○
3/28 적절한 문제해결 전략을 잘 찾는다.
4/12 문제를 끝까지 푸는 인내심을 발휘한다.

최○ ○
3/19 자신의 사고를 반성한다.

〈개인별 관찰 기록지〉

② 평정척도법

평정척도법은 학생을 등급이나 일정한 척도로 분류하여 평가하는 방법이다. 평정척도법으로 관찰을 기록하는 방법에는 3~4단계의 등급 규정과 등급에 해당한다고 관찰된 학생의 이름을 적는 방법이나, 학생개인별로 관찰요소별 평정척도를 적는 방법 등이 있다.

〈표 6-11〉 평정척도법 1

등급 규정	관찰 학생
탁월함 분명한 이해, 다양한 방법으로 의견을 교환함, 도움을 받지 않고 아이디어를 사용함, 쉽게 설명함	조○○, 박○○
목표 도달 이해하고 있거나 잘 진행됨, 지정한 모델을 사용함	이○○ 정○○, 한○○
미흡 다소 혼란을 겪거나 잘못 이해함, 활동을 하기 위해 도움을 필요로 함, 자신감이 부족함	김○○

〈표 6-12〉 평정척도법 2

학년 반 번 이름:		일시 : 년 월 일				
관 찰 요 소		매우 그렇다	그렇다	보통	그렇지 않다	매우 그렇지 않음
개념적 지식	개념을 정확하게 말이나 글로 표현할 수 있는가?	✓				
	개념의 예와 거짓예를 제시할 줄 아는가?		✓			
	개념과 원리를 비교, 통합할 수 있는가?			✓		

③ 체크리스트법

체크리스트는 관찰하려는 행동을 미리 정하고 그 행동이 나타날 때마다 체크하는 방법이다. 이 방법은 사전에 관찰할 행동 요목을 만드는 데 많은 시간과 노력이 들지만 그 결과를 바로 활용할 수 있는 장점이 있다. 그러나 예측하지 못한 행동이 발생하면 기록하기가 어려운 단점도 있다.

체크리스트에는 두 가지 형식이 있는데, 하나는 개인별 체크리스트로 각 학생에 대하여 구체적인 내용을 몇 단계의 수준으로 나누어 체크하는 것이다. 또 다른 하나는 주제별 체크리스트로 어떤 주제에 대하여 학생들을 관찰하고 그 결과를 수준에 따라 체크하는 것이다. 이 때 관찰한 일시를 표시하고 비고 난에 특별한 사항을 기록할 수 있다.

〈표 6-13〉 개인별 체크리스트

<table>
<tr><th colspan="2">이름 :</th><th>그렇다</th><th>그렇지 않다</th><th>비고</th></tr>
<tr><td rowspan="6">관
찰
요
소</td><td>수학 문제 푸는 것을 좋아한다.</td><td>✓</td><td></td><td></td></tr>
<tr><td>수학에 호기심과 흥미를 느낀다.</td><td>✓</td><td></td><td></td></tr>
<tr><td>수학을 편안한 마음으로 학습한다.</td><td></td><td>✓</td><td></td></tr>
<tr><td>수학을 적극적으로 학습한다.</td><td>✓</td><td></td><td></td></tr>
<tr><td>수학에 대하여 자신감을 갖는다.</td><td></td><td>✓</td><td></td></tr>
<tr><td>…</td><td></td><td></td><td></td></tr>
</table>

〈표 6-14〉 주제별 체크리스트

<table>
<tr><th colspan="2">단원명</th><th>다항식의 인수분해</th><th colspan="2">교과서 42쪽~54쪽</th><th>수업차시</th><th colspan="2">11~13차시</th></tr>
<tr><td colspan="2">학습목표</td><td colspan="6">다항식의 인수분해의 뜻을 알고 인수분해를 할 수 있다.</td></tr>
<tr><td rowspan="7">관
찰
요
소</td><td rowspan="7">수학적
성향</td><td>학생 / 세부 요소</td><td>김○○</td><td>나○○</td><td>마○○</td><td>반○○</td><td>…</td></tr>
<tr><td>흥미</td><td></td><td>✓3/28, 4/4</td><td></td><td></td><td></td></tr>
<tr><td>과제 집착성</td><td>✓3/29</td><td></td><td></td><td></td><td></td></tr>
<tr><td>협동하기</td><td></td><td></td><td>✓3/30</td><td></td><td></td></tr>
<tr><td>자신감</td><td></td><td>✓4/2</td><td></td><td></td><td></td></tr>
<tr><td colspan="6">…</td></tr>
<tr><td>비고</td><td>과제를
끝까지
해결함</td><td></td><td>협동정신
우수</td><td></td><td></td></tr>
</table>

3. 면담(interview)

1) 면담의 의미

학생들이 문제 해결 과정에서 겪는 시행착오와 어려움은 지필검사와 관찰만으로 파악하기 어렵다. 또한 학생의 오류의 원인, 특이한 접근방법, 통찰력은 서술형 지필검사로도 알기 어렵다. 이때 학생과 면담을 하면 그의 이해 정도와 사고방법을 잘 파악할 수 있다.

면담이란 학습과정에서 보인 학생의 행동이나 사고의 과정을 학생과의 대화를 통해 파악하고 평가하는 방법이다. 교사는 문제해결과정에서 학생이 어떻게 생각했으며, 왜 그렇게 생각하거나 행동했는지 질문하고 학생은 자신의 생각을 말한다.

면담의 장점을 교사와 학생의 입장에서 살펴보면 다음과 같다.

교사는 면담을 통해 학생들의 수학적 인지 능력을 보다 정확하게 파악할 수 있다. 면담에서는 과제에 대하여 학생이 직접적으로 반응할 수 있으므로 그가 가진 기능이 다른 평가방법보다 잘 드러나며, 수학개념을 학생이 어떤 의미로 받아들이는지 정확히 파악할 수 있다. 지필로 된 문장을 잘 이해하지 못하는 학생은 질문에 대하여 언어를 사용하여 반응할 수 있으므로 사고과정을 보다 정확히 평가할 수 있다. 보통 학생은 지필보다 언어를 사용할 때 높은 수준의 인지활동, 즉 판단하기, 정당화하기, 평가하기 등을 쉽게 느끼므로 그들의 인지 능력을 더 잘 발휘할 수 있다. 또한 교사는 면담을 통해 학생들의 수학학습에 대한 태도와 자신감 등 수학적 성향을 알 수 있으므로 수학학습을 종합적으로 통찰할 수 있게 된다.

학생은 자신이 잘 모르던 특정 영역에 대한 수학지식이나 부족한 자신감을 면담을 통해 보충할 수 있고, 수학학습에 대한 흥미나 관심을 더 키울 수 있다.

면담의 단점으로는 시간과 노력이 많이 소요된다는 것, 교사의 개인적인 판단으로 잘못된 평가를 내릴 수 있다는 것이다.

면담에는 형식적 면담과 비형식적 면담이 있다. 형식적 면담이란 교사가 미리 만든 일련의 질문을 순서대로 하는 것이다. 따라서, 사전에 질문내용과 질문 방법을 치밀하게 계획하여 질문하고, 면담 도중 교사가 학생의 반응에 개입하거나 대화의 방향을 바꾸어서는 안 된다.

형식적 면담의 절차와 코드 예는 다음과 같다.

> 면담 평가의 목적 설정 → 순서를 갖춘 질문지를 개발 → 면담실시 및 학생의 반응을 교사의 도움을 받은 정도에 따라 코드(code)화하여 기록

〈학생의 반응 코드 예〉

S : 성공적임(successful). 풀이를 자연스럽게 별 어려움 없이 제시함

P : 암시를 받음(prompted). 간단한 암시나 힌트를 줌. 예를 들어, 간과하기 쉬운 중요 정보를 지적하거나 용어에 대한 명확한 해석, 시작하게 하는 질문 등을 통해 옳은 반응을 함

U : 성공적이지 못함(unsuccessful). 틀렸거나 불완전한 답이나 설명을 함. 문제를 잘못 이해하거나 일부만 이해하고 있음

N : 답변을 못함(no answer). 문제에 대해 반응을 하지 못하며, 힌트나 암시를 주어도 문제를 거의 이해하지 못함

T : 지도함(teach). 면담을 계속하기 위해 개념이나 절차를 지도함

비형식적 면담은 면담의 목적은 분명하게 정하되 질문 내용이나 방법은 상황에 따라 적절하게 바꾸어서 진행하는 방식이다. 이 방식은 주로 교사가 체계적으로 완성된 면담질문을 갖추지 못한 경우에 사용한다.

2) 면담 기록방법

형식적 면담을 하려면 학생에게 던질 질문과 평가기준을 미리 정해 두어야 하며 기록지도 준비해야 한다. 비형식적 면담은 면담 질문을 미리 지정해 두지 않으므로 면담 기록은 평가 목적에 맞게 자유롭게 한다.

다음은 어니스트(Paul Earnest, 1992)가 개발한 형식적 면담 양식이다.

〈표 6-15〉 어니스트의 면담 양식

학생 이름 : 일자 :

개념 : 측정 – 직선과 곡선, 기하 – 직사각형과 원
준비물 : 직사각형과 원이 그려진 종이, 자, 연필, 종이 조각, 끈, 가위, 테이프
코드 : S – 성공적임; 자연스러운 옳은 반응
P – 암시를 받음; 힌트나 암시를 받은 후 옳은 반응
U – 성공적이지 못함; 틀렸거나 부적절한 답
N – 답이 없음; 반응이 없거나 아는 것이 없음
T – 지도하였음; 진행하기 전에 지도를 하였음

1. "직사각형의 둘레는 무엇을 뜻하는가?"

학생 반응	코드	평가

2. 직사각형이 그려진 종이를 제시한다.

"이 직사각형의 둘레를 보여줄 수 있는가?"

학생 반응	코드	평가

3. "직사각형의 둘레를 어떻게 측정하려고 하는가?"

학생 반응	코드	평가

4. "직사각형의 둘레의 길이를 어떤 방법으로 어림할 것인가? 그 어림값은 얼마인가?"

학생 반응	코드	평가

5. 학생들에게 자를 준다. "자를 이용하여 측정하고 어림한 값과 비교하여라."

학생 반응	코드	평가

6. "네 변을 모두 측정하지 않고 둘레의 길이를 구하는 방법이 있는가?"

학생 반응	코드	평가

면담에서 질문하는 순서는 형식적인 면담이든 비형식적인 면담이든 학생이 편안하게 답할 수 있는 수준의 질문부터 시작하여야 한다. 질문은 광범위하고 일반적인 것에서 점차 교사가 원하는 구체적인 것으로 접근한다. 질문을 한 후 생각할 수 있는 시간을 적절히 주어야 한다.

면담을 통해 교사는 학생의 수학적인 면과 인간적인 면 모두를 알 수 있는 것이 중요하다. 교사와 학생 사이의 좋은 인간관계는 학습지도를 더욱 효과적으로 만들어 주기 때문이다.

면담은 학생들이 고등수준의 사고를 충분히 발휘할 수 있도록 계획적이고 논리적으로 진행되어야 한다. 그렇게 함으로써 학생들은 교사가 예상하지 못한 수학적 지식과 기능을 보일 수도 있다.

4. 프로젝트(project)

1) 프로젝트의 의미

프로젝트(project)는 사전적 의미로 '실행 계획서' 또는 '계획'이라고 할 수 있으나, 수학교육에서의 프로젝트는 무엇을 할 것인가를 결정하는 것뿐만 아니라 더 넓은 의미로 그것을 수행하고, 자료를 제시하며, 그 결과를 평가하는 것이라 할 수 있다. 프로젝트는 특정한 연구 과제에 대하여 학생 스스로 연구 계획을 세우고, 자료를 수집하고, 이를 수학지식과 방법을 이용하여 분석·종합하여 연구보고서를 작성·제출하게 하여 평가하는 것을 말한다. 탐구주제나 문제도 학생 스스로 자신의 흥미와 능력에 맞는 것을 선택해야 하지만 현실적으로 교사가 정해주는 것이 보통이다.

수학과의 프로젝트의 주요 특징은 다음과 같다.

첫째, 프로젝트는 과제의 설정, 자료 수집, 결과 분석을 통해 학생의 수학적 탐구력, 비판적 사고력, 창의적 문제해결력 등 사고 능력을 신장시킬 수 있다.

둘째, 프로젝트는 학생이 각자 원하는 과제를 자기 나름의 방법을 동원하여 탐구할 수 있으므로 개성에 맞게 지도할 수 있으며 차별화된 학습을 할 수 있다.

셋째, 프로젝트를 보통 동료들과 같이 하게 되므로 협동심을 기를 수 있고, 같은 소그룹 내 동료들에게 설명하고 그들의 의견을 듣고, 연구결과를 학급 전체 앞에서 발표함으로 의사소통능력을 기를 수 있다.

프로젝트의 과제는 수학 주제, 수학사와 관련된 내용, 실생활 문제 상황, 다른 교과와 관련된 주제, 주어진 자료의 해석, 수학적 모델링을 통한 문제 해결, 패러독스의 탐구, 신문 활용 교육(NIE; Newspaper In Education)활용, 수학적 상황에 대한 자신의 의견 제시, 게임을 이용한 개념 탐구 등 매우 다양하다. 프로젝트 과제는 구조화 또는 비구조화하여 제시할 수 있다. 교사는 학생들의 연령, 학습 능력에 따라 과제를 어느 수준으로 구조화하여 제시할 것인지를 정해야 한다.

구조화된 프로젝트 과제는 학생들이 수행의 과정을 밟아갈 수 있도록 징검다리를 많이 놓아주는 과제를 말한다. 예를 들어, n 각수를 구하는 프로젝트 과제를 수행할 때, 삼각수, 사각수, 오각수의 수를 차례대로 구해보는 과제를 먼저 수행해 보게 한 후, n 각수를 구하게 하는 과제는 구조화된 프로젝트 과제라 할 수 있다.

비구조화된 프로젝트 과제는 학생들에게 열린 사고를 할 수 있도록 제시하는 과제를 말한다. 예를 들어, 학생들이 '원형 종이를 잘라 깔대기를 만들 때, 만든 모양과 부피는 어떤 관계가 있는가?'라는 과제는 깔대기를 다양하게 만들어 보고 그것의 부피를 구해봄으로써 최대의 부피를 만들 수 있는지 탐구해 보는 비구조화된 프로젝트 과제이다.

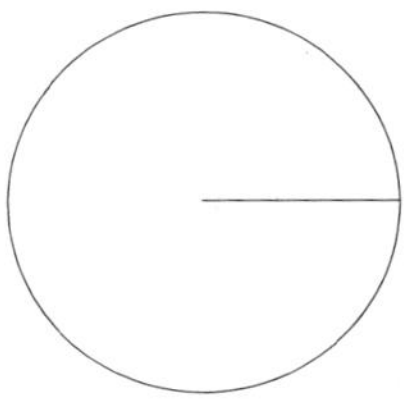

2) 프로젝트 실시 방법

프로젝트를 실시하는 방법은 다음과 같다.

첫째, 프로젝트의 목적과 평가 기준을 설정한다. 프로젝트 평가 횟수, 시행시기, 제출기간, 과제의 난이도 등은 평가의 목적과 사용방법에 따라 달라진다.

둘째, 프로젝트 과제를 개발하여 부여하고 수행 방법을 자세히 안내하여 정해진 시기까지 제출하도록 한다.

셋째, 제출된 결과물을 정해진 기준에 따라 평가한다.

프로젝트의 기준은 평가의 목적에 맞게 설정하면 되는 데, 미국 버몬트 주의 평가기준을 예로 들면 다음과 같다.

〈표 6-16〉 버몬트 주의 평가기준

	분석적 채점 기준	배 점
문제 이해	프로젝트 과제를 제대로 이해하지 못함 프로젝트 수행을 위한 문제 해결 계획을 세우지 않거나, 잘못된 계획을 세움	1～3점
	프로젝트의 과제를 부분적으로 이해함 프로젝트 수행을 위한 문제 해결 계획을 효율적으로 세우지 못함	4～7점
	프로젝트의 과제를 제대로 이해함 프로젝트 수행을 위한 문제 해결 계획을 효율적이고 세련되게 세움	8～10점
의사 소통	풀이의 설명이나 해결방법이 불분명하고 체계적이지 못함	1～3점
	풀이의 설명이나 해결방법이 부분적으로만 분명하고 체계적인 편임	4～7점
	풀이의 설명이나 해결방법이 전체적으로 분명하고 상세하며 매우 체계적임	8～10점

다음은 프로젝트 평가의 예들이다.

[예] 돌려서 만드는 입체도형

단원 : 중학교 1학년 도형

고정된 축에 평면도형을 붙여 회전시키면 아름다운 도형이 만들어진다.

다음 그림과 같이 직각삼각형, 사다리꼴을 회전시키면 원뿔, 원뿔대가 만들어진다.

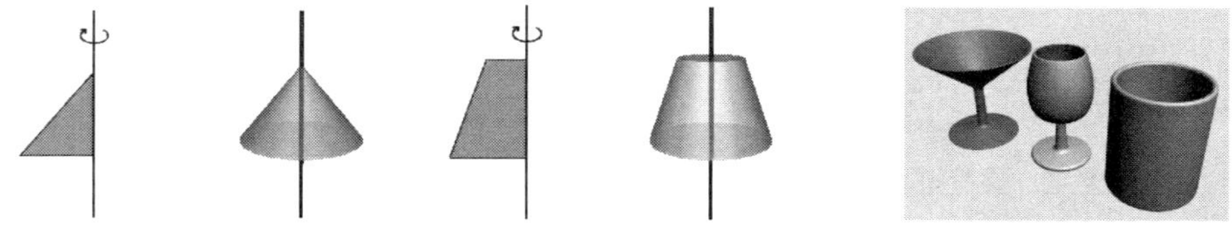

우리 생활 속 물건들 중에는 유리잔, 컵, 쓰레기통, 야구 방망이 등과 같이 회전체인 것들이 많다.

1. 실외에서 볼 수 있는 물것들 중에서 회전체인 것을 3개를 골라 사진을 찍고, 어떤 도형을 회전시켜 만들어진 것이라 할 수 있는지 그려라.
2. 평면 도형 3가지를 그리고 적당한 회전축을 정해 회전시킬 때 생기는 도형을 그려라. (단, 교과서에 없는 회전체를 만들어 보아라.)

[예] 점자와 규칙성

단원 : 중학교 함수

점자는 시각 장애인을 위한 것으로 자음, 모음, 수표 등 일반인들이 사용하는 문자를 모두 사용할 수 있도록 고안된 것이다. 일반인들도 점자의 구조를 이해한다면 더불어 살아가는 지혜를 깨달을 수 있을 것이다.

우리나라에서 사용되는 점자는 문화관광부 고시 제2006-39호 「한국점자규정」(2006년 6월 9일 공표)를 기본으로 하는 데 한글 자음과 모음은 다음과 같이 표시한다.

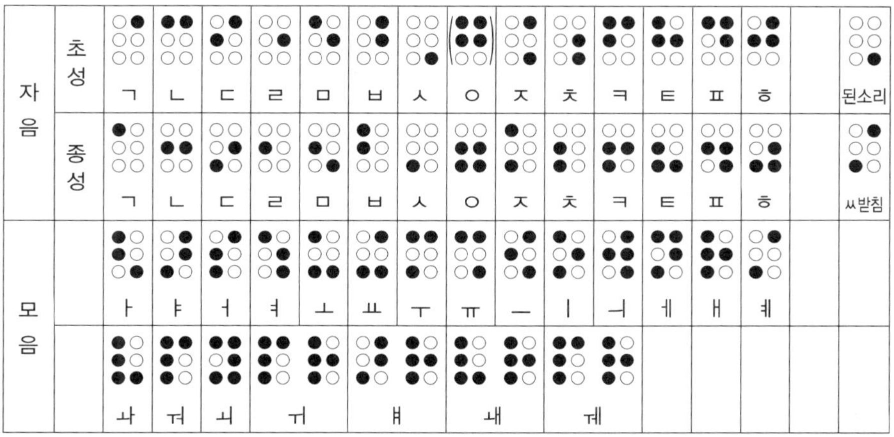

숫자는 수표를 앞에 쓴 후 그 뒤에 다음과 같이 적는다.

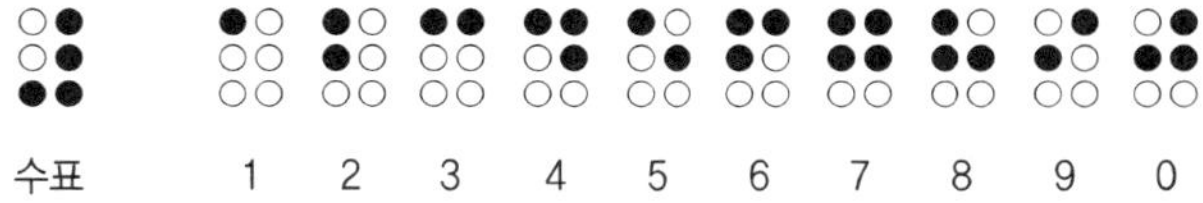

1. 점자의 한글 자음과 모음은 어떤 규칙으로 배열된 것인지 서술하여라.
2. 가족 이름, 학교 이름 등을 점자로 표시하여라. 본인이 적고 싶은 문장을 하나 택해 점자로 나타내어 보아라.
3. 우리 주변에 점자로 표시된 것을 사진으로 찍고 한글로 옮겨 보아라.
4. 영어 알파벳을 나타내는 점자를 인터넷에서 찾아 인쇄하고 영어 단어 5개를 점자로 표시하여라.

5. 자기평가(self assessment)

학생들이 수학을 학습하는 과정에서 자신의 발전을 적극적으로 모니터하고, 자신의 수학적 지식, 진보, 태도들을 조사하는 과정을 자기평가라고 한다(Kenny & Silver). 자기평가는 학습자가 교수 학습 중이나 후에 자신의 학습결과에 대한 평가에 참여함으로써 자신의 수행결과물을 반성하여 자신의 장·단점을 알 수 있도록 돕는 평가이다.

찰스, 레스터 그리고 오다퍼에 의하면 자기 평가에는 다음과 같은 장점이 있다.

첫째, 학생으로 하여금 자신이 평가 과정의 일부라는 생각을 갖게 한다.

둘째, 학생이 자신의 생각을 말이나 글로 나타낼 수 있게 한다.

셋째, 다른 평가방법을 이용하여 얻은 정보와 비교하여 보완할 수 있는 학생 중심의 독특한 정보를 제공한다.

넷째, 준비단계에서 교사의 시간을 빼앗지 않는다.

단점으로는 다음과 같은 것들이 있다.

첫째, 학생들의 문제해결력이나 태도를 개선하기보다 등급을 매기는 데 악용될 수 있다.

둘째, 학생들이 보고서를 만드는 데 시간이 많이 걸린다.

셋째, 보고서 작성을 익숙하게 잘 하는 학생에게만 이용할 수 있다.

넷째, 학생들이 문제를 푸는 동안 했던 중요한 일을 잊어버리면 학생에 대한 부정확한 정보를 제공하게 된다.

이렇게 자기평가에는 여러 장·단점이 있지만, 교사에게는 다른 방법으로는 알기 어려운 학생의 수행과정에 대한 자세하면서도 구체적인 정보를 제공해 주고, 학생에게는 자신의 수행 결과에 대해 객관적으로 반성하게 함으로써 자신을 통찰하게 하고 학습의 주인의식을 갖게 하는 평가방법이다.

케니와 실버(Kenny & Silver)는 자기평가의 요소로 두 가지를 꼽는데, 첫 번째는 자신의 수학적 지식의 내용 및 수준을 인식하는 자기인식(self awareness)이 있다. 예를 들어 어떤 문제를 해결하기 전에 이 문제와 관련해서 내가 알고 있는 것이 무엇인지, 이 문제와 유사한 문제를 어떻게 해결했는지 생각해 보는 것이다.

자기평가의 두 번째 요소는 자신의 수학적 지식 및 성향을 평가하는 자신평가

(self evaluation)로 자신의 수학적 진보, 발전을 평가하는 것이다. 예를 들어, 문제를 해결한 후 자신의 전략이 얼마나 효율적이었는지, 소그룹 협동학습에서는 자신이 어떤 역할을 했는지 문제해결 과정에 얼마나 기여했는지 객관적으로 평가해 보는 것이다.

자기 평가의 방법으로는 쓰기(writing)와 체크리스트법이 있다. 먼저, 쓰기란 수학을 학습한 후 자기가 얼마나 알게 되었는지, 배운 전략이 무엇인지, 얼마나 이해했는지, 학습은 즐거웠는지 적는 것을 말한다. 쓰기에는 일련의 잘 조직된 질문에 따라 작성하는 자기보고서나 대화표 방식과 수학 일지나 수학 자서전, 수학 신문과 같이 형식에 구애없이 자유롭게 적는 학습일지 방식이 있다. 다음은 자기보고서의 한 예이다.

학생 기록 : 자기 평가에 관한 주요 질문

년　　월　　일　　　　　　　　　　　학년　　반　　번 이름 :

1. 내가 이 과제를 해결하기 위해 알아야 할 것은 무엇인가?
2. 어떤 문제해결 전략을 이용했는가? 선택한 전략은 효과적이었나?
3. 답이 맞는 지 어떻게 확인했는가?
4. 이 과제에 친숙한 것은 무엇인가?
5. 쉽게 접근할 수 있었던 것은 무엇인가?
6. 나에게 있어 아직도 어려운 것은 무엇인가?
7. 내가 배운 것은 무엇인가?
8. 이 과제를 할 때 무엇을 느꼈는가?
9. 이 문제를 풀 때 좌절을 느낀 적이 있는가? 그 이유는?
10. 문제를 풀면서 즐거웠는가?
11. 문제를 풀 때 어려우면 친구에게 도움을 받는가? 친구와 토의한 것은 무엇인가?

두 번째 체크리스트법이란 문제해결 과정과 태도를 체계적으로 평가하거나 자신을 모니터할 수 있는 체크리스트를 이용하여 자기평가를 하는 방법을 말한다. 이 목록에 '예', '아니오' 또는 '참', '거짓'으로 답하거나 단계별 점수를 만들어 체크할 수 있다. 다음은 문제해결전략의 체크리스트와 자기평정표의 한 예이다.

문제해결 전략 체크리스트

년 월 일 학년 반 번 이름 :

• 문제를 해결할 때 전략을 사용했는지 생각하며 다음을 체크하시오.

1. ____ 전략을 사용해야겠다는 생각을 하지 못했다.
2. ____ 전략을 사용해야겠다고 생각은 했으나, 더 이상 생각하지 못했다.
3. ____ 전략을 생각해 보았으나 떠오르지 않아 목록을 보았다.
4. ____ 전략 목록을 보기는 했지만 전략을 시도하지는 않았다.
5. ____ 전략 목록을 보고 하나를 택하여 사용하였다.
6. ____ 전략 목록을 보지 않고 전략 하나를 생각해 사용하려 하였다.
7. ____ 적어도 하나의 전략을 사용했으며 답을 찾는 데 도움이 되었다.
8. ____ 다음의 전략을 사용하였다.

____ 예상과 확인 ____ 표 만들기 ____ 그림 그리기 ____ 거꾸로 풀기
____ 간단한 문제 만들어 풀기 ____ 규칙 찾기 ____ 식 만들기 ____ 유추
____ 특수화하기 ____ 기타

자기 평정표

년 월 일 학년 반 번 이름 :

자기 관찰 항목		매우 그렇다	그렇다	보통이다	그렇지 않다.	전혀 그렇지 않다
문제해결	문제의 특성을 이해하고 자기 자신의 언어로 재진술할 수 있다.					
	문제를 그림으로 나타내거나 표로 나타낼 수 있으며, 자료를 기록하고 패턴을 찾을 수 있다.					
	적절한 문제해결 전략을 선택할 수 있다.					
	해결 계획을 실천하여 풀이를 구한다.					
	풀이를 반성하고 수정하거나 일반화한다.					
추론	자료를 관찰하고 패턴을 인식함으로써 수학적 예측을 한다. 즉, 귀납적 추론을 한다.					
	논리적 증명이나 반례를 통하여 수학적 예측을 검증한다. 즉, 연역적 추론을 한다.					

의사소통	적절한 수학적 기호나 용어를 사용한다.					
	주어진 과제에 대해 설명할 수 있다.					
	개념이나 아이디어를 분명하게 나타내고 들을 수 있다.					
	다양한 수학적 표현을 할 수 있다.					
개념의 통합	풀이의 결과나 결론 또는 활동을 다른 측면에서 평가한다.					
	창의적인 유추를 한다.					
	수학적으로 중요한 개념들 사이의 연결을 인식하거나 응용한다.					
	수학과 다른 과목 및 실생활과의 연결을 인식하고 응용한다.					

6. 학습일지(journal)

1) 학습일지의 의미

수학 학습일지란 학생들이 학습한 수학의 내용과 수학 또는 수학 학습에 대한 태도나 느낌 등을 진솔하게 기록한 것이다. 학습일지는 학생의 지식뿐만 아니라 학생의 사고 방법, 학생들이 공부하고 있는 수학에 대한 느낌, 태도, 어려운 영역, 흥미 있는 영역 등에 대해 기록하는 것이다. 나아가 학습일지에 문제해결 능력을 평가하고 문제해결 전략 사용에 대한 반성을 기록함으로써 자기 평가 자료로 사용할 수도 있다. 학습일지는 학생들이 이해하였거나 이해하지 못한 수학 개념들에 대하여 또는 그들이 할 수 있는 기능과 할 수 없는 기능에 대하여 기록함으로써 메타인지의 발달을 모니터하는 데 사용할 수 있다. 또한 학습일지는 학생들의 정의적 영역에 대한 정보를 얻는 데도 유용하다. 학생들의 흥미, 인내심, 수학에 대한 태도의 변화 등에 관한 정보를 얻을 수 있기 때문이다.

2) 학습일지의 작성방법

학습일지의 내용에는 수업의 요약, 설명이나 질문, 문제의 풀이, 수업이나 수학에 대한 느낌, 수학적 오류 등 다양한 것들이 포함되어 있다.

학습일지를 작성하는 방법으로는 다음과 같은 것들이 있다.

① 문제를 해결한 활동과정과 방법을 그대로 기록하게 한다.
② 그 날 수학시간에 결석한 학생에게 공부한 내용에 관한 편지를 쓰게 한다.
③ 자기보다 낮은 학년의 학생에게 문제를 해결하는 방법을 설명하는 글을 쓰게 한다.
④ 학생이 기록해야 할 글의 윤곽이나 학생의 응답을 요구하는 질문을 미리 제시하여 기록하게 한다. 다음은 이 방법의 한 예이다.

일시 :	이름 :
오늘의 수학 주제 :	
내가 가장 잘 이해한 것 :	
더 공부할 필요가 있는 것 :	
이 주제가 실생활에 이용될 수 있는 방법 :	

3) 학습일지의 평가방법

학습일지에 대하여 등급을 매기는 것은 매우 신중하게 다루어야 할 문제이다. 학습일지의 목적이 학생들의 태도나 느낌을 쓰게 하는 것이라면 등급을 매기는 것보다는 문장으로 수준을 언급하는 것이 좋을 것이다. 문제해결 과정을 기록한 것일지라도 창의성을 꺾지 않도록 평가하는 것이 중요하다. 학습일지를 쓰는 근본 목적은 의사소통을 촉진하는 것이다.

학습일지에 대한 평가의 예는 다음과 같다.

학습일지를 평가하는 기준
A. 분량 1. 빈도 : 매 수업마다 썼는가? 2. 양 : 일지의 양으로 능력과 열정을 측정할 수 있다. B. 얼마나 잘 사용되는가? 1. 요약이 되어 있고, 그 요약은 노트필기 기술의 발전을 나타내는가? 2. 과정과 적용에서 중요한 예들을 수집하는 데 일지가 사용되는가? 3. 오류나 과제가 확인되고 토론되는가? 4. 탐구하려는 자세를 보이는가? 5. 체계적으로 답을 찾으려 하고 논리적으로 조사하려 하면서 '대화'의 단계에까지 발전하는가?

7. 포트폴리오(portfolio)

1) 포트폴리오의 의미

포트폴리오는 학생의 학습, 성장, 발달을 보여주는 학생의 기록물, 보고서, 과제, 작품, 수행결과 등을 모은 것을 말한다. 예를 들어, 학생이 제기한 문제의 풀이, 학습일지, 오류 분석, 교사의 학생 관찰 체크리스트, 수학 연구, 독후감 등을 모으면 된다.

포트폴리오 평가의 목적이자 장점은 다음과 같다.

첫째, 학생을 총체적으로 평가한다. 어떤 학생은 지필검사에서 우수한 능력을 보이고, 또 다른 학생은 조작적 활동이나 말로 표현하는 평가에서 뛰어날 수 있다. 각 학생이 수학적 능력을 발휘하는 영역이 다를 수 있으므로 한 검사에만 의존하지 말고 지필검사, 프로젝트 과제, 그림, 관찰 보고서, 조작 결과물 등의 다양한 자료를 모으면 학생을 총체적으로 평가할 수 있다.

둘째, 학생들의 자기 평가 기능을 발전시킨다. 학생들은 자신이 수행한 결과물 중에서 포트폴리오에 포함할 것을 고르고, 목록을 만들고, 각 항목을 선택한 이유와 간단한 설명을 쓰게 된다. 이 과정을 통해 학생은 자신이 학습한 것을 종합하고 반성하며, 수학적 결과물을 평가하게 되고, 학습한 수학을 더 큰 그림으로 볼 수 있게 된다. 또한 자신의 진전과정을 볼 수 있고, 수학학습에 대한 자신감과 책임감, 능동적인 태도를 갖게 되며, 자신의 평가뿐만 아니라 동료들의 가치 있는 피드백을 받을 수 있다.

셋째, 포트폴리오 평가는 교실에서 발생하는 다양한 수학학습에 대하여 학생, 학부모, 교사 간의 훌륭한 의사소통 수단이 될 수 있다. 교사는 학부모들에게 일시적인 수업 장면을 보여주거나 수량화된 학생 성취도 평가 결과를 보여주기 보다는 포트폴리오를 통하여 수업의 다양한 면과 효과를 보여줄 수 있다. 또한 학생과 교사가 포트폴리오와 관련하여 다양한 의사소통을 하게 됨으로써 수학학습의 내실을 다지고 의사소통능력을 신장시키는 효과를 거둘 수 있다.

이러한 장점에도 불구하고 포트폴리오에는 단점도 따른다.

첫째, 포트폴리오 평가를 계획하고 운영하는 데 시간과 노력이 많이 든다.

둘째, 포트폴리오를 이용하여 학생의 수행을 정확하게 평가하기 어렵다. 포트폴리오 평가는 다지 선다형, 단답형의 문항보다 주관적으로 판단되어 신뢰성과 타당성을 의심받을 수 있다.

셋째, 포트폴리오 평가에 포함시킬 항목을 선택하는 것이 쉽지 않다. 어떤 것이 학생의 발전을 더 잘 보여주는지 알려면 상당한 수학적 안목이 요구되기 때문이다.

2) 포트폴리오의 내용

학생들의 포트폴리오에는 어떤 내용이 들어가는가? 다음 표는 평가 목표별 수학 포트폴리오의 구성 내용의 예이다(스텐마크, 1991, pp. 38-39).

〈표 6-17〉 수학 포트폴리오 구성 내용

	평가 목표	구성 내용의 예
수학에 대한 긍정적인 태도	•호기심 •과제 집착력과 끈기 •유연성 •자신감 등	•수학 자서전 •'다른 방법으로 한다면', '만약'으로 시작되는 문장을 첨가하여 문제해결하기 •한 가지의 중요한 사실을 보여주는 수주일 또는 여러 달 동안의 작업에 대한 일지
수학적 연결성	•수학적 아이디어와 다른 수학적 주제나 다른 과목의 영역 또는 실생활 상황을 연결하기	•과학이나 사회와 같은 다른 교육과정 영역에서 진정한 수학의 사용을 보여주는 글쓰기 •사회에서 수학이 얼마나 의미 있게 사용될 것인가에 대한 학생들의 생각이 나타난 글 •산술, 대수, 기하 사이의 관계를 예로 설명한 보고서

수학적 이해에 있어서의 성장	•수학적 개념의 발전 •문제해결 기술 •의사소통 기술 등	•알고리즘 과정의 이유 설명하기 •가설을 지지하는 해결책 제시하기 •'오늘 수학 시간에 배운 것은'으로 시작하는 글쓰기
수학적 추론	•수 감각, 수 연산 및 계산 •통계와 확률 •패턴과 관계 등	•수열의 합에 대한 패턴 찾기에 대한 보고서 쓰기 •확률 실험의 보고서 쓰기 •$\frac{1}{2}-\frac{1}{3}$이 의미하는 바에 대해 설명하기 •피타고라스의 정리를 설명하는 그림에 주석 달기
소집단 문제해결	•다른 사람과 함께 협동하는 기술의 향상 •의사소통 등	•소집단 자기평가지(self-assessment sheet) •문제에 대해 소집단이 연구한 비디오 테이프이나 녹음 테이프, 또는 지필, 구술로 만든 소집단 보고서
수학적 도구의 사용	•테크놀로지의 사용 •구체적 조작물의 사용 등	•문제에 대해서 컴퓨터가 생성한 자료의 통계학적 분석 •계산기를 자주 사용하게 하는 열린 문제의 해결 과정
교사와 학부모의 관여	•교사와 학부모, 학부모와 학생 사이의 의사소통 •교육 목적에 대한 학부모의 이해	•비형식적인 평가지 •학생 면담 •교사나 학부모가 쓴 의견(comment) •학생의 작업에 대한 교사의 평가

3) 포트폴리오의 작성 방법

포트폴리오를 작성하려면 먼저 목적과 활용 방향을 결정해야 한다. 학생의 가장 우수한 작품들만 모아서 보여줄 것을 목적으로 하느냐(전시 포트폴리오), 교사와 학생이 의사소통하며 학생의 수학 연구를 도와주는 것을 목적으로 하느냐(연구 포트폴리오), 학생의 발달과정을 평가할 것을 목적으로 하느냐(평가 포트폴리오) 어느 목적을 따르느냐에 따라 포트폴리오는 달라질 수 있다.

다음으로 학생의 결과물들 중에서 포트폴리오의 목적과 활용방향에 맞는 것을 골라야 한다. 이 때 학생이 자신의 학습결과물을 고를 수 있는 기회를 주어 평가 능력을 향상할 수 있도록 배려할 수 있다. 보통 수학 포트폴리오는 개념적 이해, 문제해결, 추론, 의사소통 능력 등 학생의 다양한 능력을 잘 보여줄 수 있는 자료를 고르게 된다. 포함될 항목의 수는 보통 10～12개가 적절하다(Kulm, 1994). 이 항목들을 매주, 매월, 또는 학습의 초기, 중기, 말기 등과 같이 시기별로 수집하는 것이 좋다.

마지막으로 한 단원이나 한 학기가 끝날 때 학생이 자기 포트폴리오의 목차를 만들고, 각 항목을 설명하고, 지금까지 배웠던 중요한 수학 개념과 전략을 요약하는 글을 쓰게 함으로써 학생 스스로 학습을 종합하고 반성하게 한다. 다른 친구들과 포트폴리오를 비교하면서 만들게 하면 자기의 장점과 단점을 인식하는 기회가 된다.

4) 포트폴리오의 평가방법

교사는 학생의 포트폴리오를 통해 그의 수학적 능력 및 발전에 대해 진정한 평가를 내릴 수 있다. 포트폴리오 평가 기법은 보통 다음 두 가지 경우가 있다.

첫째, 학생의 수학적 행동영역(계산, 이해, 문제해결, 추론, 의사소통, 표현, 창의력 등)이나 수행 상황(시간, 참여인원, 사용 도구 등), 자기반성에 대해 3, 4, 5단계 평정척도를 이용하여 점수를 부여하고 이를 합산하는 방식이다. 다음은 이 방식으로 포트폴리오를 평가한 예이다.

〈표 6-18〉 포트폴리오 평가표 (1)

성취수준 / 평가기준	우수(5점)	(4점)	발전(3점)	(2점)	부족(1점)	논평
문제해결	✓					
추론		✓				
의사소통		✓				
표현			✓			
…						
총계	30점 / 35점					

둘째, 각 영역별로 학생의 자기 평가, 동료 평가, 교사의 전문적 판단을 종합하여 문장으로 기술하는 방식이다. 다음은 이 방식으로 포트폴리오를 평가한 예이다.

〈표 6-19〉 포트폴리오 평가표 (2)

성취수준 / 평가기준	자기 평가	동료 평가	교사 논평
문제해결	문제를 잘 이해하지 못한 경우도 있지만 여러 가지 접근을 시도하여 문제해결에 대한 자신감을 얻었다.	문제를 풀 때 여러 가지 방법으로 시도하는 것이 부럽다. 문제를 끝까지 풀려고 노력하는 모습도 좋다.	처음 접하는 문제 상황에서도 당황하지 않고 차분히 여러 시도를 해 보고 결국 문제를 해결함. 문제를 해결하는 끈기와 인내심을 발휘함.
추론			
…			

어떤 방식으로 학생의 포트폴리오를 평가할 것인가는 평가의 목적에 따라 다양할 수 있다.

연구과제

1. 2007년 개정 수학과 교육과정에서 수학학습의 평가는 '① 학생 개개인의 수학 학습과 전인적인 성장을 돕고, ② 교사의 교수 활동과 수업 방법을 개선하는 데 활용한다.'라고 평가 목적을 명시하고 있다. 다음 문항을 위에 기술한 평가 목적에 더 적합하도록 재구성하고, 재구성한 근거를 ①과 ②의 관점에서 문항 내용과 관련지어 서술하시오. (단, 문항을 재구성할 때, 주어진 명제는 변형하지 않는다.)

다음 명제의 참, 거짓을 판별하시오. 명제 : 이차함수 $y=ax^2+bx+c$는 x절편과 y절편을 모두 갖는다.

2. 이차방정식에 대한 서술형 문항을 하나 출제하고, 그 문항을 분석적 채점방법과 총체적 채점방법으로 채점하는 기준을 만드시오.

3. 다음과 같은 [문제]와 [학생 A의 풀이]에 대하여 주어진 [채점기준]으로 평가하려고 한다.

   [학생 A의 풀이]에 타당한 점수를 [채점기준]에 근거하여 쓰고, 그 점수를 부여한 이유를 학생이 사용한 추론 양식과 관련하여 30자 이내로 서술하시오.

> [채점기준]
> 1점 - 문제 이해 부족, 부정확한 수학적 표현
> 2점 - 그럴듯한 추론, 관찰을 수반한 풀이
> 3점 - 명확한 추론, 풀이과정의 경미한 실수
> 4점 - 명확한 추론, 바른 답
>
> [문제] 성숙한 토끼 한 쌍은 한 달이 지나면 한 쌍의 토끼를 낳으며, 새로 태어난 토끼 한 쌍은 2개월 후부터 매달 한 쌍의 토끼를 낳기 시작한다고 한다. 1월 1일에 성숙한 토끼 한 쌍을 사서 기르기 시작하면, n개월 후에는 몇 쌍의 토끼가 있게 되는가? (단, 토끼들은 죽지 않는다고 가정한다.)
>
> [학생 A의 풀이]
> 1개월 후부터 4개월 후까지 토끼의 쌍의 수를 세어보았더니 2, 3, 5, 8 이었다. 이 수열은 계차수열이 1, 2, 3, …인 등차수열이므로 n번째 항은 $a_n=2+1+2+3+\cdots+(n-1)$ $=\dfrac{n^2-n+4}{2}$이므로 n개월 후의 토끼는 $\dfrac{n^2-n+4}{2}$쌍 있게 된다.

4. 어떤 학생의 문제해결력을 관찰하는 점검표를 만드시오.

참고문헌

강옥기(2007). 『수학과 학습지도와 평가론』. 경문사.

강옥기, 박영아, 강문봉(1989). 수학과 문제해결력 신장을 위한 교수학습자료 개발연구 -국민학교를 중심으로-. 한국교육개발원 연구보고 RR89-11.

강옥기, 박교식, 강분봉(1991). 교육의 본질추구를 위한 수학교육 평가체제연구(Ⅱ) : 수학과 평가모형 및 예시도구개발. 한국교육개발원 수탁연구 RR91-19-05.

교육부(1998). 『수행평가의 이해』. 교육부 홍보자료, 교육부.

김수환(1998). 수학교육 개선을 위한 포트폴리오 평가의 활용 방안 연구. 『한국수학교육학회지 수학교육』 제37권. 제2호. pp. 201～213.

김응태, 박한식, 우정호(1988). 『증보 수학교육학개론』. 서울대학교출판부.

성태제, 권오남(1999). 수학과 학업성취도 평가를 위한 수행평가의 과제와 전망. 『대한수학교육학회지 학교수학』 제1권 제1호. pp. 217～234.

우정호(2007). 『학교수학의 교육적 기초』. 서울대학교 출판부.

이종희, 김선희(2002). 『수학적 의사소통』. 교우사.

최승현(1999). 수학과 수행평가 개관. 『대한수학교육학회지 학교수학』 제1권 제1호. pp. 331～349

Charles, R. I., Lester, F. K., O'Daffer.P.(1987) *How to Evaluate Progress in Problem Solving*. 강완, 김진호, 신혜진 공역(1997). 『문제해결과정의 평가기법』. 동명사.

Clarke, D. J., Waywood, A. & Stephens, M.(1994). Probing the structure of Mathematics writing. *Educational Studies in Mathematics*. 245. pp. 235～250

Ernest, P.(1992). *Mathematics Teaching: State of the art*, New York, Elsevier Press.

Kulm, G.(1994). *Mathematics Assessment*. Jossey Bass.

Kenny, P. A., & Silver, E. A.(1993). Student self-assessment in mathematics, In N. L. Webb & A.F. Coxford (Eds.), *Assessment in the mathematics classroom : 1993 Yearbook*. Reston, VA : National council of Teachers of Mathematics.

NCTM(1989). *Curriculum and Evaluation Standards for School Mathematics.*

NCTM.

NCTM(1995). *Assessment Standards for School Mathematics*. NCTM.

Stenmark, J. K. (Ed.) (1991). *Mathematics assessment : Myths models, good questions, and practical suggestions*. Reston, VA : National Council of Teachers of Mathematics.

Van de Walle, John A.(1998). *Elementary and Middle School Mathematics: Teaching Developmentally*, third edition, Addison Wesley Longman, Inc.

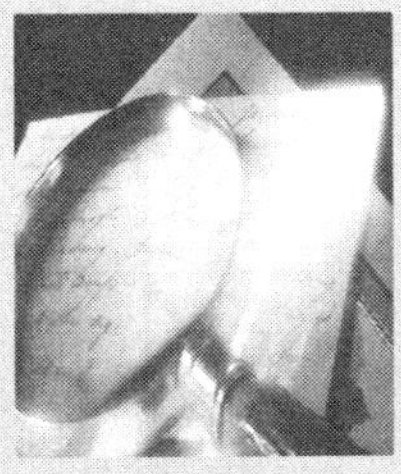

제7장
테크놀로지를 활용한 수학교육

전통적인 수학교육은 주로 종이와 연필에만 의존해 왔으며, 도형을 학습하는 경우는 손으로 조작할 수 있는 간단한 작도 도구를 사용하였다. 그러나 테크놀로지를 기본 도구로 사용하는 정보화 사회에 들어서면서부터는 수학 교육에서도 테크놀로지를 효율적으로 활용하는 방안에 대해 강구하지 않을 수 없게 되었다.

제7장은 테크놀로지를 활용한 수학교육을 주제로 하여 5개의 절로 구성되어 있다. 먼저 제1절에서는 수학교육에서 테크놀로지 활용의 중요성에 대하여 살펴본다. 제2절에서는 테크놀로지의 종류와 그 활용 예에 대하여 살펴본다. 제3절에서는 수학교육에서 테크놀로지의 역할과 그 활용 예에 대하여 살펴본다. 제4절에서는 테크놀로지를 활용할 때의 유의사항에 대하여 살펴본다. 마지막으로 제5절에서는 테크놀로지를 활용한 후 평가를 어떻게 해야 할 것인지에 대하여 살펴본다.

제1절 ▌테크놀로지의 필요성

테크놀로지(technology)[1]를 활용한 수학교육에 관한 연구는 1960년대 초부터 미국을 중심으로 진행되어 왔다. 그러나 당시에는 테크놀로지의 발달이 부족한 상태였기에 테크놀로지의 활용이 수학교육에 긍정적인 면이 있다는 연구도 있었지만 효과적이지 않다는 연구도 상당수 있었다. 이로 인해 학교 교육에서 본격적으로 사용되지는 못하였다. 1980년대 초[2]부터 수학교육에서 문제해결이 강조되기 시작하였고 이에 테크놀로지를 문제해결에 활용하는 연구가 활발하게 진행되었으며, 1990년대 들어서면서 테크놀로지의 놀라운 발달과 경제성장으로 인하여 모든 학교 교실에 멀티미디어 시스템이 갖추어지게 되었고, 이에 따라 수학교육에서도 충분한 연구를 바탕으로 이를 효과적으로 활용할 수 있게 되었다.

우리나라는 1992년 공시된 제6차 수학과 교육과정에 이르러 정보화 사회에 적응하기 위한 수학교육의 필요성으로 인해 계산기나 컴퓨터를 수학적 도구로 활용하도록 권장하기 시작하였고, 제7차 수학과 교육과정과 2007년 개정 수학과 교육과정에서는 교수·학습 방법의 하나로 계산기, 컴퓨터, 구체적 조작물 등을 포괄하는 교육 기자재의 활용을 강조하였다. 다음은 2007년 개정 수학과 교육과정에서 교육 기자재의 활용 부분 중 테크놀로지의 활용에 관한 내용이다.

> 계산 능력 배양을 목표로 하지 않는 경우의 복잡한 계산 수행, 수학적 개념·원리·법칙의 이해, 문제해결력 향상 등을 위하여 계산기, 컴퓨터, 교육용 소프트웨어 등의 공학적 도구와 다양한 교구를 확보하여 활용할 수 있다.

NCTM(2000)은 학교 수학의 원리로 제시하고 있는 6가지 중 하나로 테크놀로지의 원리를 제시하고 있으며 다음과 같이 그 중요성에 대하여 언급하고 있다.

---

1 technology를 기술공학적 도구, 공학적 도구 등으로 불리기도 하지만 이 장에서는 테크놀로지라고 부르기로 한다.

2 프로이덴탈(Freudenthal)은 수학교육에 있어 주요 문제가 무엇인가에 대하여 언급하면서 “수학적 이해를 유발하고 증진시키기 위해 계산기와 컴퓨터를 어떻게 이용할 것인가?”라는 문제를 그 중 하나의 주제로 설정하였다. 그는 교육공학이나 기술 교육의 측면에서 컴퓨터를 고려하는 것은 수학교육에서 그리 중요한 문제가 아니며, 수학적 이해를 유발하고 증진시키기 위한 강력한 도구로써 컴퓨터를 이용할 것을 주장하였다.

테크놀로지는 수학을 가르치고 배우는데 필수적인 요소이다. 테크놀로지는 가르쳐야 할 수학 내용에 영향을 주며, 학생들의 수학학습능력을 높여준다. 테크놀로지는 수학적 환경을 재구성하며 학교수학은 이러한 변화를 반영해야 한다. 학생들은 테크놀로지를 적절히 이용하여 수학을 더 많이 더 깊이 학습할 수 있다. 교사는 테크놀로지를 언제, 어떻게 사용할 것인지를 신중히 결정해야 한다.

수학교육뿐 아니라 모든 교과 교육에 있어서 테크놀로지의 활용은 크게 강조되고 있다. 교육 테크놀로지와 관련한 대표적 단체인 교육기술 국제협회(The International Society of Technology in Education : ISTE[3])는 교사, 학생, 학교 관리자 등을 위한 국가 교육 테크놀로지 기준(National Educational Technology Standards : NETS)을 발표하였다. 이 단체에서 2008년 발표한 교사를 위한 기준(NETS for Teachers)에는 학생의 학습과 창의성의 촉진 및 격려, 디지털 시대의 학습 실험과 평가의 개발 및 디자인, 디지털 시대의 과제와 학습의 모델화, 디지털 시민의식과 책임감의 증진 및 모델화, 전문가 양성과 지도에의 참여라는 5가지의 영역이 제시되어 있고 각 영역에 대해 구체적인 설명을 하고 있다. 또한 2007년에 발표한 학생을 위한 기준(NETS for Students)에는 창의와 혁신, 의사소통과 협력, 조사와 정보 활용의 능숙함, 비판적 사고와 문제해결과 의사 결정, 디지털 시민의식, 테크놀로지 동작과 개념 인지라는 6가지의 영역이 제시되어 있고 각 영역에 대해 구체적인 설명을 하며 교육에서의 테크놀로지 활용을 강조하였다.

이와 같이 수학교육에서뿐 아니라 모든 교과 교육에 있어서 테크놀로지의 활용에 관해서는 정도의 차이가 있을 수 있으나 그 중요성만은 공통적으로 강조되고 있다.

---

3 ISTE는 혁신을 위한 전문가 양성, 지식 전수, 혁신 지지 및 선도와 관련된 공신력 있는 기관으로, PK-12와 교사 교육에 있어 테크놀로지를 효율적으로 사용하여 교수·학습을 개선하려는 비영리 단체이다. ISTE는 전세계 8만 5천여 명의 교육전문가를 대표한다. 이 단체의 홈페이지(http://www.iste.org)에는 교사, 학생, 학교 관리자 등을 위한 국가 교육 테크놀로지 기준(NETS)이 제시되어 있다.

제2절 ▌테크놀로지의 종류와 활용

학교 교육에서 의미하는 테크놀로지란 컴퓨터, 계산기, 멀티미디어 시스템, TV, VCR, 또는 다른 영상 매체 등을 포함한다. 이 장에서는 다양한 테크놀로지 중 학교 현장에서 가장 활용도가 높은 계산기, 컴퓨터, 인터넷 그리고 미래의 교육과 관련된 u-러닝 도구에 대하여 살펴본다.

1. 계산기

계산기[4]란 여러 가지 계산을 빠르고 정확하게 하기 위하여 사용하는 기기로 주판, 계산자, 면적계, 전자계산기 등을 통틀어 이른다.

전자계산기 또한 그 기능에 따라 다양하게 존재한다. 따라서 그 종류를 언급한다는 것이 잘못된 것일 수 있으나 그 기능을 폭넓게 생각하여 정리해 보면 일반 계산기, 공학용 계산기로 분류할 수 있다. 주로 사칙연산만 가능한 일반 계산기와는 달리 공학용 계산기는 거듭제곱근의 값, 삼각비의 값, 지수함수의 값, 로그의 값 등을 내장하고 있어서 이들을 학습할 때, 중요한 참고자료로 활용할 수 있으며 그래핑 기능을 가진 공학용 계산기는 함수의 그래프에 관한 기능뿐만 아니라, 행렬과 행렬식의 계산, 문자식의 인수분해와 전개, 통계처리 기능, 미분과 적분의 계산 등 중등수학의 대부분의 내용을 포함하고 있어서 수학 지도의 중요한 보조자료로 활용할 수 있다. 다음은 수학교육에서 계산기를 활용한 예이다.

[예 1] 중학교 3학년의 삼각비의 활용 단원에서 30°, 45°, 60°와 같은 특수한 각의 크기가 아닌 임의의 예각의 크기가 주어진 경우 수학 교과서의 부록에 있는 삼각비의 표를 이용한다고 하여도 그 계산이 복잡하여 문제해결을 방해할 수 있다. 이 때 간단한 계산 기능만 있는 계산기를 사용하여도 그 효

4 이 장에서 다루는 테크놀로지는 기술공학의 의미가 담겨 있으므로 계산기라고 함은 전자계산기를 일컫는 것으로 한다.

과를 충분히 볼 수 있으며, 삼각함수의 기능이 있는 계산기라면 더 빠른 계산이 가능하다.

[예 2] 계산기를 문제해결을 위한 소재로 사용할 수 있다. 고등학교 1학년에서 삼차함수 $y = x^3 + 2x^2 - 8x + 3$의 그래프를 그래핑 기능이 있는 공학용 계산기를 이용하여 그리려고 할 때, 화면의 크기를 어떻게 정하여야 할지를 먼저 생각해보게 한 후 실제로 그래프를 그려서 그 예측을 확인해 보게 하는 것이다.

2. 컴퓨터

일반적으로 테크놀로지라고 하면 컴퓨터를 생각할 만큼 컴퓨터는 테크놀로지 중 가장 큰 역할을 하는 도구이다. 즉 컴퓨터는 개념과 원리의 탐구와 발견 그리고 문제해결을 강조하는 수학교육에 있어 강력한 도구의 역할을 할 수 있다. 물론 컴퓨터가 수학과 수학교육의 많은 부분을 대신한다고 할 수는 없으나 다양한 영역에서 이용되고 있다. 예전에는 CAI(Computer Assisted Instruction)와 같은 형태로 컴퓨터를 활용하였으나 요즘에는 GSP, Geogebra, Excel 등과 같은 컴퓨터 소프트웨어를 주로 활용하고 있다.

CAI에는 개인교수형(tutoring), 기능 연습형(drill and exercise), 게임형(game), 문제해결형(problem solving) 등의 방법이 있다. 개인교수형은 새로운 수학적 개념을 지도하기 위한 과정을 제시하고 학생은 이 과정을 따라 학습함으로서 새로운 개념을 학습할 수 있다. 기능 연습형은 기능 숙달을 위한 것이며, 게임형은 컴퓨터 게임을 통해 학습이나 기능 숙달을 돕기 위한 것이고, 문제해결형은 문제해결력을 기르기 위해 문제 상황과 적절한 전략을 사용하도록 고안된 것이다. CAI를 활용하는 동안 학생이 정답 또는 오답 반응을 하였을 경우 즉시 피드백을 받을 수 있게 함으로서 학생들이 개별적으로 자기의 수준에 맞게 학습할 수 있다.

수학 교수·학습에 활용할 수 있는 컴퓨터 소프트웨어에는 GSP, Geogebra, Cabri와 같은 수학 소프트웨어와 훈글, Excel과 같은 일반 소프트웨어가 있다. 다음 표는 초·중등학교에서 사용될 수 있는 몇 가지의 컴퓨터 소프트웨어의 종류와 특징을 간략히 나타낸 것이다.

〈표 7-1〉 컴퓨터 소프트웨어의 종류와 특징표

종류	특징
C.a.R	Compass and Ruler의 약자로 기하 작도용으로 사용가능한 무료 프로그램이다.
Cabri Geometry	계산기 기능뿐 아니라 길이와 넓이를 측정할 수 있고 도형의 움직임에 대한 자취 구현과 Animation, Drag를 이용하여 연속적인 변화를 관찰할 수 있는 동적 기하 프로그램이다.
Equation Grapher	양함수뿐 아니라 음함수까지 다양한 그래프를 그릴 수 있는 프로그램이다.
Fathom	데이터의 이해라는 기본 개념에 충실한 통계 교육용 프로그램으로 컬렉션, 테이블, 그래프 등 다양한 형태로 자료를 표시하고 조작해 볼 수 있다.
Flash	프리젠테이션 자료뿐 아니라 간단한 애니메이션 자료를 제작할 수 있어 다양한 수학 학습 자료를 개발하는 데 있어 효과적인 저작도구이다.
Geogebra	기하창과 대수창이 있어 서로의 연계를 생각하여 기하, 대수, 미적분을 모두 다룰 수 있고, 한 줄 명령어 창에 방정식, 좌표 등을 직접 입력할 수 있는 동적 기하 프로그램이다.
GrafEq	양함수, 음함수, 매개변수함수, 극좌표 형식의 함수 등 어떤 함수든지 식을 입력하면 그래프를 그릴 수 있으며 부등식의 영역을 표시할 수 있는 프로그램이다. 여러 함수의 그래프를 동시에 그리고, 줌 기능 등 다양한 기능을 가지고 있다.
GSP	유클리드 기하, 변환기하, 해석기하의 학습에 두루 사용할 수 있는 동적 기하 프로그램이다. 계산기 기능을 이용하여 데이터를 조작할 수 있는 장점이 있다.
LiveMath	기호 연산 및 수치 연산, 2, 3차원 그래프 그리기 등이 가능한 대수 프로그램이다.
LOGO	프로그램 언어로 그래프, 도형 등 모든 것을 그릴 수 있으며 변수 개념을 학습하는데 특히 유용하다. 명령어가 10개 정도이므로 누구나 쉽게 배울 수 있다.
Microsoft Excel	자료 처리를 하는데 유용한 프로그램으로 수학에 충분히 활용가능한 프로그램이다.

Poly	정다면체, 준정다면체, 기둥, 각뿔, 카탈란 다면체, 존슨다면체, 지오데식 구면 등 181개의 볼록 다면체를 자유롭게 회전시키면서 관찰하거나 입체에서 평면 전개도로의 연속적인 변화를 관찰할 수 있는 프로그램이다.
Power Point	수학 교수·학습 과정에서 학습내용을 프리젠테이션할 경우 활용가능한 가장 강력한 프로그램이다.
Tess	11개의 꽃무늬(rosette) 변환군, 7개의 줄무늬(frieze) 변환군, 17개의 벽지무늬(wallpaper) 변환군을 사용, 쉽게 테셀레이션을 만들고 편집할 수 있는 프로그램이다.
TI InterActive	그래핑 계산기의 CAS(Computer Algebra System) 기능이 있는 수학 문서 작성 프로그램이다. TI-92, TI Graphing Technology 등과 연결하여 활용 가능하다.
Ultra Fractal	프랙탈을 이용하여 다양한 모양을 만들어 내는 프랙탈 아트 프로그램이다.
Visual Basic	직접 코딩하여 문제를 해결하는 데 사용할 수 있는 프로그래밍 언어이다.
Wingeom	2차원 도형, 3차원 다면체를 조작할 수 있는 프로그램이다.
Winplot	다양한 형태의 곡선, 곡면까지 그릴 수 있는 프로그램이다.
Winstat	변량에 대한 그래프, 히스토그램, 확률분포 곡선 등을 그려주며 바늘, 동전, 다트 등을 던지는 시뮬레이션을 할 수 있다.
훈글	간단한 프리젠테이션뿐 아니라 자료의 수집, 정리하는데 편리한 문서 작성 프로그램이다.

다음은 수학교육에서 컴퓨터 소프트웨어를 활용한 예이다.

[예 1] 중학교 3학년 이차함수, 고등학교 1학년의 다항함수, 유리·무리함수를 배울 때, 자료를 처리하는 소프트웨어(Excel)을 이용할 수 있다. 예를 들어 다음과 같이 A열에 있는 x값 사이의 간격을 좁히면서 그 그래프의 모양을 추측할 수 있다. 또한 수열의 극한, 함수의 극한 등을 그래프가 아닌 값으로 확인해 보는 데에도 활용할 수 있다.

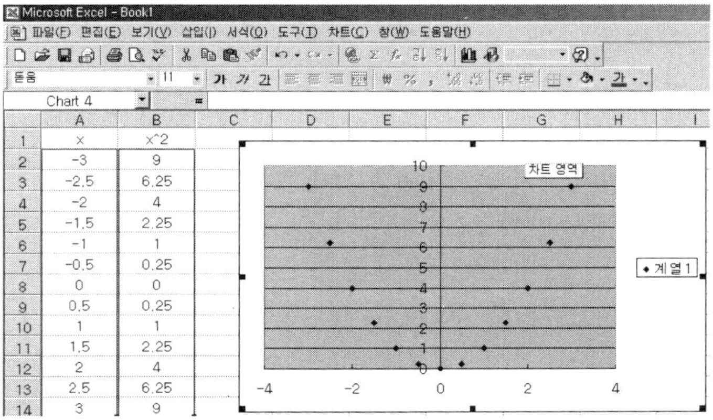

[예 2] 중학교 3학년의 피타고라스의 정리 단원에서 임의의 직각삼각형에 대해서 도 피타고라스의 정리가 성립함을 확인하기 위해 다음과 같이 동적 기하 소프트웨어(GSP)를 이용하여 시각화하면 학생들의 이해에 큰 도움이 된다.

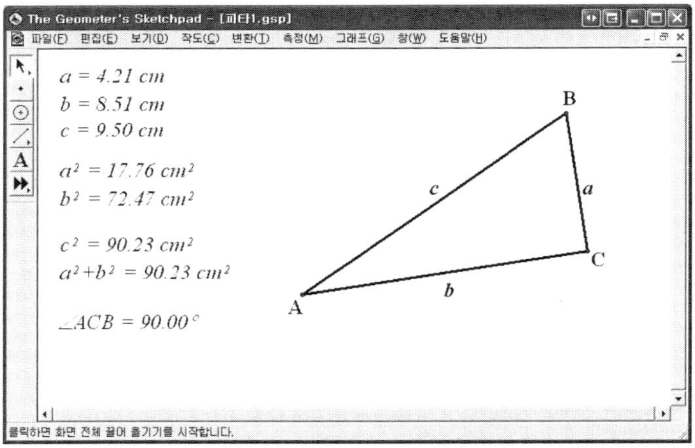

3. 인터넷

인터넷의 급격한 발달로 인해 교육 환경에 미친 영향은 가히 폭발적이라 하겠다. 웹기반 교육(WBI), 온라인 교육, ICT 활용 교육, e-러닝, 원격 교육, 사이버 교육 등의 다양한 형태의 교수·학습 방법은 그 구분이 명확하지 않지만 다소의 시간 차이를 두고 생겨났으며 이 같은 방법이 제시된 것은 모두 인터넷의 발달 때문이다.

인터넷 상의 프리젠테이션 내용이나 동영상 강의를 보며 학습을 할 수 있게 되었으며 그 학습 과정에서 일어나는 의문점들에 대하여 의사소통도 할 수 있게 되었고 학습을 한 후에는 학습 내용에 대한 평가까지 인터넷 공간에서 일어날 수 있게 되었다.

인터넷 환경의 발달로 인해 수학교육에서도 커다란 변화가 일어났다. 기본적으로 수학교육과 관련된 많은 자료가 데이터베이스화되어 언제 어디서나 네트워크에 접속할 수 있는 환경에서 사용가능하도록 되었다는 점에서 인터넷이 준 가장 큰 혜택이라 할 것이다. 또 하나의 큰 특징은 손으로 만지며 조작해보는 구체적 조작물이 인터넷 속의 가상 조작물(Virtual Manipulatives)로 바뀌어 가상 공간에서 조작해 볼 수 있게 되었다는 것이다. 물론 가상 조작물이 구체적 조작물의 역할을 모두 대신한다고는 말할 수 없다. 그러나 많은 부분을 대신할 수 있으며 네트워크가 보편화되고 있어 시공간적으로나 비용 측면에서 효율적이기에 그 사용 빈도가 점차 확대되고 있다. 다음은 수학교육에서 인터넷 상의 자료를 활용한 예이다.

[예 1] 인터넷 공간에는 다양한 수학 콘텐츠들이 있으며 그 중 동영상 콘텐츠는 유용한 자료 중 하나이다. 다음은 중학교 1학년에서 원주율 π를 배울 때 사용가능한 EBS에서 제작한 '끝없는 3.14'[5]라는 동영상이다.

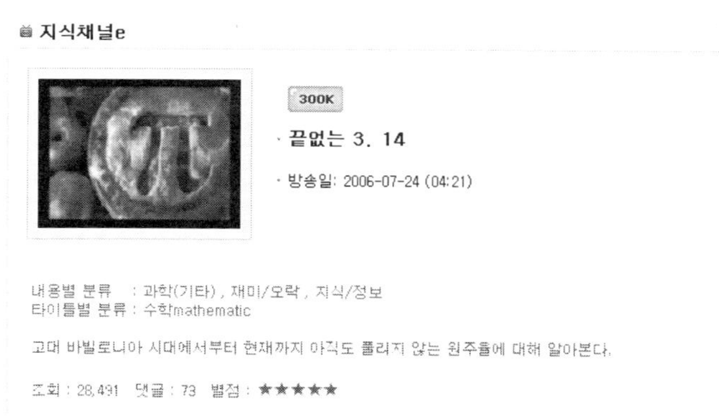

5 http://home.ebs.co.kr/reViewLink.jsp?command=vod&client_id=jisike&menu_seq=1&enc_seq=11 77775& out_cp=ebs 2010년 1월 5일 검색

EBS에서 제작한 지식채널 e, 학습자료실 등에는 많은 수학 관련 동영상 자료가 있으며, 연합TV에서 제작한 '사이언스 핫 이슈', 네이버의 '오늘의 과학' 등의 코너에는 수학 시간에 활용가능한 다양한 수학 관련 자료들이 있다. 이러한 인터넷 공간에 존재하는 다양한 자료는 수학 학습의 동기 부여와 실생활에 어떻게 적용되는지를 확인하는데 효과적이다.

[예 2] 인터넷 상의 가상 조작물도 수학교육에 활용할 수 있다. 미국의 유타 주립대학에서 운영하는 인터넷 사이트[6]에서는 학년 수준을 K-2, 3-5, 6-8, 9-12의 4수준으로 구분하고 내용 영역을 수와 연산, 대수, 기하, 측정, 자료 분석과 확률의 5가지로 구분하여 총 20가지의 유형으로 가상 조작물을 분류해 놓았으며 무료로 이용가능하다. 다음은 6-8학년의 수와 연산 영역에 있는 벤 다이어그램을 실행시켰을 때의 화면으로 우리나라 고등학교 1학년 집합 단원을 학습하면서 활용가능하다.

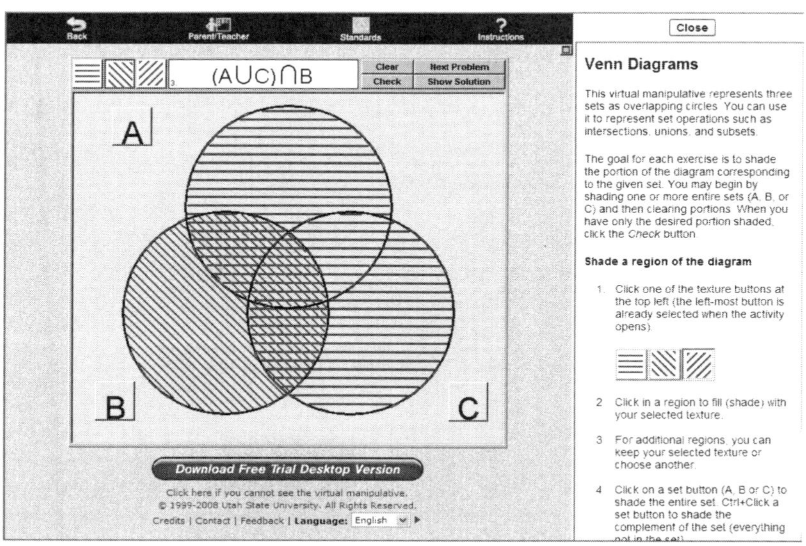

6 http://nlvm.usu.edu/ 2010년 1월 2일 검색

[예 3] 일본의 IES라는 회사에서 만든 인터넷 사이트[7]에는 JAVA로 만든 다양한 종류의 가상 조작물들이 무료로 제공되고 있다. 다음은 고등학교 1학년에서 sine 함수의 그래프를 배울 때 직접 조작해볼 수 있는 가상 실험 도구이다.

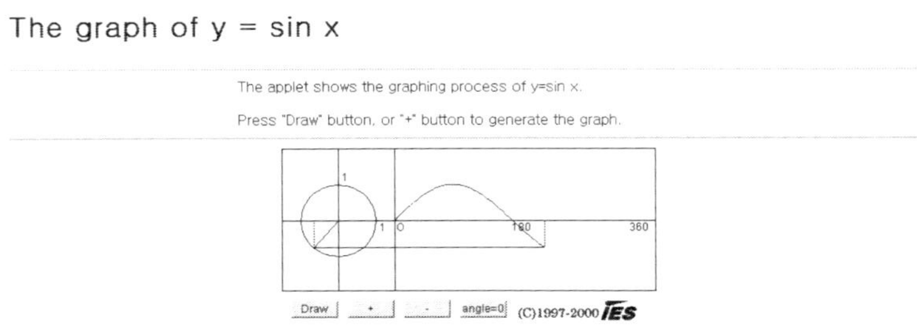

[예 3] 영국의 케임브리지 대학에서 운영하는 인터넷 사이트[8]에서는 학년 수준을 Stage 1&2, Stage 2&3, Stage 3&4, Stage 4&5의 4수준으로 구분하고 각 수준별로 난이도를 5단계로 구분하여 읽을 거리, 문제, 게임 형식으로 무료로 제공하고 있다. 다음은 중학교 3학년 피타고라스 정리의 증명을 배울 때 사용가능하다.

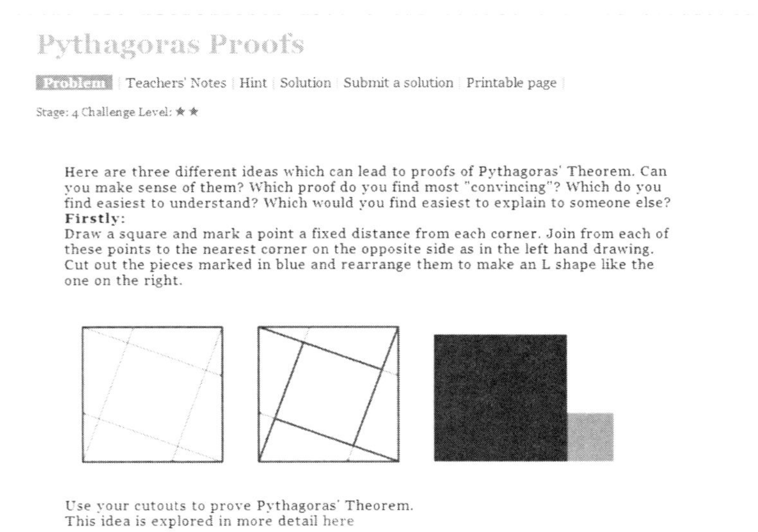

7 http://www.ies.co.jp/math/java 2009년 12월 16일 검색

8 http://nrich.maths.org/public/ 2010년 1월 2일 검색

4. u-러닝 도구

u-러닝(u-learning)이란 유비쿼터스 러닝(Ubiquitous Learning)의 약자로 사용하고 있다. 유비쿼터스는 마크 와이저(Mark Weiser)가 1988년 처음 주창한 개념으로 누구나, 언제, 어디서 즉, 시간과 공간을 초월하여 네트워크에 참여할 수 있는 환경을 말한다. 다시 말해 유비쿼터스 컴퓨팅 기반 환경의 가장 구별되는 특징은 사용자의 눈에 보이지 않아서 컴퓨터를 사용한다는 인식조차 없는 인간친화적인 인터페이스와 이동성, 휴대성, 편재성 등을 기반으로 가상공간이 아닌 현실세계의 일상생활에서 개인에 따라 각기 다른 지능형 개인화 맞춤 서비스를 제공할 수 있다는 것이다(김미량 외, 2008).

이러한 유비쿼터스 환경에 의한 학습 개념이 u-러닝이다. u-러닝은 인터넷의 도입으로 시작된 ICT 활용 교육, e-러닝, 원격교육 등으로 지칭되어 오던 테크놀로지 중심의 교수·학습 방법에서 벗어난 인간 중심의 교수·학습 방법이다. 보통 u-러닝에 사용되는 도구로는 TPC(Tablet Personal Computer), UMPC(Ultra Mobile Personal Computer), PDA(Personal Digital Assistants), PMP(Portable Multimedia Player) 등이 있다. 기존의 인터넷 환경과는 달리 u-러닝에서는 컴퓨터를 도구로 사용한다는 전제하에 학습 자료가 개발되는 것이 아니라 다양한 도구를 사용하여 언제 어디서나 학습이 가능할 수 있도록 소프트웨어와 인터넷 콘텐츠 등이 개발되어야 한다. 최근 인터넷 EBS 방송, 에듀넷 등에서 이에 발맞춰 콘텐츠 개발을 하고 있으며, 학교 현장에서의 적용을 위해 2005년 3월부터 교육인적자원부 주관하에 전국 초중고 9개 학교를 연구학교로 지정하여 이에 관한 연구를 진행하고 있다.

u-러닝은 앞으로 다가올 미래의 이야기가 아니며 현재 진행 중인 실제의 이야기이다. u-러닝은 교사 중심의 ICT 활용 교육이나 학습자 중심의 e-러닝에서 벗어나 교사와 학습자, 나아가 지역사회가 함께 중심이 되는 새로운 개념이다. 따라서 더 많은 관심과 현재 상황에 대한 비판적 분석이 필요한 상황이다. 수학교육에 있어 u-러닝은 걸음마 단계에 있으며 이에 대한 꾸준하고도 집중적인 연구가 필요한 상황이다.

다음은 수학교육에서 u-러닝 도구를 활용한 예이다.

[예 1] 중학교 3학년의 피타고라스의 정리 또는 삼각비의 활용 단원에서 위성 GPS가 가능한 테크놀로지를 이용하여 삼각형 모양의 땅의 넓이를 측정하는 활동이 가능하다. 삼각형의 세 꼭짓점에 해당하는 지점을 정하고 GPS 기기를 가지고 실제로 걸어보며 삼각형의 세 변의 길이를 측정한 후 그 넓이를 구해 볼 수 있다.

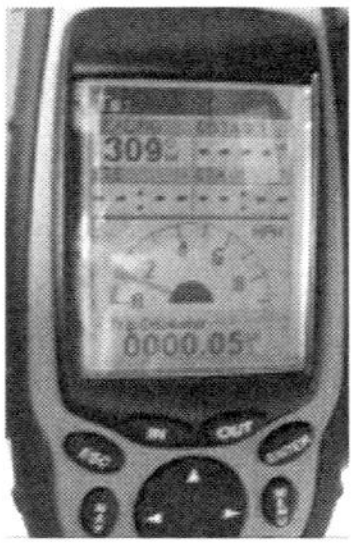

[예 2] 휴대폰의 문자 메시지 기능을 이용하는 것도 가능하다. 예를 들어 중학교 3학년의 근호를 포함한 식의 덧셈, 뺄셈을 배운 후 '친구야, 근호 안의 수가 다르면 항상 덧셈, 뺄셈이 안되는 거 맞지?'라고 친구가 문자메시지를 보내온다면 어떻게 답 메시지를 보낼 것인지에 대하여 그 답 메시지를 교사에게 전송해 보도록 하여 교사가 내용을 발표해 주거나 문자메시지를 확인할 수 있는 인터넷 사이트를 이용하여 함께 확인해 볼 수도 있다.

[예 3] 수학 교과서가 담긴 UMPC를 이용하여 학습 내용을 확인하고 정리, 복습을 할 수도 있으며, PMP를 이용하여 학교 홈페이지 접속하여 그 날 수업 내용에 해당하는 인터넷 강의를 들을 수도 있다.

제3절 ▌테크놀로지의 역할과 활용

1. 테크놀로지의 역할

다양한 테크놀로지의 발달로 인해 국내에서도 테크놀로지가 수학교육에 있어 어떤 역할을 하는가에 대하여 많은 관심이 있어 왔고 많은 연구자들에 의해 그 역할에 관한 연구가 진행되어 왔다.

조한혁(2003)은 테크놀로지 중에서도 컴퓨터가 수학교육에 있어 어떤 역할을 하는지에 대해 선행 연구들을 분석하여 네 가지 유형으로 분류하였다. 첫 번째는 개념 학습과정에 수반되는 복잡하고 지루한 계산을 컴퓨터와 계산기에 맡김으로써 개념 학습과 문제해결 과정에 수반되는 문제 이해와 계획 수립에 더 집중할 수 있다는 논문이었고, 두 번째는 동적 기하 소프트웨어의 기능을 활용하여 기하 논증에 관한 개념, 기하도형의 속성과 관계를 발견함으로써 추론 능력을 향상시키는 탐구학습을 연구한 논문이었고, 세 번째는 반힐 모델에 따른 교수법을 바탕으로 GSP를 사용해서 학생의 문제해결 학습을 연구한 논문이었고, 네 번째는 문제해결 과정에서 각 단계 사이의 상호 작용을 용이하게 하여 수학학습 지도에 매우 효과적임을 주장하는 논문이었다. 그러나 이러한 네 가지 유형의 선행연구 모두 컴퓨터 소프트웨어 기능에 의존하는 테크놀로지 활용 교육의 한계가 분명하게 드러난다고 하며 LOGO 마이크로월드와 같이 학생 자신이 이전 행동을 분명하게 인식할 수 있는 장치인 언어적 표현 시스템이 필요함을 주장하였다.

나귀수(2000)는 컴퓨터가 수학교육 방법론에 기여할 수 있는 측면이 무엇인가에 대해 학생의 실제 경험과 수학의 연결, 수학적 대상과 관계의 구체화, 다양한 표현 체계의 연결, 사고력 중심의 수학교육 추구라는 네 가지 관점을 제시하였다.

데팅위[9](DE TING WU)는 테크놀로지의 긍정적 효과로 지루한 계산의 수행, 그래프로 나타내어 문제의 시각화, 문제의 패턴 발견, 추측의 형성, 수학 실험 등 5가지를 제시하였다.

NCTM(2000)은 6가지 원리 중 테크놀로지의 원리를 제시하면서 다음과 같은

---

9 2004년 제10차 국제수학교육대회(ICME)에서 발표
(http://www.icme-organisers.dk/tsg12/papers/de.ting.wu-panel.pdf 2009년 12월 11일 검색)

내용이 담긴 테크놀로지의 역할을 언급하고 있다. 첫째, 많은 예들과 표현 형태를 통해 쉽게 가설을 세우고 조사할 수 있게 한다. 둘째, 강력한 시각적 모델을 이용할 수 있게 해 준다. 셋째, 개념 이해와 모델링에 더 많은 시간을 쓸 수 있게 한다. 넷째, 추상적인 수학적 관념을 떠올리고 갖게 할 수 있다. 다섯째, 다양한 관점과 아이디어를 제공함으로써 탐구의 범위와 질을 높일 수 있다. 여섯째, 특정한 학생의 필요에 맞추어 교수·학습 상황을 다르게 적용할 수 있다. 일곱째, 알고리즘의 사용과 같은 세련된 사고에 대한 초기 이해를 발달시킬 수 있다.

위와 같은 테크놀로지의 전반적인 역할과는 달리 테크놀로지는 아동의 수학 학습능력에 따라 그 역할이 다를 수 있다. 조완영(2000)은 이와 관련하여 다음과 같이 구분하여 제시하였다. 첫째, 선수학습의 결손으로 인해 학습이 이루어지지 못하는 경우에 선수학습의 결손을 보상해 주는 역할을 함으로써 학습이 계속적으로 이루어질 수 있게 해 준다. 둘째, 수학수업에서 정상적인 학습이 가능한 아동들에게는 보다 많고 다양한 경험을 제공해줌으로써 이해의 폭을 넓고 깊게 해 준다. 셋째, 다른 아동들보다 능력 있는 아동들에게는 지필 환경에서 제공해 주지 못하는 학습 경험을 제공함으로써 아직 학습하지 않은 수학적인 내용들에 대해서 스스로 탐구할 수 있게 해 준다. 넷째, 반복적이고 복잡한 산술계산을 대신해 줌으로써 더 많은 시간을 고등 사고 기능의 학습에 투자할 수 있게 해 준다.

테크놀로지는 수학교육에서 활용 가능한 하나의 도구로서 충실한 역할을 수행하고 있다. 이 장에서는 수학교육에서의 테크놀로지 역할을 다음과 같이 규정한다.

첫째, 테크놀로지는 복잡한 계산 과정이나 풀이 과정을 수행하는 역할을 한다.

둘째, 테크놀로지는 문제 상황을 시각화, 구체화하는 역할을 한다.

셋째, 테크놀로지는 추측을 형성하기 위한 수학 실험의 역할을 한다.

넷째, 테크놀로지는 학습 내용을 의사소통하는 역할을 한다.

2. 테크놀로지의 역할에 따른 활용

최근 들어 테크놀로지 활용 교육에 있어서의 관심은 테크놀로지를 언제 어떻게 사용하는 것이 효율성이 높은가이다. 여기서 '언제', '어떻게'라는 말은 다양한 의미를 내포하고 있다. '언제'라는 말에는 사용 시점뿐 아니라 사용 상황 등의 의미가 담겨 있으며 '어떻게'라는 말에는 사용 대상, 사용 장소, 사용 목적, 사용 도구, 사용 방법 등의 의미가 담겨 있다. 제2절에서는 이러한 다양한 의미 중에서 사용 도구를 중심으로 활용 예를 살펴보았다. 이 절에서는 사용 상황을 중심으로 그 활용 예를 살펴본다. 사용 상황이란 테크놀로지의 역할이 필요한 상황이므로 여기서는 테크놀로지의 4가지 역할을 중심으로 활용 예를 살펴본다.

1) 복잡한 계산 과정이나 풀이 과정을 수행하는 역할

복잡한 계산 과정이나 풀이 과정을 수행함으로써 수학 학습의 본래의 목적인 개념을 형성하고 문제를 해결하는 데 더욱 초점을 둘 수 있게 된다.

[예] Windows에 기본적으로 설치되어 있는 계산기를 이용하면 손으로 일일이 계산하지 않고도 소수 34번째 자리에 반올림한 값을 볼 수 있으므로 순환마디 찾기, 유한소수로 나타내어지는 분수의 특징, 무리수의 근삿값 등을 학습할 때 사용할 수 있다. 다음은 중학교 2학년에서 순환소수를 배울 때, 순환마디의 특징을 관찰하기 위해 1÷29를 실행한 것으로 순환마디가 28개임을 확인할 수 있다.

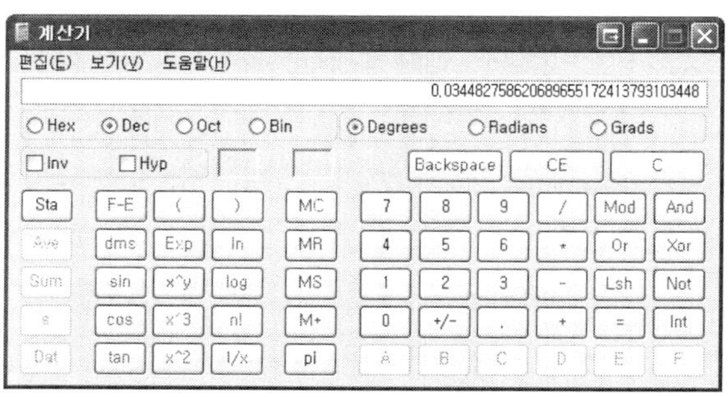

2) 문제 상황을 시각화, 구체화하는 역할

문제 상황의 시각화, 구체화를 통해 수학이 가진 추상성을 극복하여 학생이 보다 쉽게 수학 학습을 할 수 있도록 돕게 된다.

[예 1] 학습 내용이 정리된 화면을 보면서 그 내용을 시각적으로 확인할 수 있는 화면이 함께 있다면 학생들의 이해에 더 큰 도움이 될 것이다. 다음은 서울특별시 교수학습지원센터에서 운영하고 있는 온라인 학습 사이트 꿀맛닷컴[10]에 있는 내용으로 고등학교 1학년에서 점과 직선 사이의 거리에 대한 간단한 정리와 함께 오른쪽에 그림을 통해 그 특징을 시각화하여 보여주고 있다.

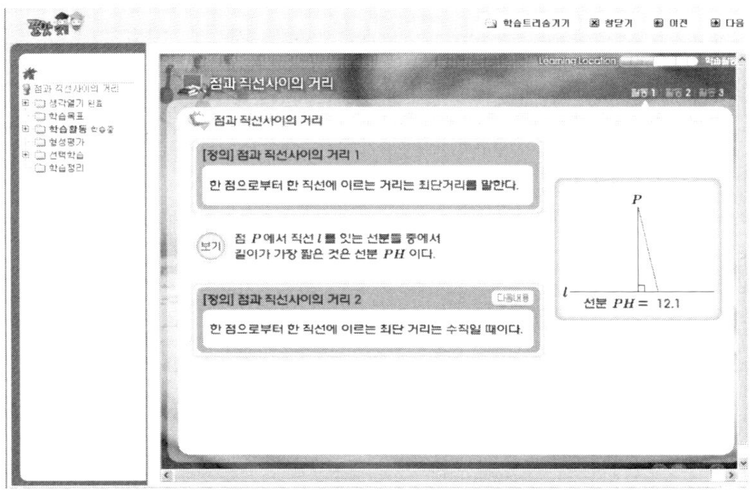

[예 2] 동적 기하 소프트웨어는 문제 상황을 시각화, 구체화할 수 있는 좋은 도구이다. 중학교 2학년 삼각형의 외심 단원에서 삼각형의 모양에 따라 외심의 위치가 달라진다는 사실을 다음과 같은 동적 기하 소프트웨어(C.a.R.)를 이용하여 시각화한다면 학생들이 이해하도록 큰 도움이 될 것이다.

10 www.kkulmat.com 2009년 12월 30일 검색

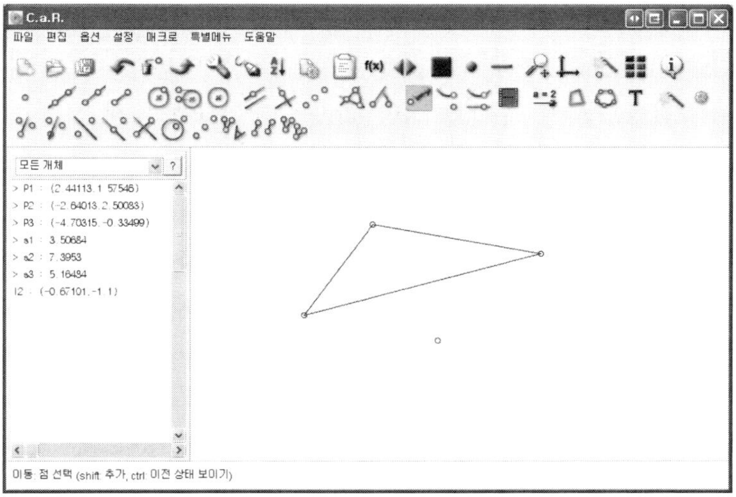

3) '추측을 형성하기 위한 수학 실험의 역할'에 관한 예

테크놀로지의 동적 기능을 이용한 수학 실험을 통해 귀납 추론, 연역 추론을 하게 되고 이는 수학 지식의 일반화로 이어질 수 있게 된다.

[예 1] 중학교 2학년의 확률 단원에서 주사위 1개를 던져서 각각의 눈의 수가 나올 확률을 설명할 때, 실제로 주사위를 계속 던져본다는 것은 어려운 일이다. 이와 같은 경우 다음과 같은 e-러닝 학습 자료를 이용하면 실험을 무수히 많이 하였을 때 각각의 눈의 수가 나오는 상대도수가 같아짐을 쉽게 추측할 수 있다.

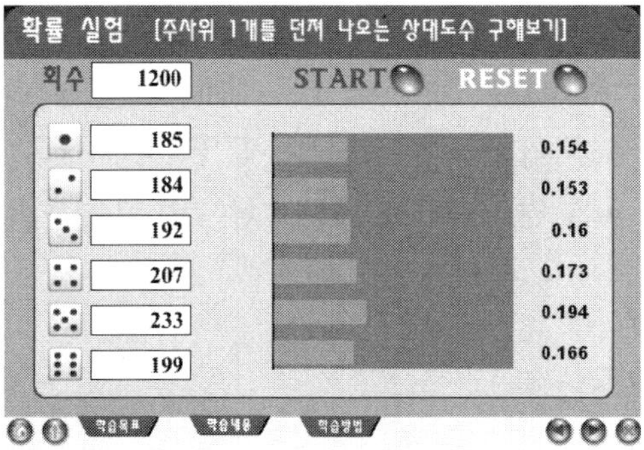

[예 2] 고등학교 1학년에서 x축 위쪽에 있는 두 점 A, B와 x축 위의 점 P에 대하여 $\overline{AP}+\overline{BP}$의 최솟값을 구하는 것을 배운다. 이 때 $\overline{AP}+\overline{BP}$가 최솟값을 가지는 순간이 어떤 의미를 갖는가에 대해 생각하기 위해 그 순간 $\angle APB$의 값, $\triangle APB$의 넓이, $\overline{AP}^2+\overline{BP}^2$의 값 등과 비교하고자 할 수 있다. 이와 같은 경우 다음과 같이 JavaMAL LOGO[11]를 이용하여 그래프로 표현해 보면 관련이 없음을 귀납 추론할 수 있으며 이를 연역 추론에 의해 정당화 해보는 것으로 연결하여 지도할 수 있다.

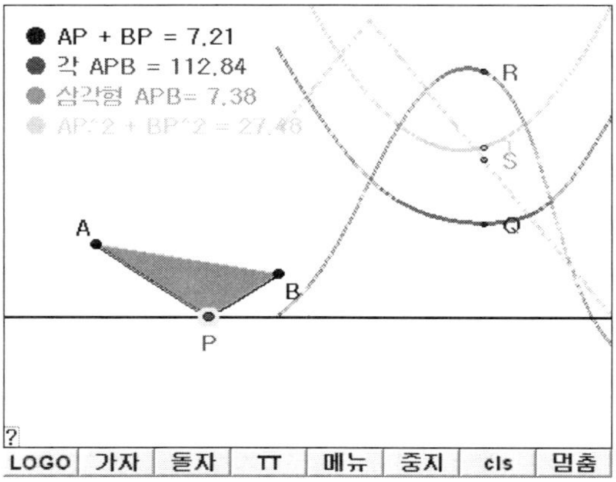

[예 3] 동적 기하 소프트웨어를 사용하는 가장 큰 목적은 움직임을 관찰할 수 있다는 데 있다. 이러한 관찰을 통해 형성된 추측으로 인해 수학 지식의 기반이 닦이게 될 것이다. 다음은 중학교 2학년의 일차함수 $y=ax+b$에 대하여 a, b의 값에 따라 그 그래프의 모양이 어떻게 변하는지를 동적 기하 소프트웨어(GeoGebra)를 이용하여 보여준 것이다. 이 프로그램의 특성상 맨 아래 Input 창에 수식을 입력할 수 있으며 a, b의 값을 나타내는 점을 움직여보면 그래프의 모양도 변하고 왼쪽의 창(Algebra Window)의 a, b의 값과 일차함수 식이 변함을 확인할 수 있다.

11 JavaMAL LOGO(http://www.javamath.com/class/) 2009년 12월 28일 검색

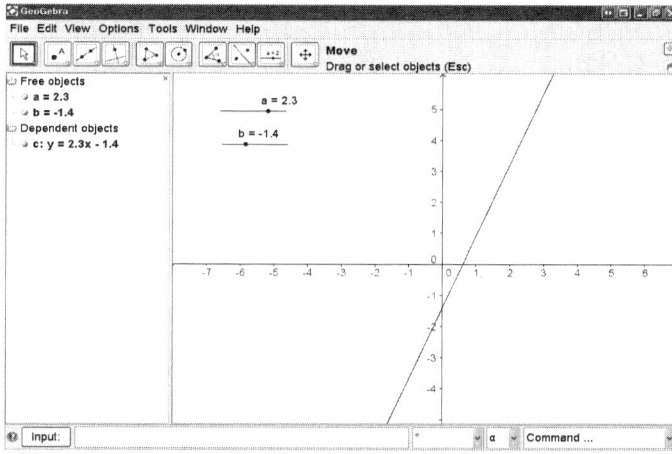

4) '학습 내용의 의사소통 역할'에 관한 예

학생의 입장에서 테크놀로지를 이용하여 학습 내용을 단순히 습득하는 것뿐 아니라 테크놀로지를 이용하여 의사소통을 하면서 학습 내용을 체계적으로 구성하게 된다.

[예 1] 학생들이 해결한 문제 상황을 전체와 공유할 때 테크놀로지를 활용할 수 있다. 다음은 중학교 3학년 피타고라스의 정리 단원에서 세 변의 길이가 주어진 경우 삼각형의 넓이를 구하는 방법에 대해 공책에 서술해 보게 한 후 이를 카메라로 찍은 것이다. 이를 교실 내의 대형 화면을 통해 함께 보면서 친구들의 답에 대하여 의사소통할 수 있다. 물론 카메라가 아니라 실물 화상기나 pc카메라 등을 이용할 수도 있다.

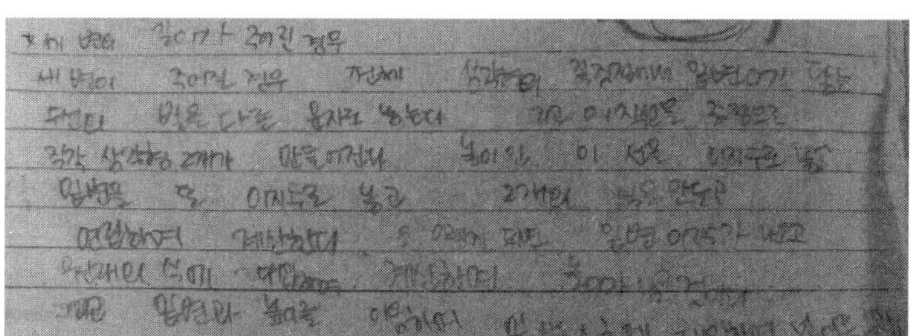

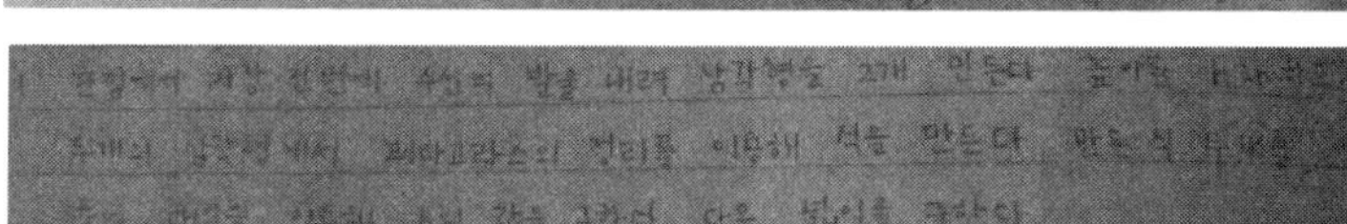

[예 2] LOGO의 가장 큰 특징인 명령어 입력 방식을 활용한다면 실험을 통한 추측 형성이라는 테크놀로지의 역할을 충실히 수행하는 것이라 할 수 있다. 중학교 2학년에서 정의역이 제한된 일차함수의 치역을 구하는 것에 대하여 배울 때, 다음과 같이 JavaMAL LOGO를 이용하여 점, 좌표에 관한 세 줄의 명령문에 대해 직접 숫자를 변경해 보면 다양한 사고의 확장을 통해 치역을 구하는 것 이상의 목적을 달성할 수 있게 된다.

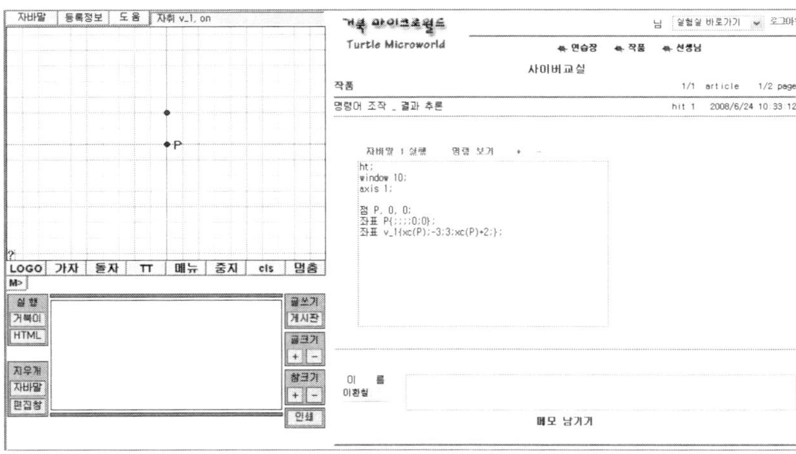

제4절 ▌테크놀로지 활용 시 유의사항

테크놀로지는 수학 교수·학습에 있어 강력한 도구이며 유용한 조력자임에 틀림없다. 그러나 테크놀로지가 모든 교수·학습 상황에서 효과적인 것만은 아니며 교사의 모든 역할을 대신할 수 있는 것도 아니다. 예를 들면, 유리수의 덧셈, 뺄셈 개념을 지도할 때 통분의 필요성을 이해시켜야 하는데, 이 과정에서는 테크놀로지가 필요하지는 않다. 그러나 복잡한 분수를 계산하여야 하는 실생활 문제를 해결하기 위해서는 테크놀로지를 활용하여 빠르고 정확한 계산을 하는 것이 필요하다. 테크놀로지는 필요한 상황을 찾아 적절하게 사용해야 하므로 다음과 같은 몇 가지 사항을 충분히 고려하여 사용하여야 한다.

첫째, 교육적 효과를 고려한다.

새로운 학습 방법이나 도구를 사용할 때에는 그 교육적 효과를 우선적으로 고려하여야 한다. 테크놀로지의 사용이 학습의 일부분에는 효과가 있지만 다른 부분에는 효과가 검증되지 않았거나 부정적일 수 있다. 이러한 경우는 효과가 보장된 부분에만 제한적으로 사용하여야 한다. 테크놀로지의 활용을 권장하되 활용할 부분이나 방법에 있어서 특별한 주의가 필요하다. 학습 목표가 불명확하고 테크놀로지 사용의 초점이 불분명할 때 학습 테크놀로지는 덜 효과적이거나 효과적이지 않다는 연구 결과가 있다. 위스크(Martha Stone Wiske)는 "테크놀로지와 교육에 대해 겪게 되는 어려움 중의 하나는 많은 사람들이 테크놀로지를 먼저, 교육을 나중에 생각한다는 것이다."라고 말하였다. 테크놀로지를 활용할 때에는 왜 테크놀로지를 사용하는지에 대한 명확한 목적이 있어야 그 교육적 효과를 볼 수 있다.

둘째, 활용의 편리성을 고려한다.

테크놀로지를 학습지도에 사용할 경우 그 사용이 편리하여야 한다. 시스템의 구조나 소프트웨어의 사용 절차가 지나치게 복잡하면 비록 그 내용이 교육적으로 우수하다고 해도 교실에서의 사용을 고려해 보아야 한다. 제한된 시간에 본시학습 내용을 충분히 다룰 수 있게 하는 수업 운영 방법도 매우 중요하다. 따라서 테크놀로지를 활용할 때에는 사용하고자 하는 테크놀로지에 대해 충분히 검토하고 실습을 해 보아야 하며, 수업을 계획함에 있어 편리성을 고려하여 누가 테크놀로지를 조작할 것인지, 어떤 장소에서 테크놀로지를 사용할 것인지 등을 먼저 결정해야 한다.

셋째, 경제성을 고려한다.

테크놀로지나 소프트웨어를 사용할 경우, 그 자료의 경제적인 면을 고려하여야 한다. 예를 들면, 문제해결을 위해 복잡한 수식의 계산을 필요로 할 경우 컴퓨터를 사용하기보다는 계산기를 활용하는 것이 더 간편하고도 경제적이다. 또, 함수의 그래프 그리기나 간단한 통계처리를 위해서는 컴퓨터보다는 이러한 기능을 가진 공학용 계산기를 사용하는 것이 더 효과적이다. 그러나 공학용 계산기가 준비되어 있지 않다거나 멀티태스킹 형태의 수업을 하고 싶다면 컴퓨터 소프트웨어나 인터넷을 이용하는 것이 효과적이다. 또한 실제 테크놀로지를 사용하는 시간에 비해 테크놀로지를 나눠주고 켜고 끄고 걷는 등의 일에 너무 많은 시간이 드는 경우가 있는지를 고려하는 것도 경제성 측면에서 생각해 보아야 할 부분이다. 따라서, 테크놀로지를 활용할 때에는 어떤 상황에서 어떤 도구를 사용하는 것이 경제적인가에 대한 고려를 통해 결정해야 한다.

넷째, 부가적인 영향을 고려한다.

학습지도에 있어서 학습의 주체는 학생이며, 지도의 주체는 교사이어야 한다. 테크놀로지는 학습지도를 위한 하나의 도구로서 사용되어야 한다. 테크놀로지의 지나친 남용은 그것 없이는 수학을 할 수 없는 것처럼 생각하게 할 위험이 있다. 수학 학습지도의 도구가 수학의 본질을 왜곡시켜서는 안 된다. 하나의 문제를 탐구하고 해결하는 데는 여러 가지 방법이 있을 수 있으며 테크놀로지는 그 여러 방법 중 하나이기 때문이다. 또한 학생들은 소프트웨어나 테크놀로지 자체의 화려함에 쉽게 빠져들 수 있다. 이로 인해 테크놀로지를 활용한 목적이 불분명해지고 수학의 본질을 탐구하지 못하게 될 수 있으므로 수업을 진행하는 교사의 입장에서 이를 끊임없이 경계해야 한다.

제5절 ▌테크놀로지 활용에 대한 평가

NCTM(2000)은 학생들이 테크놀로지를 가지고 학습할 때 다른 방법으로는 종종 관찰하기 어려운 수학에 대한 사고 방법을 볼 수 있으며, 테크놀로지는 교사가 학생들이 만들어낸 결과뿐 아니라 수학을 탐구할 때 사용한 과정을 검토함으로써 교육적 결정을 내리는데 유용한 정보를 모을 수 있다는 점에서 평가를 도울 수 있다고 하였다.

1. 테크놀로지 활용에 대한 지필검사

테크놀로지의 활용에 대해 보편화된 동의가 있음에도 불구하고 실질적으로 학교 현장에서 테크놀로지를 활용하는 모습은 쉽게 보이지는 않는다. 그 원인으로는 물리적 사용 환경의 문제, 교사의 사용 능력의 문제, 학습 진도의 문제 등 다양하게 있을 수 있다. 그러나 이와 함께 테크놀로지를 활용하지 않았어도 크게 관계없는 평가 문항이 출제되는 것에도 그 원인이 있다. 예를 들어 중학교 3학년의 삼각비의 활용 단원에서 30°, 45°, 60°와 같은 특수한 각이 아닌 임의의 예각의 크기가 주어진 경우에 대해 계산기를 이용하여 문제를 해결하도록 하였다고 하여도 평가 문항에서는 계산기를 보통 사용하지 않도록 한다.

평가 문항은 학습 내용과 학습 방법을 반영해야 하는 것은 당연하다. 그러나 평가에 어떤 특정 학습 내용이나 특정 학습 방법이 지속적으로 반영되지 못한다면 그 학습 내용과 학습 방법은 사용되지 않게 된다. 테크놀로지 역시 수업에 활용되었다면 평가시에도 테크놀로지를 활용하여 문제를 해결할 수 있도록 하는 것이 옳다. 그러나 지필검사의 경우 평가를 받는 모든 학생이 동시에 똑같은 종류의 테크놀로지를 사용하여 평가에 임한다는 것은 분명 쉽지 않은 일이다. 따라서 테크놀로지를 활용한 학습 지도를 했을 때 얻을 수 있는 장점이 반영된 지필검사 문항이 개발되어야 한다. 이에 테크놀로지 활용 수업이 반영된 지필검사 문항의 예를 몇 가지 살펴보고자 한다.

테크놀로지를 활용한 수업을 한 경우 사용한 테크놀로지 활용 상황을 그림으로 나타내어 평가 문항으로 이용하는 것이 하나의 방법이 될 수 있다.

다음은 중학교 2학년에서 분수를 소수로 나타내는 활동을 하면서 계산기를 사용하였을 때 출제 가능한 평가문항이다. 계산기 그림 없이 문항이 제시되었어도 풀 수 있는 문항이지만 수업 시간에 활용한 학생은 수업 상황을 생각하며 쉽게 문제 풀이를 시작하게 된다.

[예] 세은이는 분수 A를 소수로 나타내기 위해 계산기를 이용하여 나눗셈을 하였더니 오른쪽 그림과 같이 소수 34째 자리에서 반올림한 값으로 나타났다. 분수 A로 가능한 것을 3개만 쓰고 그 이유를 설명하시오.

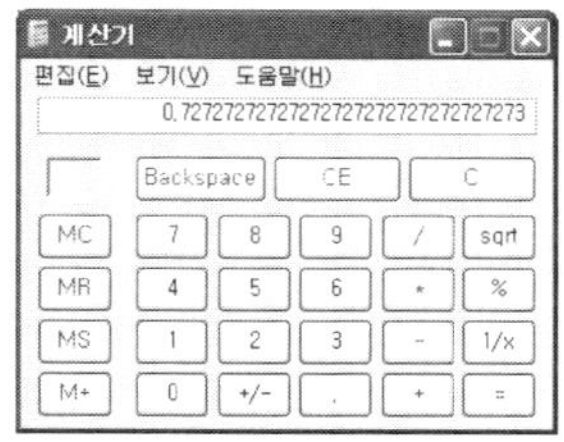

테크놀로지의 장점 중 하나는 움직임을 관찰하여 그 속에서 나타나는 사실들을 찾고 정당화, 제도화할 수 있는 발판을 만든다는 점이다. 따라서 두 양 사이의 함수적 관계에 따른 움직임을 파악할 수 있도록 평가 문항을 구성하는 것이 필요하다. 중학교 2학년에서 일차함수를 배운 후 그래프 분석에 활용 가능한 소프트웨어(Simcalc Mathworlds for Computers)를 이용하여 그래프를 분석하는 활동을 한 경우 다음과 같이 그래프를 분석하여 설명하는 평가 문항이 가능하다.

[예] 오른쪽 그림은 주어진 그래프와 그 그래프를 따라 사람이 움직일 수 있도록 한 컴퓨터 소프트웨어의 화면이다. 시간(Seconds)이 지남에 따라 사람이 어떤 속력과 방향으로 움직여서 어떤 위치(Feet)에 있게 되는지를 구체적인 값을 이용하여 설명하시오. (예를 들어 '0초에서 1초까지는 1초에 1피트의 속력으로 뒤쪽으로 가서 -1피트의 위치에 서 있게 된다'와 같이 쓴다.)

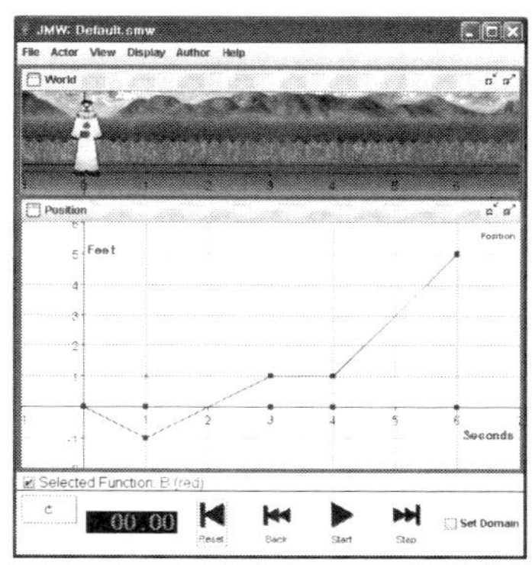

동적 기하 소프트웨어의 장점은 도형을 구성하고 있는 점과 직선의 움직임에 따라 도형 전체의 움직임을 관찰하여 귀납 추론을 해낼 수 있다는 것이다. 중학

교 1학년에서 동적 기하 소프트웨어를 이용하여 활동을 한 경우 평가 문항에 제시된 그림을 고정된 것으로 생각하지 않고 움직이는 것으로 생각할 수 있다. 따라서 이를 반영한 평가문항이 가능하다.

[예] 오른쪽 그림과 같이 원 O의 반지름 OA 위의 한 점 O′를 중심으로 하고, 원 O 위의 한 점 P까지의 거리를 반지름으로 하는 원 O′가 있다. 점 O, O′, A는 고정된 상태에서, 점 P가 점 A에서 출발하여 원 O를 따라 한 바퀴 돌아 다시 출발점에 도착할 때 반지름 O′P의 길이가 계속 변하므로 원 O′의 크기도 계속 변한다. 이 때 나타날 수 있는 모든 두 원 O, O′의 위치 관계에 대하여 설명하시오.

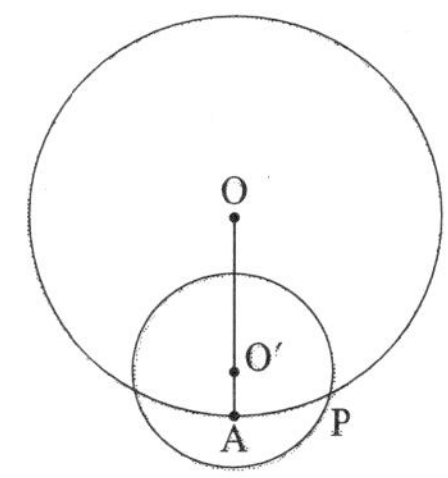

명령어 조작을 통해 문제를 해결할 수 있는 언어적 시스템의 경우는 명령어 조작을 통해 주어진 사실을 확인하기도 하고 새로운 사실을 추측해 내기도 한다. 중학교 1학년의 식의 값 단원에서 언어적 시스템(Visual Basic)을 이용하여 배운 경우 다음과 같이 이를 반영한 평가 문항이 가능하다.

[예] 다음은 x의 값을 구하는 프로그램을 풀어 쓴 것이다.

① $x=1$ ② x의 값을 1만큼 증가시킨다. ③ x의 값을 인쇄한다. ④ $x=5$이면 ⑤로 가고, $x<5$이면 ②로 간다. ⑤ 끝

(1) 이 프로그램을 실행시키면 다음의 순서대로 진행된다. 실행이 멈출 때까지의 나머지 과정을 순서대로 쓰시오.

① → ② → ③ → ④ → ② → ③ → ⋯

(2) ③을 '$-2x^2$의 값을 인쇄한다.'로 바꾸었을 때, 인쇄되는 값을 모두 쓰시오.

2. 테크놀로지 활용에 대한 수행평가

테크놀로지 활용에 대한 평가 방안으로서 지필검사뿐 아니라 수행평가를 고려하는 것도 필요하다. 제6장에서 밝혔듯이 수행평가는 '학습자가 무엇을 알고 있는가'뿐 아니라 '습득한 지식을 얼마나 잘 수행하는가'를 평가의 목적으로 하고 있다. 따라서 테크놀로지 활용 수업에 대한 수행정도를 평가하는데 있어 수행평가는 좋은 방안의 하나이다.

[예] 중학교 3학년 이차함수(또는 고등학교 1학년 도형의 방정식)를 배운 후 그래프를 그릴 수 있는 그래핑 프로그램(GrafEq)를 이용하여 사람의 얼굴을 만드는 활동을 할 수 있다. 다음은 이와 같이 테크놀로지 활동 수업을 한 후 컴퓨터실에서개인별로 사람의 얼굴을 만드는 수행평가를 진행한 예이다.

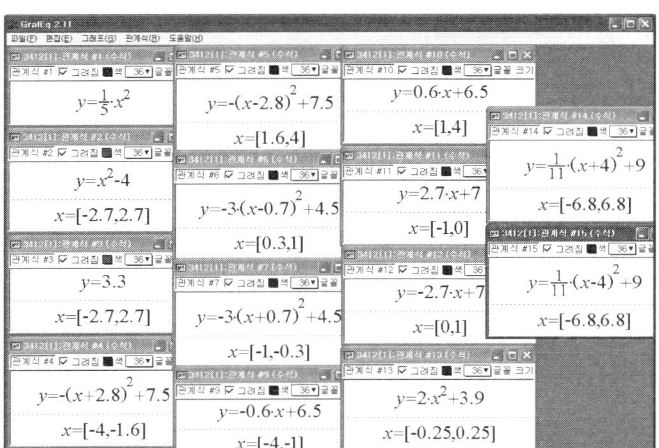

연구과제

1. 테크놀로지를 활용한 수학교육의 효과성에 대한 충분한 연구가 있었음에도 불구하고 학교 현장에서의 활용도는 그리 크지 않다. 그 이유를 몇 가지 설명하시오.

2. 연구에 의하면 u-러닝 도구(TPC, UMPC 등)를 활용하여 수업을 진행할 경우 교사는 기존 강의식 수업과 비교했을 때 30~50% 정도의 학습 분량을 다루게 된다고 한다. 그 이유가 무엇인지에 대하여 설명하시오.

3. 수학교육에 있어 테크놀로지의 사용이 줄 수 있는 부정적인 영향에 대하여 3가지만 쓰시오.

4. 구체적 조작물과 가상 조작물 중 어느 것이 더 효과적일지에 대해 구체적인 수업 주제를 하나 정하고 그 주제와 관련하여 설명하시오.

5. 동적기하 소프트웨어(GSP, Geogebra, Cabri, C.A.R., JavaMAL Logo 등)를 이용하여 수학 실험을 하는 예를 구체적으로 쓰시오.

6. 5번에서 예로 든 수학 실험에 대한 평가로서 지필검사 문항을 하나만 만드시오.

참고문헌

강옥기(2007). 『수학과 학습지도와 평가론』. 경문사.

교육부(1992). 교육부 고시 제1992-11호 수학과 교육과정. 교육부.

교육부(1997). 교육부 고시 제1997-15호 [별책 8] 수학과 교육과정. 교육인적자원부.

교육인적자원부(2007). 교육인적자원부 고시 2006-75 [별책 8] 수학과 교육과정. 교육인적자원부.

김미량(2008). 요구분석을 통한 PMP의 교육적 활용방안 : u-learning 환경에서의 교수자의 역할을 중심으로 『한국 인터넷 정보학회지』 9권 5호.

나귀수(2000). 수학교육에서 컴퓨터 활용에 대한 소고. 『대한수학교육학회지 학교수학』 제2권 제1호 pp. 97～110. 대한수학교육학회.

문교부(1987). 문교부 고시 제88-7호 중고등학교 수학과 교육과정. 문교부.

이문호(2009). 스캐폴딩 학습전략을 기초로 한 u-러닝 체험학습모형에 관한 연구. 성균관대학교 박사학위 논문.

조완영(2000). 컴퓨터공학의 도입을 위한 수학교육연구의 방향 『한국수학교육학회 시리즈 A 수학교육』 제39권 제2호 pp. 179-186. 한국수학교육학회.

조한혁(2003). 컴퓨터와 수학교육. 『한국수학교육학회 시리즈 A 수학교육』 제42권 제2호 pp. 177～191. 한국수학교육학회.

Freudenthal, H.(1981). *Major problems of mathematics education*. Educational Studies in Mathematics, 12(2), pp. 133～150.

John Schacter(1999). *The impact of Education Technology on Student Achievement*. Milken Exchange on education technology.

NCTM(2000). *Principles and Standards for School Mathematics*. NCTM.

Willian J. Masalski & Portia C. Elliott(2005). *Technology-supported Mathematics Learning Environments*. NCTM.

참고사이트

거북 마이크로월드(http://www.javamath.com/class/). 2009년 12월 28일 검색.

꿀맛닷컴(http://www.kkulmat.com). 2008년 7월 1일 검색.

사단법인 전국수학교사모임(http://www.tmath.or.kr/). 2009년 12월 16일 검색.
제10차 ICME 12분과(http://www.icme-organisers.dk/tsg12/papers/). 2009년 12월 11일 검색.
IES(http://www.ies.co.jp/math/java). 2009년 12월 16일 검색.
ISTE(http://hwww.iste.org). 2009년 10월 30일 검색.
NCTM(http://www.nctm.org). 2009년 11월 10일 검색.
University of Cambridge(http://nrich.maths.org/public/). 2010년 1월 2일 검색.
UtahState University(http://nlvm.usu.edu/). 2010년 1월 2일 검색.

부록

- **가르칠 지식** : 교육내용으로 선정되어 재조직된 지식
- **감각 : 운동 단계(Sensory-Motor Stage)** : 출생 후부터 약 2세까지 지속되며, 태어날 때 보인 신생아의 반사적인 수준에서 점차 벗어나면서 신체 중심에서 활동 중심으로 행동이 변하게 되는 단계
- **개념** : 추론하기, 문제 형성, 비형식적 상황에서의 문제해결에 필요한 기본적인 아이디어
- **개념 동화** : 다른 개념을 사용한 설명에 의하여 새로운 개념을 나타내는 용어의 뜻을 알게 되는 것
- **개념적 지식** : 개념 사이의 관계(relationship)로 이루어진 지식
- **개념학습(concept learning)** : 가네가 소개한 학습으로 추상적인 개념을 학습
- **개인화/배경화** : 지식을 깨닫는 과정에 대한 개념
- **개폐연속체(open-closed continuum)** : 개념형성 3단계를 거쳐서 일단 형성된 수학적 개념은 '폐(closed)'의 상태가 되지만, 내성적 분석과 외적인 적용의 과정에서 이미 '개(open)'의 상태로 변하여 보다 객관적이고 보다 높은 수준의 재구성이 이루어지는 전체 과정
- **게슈탈트(Gestalt)** : 전체, 통찰, 형태라 해석되며, 형태주의 심리학을 통칭하기도 함
- **게임(games)** : 딘즈가 소개한 수학 학습지도 6단계 중의 하나로 학생들이 자유놀이 활동에 내포되어 있는 규칙성과 일반성을 관찰하기 시작하는 단계
- **경험적 추상화(abstraction empirique)** : 개인의 주변 대상이 갖는 성질들을 일반화된 지식으로 이끌어내는 추상화
- **계산기** : 여러 가지 계산을 빠르고 정확하게 하기 위하여 사용하는 기기로 주판, 계산자, 면적계, 전자계산기 등을 통틀어 이름
- **계열성(Sequential)** : 반힐 기하적 사고 발달 모델의 특징 중의 하나로 하위수준(n-1수준)을 충분히 습득해야만 상위수준(n수준)에 도달할 수 있음을 의미
- **공통성의 탐구(comparison)** : 딘즈가 소개한 수학 학습지도 6단계 중의 하나로

학생들이 게임 단계에서 경험했던 몇 가지 게임들을 비교하고, 거기서 드러나는 공통성을 찾게 되는 단계

- **관계적 이해**(relational understanding) : 대부분 우리가 생각하는 것처럼 무엇을 해야 하는지 그리고 왜 하는지를 알고 있는 상태 그리고 일반적인 수학적 관계로부터 특별한 공식이나 과정을 끌어내는 능력
- **교사중심 수업모형** : 교사가 전체 학생들을 대상으로 학습 내용을 설명하고 연습하게 하며 수업 진행의 모든 과정을 획일적으로 이끌어 가는 수업
- **교수·학습 단계**(Phases of learning) : 이론 반힐의 수준이론에 맞추어 수준을 상승시키기 위해 질의 안내(Inquiry/Information), 안내된 탐구(Directed Orientation), 명료화(Explication), 자유로운 탐구(Free Orientation), 통합(Integration)이라는 연속적인 5가지 학습 단계를 거치면 효과적임
- **교수학적 계약**(didactical contract) : 교사는 학생에게 수학적 지식을 가르쳐야 하고 학생은 그것을 배워야 한다는 암묵적인 계약
- **교수학적 변환**(didactical transposition) : 교과서 저자나 수학교사가 형식적인 수학적 지식을 보다 의미 있게 가르치기 위해서 그 지식의 근원, 의미, 동기, 쓰임새를 분석하여 교수학적 지식(가르칠 지식, 학습된 지식)으로 변환하는 것
- **교수학적 상황** : 교사가 학생들에게 제시할 문제를 사려 깊게 선택하여 학생들에게 인지적 불균형을 야기시키고 기대했던 적응을 이끌어 내려고 시도하는 상황
- **구성 이론**(Construction theorem) : 브루너의 이론으로 수학적 개념, 원리 또는 법칙을 학습하기 시작하는 학생들에게 가장 좋은 방법은 학생 스스로가 그것의 표현을 구성하여야 한다는 것
- **구성의 원리**(constructive principle) : 딘즈가 소개한 원리로 게임을 함에 있어서 구성이 분석에 선행하여야 한다는 원리
- **구체적 조작 단계**(Concrete Operational Stage) : 7세에서 12, 13세에 걸쳐 지속되며, 논리적인 사고가 처음으로 나타나 분류조작, 순서조작과 같은 조작을 수행할 수 있지만 구체적인 예에 대해서만 이러한 조작이 가능한 단계
- **균형이론** : 피아제가 소개한 개념으로 인간의 인지 능력이 환경과 균형을 이루기 위해 본능적으로 작용한다는 이론
- **극단적인 현상 4가지** : 메타인지 이동, 형식적 고착, 쥬르뎅 효과, 토파즈 효과

• **근접발달영역**(Zone of Proximal Development : ZPD) : 실제적 발달 수준과 잠재적 발달 수준 사이

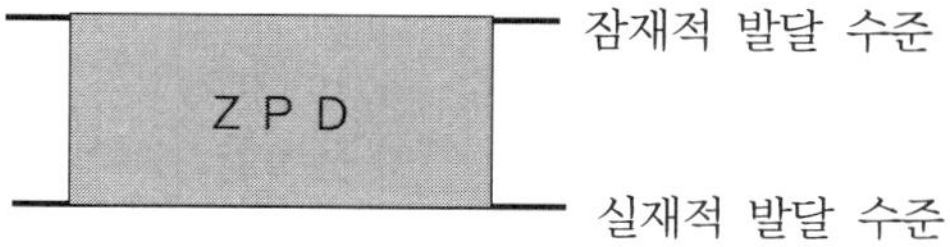

• **기계적 학습**(rote learning) : 학습자가 단지 새로운 지식을 기계적으로 반복하여 암기하는 학습형태
• **기계적 학습** : 개념들 사이의 관계를 생각하지 않고 구체적인 상황에 국한하여 학습하는 것
• **기호적 이해**(symbolic understanding) : 수학적 기호체계와 표기를 적절한 수학적 아이디어와 관련짓는 능력
• **기호화 이론**(Notation theorem) : 브루너의 이론으로 기법 이론 또는 표기 이론이라고도 하며, 초기의 구성과 표현방식이 학생의 지적 발달 수준에 알맞은 적합한 기호를 포함하고 있어야 한다는 것
• **기호화**(symbolization) : 딘즈가 소개한 수학 학습지도 6단계 중의 하나로 학생들이 개념을 묘사할 적절한 언어적 수학적 기호를 형성하게 되는 단계
• **나선형 교육과정** : 달팽이의 집이 위로 갈수록 점점 커지고 넓어지듯이 교육내용을 교과의 기본 구조로 다루면서 시간의 흐름에 따라 점점 폭넓고 깊이 있게 조직해가야 한다는 교육과정
• **논리적 이해**(logical understanding) : 주어진 가정과 공리나 정리와 같이 이미 참이라고 확인된 수학적 지식을 적절히 선택하여 논리적 추론 고리에 따라 기술하는 것을 보여줄 수 있는 능력
• **다중식별**(multiple discrimination) : 가네가 소개한 학습으로 하나의 항목을 다른 것과 구분할 때 일어나는 학습
• **다지 선다형 검사** : 한 물음에 대해 정답과 오답을 몇 개(보통 4～5개) 제시하고 그 중에서 정답을 고르게 하는 방법
• **단답형 검사** : 문제에 대한 정답을 직접 기록하게 하는 서답형의 일종으로 수학적 용어나 기호의 이해능력 및 문제해결의 결과를 알아보는 데 적합한 평가

- **대조와 다양성 이론**(Theorem of Contrast and Variation) : 브루너의 이론으로 수학적 개념의 학습은 그 개념을 독립적으로 학습하는 것보다는 그 개념을 다른 개념과 대조하면서 또는 다양하게 변화하면서 학습할 때 더욱 잘 이루어진다는 것
- **도구적 이해**(instrumental understanding) : 진정한 수학에 대한 이해 없이 수학적 원리나 법칙을 암기하여 이를 특정한 문제 해결에 적용할 수 있는 능력
- **동화**(assimilation) : 개인이 현재 구조들을 사용하여 환경적 요인을 다루는 과정
- **딘즈 블록**(Dienes blocks) : 대수 막대(algebra blocks) 또는 다진수 블록(multibase arithmetic blocks)이라 불리며 인수분해나 전개 또는 진법을 지도할 때 사용하는 블록
- **메타-인지적 이동**(meta-cognitive shift) : 학생의 개인화/배경화 과정을 지나치게 강조한 결과, 학생의 개인화/배경화의 과정을 용이하게 하기 위해 교사의 교수학적 노력의 초점이 수학적 지식이 아닌 그가 만든 교수학적 고안물로 이동한 것
- **메타인지** : 자신의 사고 활동을 모니터하고 조정하는 인지작용
- **명료화**(Explication) : 반힐이 소개한 교수·학습 단계 중의 하나로 학생들이 자신들의 사전 경험을 기초로 하여 관찰해온 구조에 관해 견해를 표현하고 서로 교환하는 단계
- **문맥**(situation) : 어떤 구체적인 수업 과정에서 학생들에게 열려 있는 수학화되어야 할 현실의 영역
- **문제제기** : 새로운 문제를 만들어 내거나 주어진 문제를 재명료화하는 것
- **문제중심학습** : 실생활에서 접하게 되는 문제와 유사한 문제 상황을 제시하여 학습을 시작하고 학습자가 문제를 해결하기 위해 필요한 지식과 정보를 스스로 탐구하여 적절한 해결안을 찾도록 하는 교수·학습 방법
- **문제** : 학습자가 해결해야 할 과제로서 처음에는 답이나 풀이 방법을 알 수 없지만, 학습자에게 해결하려는 도전감을 불러일으키며, 궁극적으로는 스스로 해결할 수 있는 과제
- **문제해결**(problem solving) : 해결에 이르는 알고리즘이 주어져 있지 않은 과제를 수행하도록 요구되는 상황으로서 즉각적으로는 달성할 수 없는 문제에서 해결안을 찾는 행위

- **반사**(réfléchissement) : 반영적 추상화 과정 중에 전 단계에서 얻은 것을 보다 상위의 수준으로 옮기는 과정
- **반성**(réflexion) : 반영적 추상화 과정 중에 전 단계에서 반사된 것을 새로운 수준에서 재구성하거나 혹은 거기에 이미 놓여 있는 것과 전단계의 요소를 관련짓는 과정
- **반영적 지능**(reflective intelligence) : 스켐프가 구분한 지능으로 직관적 지능(감각기관을 통해 수용한 것에 따라 결과를 반응하는 지능)을 통해 행한 과정과 결과를 다시 한 번 반성하여 스키마를 형성하는 지능

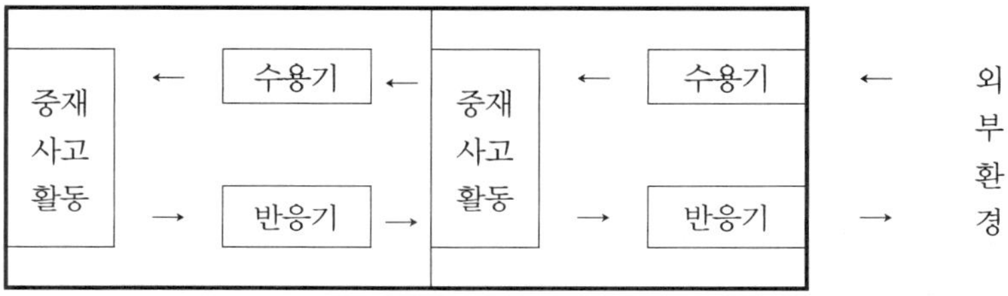

〈반영적 지능〉 〈직관적 지능〉

- **반영적 추상화**(abstraction réfléchissante) : 개인의 조작 활동에 대한 반성을 통해 일반화된 지식을 구성하는 추상화
- **반힐의 기하적 사고 발달 모델** : 시각화(visualization), 분석(analysis), 비형식적 연역(informal deduction), 형식적 연역(formal deduction), 엄밀(rigor)의 다섯 수준
- **발견술** : 실제적인 문제해결에서 전형적으로 유용한 발견과 발명의 방법, 규칙 또는 전략과 전술
- **발견학습**(discovery learning) : 브루너의 발견학습을 의미하며, 아동이 구체적인 자료를 다루는 가운데 그가 이해하고 있는 직관적인 규칙성과 대응하는 규칙성을 발견하는 과정
- **발달단계에의 순응** : 피아제의 원리로 아동의 학습은 인지 발달의 단계에 맞게 이루어져야 하며, 조기학습이나 지연학습을 할 필요가 없다는 원리
- **본질**(noumenon) : 연구의 결과 당연한 것으로 받아들여진 것
- **본질성과 비본질성**(Intrinsic and extrinsic) : 반힐 기하적 사고 발달 모델의 특징 중의 하나로 한 수준에서의 수단은 다음 수준에서 연구의 대상이 됨을 의미

- **분석**(analysis) : 학생들이 도형을 구성 요소를 갖는 것으로 인식하며 구성요소에 의해 도형을 인식하게 되는 단계
- **분석적 채점방법** : 문제해결의 과정을 몇 개의 단계로 나눈 다음 각 단계를 3, 4개의 세부 수준으로 나누어 점수를 부여하는 방법
- **불완전한 증명** : 논리적으로 완전하지 못한 증명
- **불일치성** (Mismatch) : 반힐 기하적 사고 발달 모델의 특징 중의 하나로 학생의 수준과 수업의 수준이 다르면 기대하는 학습의 성과가 일어나지 않을 수 있음을 의미
- **브루너의 나선형 교육** : 활동적 표현, 영상적 표현 그리고 상징적 표현 이 세 단계의 표현 수단에 따라 지도하는 과정
- **비계**(scaffolding) : 사전적으로 건물을 지을 때에 높은 곳에서 딛고 일할 수 있도록 긴 나무나 널빤지를 써서 걸쳐 놓은 시설을 의미하며, 교수·학습에서는 학생의 근접발달영역 내에서의 효과적인 교수·학습을 위해 교사가 학생과 상호작용 중 적절한 도움을 주기위해 은유적으로 사용한 용어
- **비교수학적 상황** : 교사의 중재 없이도 학생이 수학적 지식을 구성해 낼 수 있는 상황
- **비정형 문제** : 문제의 해결방법이 정해져 있지 않거나 문제의 답을 구하는 방법이 다양한 열린 문제
- **비형식적 연역**(informal deduction) : 학생들이 한 도형 내에서 또는 도형 사이에서 성질들의 상호 관련성을 확립하고 정의를 이해하며 비형식적으로 논의할 수 있는 단계
- **사고실험**(Thought experiment) : 교사가 실제로 지도하고자 하는 내용을 가상의 학생들에게 지도하는 과정을 생각하면서 지도할 내용을 조정하고 계열화하는 과정
- **상징적**(Symbolic) **표현** : 개념을 논리적 규칙에 맞는 기호 또는 상징체계로 표현하는 것
- **생산적 사고**(productive thinking) : 베르트하이머가 언급한 사고로, 원리의 이해를 기초로 하는 사고
- **서술형평가** : 문제해결과정을 상세히 서술하게 하는 평가방식
- **선행조직자**(Advance organizer) : 새로운 학습 내용을 가르치기 전에 제시되는

일종의 도입자로 새로운 학습 내용이 보다 쉽게 기존의 인지 구조 속에 통합될 수 있도록 도와주는 학습 보조 자료 혹은 학습의 연결을 돕는 자료

- **선행조직자의 원리** : 오수벨이 소개한 원리로 새로운 학습 내용과 학습자의 인지 구조를 관련지어 줄 수 있는 선행조직자를 수업 전에 의도적으로 소개하자는 이론으로, 새로운 학습 내용을 지도하기 위해서는 먼저 그 내용을 포함하는 학습자가 이해할 수 있는 일반화된 구조를 제시하자는 원리
- **수용학습**(reception learning) : 교사가 학습자들이 학습할 모든 내용을 제시하는 학습형태
- **수준별 학습지도** : 인지적 능력을 중심으로 학생들을 몇 단계의 수준으로 구분한 다음, 각 수준에 따라서 학습 내용과 방법을 달리하는 학습 지도 방법
- **수직적 수학화**(Vertical mathematising) : 수학적 처리를 더욱 세련되게 하는 것
- **수평적 수학화**(Horizontal mathematising) : 문제를 수학적으로 처리할 수 있게 하는 것
- **수학 학습일지** : 학생들이 학습한 수학의 내용과 수학 또는 수학 학습에 대한 태도나 느낌 등을 진솔하게 기록한 것
- **수학 학습지도 6단계** : 딘즈가 소개한 수학 교수-학습 과정으로 자유놀이(free play), 게임(games), 공통성의 탐구(comparison), 표현(representation), 기호화(symbolization), 형식화(formalization)를 의미
- **수학적 기능** : 수학적 과제를 정확하고 빠르게 처리하는 능력
- **수학적 다양성의 원리**(mathematical variability principle) : 딘즈가 소개한 원리로 수학적 개념은 변하지 않게 유지하면서 가능한 한 많은 변인을 변화시켜야 한다는 원리
- **수학적 모델링** : 실생활 문제를 해결하기 위하여 실생활 문제를 수학적 문제로 변환한 다음 그 문제를 해결한 결과를 해석하여 실생활 문제를 해결하는 것
- **수학적 법칙** : 수학적 원리의 알고리즘적 성격을 강조한 것으로서 활용에 중점을 둔 것
- **수학적 성향** : 수학을 대하는 태도뿐만 아니라 과제에 접근하는 방식이나 자신감, 대안을 찾으려는 자발성, 인내심, 흥미, 자신의 생각을 반성하려는 경향
- **수학적 원리** : 수학적 개념 사이에 성립하는 특수한 관계가 일반화되고 증명된 것으로서 수학의 학습과 활용에 중요한 역할을 하는 것

- **수학적 의사소통** : 수학에 대하여 읽고, 쓰고, 말하고, 듣는 활동을 통하여 수학적 정보를 이해하고 전달하는 것
- **수학적 일반성** : 수학적 원리와 수학적 법칙
- **수학화**(mathematising) : 현상(reality)이 수학을 포함한 다양한 것들의 영향을 받아서 변하고, 넓어지고, 깊어짐이 계속되는 과정으로 현상이 수학을 포함한 어떤 수단에 의하여 조직되는 과정
- **수행평가** : 학생 스스로 자신의 지식이나 기능을 나타낼 수 있도록 답을 작성(서술 혹은 구성)하거나, 발표하거나, 산출물을 만들거나, 행동으로 나타내도록 요구하는 평가 방식
- **스키마 학습**(schematic learning) : 기존의 스키마를 새로운 지식의 획득을 위한 수단으로 사용하는 학습
- **스키마**(schemas) : (스켐프) 서로 관련이 있는 개념들의 구조
- **습관적 학습**(habit learning) : 학생들의 바람직한 반응에 보상 효과를 줌으로써 그 반응을 습관화 하는 것. 예를 들어 의미를 생각하지 않고 수학적 개념의 정의나 공식을 암기하는 것은 습관적 학습
- **시각화**(visualization) : 학생들이 주변 대상을 외관에 따른 모양과 기하학적 외형에 의해 감지하며 보여지는 도형의 모양을 인식하고 보여지는 이미지로 도형을 표현하는 단계
- **신호학습**(signal learning) : 가네가 소개한 학습으로 반응이 무의식적이며 유기체의 완전한 통제 하에 있지 않는 학습
- **실생활 문제** : 실생활 상황에서 만들어진 문제를 뜻하며 다루어지는 주요 소재가 실생활에서 얻어지는 문제
- **실제적 발달 수준**(actual development level) : ZPD의 한 수준으로 학생이 다른 사람의 도움 없이 독립적으로 문제를 해결할 수 있는 수준
- **안내된 발견학습** : 교사의 잘 계획된 일련의 질문에 따라 학생들이 학습 활동을 진행함으로써 학생 스스로 수학적 원리나 법칙을 발견하는 학습 방법
- **안내된 재발명**(guided reinvention) : 프로이덴탈이 소개한 수업 원리로 학생들이 수학이 발명되는 과정과 유사한 과정을 경험할 수 있도록 교사가 안내해야 한다는 것으로 학생들에게 수학화의 과정을 경험시킬 수 있는 방법을 의미
- **안내된 탐구**(Directed Orientation) : 반힐이 소개한 교수·학습 단계 중의 하나

로 학생들이 교사가 주의를 기울여 계열화한 자료들을 통하여 학습 주제를 탐구하는 단계

- **언어성(Linguistics)** : 반힐 기하적 사고 발달 모델의 특징 중의 하나로 각 수준은 그 수준만의 언어적 기호와 그 기호들을 연결하는 고유한 관계 체계가 있음을 의미
- **언어적 연합(verbal association)** : 가네가 소개한 학습으로 명명할 수 있는 학습
- **엄밀(rigor)** : 다양한 공리 체계를 비교할 수 있으며 기하를 추상적인 것으로 인식하는 단계
- **역동적 원리(dynamic principle)** : 딘즈가 소개한 원리로 개념형성 3단계를 예비적 게임(preliminary games), 구조화된 게임(structured games), 연습 게임(practice games or analytical games)의 순으로 해야 한다는 원리
- **연결이론(Theorem of Connectivity)** : 브루너의 이론으로 개개의 수학적 기능, 개념, 원리는 다른 기능, 개념, 원리에 연결되어 가르쳐지고, 학생들은 여러 가지 수학적 아이디어들 간의 연결성을 알아야 한다는 것
- **연쇄(chaining)** : 가네가 소개한 학습으로 이전에 학습된 둘 또는 그 이상의 자극과 반응의 연결을 하나의 계열로 결합한 학습
- **연습의 법칙(law of exercise)** : 손다이크가 소개한 법칙으로 모든 학습은 연습을 통해 진보 향상되고 바람직한 행동의 변화를 가져오게 된다는 법칙
- **영상적(Iconic) 표현** : 개념을 완벽하게 언어로 정의하는 것이 아니라 대략적인 윤곽으로 전달하려는 영상이나 도해로 표현하는 것
- **원리학습(principle learning)** : 가네가 소개한 학습으로 둘 또는 그 이상의 개념으로 하나의 아이디어를 획득하는 학습
- **유비쿼터스** : 마크 와이저(Mark Weiser)가 1988년 처음 주창한 개념으로 누구나, 언제, 어디서, 즉 시간과 공간을 초월하여 네트워크에 참여할 수 있는 환경
- **유의미 학습(meaningful learning)** : 새로운 지식이 학습자의 기존 지식에 의미 있게 관련짓는 학습형태
- **의미 있는 학습** : 어떤 개념을 다른 개념들과 관계를 형성하여 학습하는 것
- **인식론적 장애** : 어떤 활동 영역에서는 제대로 작동되지만 어떤 상황에서는 잘 작동되지 않고 모순이 생기며 결국은 실패하게 되는 지식
- **인지발달 4단계** : 감각-운동 단계, 전조작 단계, 구체적 조작 단계, 형식적 조작

단계

- **자극-반응 학습**(stimulus-response learning) : 가네가 소개한 학습으로 학습자의 자발성을 근거로 의식적으로 이루어지는 자극에 대한 반응을 보이는 학습
- **자기평가** : 학생들이 수학을 학습하는 과정에서 자신의 발전을 적극적으로 모니터하고, 자신의 수학적 지식, 진보, 태도들을 조사하는 것
- **자유놀이**(free play) : 딘즈가 소개한 수학 학습지도 6단계 중의 하나로 학생들이 학습해야 할 개념의 구조화되지 않은 활동들을 경험하고 조작하는 단계
- **자유로운 탐구**(Free Orientation) : 반힐이 소개한 교수·학습 단계 중의 하나로 학생들이 많은 단계를 거치는 과제, 여러 가지 방법으로 완성할 수 있는 과제, open-ended 과제 등 좀 더 복잡한 과제를 접하는 단계
- **잠재적 발달 수준**(potential development level) : ZPD의 한 수준으로 좀 더 지식이 풍부한 교사, 성인 또는 유능한 또래의 도움을 얻어 문제를 해결할 수 있는 수준
- **전교육과정 원리**(precurriculum) : 피아제의 원리로 전조작 단계에 있는 초등학교 입학 전 아동에게는 수학적 개념의 지도가 아닌 논리적, 수학적 경험이 필요하다는 원리
- **전조작 단계**(Preoperational Stage) : 2세부터 약 7세까지 지속되며, 아동이 점차 언어가 발달하게 되고, 기호를 사용하게 되며, 자기중심적이고 하나의 사물에 관심을 기울이는 경향이 생기며 후반에 보존개념이 나타나는 단계
- **전진성**(Advancement) : 반힐 기하적 사고 발달 모델의 특징 중의 하나로 모든 학생들이 같은 속도로 각 수준을 통과하는 것은 아니며, 한 수준에서 다음 수준으로의 발전은 나이에 의존하기보다 교수·학습의 내용이나 방법에 더 많이 의존함을 의미
- **절차적 지식** : 구체적인 계열을 따라 절차를 실행하는 능력
- **점진적 분화의 원리** : 오수벨이 소개한 원리로 학습할 새로운 개념을 포함하는 더욱 일반화된 구조를 제시한 다음 그것으로부터 점점 구체적이고 세부적인 내용으로 접근하는 원리
- **정형 문제** : 해결의 방법이 정해져 있는 문제
- **조작적 구성주의** : 피아제의 이론을 의미하며, 지식의 습득은 교사에 의해서 전달되는 것이 아니라 학생 스스로 동화와 조절의 인지활동을 통해 구성하는

것임을 의미

- **조작적 원리** : 피아제의 원리로 모든 사고의 기본적인 요소는 조작이며 아동은 행동이나 조작을 바탕으로 탐구활동을 경험해야 한다는 원리
- **조절**(accommodation) : 개인이 환경의 요구에 대한 반응으로 변화하는 과정
- **준-경험적 추상화**(abstraction pseudo-empirique) : 개인의 조작 활동에 대한 반성을 통해 일반화된 지식이 구성되지만 그 구성 결과의 확인이 그 조작 활동에 사용된 외부 대상에 대해서 행해지는 추상화
- **준비성의 법칙**(law of readiness) : 손다이크가 소개한 법칙으로 학습자가 학습할 준비가 되어 있을 때 학습하여야 그 효과를 얻을 수 있으며 반대로 학습할 준비가 되어 있지 않을 때 학습을 한다면 학습이 효과적이지 못하다는 법칙
- **쥬르뎅 효과**(Jordan effect) : 학생의 탈개인화/탈배경화 과정을 지나치게 과대평가한 결과, 교사가 특정한 지식에 대해 학생과 토론하기도 어렵고 그렇다고 가르칠 수 없음을 인정하기 어려울 때 그러한 곤란을 피하기 위하여 마치 학생들의 행동이나 반응에서 (특정한) 지식이 형성되었다고 인정하는 것
- **지각적 다양성의 원리**(perceptual variability principle) : 딘즈가 소개한 원리로 지각적으로는 다르지만 구조적으로 같은 다양한 형태의 구체물을 활용해서 지도하자는 원리
- **지시 체계**(director system) : 현 상태와 목표 상태를 파악·비교하여 그 간격을 좁히기 위한 계획을 세우고, 그에 따라 행동하게 하는 정신적 도구로서 지능의 본질
- **지식의 구조** : 브루너가 소개한 개념으로 학문의 기저를 이루고 있는 일반적 원리, 일반적 아이디어, 기본개념 및 원리 등을 의미
- **지적 학습**(intelligent learning) : 반영적 지능 체계를 활용하여 학습목표로 접근하는 학습
- **질의 안내**(Inquiry/Information) : 반힐이 소개한 교수·학습 단계 중의 하나로 교사와 학생이 학생의 수준에 맞게 공부할 대상에 대하여 대화하고 활동하는 단계
- **총체적 채점방법** : 풀이 전체를 몇 개의 수준으로 나누고, 각 수준에 도달하기 위한 구체적인 기준을 마련한 다음, 학생의 풀이가 어느 수준에 속하는가를 채점하는 방법

- **추론** : 이미 알고 있는 판단으로부터 새로운 판단을 이끌어내는 사고 작용
- **탈개인화/탈배경화** : 깨달은 지식을 일반적으로 표현하는 과정에 대한 개념
- **테크놀로지** : 컴퓨터, 계산기, 멀티미디어 시스템, TV, VCR, 또는 다른 영상 매체 등을 포함
- **토파즈 효과**(Topaze effect) : 학생의 탈개인화/탈배경화 과정을 간과한 결과, 교수학적 계약에 의한 압박에서 일어나는 전형적인 현상으로 교사가 학생의 행동의 의미를 다룸에 있어서 인지적 내용에 관한 학습 환경을 일소하게 되는 것
- **통합**(Integration) : 반힐이 소개한 교수·학습 단계 중의 하나로 학생들이 대상과 관계의 새로운 망을 형성하기 위해 그들이 학습한 것을 복습하고 요약하는 단계
- **통합의 원리** : 피아제의 원리로 아동들이 새로운 개념을 학습할 때 단편적이고 고립적으로 이해하는 학습이 아닌, 아동이 가지고 있는 기존의 개념과 관련을 지어 학습하게 해야 한다는 원리
- **통합적 조정의 원리** : 오수벨이 소개한 원리로 새로 학습한 개념을 이미 학습한 개념에 관련지음으로써 기존의 개념 구조를 조정한다는 원리
- **파이(Phi) 현상** : 불빛이 일정한 빈도로 켜졌다, 꺼졌다 함에 따라 생기에 되는 가현운동(객관적으로는 움직이지 않는 데도 움직이는 것처럼 느껴지는 심리적 현상)을 경험하는 것
- **평가도구** : 특정한 평가방법을 사용하여 학생의 능력이나 성향을 평가하게 해주는 자료(material)
- **평정척도법** : 학생을 등급이나 일정한 척도로 분류하여 평가하는 방법
- **포트폴리오** : 학생의 학습, 성장, 발달을 보여주는 학생의 기록물, 보고서, 과제, 작품, 수행결과 등을 모은 것
- **표현**(representation) : 딘즈가 소개한 수학 학습지도 6단계 중의 하나로 학생들이 전 단계에서 추출한 공통성을 표나 다이어그램, 도해 등의 시각적인 형태로 나타내 보는 단계
- **프로그램 학습** : 주제를 기본적인 부분으로 나누고, 학습자로 하여금 특정한 기능을 습득하도록 고안된 순서를 차례로 통과하도록 지도하는 학습
- **프로젝트** : 특정한 연구 과제에 대하여 학생 스스로 연구 계획을 세우고, 자료를 수집하고, 이를 수학지식과 방법을 이용하여 분석·종합하여 연구보고서를 작

성·제출하게 하여 평가하는 것

- **학문적 지식** : 교육 내용으로 재구성되기 이전의 지식
- **학습된 지식** : 교육이 이루어진 후에 구성되는 지식
- **행동영역** : 학생이 성취하기를 원하는 인지적·정의적 행동으로 지식, 이해, 적용, 분석, 종합, 복합적인 절차 수행, 표현, 문제해결, 문제제기, 의사소통, 추론, 등은 인지적 행동영역이며, 동기유발, 자신감, 의지, 과제집착 등은 정의적 행동영역임
- **행동주의 심리학** : 관찰가능하고 측정 가능한 외연적 행동(behavior)을 연구의 대상으로 연구한 심리학
- **현상**(phenomenon) : 연구의 대상
- **협력학습 수업** : 한 교실의 학생들이 소집단을 만들어 각 집단의 학생들이 서로 논의하고 도와가면서 학습하는 수업
- **형식적 고착**(formal abidance) : 학생의 개인화/배경화 과정을 과소평가한 결과, 공식화된 지식의 논리적 표현을 곧바로 제시하고 메타-인지적 전략을 무시하고 지식의 은유적 사용을 억제하는 상황
- **형식적 연역**(formal deduction) : 학생들이 공리체계 안에서 기하의 이론을 정립하는 한 방법으로서 연역의 중요성을 이해하며, 무정의 용어, 공리, 공준, 정의, 정리, 증명의 역할과 상호 관련성을 인식하는 단계
- **형식적 조작 단계**(Formal Operational Stage) : 12세 이후의 인지단계로 아동이 형식적인 수학적 추론을 할 수 있으며 더 이상 물리적인 대상의 조작에 한정되지 않고도 추상적인 개념에 대해서 조작을 수행할 수 있는 단계
- **형식화**(formalization) : 딘즈가 소개한 수학 학습지도 6단계 중의 하나로 학생들이 발견한 공통성을 일반적인 경우로 확장하여 형식화하고 형식화된 개념의 타당성을 증명하며 더불어 문제해결에 응용함으로써 새로운 개념을 완전하게 형성하게 되는 단계
- **형태주의 심리학** : 행동을 복합적인 전체로 다루지 않고 단순한 요소들(S-R bond)의 집합으로 나누어 연구하려는 경향에 반대하면서 '전체는 부분의 합 이상'이라고 주장한 심리학
- **활동적 학습 원리** : 피아제의 원리로 수학적 개념을 추상적으로 지도하기 전에 구체적인 조작 활동이 선행되어야 한다는 원리

- **활동적**(Enactive) **표현** : 개념을 구체물 또는 물리적 활동을 통해 표현하는 것
- **효과의 법칙**(law of effect) : 손다이크가 소개한 법칙으로 자극에 대한 반응 이후 만족감이 클수록 자극과 반응 사이의 결합은 강화되고 반대로 불만족을 주는 사태가 계속되면 그 결합은 약해진다는 법칙
- **EIS 표현 이론** : 활동적(Enactive) 표현, 영상적(Iconic) 표현, 상징적(Symbolic) 표현의 순서로 제시하여 가르칠 수 있다는 이론
- **u-러닝** : 유비쿼터스 환경에 의한 학습 개념

찾아보기

ㄱ

ㅅ

ㅇ

ㅈ

ㅊ

ㅋ

ㅌ

저자에 대하여

강옥기(康鈺基)
경북대학교 사범대학 수학교육과(이학사)
경북대학교 교육대학원 수학교육과(교육학 석사)
아이오와대학교 대학원 수학교육학 전공(철학 박사)
중고등학교 수학교사
한국교육개발원 수학교육연구실장
대한수학회 수학교육분과 담당 이사
성균관대학교 사범대학장, 교육대학원장
대한수학교육학회 회장
현재: 성균관대학교 사범대학 수학교육과 교수
저서: 『수학과 수학지도와 평가론』
『중등수학교재연구』
『수학서핑』 (공저)
『중 · 고등학교 수학교과서(제7차 교육과정)』
『고등학교 수학, 적분과 통계 교과서(2007년 개정 교육과정)』
『수리논술의 이론과 실제』 (공저)

허난(許蘭)
성균관대학교 사범대학 수학교육과(이학사)
성균관대학교 교육대학원 수학교육전공(교육학 석사)
성균관대학교 대학원 수학교육학 전공(교육학 박사)
성균관대학교 교육연구소 연구원
성균관대학교 초빙교수
현재: 경기대학교 교육대학원 조교수
저서: 『수학서핑』 (공저)

조현공(趙顯珙)
서울대학교 자연과학대학 수학과(이학사)
성균관대학교 교육대학원 수학교육전공(교육학 석사)
성균관대학교 대학원 수학교육학 전공 박사과정 수료
2007년 개정 교육과정 고등학교 수학, 적분과 통계 교과서 집필
현재: 한성과학고등학교 교사
저서: 『수학서핑』 (공저)

박경은(朴敬誾)
성균관대학교 사범대학 수학교육과(이학사)
고려대학교 대학원 수학교육전공(교육학 석사)
성균관대학교 대학원 수학교육학 전공(교육학 박사)
현재: 고려대학교 교과교육연구소 연구교수
아주대학교 교육대학원 겸임교수

이환철(李煥哲)
성균관대학교 사범대학 수학교육과(이학사)
홍익대학교 교육대학원 전산교육 전공(교육학 석사)
성균관대학교 대학원 수학교육학 전공(교육학 박사)
제7차 중학교 수학교과서 집필
2007년 개정 중학교 수학교과서 집필
현재: 한국과학창의재단
저서: 『수리논술의 이론과 실제』(공저)

수학교육학 정론 개정판

지은이 강옥기 · 허난 · 조현공 · 박경은 · 이환철
펴낸이 조경희
펴낸곳 경문사
펴낸날 2010년 3월 5일 1판 1쇄
2018년 3월 5일 개정판 2쇄
등 록 1979년 11월 9일 제 313-1979-23호
주 소 04057, 서울특별시 마포구 와우산로 174
전 화 (02)332-2004 팩스 (02)336-5193
이메일 kyungmoon@kyungmoon.com
facebook facebook.com/kyungmoonsa

값 19,000원

ISBN 978-89-6105-513-0
ISBN 978-89-7282-760-3 (세트)

★ 경문사 홈페이지에 오시면 즐거운 일이 생깁니다.
http://www.kyungmoon.com

한국과학기술출판협회 회원사